U0840088

人民调解复合交叉专业建设

系　列　教　材

医患纠纷人民调解原理与实务

YIHUAN JIUFEN RENMIN TIAOJIE YUANLI YU SHIWU

雷红力　商忠强　孙　波　编著

图书在版编目(CIP)数据

医患纠纷人民调解原理与实务/雷红力，商忠强，孙波编著.
—上海:上海交通大学出版社，2015
ISBN 978-7-313-12744-0

Ⅰ.①医… Ⅱ.①雷…②商…③孙… Ⅲ.①医疗纠纷—调解(诉讼法)—中国—教材 Ⅳ.①D922.16

中国版本图书馆 CIP 数据核字(2015)第 046957 号

医患纠纷人民调解原理与实务

编　　著: 雷红力　商忠强　孙　波
出版发行: 上海交通大学出版社
地　　址: 上海市番禺路 951 号
邮政编码: 200030
电　　话: 021-64071208
出 版 人: 韩建民
印　　制: 常熟市梅李印刷有限公司
经　　销: 全国新华书店
开　　本: 787mm×960mm　1/16
印　　张: 24.75
字　　数: 391 千字
版　　次: 2015 年 3 月第 1 版
印　　次: 2015 年 3 月第 1 次印刷
书　　号: ISBN 978-7-313-12744-0/D
定　　价: 49.50 元

编写说明

医患纠纷人民调解是法学人民调解专业方向中的一项重要内容，具有很强的专业性及明显的自身特点。本教材在力求“实务”的基础上，由专门从事医患纠纷人民调解的专家和医学专家共同编著而成，共设五篇十二章。

本教材全面、系统地阐述了医患纠纷人民调解的基本理论，基础知识和基本技能。将医患纠纷人民调解实际工作中的工作制度、调解程序、调解格式文本、调解方法，对医患纠纷人民调解的探索性研究和实际案例解析，都编入本教材。本书的亮点体现在系统阐述人民调解基本原理的同时，凸显了实务特征，将理论性与实务性统一起来。书中的某些观点和看法有其独到之处，书中系统的调解格式文本和表格都具有现实操作意义，书中的调解方法和案例解析体现很强的实际借鉴意义，也为今后学生到医患纠纷人民调解委员会中实习，亲自参与医患纠纷人民调解奠定良好的基础。

本教材由雷红力设计、编写规划并组织编著。编著人各章撰写情况如下：

雷红力撰写：第一、三、四、八、十、十一、十二章；商忠强撰写：第六章；孙波撰写：第二、五章；商忠强和雷红力合作撰写：第七、九章。

最后本教材各章节统一由雷红力审稿。

限于水平，书中存在的不足之处，恳请读者批评指正。

编著者

2014 年 7 月

目　　录

第一篇　总　　论

第二篇　医患纠纷人民调解基础知识

第四篇 医患纠纷人民调解案例解析

第五篇 中国特色的医调委

第一篇

总　　论

第一章 医患纠纷人民调解工作总论

人民调解学是我国研究民间调解的现象以及与民间调解相关专门问题的一门学科，医患纠纷人民调解是现行人民调解学科的一个重要分支。医患纠纷人民调解是指在依法设立的医患纠纷人民调解委员会(简称：医调委)的主持下，在医患双方当事人自愿的基础上，以法律、法规和社会公德为依据，对医患纠纷当事人进行说服教育，耐心疏导，促使双方当事人互谅互让，平等协商，自愿达成协议，消除纷争的一种群众性自治活动。医患纠纷人民调解委员会是现行人民调解组织中的一个行业委员会，医患纠纷人民调解是人民调解制度的一个重要组成部分。

第一节 人民调解面临解决医患纠纷的新机遇

医患纠纷是当前较突出的社会问题之一，随着社会变革和人们维权意识的提高，医患纠纷的数量、规模、频率居高不下。全国医患纠纷发展态势呈快速上升的趋势，原本比较简单的纠纷，如果没有及时妥善处置，可能会引起患者及家属少则几人，多则几十人对医院的围攻，甚至出现暴力伤医事件。以至于牵扯患方(包括因医患纠纷不能得到正常治疗的患者)、医方、卫生行政部门、公安机关、司法机关、信访、新闻媒体等多方面多部门的精力，给社会造成了极其广泛的不良影响，甚至产生严重破坏性。换个角度看患方的诉求，从医疗服务态度到医疗服务质量，从医疗收费到意外伤害等几乎无所不及，纠纷涉及面极为广泛。深刻地影响着医患关系，影响着医疗卫生队伍的稳定，影响着医疗卫生行业的发展，影响着社会的稳定。因此，必须要寻找一条新的能有效化解纠纷之道，寻找新的维护社会稳定的突破之方，寻找新的解决医患纠纷的有效途径。

我国的人民调解制度是对中国历史上的民间调解制度的传承，是一种具有中国特色的替代性纠纷解决机制(ADR，alternative dispute resolution)，多年来它在解决民间纠纷上发挥了重要作用。并积累了丰富的经验。在国际上享有“东方经验”的美誉。改革开放以来，人民调解工作为有效化解社会矛盾，形成良好的生产和生活秩序做出了重要贡献，人民调解员是维护社会稳定特别是基层社会稳定的一支不可或缺的重要力量。在经济体制深刻变革、社会结构深刻变动、利益格局深刻调整、各种矛盾凸显叠加的今天，人民调解工作面临新的发展机遇和挑战，人民调解的范围，逐渐从传统的婚姻家庭、邻里关系、小额债务、轻微侵权等常见、多发的矛盾纠纷，向土地承包、拆迁安置、环境保护、交通安全、劳资纠纷、医患纠纷、物业纠纷等社会热点、难点纠纷扩展。医患纠纷的现状和人民调解的发展机遇，构成了新的解决医患纠纷的选择途径。

第二节　医患纠纷人民调解的特征和意义

一、医患纠纷人民调解的特征

1. 医调委是专门从事医患纠纷人民调解的群众组织

医患纠纷人民调解委员会(简称：医调委)是人民调解委员会中的一个行业委员会，是群众组织。它遵循《中华人民共和国人民调解法》，遵循人民调解委员会的基本规则和制度。按照人民调解的方法结合医学专业的特点，结合医患之间的关系，是专门针对医患纠纷从事人民调解工作的群众组织。

2. 医调委的工作对象和工作性质

医调委工作对象是医方与患方。医方指医疗机构及其在医疗机构工作的医务人员、后勤、管理及其他工作人员。患方不仅是指患者，还包括所有接受诊疗护理服务的人(如无病体检的正常人，正常分娩的妇女等)，以及他们的家属(包括父母和子女)。医调委负责本行政辖区内医患纠纷的预防和对已发生的医患纠纷(有特殊规定的除外)进行人民调解,以解决争议。

3. 人民调解为医患纠纷处理提供了一条新途径。

既往医患纠纷解决途径有:医患双方协商解决、卫生行政调解、法院诉讼三种途径。这三种途径都存在着一定的不足和缺陷,不能完全适应形势的发展变化。当前医患纠纷愈演愈烈的局面,呼唤着为解决医患纠纷提供一条新途径,促使中立的第三方——医患纠纷人民调解委员会的诞生。

4. 医调委是独立于患方、医方之外的第三方

既往医患纠纷三种解决途径中,医患双方协商解决和卫生行政调解都没有真正中立的第三方,患方对医方的信任度,影响了医患纠纷的解决。法院诉讼解决途径中,法院虽是中立的第三方,但因耗时长、手续复杂,并需要收费及我国受传统"非讼"文化影响等,影响了医患纠纷的妥善解决。而医调委弥补了这些不足,成为了真正中立的第三方。医调委与医疗机构和患者没有隶属组织关系,医调委的工作性质决定他虽从事纠纷调解但不加入医患当事人的任何一方,成为真正独立的调解方,调解中的位置是中立的,这有利于保证调解的公平、公正。

5. 医调委依法受到司法行政部门的指导

《中华人民共和国人民调解法》第五条　国务院司法行政部门负责指导全国的人民调解工作,县级以上地方人民政府司法行政部门负责指导本行政区域的人民调解工作。这项规定是对人民调解工作的强有力的保障,同时也对司法行政机关依法指导人民调解工作提出了新的更高的要求。

6. 自愿、平等是人民调解的基本原则[①]

《中华人民共和国人民调解法》第三条中指出:"在当事人自愿、平等的基础上进行调解;尊重当事人的权利,不得因调解而阻止当事人依法通过仲裁、行政、司法等途径维护自己的权利"。因此,医患纠纷人民调解程序的启动、持续以及协议的最终达成,主要取决于当事人双方的意愿。人民调解是解决医患纠纷的重要途径,但不是解决医患纠纷的唯一途径。

7. 医患纠纷人民调解相对便捷

医患纠纷人民调解的调解形式比较灵活,几乎所有人民调解的方法都可以

---

① 雷红力.医患纠纷人民调解委员会的工作特征[J].上海政法学院学报(法治论丛),2014,29(2):69-73.

实施在医患纠纷人民调解中。可以就近、就地调解，单独调解，会议调解，电话调解，信函调解等相对便捷。调解程序没有法院诉讼那么繁琐。

8. 医患纠纷人民调解不收取费用

医患纠纷人民调解是政府购买服务，不向医患当事人收取费用，显示出突出的优越性。对当事人来讲，调解方便且几乎不需要付出什么成本，很受欢迎。

9. 医患纠纷人民调解委员会人员构成

医患纠纷与其他纠纷的区别在于：医患纠纷与医学相关。所以调解员在具体实施医患纠纷调解时，常面对最多的是医患双方提供的医学资料，谈论的话题大部分都涉及一些相关的医学知识。受过医学教育并有临床工作经历的人民调解员比较容易适应，如果是由完全没有医学知识的人民调解员独自进行医患纠纷的调解，可能就会感到力不从心。因此，在选聘医患纠纷人民调解员时，对其素质应有比较特殊的要求。当然，医患纠纷人民调解委员会不能要求所有的人民调解员都具有医学学历，同样它也需要适当的法律人才及一定的管理人才和其他成员共同组成团队，这样有利于充分发挥各自的聪明才干，以利于工作效率的提高。

二、医患纠纷人民调解的意义

1. 医患纠纷人民调解符合我国国情、民情

人民调解作为诉讼外解决矛盾纠纷的制度，继承了中华民族“和为贵”的优良传统，又与社会主义法律规范相协调，符合当前多元化、多途径解决民事纠纷的世界潮流，符合先进的诉讼理念和先进文化的前进方向，在我国有着深厚的传统文化底蕴，容易被广大群众接受。

2. 医患纠纷人民调解有利于维系双方当事人良好的社会关系

人民调解在调解员的主持下，通过摆事实、讲道理，使纠纷当事人的分歧逐渐靠近，通过找到兼顾纠纷当事人权益的方案，使双方在自愿的原则下达成调解协议，充分反映当事人的权利和真实意愿，能够最大限度地减少当事人的感情对立，有利于修复当事人的关系，有利于形成良好的社会风气，体现出了中华民族的传统美德。而在诉讼、仲裁过程中，法官、仲裁员要作出一个让双方当事人都能满意又容易执行的判决或裁定是比较难的，诉讼、仲裁在解决纠纷的同时，也容易使当事人双方产生对立、不满的情绪，不利于当事人之间情感的修复，容易

造成“案结事未了，情已绝”的局面。

3. 医患纠纷人民调解制度极大地节约了社会成本

因人民调解组织贴近群众，调解形式多样，调解免费，达成的调解协议是基于双方自愿的原则签订的，在心理上能够接受，协议容易履行到位。可以有效克服诉讼、仲裁周期长、程序烦琐、花费较大、执行难等弊端，使有限资源得到了充分高效的利用，极大地缓解了法院及政府的压力。

4. 医患纠纷人民调解有利于和谐社会建设

医患纠纷人民调解涉及人们的生命与健康，不可小视。做好医患纠纷人民调解工作，不仅可以依法维护患者的合法权益，也可依法对医院、医护人员进行保护，促进医疗技术的进步与提高，以及医疗卫生事业的发展和社会稳定。特别在当代改革开放，社会矛盾凸显的时期，医患纠纷人民调解工作对加强社会主义民主与法制建设，在构建和谐社会中有着无法替代的作用。

第三节　医患纠纷人民调解的基础知识

一、对人民调解和国外 ADR 制度的认识

调解在我国有几千年的历史，我国传统诉讼文化的价值取向以“无讼”、“和为贵”为指导思想，并追求社会秩序的稳定和人际关系的和谐。当代，我国为了完善人民调解制度，规范人民调解活动，及时解决民间纠纷，维护社会和谐稳定，制定了《中华人民共和国人民调解法》，目前全国各地区都成立了人民调解组织，因调解的内容不同出现了行业人民调解委员会，如交通纠纷人民调解委员会、医患纠纷人民调解委员会、物业纠纷人民调解委员会，等等。在国外，ADR 制度或称“非诉讼”纠纷解决方式，是美国 20 世纪七八十年代发展起来的。他们用 ADR 解决纠纷，缓解了法院诉讼的压力，起到了非常积极的作用。人民调解与 ADR 二者基础虽然不同，但“殊途同归”，都是为了“简便、灵活、经济、高效”的解决各种民间纠纷。当前国际国内形势的发展都促使我们要认真研究人民调解的问题。目前对 ADR 制度的研究和实践，已引起全球的关注。

二、医患纠纷产生的背景和原因

医患纠纷产生的背景和原因十分复杂，这是不熟悉医疗行业的人或没有医学临床工作经历的人所不能体会的，即使普通的医务人员不参与医院管理也很难清楚这些问题的所在。对于从事医患纠纷人民调解工作的调解员来说，不管你有没有受过医学的学历教育都应该了解医患纠纷产生的相关基础知识，确切地说要熟悉医患纠纷产生的背景和原因。医患纠纷形成中还存在政府、社会、医学本身及现行医疗制度等一些深层次的问题，这对医患纠纷的发生、发展、变化起着重要的作用，这就是医患纠纷形成的背景。医患纠纷形成的原因很多，分为医疗机构本身的原因、医务人员的原因、患方（主要是患者及家属）的原因。熟悉医患纠纷形成的背景和原因，有利于在调解中有针对性地解决问题，也有利于医调委向医疗机构和相关部门提出医患纠纷的防范意见和建议。

三、医患纠纷处理的法定途径

医患纠纷的处理有四条法定途径，人民调解只是四条处理途径中的一条，另外三条途径是医患双方自行协商解决、卫生行政部门调解、法院诉讼。不了解后三种医患纠纷的处理途径，不了解后三种医患纠纷处理途径的优势和缺点，就无法从根本上理解医患纠纷人民调解。更何况事物都在发展变化之中，法院也已实行了司法调解（或诉讼调解）。目前我国的大调解机制，已促使人民调解、行政调解、司法调解互相衔接。所以对医患纠纷处理途径的全面了解是非常必要的，这是医患纠纷人民调解工作应该掌握的基础知识。

四、医疗损害的鉴定方式

在医患纠纷处理中最难的是医疗损害程度和医疗责任的认定，这常常需要进行医疗事故技术鉴定或医疗损害司法鉴定。对有的医患纠纷，人民调解委员会开展了专家咨询制度，实际上也包含了对医疗损害程度和医疗责任的认定。医疗事故技术鉴定、医疗损害司法鉴定和专家咨询制度这三种鉴定方式如何操作，各自有何特点？在法律上的意义和具体作用如何？无疑这也是医患纠纷人民调解工作应该了解的基础知识。

五、医患纠纷人民调解的法律基础

《中华人民共和国人民调解法》、《司法部、卫生部、保监会关于加强医疗纠纷人民调解工作的意见》主要侧重人民调解的规定。《民法通则》、《中华人民共和国侵权责任法》、《医疗事故处理条例》、《医疗事故分级标准(试行)》、《最高人民法院关于审理人身损害赔偿案件适用法律若干问题的解释》等主要侧重医患纠纷的处理、损害程度、责任、赔偿标准等规定。卫生系统的内部文件或规定(如病历书写基本规范、各种诊疗技术常规等)主要侧重医患纠纷形成的原因判断。这些法律法规常常用于医患纠纷调解中,是"依法调解"的基础,是落实医疗损害赔偿的依据,是医患纠纷人民调解应该熟悉的法律基础知识。

第四节　医患纠纷人民调解的工作要求

一、建立和执行医调委的岗位职责和工作制度

凡从事一项大的工作或任务,都要有制度保证。医调委实行各级人员岗位职责管理;建立并完善了医患纠纷登记、调查、调解、回访、信息反馈、统计、档案管理、专家咨询、例会、培训、学习等一系列医患纠纷人民调解的工作制度。通过各级人员执行岗位职责,按照工作制度各负其责、互相配合,才能形成团队提高工作效率。建立和执行岗位职责及工作制度,这是对人民调解组织和调解员的基本要求。

二、掌握医患纠纷人民调解的工作程序和格式文本书写

医患纠纷人民调解是个系统工程,医调委有一整套医患纠纷人民调解工作程序。主要包括:申请调解、办理受理、调解前的准备、调解过程的进行、达成协议、协议履行、调解后回访、案卷归档等。每一个环节都环环相扣,一个环节出现异常(如调解过程中会出现延期、终止等情况),都影响着人民调解工作的质量。程序的实施一方面通过人民调解员语言行动来操作,另一方面通过文字记录来体现。医患纠纷人民调解的格式文书,需要与医患纠纷调解工作程序相匹配,要

求调解格式文书既能反映人民调解的工作内容，又要符合法律的相关规定。作为医患纠纷人民调解员，必须掌握医患纠纷人民调解的工作程序和格式文本书写，这是医患纠纷人民调解的一项基本技能。

三、熟悉医患纠纷人民调解的调解思路

调解应遵守合法性原则，包括程序合法与实体合法两个方面。要在依法的前提下，善于把握当事人形成纠纷、产生矛盾的焦点，寻找利益平衡点，寻找最佳解决纠纷方案。要法、理、情交融，善于渲染人世间美好的亲情、友情，激发当事人人性中真、善、美的一面，促使当事人逾越利益的差异和冲突，平息矛盾、解决纠纷。实际工作中这种“法、理、情”将调解模式演变为：划分责任调解模式、利益平衡调解模式、心理情感调解模式和混合性调节模式。希望医患纠纷人民调解工作者能予以体会。

四、掌握医患纠纷人民调解的方法

《医患纠纷人民调解工作实务》用了大量的篇幅列举医患纠纷调解的案例，并对调解的案例予以解析，其中涉及医患纠纷人民调解十八种常用的方法和技巧的应用，供其用心学习和借鉴，以此促进医患纠纷人民调解员基本技能的提高。

五、争取做优秀的医患纠纷人民调解员

优秀的医患纠纷人民调解员需要具备优秀的政治、医学、法律、心理、文化等素质，需要具备较强的语言表达、观察判断、综合归纳、组织协调、善用技巧等能力。人民调解员只有通过自身不断努力，在工作中不断提高，并通过司法行政部门有针对性地组织培训和医患纠纷人民调解委员会有计划地培养来实现。

第五节　中国特色的医患纠纷人民调解之路

进入21世纪，科学技术突飞猛进，使医疗技术进一步细分，传统的诊疗方式和内容也都发生了重大变化，以许多新技术为主而开展的医疗活动在医疗服务

领域已占相当比重。目前我国也正处于医疗卫生改革的重大变革阶段，公立医院内部在改革，私立医院在民间资本不断投入下不断涌现，医生多点执业已放开，医务人员的社会流动性以及医药分家等都面临着根本性的转变。但是，我国相关方面的法律制度却有所滞后，这些都将为医患纠纷人民调解带来新的变化和挑战①。

国外 ADR 制度（非诉讼纠纷解决方式）已成为医患纠纷解决的有效手段之一，并逐步为社会接受，部分国家 ADR 处理医患纠纷专业化、法制化和规范化的程度较高。中国的调解制度有传统“和为贵”文化的积淀，也具有现代法治的人文精神的内涵，通过开展人民调解制度的理论研究与实践探索，积极借鉴世界范围内诉讼外纠纷解决方式的先进经验，不仅是为了更好地与国际接轨，而且对于化解当下中国的各种社会纠纷有着十分积极的意义，并且为探索建立有中国特色的医患纠纷人民调解之路具有重要意义，同时也向世界传递着解决医患纠纷的中国智慧。

在我国专职从事医患纠纷人民调解的工作才刚刚开始，《中华人民共和国人民调解法》中并没有关于医患纠纷的规定，医调委初期只能吸收其他行业人民调解组织的经验和做法。因此，有关医患纠纷人民调解的基本理论和实际做法，仍然是每一个从事医患纠纷人民调解实际工作和研究工作人员需要进行不断探索的课题。相信随着从事医患纠纷人民调解工作的深入，通过借鉴国外医患纠纷 ADR 解决机制，会对医患纠纷人民调解的理论和实际工作产生影响，促进其不断发展和提高，创造出中国特色的医患纠纷人民调解之路。这是期盼也是从事医患纠纷人民调解工作者的任务。

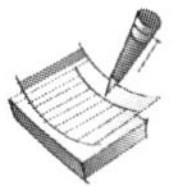

参考书目

[1] 江伟，杨荣新. 人民调解学概论[M]. 北京：法律出版社，1994.

[2] 尹力. 中国调解机制研究[M]. 北京：知识产权出版社，2009.

[3] 梁超德. 人民调解学[M]. 济南：山东人民出版社，1999.

---

① 张滨，胡亚林. 国外 ADR 处理医疗纠纷模式介绍及启示[J]. 医学与哲学，2011，32(6)：56.

思考题

1. 医患纠纷人民调解的定义?
2. 医患纠纷人民调解的特征有哪些?
3. 医患纠纷人民调解的意义和作用?

第二篇

医患纠纷人民调解基础知识

第二章 国内外调解的历史和发展

第一节 中华民族人民调解历史渊源

一、人民调解渊源于中华民族的文化传统

中华民族的祖先，把原始氏族首领解决内部纷争的调解与和解方式带进了文明时代。据考证，在3 000多年前的西周奴隶时代官府中，就设有"调人"、"胥吏"的官职，专司调解纠纷，平息诉讼，维护社会秩序稳定的工作。2006年11月，陕西扶风五郡村出土的两件"五年周生尊"青铜器，造型奇特，类似陶器，有铭文14行112字，记述了一件西周民事案件的过程及解决情况，堪称已知最早的一件民事调解书[①]。

到2 000多年前的秦汉时期，官府的调解制度发展为乡官治事的调解机制。县以下的乡、亭、里设有夫，承担"职听讼"和"收赋税"两项职责，"职听讼"即调解民间纠纷。特别是西汉以后，儒家思想成为封建正统法律思想，以道德教化的方式平息争讼的事例，经常出现在各个时期的文献典籍中。以孔子为代表人物的儒家观点，就是典型代表。子曰："听讼，吾犹人也，必也使无讼乎"[②]。有子曰：

---

① 丁肇文.西周民事调解书将进京首展[N].《北京晚报》2007年05月21日

②《论语·颜渊》

“礼之用，和为贵，先王之道斯为美”[①]。先秦儒家始终以温文尔雅的治国理念行走天下，无论它的礼治、德治和人治思想有多少实用性和可操作性，它所追求的目标始终是明确的，那就是通过使用他们所倡导的治国理念与方法，最终建立一个没有纷争的和谐社会。

唐代沿袭秦汉制度，县以下行政组织没有审判权，乡里民间纠纷、讼事，则先由坊正、村正、里正调解。调解未果，才能上诉到县衙。我国历史上实行行政、司法一体化，县官即法官。

宋元时期，调解制度得到进一步发展。宋代官府在进行民事调处时，重视发挥民间宗亲、邻里的作用。一是对于比较简单的民事诉讼案件，官府一般将事实审理清楚后，便直接进行调处。二是有些民事诉讼，官府虽也直接参与调处，但在更多的情况下，却是由官府谕令当事人双方的亲族邻里从中调解。三是宋代最为常见的调处息讼形式，是在发生纠纷之后，当事人双方并不到官府起诉，而是由宗亲邻里自行调处[②]。这与前两者相比，就完全属于由民间调处的性质。元朝时在法典中专列“诉讼”篇，赋予调解以法律效力，规定凡是以调解的方式结案，当事人不得重新起诉。

明清时期，明代沿袭和发展了历代的调解制度，并将民间调解行为上升为法律。《大明律》专门有关于“凡民间应有词讼，许耆老、里长准受于本亭剖理”的规定。根据《大明律》的规定，明朝在乡一级专门设置了调解民间纠纷的处所“申明亭”。由乡里老者调处民事纠纷，不愿和者，准予告官，但官府受理后，仍然先要调解，调处达成的协议有法律效力，当事人不得以相同的事实和理由重新起诉。清代县乡以下基层组织实行保甲制，设排头、甲头、保正，负责治安、户籍、课税和调解民间纠纷。

中华民国县下设区、乡、镇。民国政府《区自治施行法》和《乡镇自治施行法》都规定，区、乡、镇设立调解委员会，其成员需由具有法律知识和在当地具有威信的公正人士担任，并且由所在区、乡、镇公民中选举产生。

民间调解这种具有纯朴性质的原始民主和人道精神的形式，在中华民族五千年的历史文化中，已被糅和到我国政治、哲学、宗教、伦理、道德、社会风俗、民

---

① 《论语 · 学而》

② 佚名. 名公书判清明集[M]. 北京：中华书局，1987.

情以及民族心理素质之中，成为中华民族的精神财富、处事习惯以及和解纠纷、息事宁人、和睦相处的美德。当双方发生矛盾纠纷不能解决时，就求助于长辈、亲朋以及处事公道的人予以调解，以消除纠纷和保持和睦，维护了社会的稳定。中国人对家和国都有着特殊的感情，家和万事兴、和气生财。人们的理想就是家庭，家族和国家都和睦了，人与人之间，人与自然之间，人与社会之间都和谐了，就不再会有矛盾和纷争，更不要说有诉讼了。因此，调解成为解决各类纠纷的主要方式。在中国几千年的历史发展进程中，调解作为一种传统文化不断被传承。

二、历史上我国调解的主要形式

调解在中国的纠纷解决中，自古以来一直扮演着相当重要的角色。中国历史上曾经出现过官府调解、乡治调解、宗族调解、邻里调解等多种形式的调解。这些调解方式都有利于生产力的发展和种族延续，作为司法制度的补充，几千年来长盛不衰，成为中华民族的优良传统之一。

官府调解，又称司法调解，它是指在官府长官的主持下对民事案件或轻微刑事案件的调解。

乡治调解　它是指在地方乡绅、保长（可加入宗族族长）主持下，对民事纠纷情节轻微或事关亲族伦理关系及当地风俗习惯进行解决的一种调解方式，是一种具有半官方性质的调解。

宗族调解　宗族首领是调解的主要主体，家法族规是族内成员必须遵守的行为规则，它是宗族首领用来调处、裁判族内民事纠纷的法律依据。当家族成员之间发生纠纷时，一般先由族长进行说服教育，然后再以事情本身的是非曲直进行调处。对违反家法族规的族人，族长有权处罚。

邻里调解，是指纠纷发生以后，由亲友、邻居、有威望的长辈或贤良人士等出面说和、劝导的调解方式。

宗族调解和邻里调解通常称作民间调解。

三、新民主主义革命时期人民调解制度的萌芽和形成

新中国的人民调解制度萌芽于土地革命战争时期，是共产党领导下的反对封建土地制度的农会组织和在一些地区建立的局部政权组织中设立的调解组织，调解农民之间的纠纷。1921 年 9 月 27 日，中国共产党在浙江萧山县衙前村

创建了第一个农民协会，农民协会宣言中，规定了会员间纠纷的调解办法；1922年，中国共产党的创始人之一彭湃领导的广东农民成立了“赤山约农会”，下设“仲裁部”，专门调解农会会员之间的纠纷。这是人民调解委员会最早的萌芽。之后，广东、广西、江西、陕西、湖南、湖北等地建立的2万多个农会中，都设有调解组织。人民调解制度的雏形具有以下特点：①调解组织分为两种：一种是将农会作为群众性调解组织，另一种是把村、乡、区政府作为行政性调解组织。②调解内容以不涉及犯罪的民间纠纷为限，如遇到重大问题有权向县革命法庭提出控告。③基层苏维埃政府设专职人员负责调解工作，遇到难于解决的纠纷，实行逐级调解制度。

第二次国内革命战争时期，中国共产党建立的中华苏维埃共和国分区、乡两级政府，川陕省的区、乡级苏维埃政府都设有“裁判委员会”，负责办理民事案件，解决群众纠纷。

抗日战争时期，人民调解制度得到进一步发展。当时的陕甘宁边区、山东抗日民主根据地、晋察冀边区、苏中区等地乡村都设有调解组织，并且称之为“人民调解委员会”，以示翻身农民当家做主，这个名称沿用至今。抗日民主政府和解放区的人民政府，根据各地情况分别颁布了调解的地方法规，如《山东省调解委员会暂行组织条例》、《晋察冀边区行政村调解工作条例》、《冀南区民刑事调解条例》和华北人民政府作出的《关于调解民间纠纷的决定》等。上述《条例》和《决定》的颁布与施行，提出人民调解的三项基本原则：自愿原则、合法原则以及保护当事人诉讼权利原则，是调解工作制度化与法律化的重要标志，它们加强了调解工作的法律地位，促进了调解制度的进一步发展。各地抗日民主政府的法律确定和认可的调解工作组织形式发展到以下四种：①民间自行调解。它是人民群众内部解决纠纷的一种方式，无固定组织形式。调解由双方当事人各自邀请地邻亲友，现场评议曲直，就事件之轻重利害提出调解方案，劝导双方息争。②群众团体调解。这是依靠群众组织来解决群众之间的纠纷。至于群众团体调解的组织形式，各抗日根据地的情况不尽相同，又可分为设有专门调解机构（调解委员会）的调解和不设专门调解机构的调解两种形式。③政府调解。是在基层政权主持下对民间纠纷进行的调解。④法院调解。法院调解属诉讼内调解，是当时重要的调解形式，分法庭调解和庭外调解，无论前者或后者都与上述三种形式的调解在性质上有所不同，它们是审判机关处理案件的一种形式。经法院调解达成的协议，对双方当事人具有同等的约束力。新民主主义革命时期人民调解制度的萌芽和形成，为中华人民共和国成立后人民调解制度在全国范围内的推广提供了有利条件。我们可以认为，中华人民共和国的人民调解制度是以革命根据地的调解制度为基础建立起来的，是在新的历史时期对它的继承和发展。

四、新中国人民调解制度的确立

中华人民共和国成立标志着一个新的历史时期的开始，人民调解工作步入了新的发展阶段。建国初期，许多省、市陆续颁布了人民调解工作的规程、指示、办法。人民调解制度作为司法制度建设与社会主义基层民主政治制度建设的一项重要内容，得到了党和政府的关怀与支持。1953 年第二届全国司法工作会议后，开始在全国区、乡党委和基层政权组织内有领导、有步骤地建立健全人民调解组织。1954 年，政务院颁布了《人民调解委员会暂行组织通则》，在全国范围内统一了人民调解组织的性质、名称、设置，规范了人民调解的任务、工作原则和活动方式，明确规定人民调解委员会是群众自治性组织，要求人民调解必须依法及社会公德进行调解，遵守平等、自愿及不剥夺诉权的三原则。《人民调解委员会暂行组织通则》的颁布，明确规定了人民调解委员会的性质、任务、组织、活动原则、工作制度和工作方法，并确立了人民调解工作在社会主义法制建设中的地位和作用，是我国人民调解制度发展史上的里程碑，标志着人民调解制度在我国法律地位的确立。从此，人民调解工作在全国迅速发展起来。到 1955 年底，全国已有 70%的乡、街道建立了 17 万多个人民调解委员会，调解人员达到 100 多万人。

五、人民调解制度的发展

《人民调解委员会暂行组织通则》颁布后，人民调解工作得到了全面迅速地发展，在城乡社会主义改造中发挥了应有的作用。对于解决“大跃进”年代和三年困难时期的大量民间纠纷发挥了重要的作用。正当我国人民调解工作向前发展的时候，遭遇十年浩劫。1966 年下半年司法机关、行政机关被诬为资产阶级专政的工具而被彻底砸烂，我国的人民调解制度也被视为“阶级调和”路线的产物而被取消，一切正直的、忠于法律和严于职守的调解工作人员受到冲击和迫害，人民调解组织完全陷于瘫痪。

1978年12月党的十一届三中全会以后，人民调解委员会和人民调解工作得到了迅速地恢复和发展。1979年下半年恢复重建各级司法行政机关，加强了对人民调解委员会的指导与管理。1980年1月，全国人民代表大会常务委员会批准重新公布《人民调解委员会暂行组织通则》。1982年12月，全国人民代表大会第五次会议通过的《中华人民共和国宪法》第111条规定："居民委员会、村民委员会设人民调解、治安保卫、公共卫生等委员会，办理本居住地区的公共事业和公益事业，调解民间纠纷，协助维持社会治安，并且向人民政府反映群众的意见、要求和建议。1989年5月5日，国务院常务会议审议通过了《人民调解委员会组织条例》。2002年9月，最高人民法院《关于审理涉及人民调解协议的民事案件的若干规定》和司法部《人民调解工作若干规定》的实行，扩大了人民调解组织范围、调解纠纷范围、明确了人民调解协议书的法律效力，人民调解工作展现出勃勃生机。人民调解出现了专业化和社会化的探索。2010年8月28日第十一届全国人民代表大会常务委员会第十六次会议通过了《中华人民共和国人民调解法》，并于2011年1月1日起施行，首次将人民调解立法，加强了人民调解委员会的组织建设和业务建设，把我国人民调解工作推进到新的历史阶段，具有划时代意义。

第二节　我国现代调解制度的探索和建立

一、现代调解制度的探索

中国现代调解制度的建立有一个不断发展探索的过程，新中国成立前后，其中出现了具有代表性、有一定影响的事件，对推动我国社会主义调解制度和工作体系的建设带来了积极的意义。

1943年，抗战时期马锡五同志从事司法工作，亲自参加案件审判实践，经常下乡，深入调查研究，进行巡回审判，及时纠正一些错案，解决了一些缠讼多年的疑难案件，因而受到群众欢迎。人们把这种贯彻群众路线，实行审判与调解相结合的办案方法，亲切地称之为"马锡五审判方式"。

1963年，浙江省诸暨市枫桥镇，坚持矛盾不上交，就地解决，创造了"捕人少、治安好"的经验。毛泽东主席批示"要各地仿效，经过试点，推广去做"。由此,"枫桥经验"闻名全国。1998年,山东德州陵县在各乡镇建立了由党委政府统一领导、司法行政部门具体运作、各有关部门共同参与的乡镇"司法调解中心",开辟了一条化解新形势下人民内部矛盾的新路子。1998年东明县司法局建立了148法律服务热线,受到人民群众的欢迎。

2001年,上海市在全国首创了"首席人民调解员"制度,即人民调解组织通过规范的程序,在社区内选聘具有较好法律知识和较高威望的人民调解员担任首席人民调解员。

2003年7月南通市设立"社会矛盾纠纷调处指导委员会",在县、乡两级设立社会矛盾纠纷调处中心,在村或社区设立调解站、村(居)民小组调解员和每十户的信息员,在市直部门和行业协会设立调解办等六级组织网络,"统一受理、集中梳理、归口管理和限期处理"社会矛盾纠纷。2003年11月,上海长宁区"人民调解李琴工作室"成立,探索人民调解专业化、职业化、社会化建设道路,努力提高人民调解组织化解矛盾纠纷的能力。

2004年北京的"小小鸟人民调解委员会"跨行业、跨地域,专门为外来务工人员提供服务[①]。2005年福建省厦门市提供"多元化纠纷解决经验"。2005年河北省石家庄市"三位一体"大调解模式出现。

2005年6月,首个社区物业纠纷调解委员会在北京市朝阳区成立。2006年4月28日上海市普陀区成立全国第一家区级医疗纠纷人民调解委员会。2006年10月12日,山西省医疗纠纷人民调解委员会(简称省医调委)在太原成立,这是全国第一家省级医疗纠纷人民调解委员会。

2012年上海政法学院法律学院在全国高校中,首次创建"人民调解专业",招收该专业本科学生。全国各地对调解制度的探索与创新异常活跃。

二、现代的调解制度的建立

新中国的社会主义制度与封建社会制度发生了翻天覆地的变化,在中国共产党领导下,我国的调解制度,吸收和继承了历史上官府调解、乡治调解、民间调解中"排难解纷"、"止讼息争"的合理因素,根据新民主主义革命时期的调解经验,全国各地对调解制度进行了不断探索和发展,将调解形式演化为:司法调解、

① 毋爱斌.对我国人民调解各地模式的考察[J].法治论坛,2009(2):1-12.

仲裁调解、人民调解、行政调解，并成为一种制度。司法调解是对人民法院进行的诉讼调解的总称，指在人民法院审判组织的主持下，双方当事人就争议的问题进行协商，达成协议结束诉讼的活动。仲裁调解是指在仲裁机构主持下，仲裁当事人在自愿协商、互谦互让基础上达成协议从而解决纠纷的一种活动。人民调解是指人民调解委员会以国家法律、公序良俗为依据，通过说服、疏导等方法，促使当事人在平等协商基础上自愿达成协议解决民间纠纷的活动。行政调解是由国家行政机关出面主持进行的调解①。长期以来，我国的调解制度强调说服教育，做好双方当事人的思想工作，使当事人互谅互让，达成妥协。2010 年 8 月 28 日颁布了《中华人民共和国人民调解法》，首次将人民调解立法，标志着我国人民调解工作进入现代化、正规化的历史阶段。

三、目前我国大调解工作体系

随着计划经济向市场经济的过渡和转变，我国的调解制度也随着形势的发展，发生了较大的变化和改革。2007 年 7 月，中央社会治安综合治理委员会提出：建立健全人民调解、行政调解、司法调解互相衔接配合的大调解工作体系。大调解是指在党委、政府的统一领导下，由政法综合治理部门牵头协调、司法行政部门业务指导、调处中心具体运作、职能部门共同参与，整合各种调解资源，对社会矛盾纠纷的协调处理②。其目的是将人民调解、行政调解、司法调解等其他各种调解资源整合在一起，把矛盾纠纷化解在基层。大调解的产生实质上是一次调解理念的升华和革命，它摈弃了历史上传统调解的非理性手段，与现代司法形式有机结合，实现了人民法院、公安机关、司法行政机关等多部门的联动，为传统调解注入了新的生机与活力。目前全国已建立了大调解机制，各村、镇都成立了调解组织，调解的内容涉及征地款补偿、消费者维权、交通、婚姻、赡养、家庭矛盾、劳资纠纷、医患纠纷、物业纠纷——大大小小、林林总总。人民调解形成的协议可以经过司法确认，人民调解可以和行政调解、仲裁调解有机地合作。按照规定，人民调解受理的纠纷为“民间纠纷”，但是现行的人民调解范围已经远大于此③。

---

① 刘靖华. 行政调解概念之实在法分析[J]. 安徽警官职业学院学报，2011，10(3)：16 - 18.

② 章武生. 纠纷解决多元调解的方法与策略[M]. 北京：中国法制出版社，2008.

③ 吴志明. 大调解—应对社会矛盾凸显的东方经验[M]. 北京：法律出版社，2010.

四、我国人民调解组织建立的形式

（1）我国人民调解组织建立的形式目前主要有以下几方面：①按地域分：村（居）委、乡镇（街道）有人民调解委员会；行政区划接边地带的有区域人民调解委员会；国有大、中型企业，地方骨干企业建立的本企业人民调解委员会。②按专业分：交通纠纷人民调解委员会，旅游纠纷人民调解委员会，物业纠纷人民调解委员会、劳资争议调解委员会、医患纠纷人民调解委员会、教育纠纷人民调解委员会，等等；③有各种产业协会，如轻工协会、纺织协会、个体协会等组织从事的调解工作；④有各种群众团体，如工会、妇联、共青团等组织从事的调解工作。后两种组织，从大概念讲，都属于人民调解的范畴。

（2）目前有的地区尝试整合了各种类型的人民调解委员会，成立人民调解委员会联合会（如广安模式）。由具有群众性法律特征的各乡镇（街道）、村（居）委、企事业单位人民调解委员会和全体人民调解员自发组成市、县（区市）人民调解委员会联合会（以下简称联调委），再由联调委产生市、县（区市）级人民调解委员会，以此来保证联调委的群众性法律特征和人民调解委员会级别的跨越，以实现跨地区、重大、疑难纠纷的调解解决，这体现出一种自下而上的、自治性的组建过程。其经验总结为：①以人民调解委员会联调委为中心，建立调解网络结构；②以市、县人民调解委员会联调委、调解中心为龙头，以乡镇为基础，以行业、专业调解委员会为补充，立足实际整合当代中国人民调解的各种经验；③调解形式多样化、多元化，与其他纠纷解决方式有效对接、良性互动；④建立以和谐解决纠纷为首要目的的大调解格局。

第三节　国外的ADR调解制度

一、美国的ADR制度

国外替代性纠纷解决或称“非诉讼”纠纷解决方式，是美国20世纪70年代末80年代初发展起来的。此前美国的民权运动、越南战争、政治不稳定等社会问题凸显，法院的医疗纠纷、产品责任纠纷、交通事故纠纷、保险纠纷以及行政机构管制行为纠纷、集团诉讼案件增多,"诉讼爆炸"使法院不堪重负。作为一个移民国家,多元文化的融合与冲突构成了美国的文化特征,个人主义和自由主义成为社会的基本价值观,当社会主体之间发生权益争端时,很自然地把纠纷的解决提交司法,这也就是美国人"好讼"乃至出现所谓"诉讼爆炸"的社会原因。诉讼的昂贵、耗时、程序繁琐等固有局限性日益显露,在大城市,最简单的案件走诉讼审判程序可能花上几年时间①。很多案件重复出现,也并非所有纠纷都涉及法律原则,是否非走诉讼审判不可呢?于是美国人开始反思司法过程对于现实生活的作用。

1970 年以前美国只有劳工法院有调解。旧金山的华人和明尼苏达州的北欧人,他们所发生冲突的解决方式,是形成一种共同体内的纠纷和解。他们共同憧憬社会和谐,实现没有法律的正义。在反思的过程中,美国人已经清楚认识到美国司法体系内的拥塞和停滞,开始寻求诉讼以外的纠纷解决方式,借鉴华人和北欧人纠纷和解方式,产生了 ADR 制度(Alternative Dispute Resolution,用非诉讼解决纠纷)。美国的 ADR 制度,从根本上缓解了法院的压力,并对维护家庭关系、社会关系、经济关系起到了积极的作用。1998 年美国国会通过的《ADR 法》确定了 ADR 的地位。

目前美国的 ADR 社会化程度较高,探索出一系列非诉讼纠纷解决方式②。如调解、微型审判、早期中立评估、简易陪审团审理、仲裁、调解-仲裁、法院附属调解或仲裁、聘请法官、中立倾听者协议等。还有专门的调解员培训机构,有关纠纷解决的课程在各类院校都有讲授,通过多种方式训练人们解决自身问题和他人问题的能力。在美国的影响下,很多国家开始探索非诉讼纠纷解决方式,对 ADR 制度的研究和实践,已引起全球的关注。

二、荷兰 ADR 制度

在世界各国争相推行 ADR 以缓解司法危机时,荷兰也参与其中,并形成了鲜明的本国特色。一直在罗马法、法国法和传统的荷兰法之间寻求平衡的多元

---

① 范愉. 非诉讼纠纷解决机制研究[M]. 北京:中国人民大学出版社,2000.

② 贾责民. 美国 ADR 简介[EB/OL]. 中国法院国际互联网站,Copyright © 2012 by www.chinacourt.org All Rights Reserved,2007-04-18

化荷兰司法，催生了荷兰多元化的纠纷解决体系：以各类行业协会、委员会为代表的民间 ADR 机构遍布全国；转介调解、初期禁令等法院内部改革措施，为当事人提供了选择一种缩短程序的可能性；租赁纠纷等专门化纠纷解决机制运行良好；监察专员等特殊设置可以满足当事人的特别需要。荷兰 ADR 的特色在于其完备的机制。在荷兰整个社会的各个部门、各行各业中，都逐渐形成了一整套较为完善的内部纠纷解决机制①。

三、德国的 ADR 制度

德国与美国形成鲜明对照，既没有出现明显的诉讼爆炸，也没有形成司法 ADR 的热潮。德国的司法制度、诉讼程序乃至整个纠纷解决机制都是经过精心设计建构而成的。随着实践的发展和社会需求的变化，德国人总是及时通过修改法律、特别是民事程序法来对其制度体系进行调整，被认为是欧洲大陆最理性、最严密的法律制度②。

在德国，调解的理念已经贯穿于民事诉讼的各个阶段，德国《民事诉讼法》第 279 条明确规定："不问诉讼到何程度，法院应该注意使诉讼或各个争点得到和好的解决。"③根据此条，法官应当在诉讼的各阶段努力在当事人之间进行调解。但是在德国一些案件成功调解的花费要高于诉讼的费用，并且在德国司法既不昂贵又不迟延④。因此，德国传统的民间调解主要应用于家事、人事和社区纠纷的解决。近年来的 ADR 重点则是发展面向大企业和消费者的产品质量、医疗纠纷等行业的民间性纠纷解决机构，并没有进一步向法院渗透的迹象。

1997 年 12 月德国颁布了《仲裁程序修订法》，增加了许多符合国际和时代发展的新内容⑤。德国的 ADR 制度构建更侧重于对传统的仲裁制度，其次才考虑实施法院调解制度以及民间 ADR 制度等。德国纠纷解决机制为一个多元化的体系，这种多元化机制的运作合理协调。

---

① 许林波. 荷兰 ADR 制度简介[N]. 人民法院报，2013－8－2.

② 骆永兴. 德国 ADR 的发展及其与英美的比较[J]. 中南大学学报(社会科学版)2003，19(3)：81－85.

③ 邱星美. 当代调解制度比较研究[J]. 比较法研究，2009(4)：124.

④ 邵建东. 德国法学教育的改革与律师执业[M]. 北京：中国政法大学出版社，2004.

⑤ 孙珺. 德国仲裁立法改革[J]. 外国法译评，1999(3)：80.

四、日本ADR制度

日本的ADR制度存在调停和裁判两种类型的ADR,调停型的ADR应用更加广泛并成为主要类型[①]。包括:①法院的民事调停。调停由一个三人委员会主持,该委员会由一名法官做主席,另有一名律师和一个具有普通常识的市民组成。法律规定"解决应通过当事人互相妥协,以实现情理和事实相符";②污染纠纷调解委员会。聘请该领域的专家,通过一些灵活的程序如调停、斡旋、仲裁等处理纠纷。日本与污染有关的绝大部分纠纷是由调停解决的;③交通事故纠纷处理中心。该中心采用了裁判制度,由律师组成的裁判委员会听取双方的意见,并在进行独立的调查之后给出一个中立的意见,供当事人选择;④消费者中心。在消费领域它们解决消费者提交的争议,大部分纠纷涉及小额请求;⑤产品现任中心。负责自理瑕疵产品导致的损害和赔偿。产品的领域非常广泛,包括医药、化学建材、汽车、家电、玩具和日常生活用品等;⑥律师协议会仲裁中心。主要负责处理日常纠纷;⑦国际商事仲裁协会。主要处理与国际商事有关的案件。

ADR在日本纠纷解决体系中发挥着重要作用。介入ADR的第三方包括法院、行政机关和民间机构[②],ADR的程序总体上看具有以合意为基础,以当事人为中心的特点。

五、世界各国都在积极推进ADR的发展

ADR最早引起关注是在美国,现已成为国际上现代法律制度发展的一大趋势[③]。如,挪威制订了《纠纷解决法》,规定诉讼外调解是诉讼的必经程序,经调解达成的协议可强制执行;澳大利亚把推进调解等诉讼替代方式作为司法改革的重要内容之一,成立了"全国非诉讼调解理事会",协助政府制订政策,指导调解工作;日本颁布了《民事调解法》,欧盟正在研究制订适用于欧盟各国的《纠纷解决法》,菲律宾把调解作为初步的诉讼程序,民事纠纷必先经过调解,在调解不

---

① 李冬梅.借鉴日本立法经验建我国ADR纠纷解决体系[EB/OL].法律教育网,www.chinalawedu.com...3148.htm 2004-12-02

② 周群.日本ADR现状及其对我国的启示[J].广西政法管理干部学院学报,2001,16(2):58-59.

③ 岑果.简述美国ADR机制[J],知识经济,2010(6):44.

成功需要诉讼时，由调解组织出具证明，法院才受理。我国的香港特别行政区也设立了“调解顾问中心”作为社会纠纷解决的组织。联合国也正在起草倡导适用调解手段解决社会矛盾纠纷的法律文件。

当代世界各国都在积极推进 ADR 的发展。然而，各国的 ADR 机制又存在着各自的特点和不同的发展格局。ADR 应被应用到何种程度，在不同国家的法律体系中存在着很大的差别。实际上，ADR 制度和运作，完全取决于特定社会的解决纠纷需求及其整体机制的设计，并不存在一种完美的、适用于任何国家和社会的模式和普遍规律。例如在德国，绝大部分的纠纷通过裁判解决，而日本却常使用调停。在这两极之间，荷兰、瑞典和丹麦更接近于日本，美国和英国看来对诉讼的应用越来越少。尽管各国采取的方式不同，建立起来的制度、模式也不尽相同，但都反映出一种共同的趋势，也就是从对诉讼的过分推崇和依赖，转向寻求矛盾纠纷解决渠道的分流，以及化解方式、手段的多样化。

在我国，随着各种对外交流与国际贸易的深入发展，让我们有更多的机会进一步了解各国 ADR 的具体实施情况及其各自的优缺点。机遇与挑战并存。随着我国人民调解不断规范化、专业化、社会化与职业化，在我国现代化建设进程中，人民调解面临着一大挑战，那就是怎样使我国的人民调解能有效地与国际接轨，使之能适应不断深入和发展的对外交流与贸易的需要，使其能成为适应国际纠纷的解决方式，并为我国政治、经济体制改革提供法律制度上的保障，从而更好地促进“和谐社会”的建设。

中国和西方的法律文化在宏观层面上有很多不同，我国的调解是人民调解，是公共服务，因此调解是免费的。国外的 ADR 与我国的人民调解产生的基础不同，但“殊途同归”，调解的目的都是为了简易、高效、经济、妥善地化解各类纠纷，以维护社会稳定。

参考书目

［1］吴志明，等. 大调解—应对社会矛盾凸显的东方经验［M］. 北京：法律出版社，2010.

［2］范愉. 非诉讼纠纷解决机制研究［M］. 北京：中国人民大学出版社，2000.

［3］范愉. 纠纷解决的原理与实践［M］. 北京：清华大学出版社，2007.

［4］宋朝武，等. 调解立法研究［M］. 北京：中国政法大学出版社，2008.

思考题

1. 2006 年 11 月，陕西扶风五郡村考古发现了什么器物，记述了一件西周民事案件的过程及解决情况，堪称已知最早的一件民事调解书？

2. 中国历史上曾经出现过几种形式的调解？

3. 什么时间我国颁布了《人民调解委员会暂行组织通则》，它的颁布对人民调解有什么意义？

4.《中华人民共和国人民调解法》正式施行的时间？

5. 全国第一家医患纠纷人民调解组织出现的时间、地点和名称？

6. 什么是大调解？

7. 美国国会什么时间通过的《ADR 法》确定了 ADR 什么的地位？

8. 简述日本 ADR 制度中“法院的民事调停”形式。

第三章
医患纠纷形成的背景和原因

医患纠纷这一概念中的“医”是指医方，包括医疗机构及其医护人员。医患纠纷这一概念中的“患”是指患方，不仅是指患者，还包括所有接受诊疗护理服务的人（如无病体检的正常人，正常分娩的妇女等），以及他们的家属。医患纠纷是指患方认为医方提供的医疗行为（如诊断、检查、治疗、护理、康复等）有过错，或和医方提供的非医疗行为（如对药价不满、仪器突发故障、态度生硬、伙食质量差，患方在医院内滑倒摔伤等）造成患者人身损害，而与医方之间产生的争执。因医疗行为引起的医患争执是医疗纠纷；因非医疗行为引起的医患争执是非医疗纠纷。医患纠纷包括医疗纠纷和非医疗纠纷。

第一节　医患纠纷形成的背景

医患纠纷形成主要是医方和患方的原因，但是在这背后还存在政府、社会、医学本身及现行医疗制度等一些深层次的问题，这对医患纠纷的发生、发展、变化起着重要的作用，这就是医患纠纷形成的背景。近年来，医患关系的紧张引起了社会大众及各级政府的普遍关注。医患纠纷引发的恶性事件频频发生，损害了医患双方的利益，严重影响了医疗机构的正常工作秩序，造成了极为恶劣的社会影响，不利于我国医疗卫生事业的发展，也与我国当前构建社会主义和谐社会的主旨相违背。为此，有必要对医患纠纷形成的背景做一个梳理和认识。

一、政府卫生经费投入不足

2011年3月6日的"两会"期间，钟南山在广东人大代表团发言时援引世界卫生组织的一项调查数据，中国医疗卫生投入占GDP的比值约为4.6%，不仅远低于主要发达国家8%以上的比例，也低于很多中低收入国家[①]。

张占斌撰文指出：卫生总费用是指一个国家在一定时期内全社会卫生资源消耗的货币表现[②]。卫生总费用包括3个主要内容：一是政府预算卫生支出；二是社会卫生支出；三是个人卫生支出。随着我国经济实力的不断增强和财政收入的增加，我国卫生总费用、政府预算卫生支出的绝对额都比过去有了很大的增长，但政府预算卫生支出总额占卫生总费用的比例却在下降。从1980年的36%下降到2004年的17.1%，也就是说在20多年里政府卫生支出比例平均以每年一个百分点的速度下降。与此同时，居民个人卫生支出呈现快速增长势头。个人卫生支出由1980年占卫生总费用的21.2%增长到2003年的55.5%。也就是说，居民个人卫生支出比重上升得非常快，从1980年占卫生总费用的1/5一直攀升到2003年的3/5左右，居民人均医疗卫生支出成为仅次于食品、住房的第三大开支。我国卫生总费用不断增加，是以政府支出降低，社会支出减少，个人被迫增加卫生支出和个人支出比例的急剧攀升实现的，不符合国际发展趋势。

由于政府对医院补偿不足，政府将医院生存、建设和发展的责任，推给医院自己，医院的院长扛起了本应政府承担的责任。在生存和发展的压力下，医院只好从病人身上获取经济补偿。

二、医疗保险分配不均

在2000年世界卫生组织对成员国卫生筹资与分配公平性的评估排序中，中国列188位，在191个成员国中倒数第4[③]。医疗保险分配不均是一个突出的问题，现行城市就业人员及符合条件的退休人员均享有职工医疗保险制度。现行

---

① 钟南山代表建议：国家医疗卫生经费投入占GDP的5%，2011－03－06 15:14:30.

② 张占斌.中国公共卫生政府投入及国际比较分析[J].学习论坛，2009，25(3)：43－46.

③ 萧雪慧.教育产业化与穷世袭化[N]上海证券报，2005－09－10(3).

城市少年儿童、相当一部分老人以及其他无法就业的城市居民都享有居民医疗保险(有的地方称为:城镇医疗保险)。职工医疗保险的金额要比居民医疗保险的金额高得多,能够享受报销的条件也优惠很多。由于城市中两种不同医疗保险待遇的存在,受利益的驱动,无法避免部分只享有城市居民医疗保险的人员以各种方式侵蚀职工医疗保险资源的问题。

在中国农村,农村合作医疗覆盖了90%以上的农村和90%以上的农民。但是农村的合作医疗待遇比城市居民医疗保险待遇差很多,更无法与城市职工医疗保险待遇相比。这种城乡的差异,使农民的医疗风险比城市居民和职工大得多。目前大量的农民工进入城市务工,农村合作医疗异地报销没有"联网服务",报销的过程、环节和手续均繁复,因此造成部分农民工没有享受到应有的医疗保险待遇。医院时常受到医疗欠费的困扰和由此而来的医患矛盾加剧的影响。

三、卫生资源分配不合理

我国卫生资源分配不合理,多达70%的医务人员居住在城市,大城市中70%~80%医务工作者又集中在国家的大、中型医院[①]。广大的农村和小城镇卫生资源相对缺乏,医疗技术水平也较低,个别边远地区还处于缺医少药的状态。患了重病或疑难杂症都要去城市的大医院就诊,目前,大、中城市的大型医院(三级医院)挤满了就医的病人。由于卫生资源分配不均,造成了广大农村和小城镇人群存在看病难的问题。由于大、中城市的大医院外来就诊的患者相对增多,使本地居民原本享有的医疗卫生资源相对受到挤压,因此又造成了大、中城市居民看病相对困难。

在城市,现行医疗保险制度的设计没有对患者选择就医的行为进行约束,所有享有城市医保的人员,可以任意选择具有医保的一级医院、二级医院或三级医院就诊。本该是治疗重病的大医院(三级医院),却疲于应付一级医院的社区简单疾病。本该治疑难杂症的知名专家,却在做全科医生(社区医生)的工作。很多调查显示,大多数中国病人的首诊在综合性大医院完成。大量的稀有资源,被浪费在简单的疾病上,这是造成到大医院病人挂号难、看病难的重要原因。

---

① 班瑞益.对我国卫生资源配置和使用几个深层次问题的思索[J].中国初级卫生保健,1999,13(7):4-6.

四、卫生体制的"市场化"冲击

卫生体制改革前，卫生行业内的各医疗机构均姓"公"，姓"福"。医院和医务人员天经地义只能全心全意为人民服务，而不讲价钱。但是在医疗卫生的改革十年里，把医院推向了市场，致使卫生体制受到了巨大冲击。如医院出现了"贵宾病房"、"特需服务"、"VIP 项目"等，患者付多少钱，医院就服务多少，付得钱多，医院就服务得多，服务得好；患者付得钱少，医院就服务得少。以"钱"定质量的道德观，势必会给社会医疗消费人群带来强烈的不满和不良反应[①]。

近年来，药品的价格让百姓特别不满意，治一个小感冒前几年只需几元钱的药，现在要花掉几十元甚至上百元，有很多的药品还是原来的药品，只是换了包装，或者是剂量有些变化。医院一直受药价虚高的指责，认为是医院提高了药品的价格。实际情况是西药和中成药购进后医院按照规定只能加价 15％卖出，也就是说医院挣了 15％的药品差价（上海市社区卫生服务中心提供的药品为零差价）。

药厂为了获得更多利益，对于一些相同成分的药物，改变剂型或者名称，经食品药品监督管理局批准，就变成了"新药"。医保药价一直是国家发改委和各个地方的物价局定价，非医保药品由药品生产企业自行定价，药品生产企业只需将有关定价资料报当地物价管理部门备案即可在全国销售[②]。有的药品到患者手中的价格，是该药品出厂价的数十倍。这种定价机制养活了数万个医药公司和百万药品推销人员，也使医药公司和推销人员有了向医务人员行贿的利润空间。在利益的驱动下，促使部分医生多给患者开有"回扣"的高价药品，药品商业化的运作就在多部门的"照顾"下形成了。国家发改委、食品药品监督管理局和各地物价部门的多头管理体制是造成药价虚高的根本原因，药品的市场化和商业化是造成药价虚高的主要原因。

几十年来，国家长期对医院实行计划经济管理，医疗技术服务定价极低，无论是门诊挂号费、医生、护士各种治疗、操作费还是住院费，都只有区区几元、几十元，低的甚至只有几角钱。很多高难度的手术，需要八九位医生，四五位护士，

---

① 王亚平.论医疗纠纷产生的深刻根源和背景[J].医院院长论坛，2009(1)：37－41.

② 陶志明.解决我国药品价格虚高问题的对策[J].经济纵横，2008(2)：53－55.

十几个小时才能完成并且还需使用无数昂贵的医疗仪器，承担着巨大的风险，手术费才几百至一二千元。许多医疗项目都在亏本经营，护理、治疗、门诊挂号、诊疗、住院费用更是全部亏损。只有化验检查、大型仪器（如核磁共振、CT、内窥镜等）检查盈利。在医疗定价严重背离市场规律的情况下，公立医院只能靠化验检查、大型仪器检查、靠卖药，靠巨大的工作量或贷款来艰难运转。民营医院更不容乐观。由于监管和法律缺位，除了极少数高端外资医院实行市场化的高价体系，有充足的盈利能力，一些面向基层的民营医院，或多或少存在一定的"过度"医疗，更有甚者，雇用"医托"实施欺诈行为，严重扰乱了医疗市场秩序，给社会造成了不少危害。

要改变上述情况，如果只单纯地进行"医药分家"，来阻止医院对药品加价15%，而其他配套措施不跟上，医院在现有卫生管理体制下如何生存？如果政府不对医疗机构进行补贴，物价部门会不会对挂号、护理操作、手术、各种检查项目、住院项目等增加技术服务收费？如果技术服务收费一旦增加，仍然难解决"看病贵"的问题，归根到底"看病难、看病贵"的问题是药品管理与医疗体制的问题，靠卫生系统本身无法解决，现有的利益链不打破，医疗改革将难有新的突破。

五、社会矛盾凸显期的影响

据西方有关国家的统计，当人均月收入达到 1 000 至 3 000 美元，一个国家就会进入社会矛盾的凸显期。目前我国正处于这样一个特殊时期，各种社会矛盾突出，呈井喷式集中爆发。难免有仇官、仇富等情况发生。这时，会有人试图通过非常规或极端的方式，促使政府和有关部门解决没有遇到或长期无力解决的问题。因此，很多医疗事件会成为导火线，如不进行有效的化解将会发展成为恶性事件。

六、人们主动参与医疗和维权意识的增强

随着国民经济的发展，人们生活水平的提高和基本医学知识得到了普及，人们对健康与保健的需求越来越高。随着社会的进步，人们依法办事、凡事讲法的法制观念越来越强，主动参与医疗过程的愿望和维权意识也不断增强。病人作为医患之间地位平等的一员，有权要求对疾病情况、特殊检查及相关治疗的知情权以及对相关费用的知情权等。在过去，医务人员往往只考虑对疾病的治疗，而

忽视了病人这方面权利的要求,原来认为习以为常的事情,现在却可能因此发生纠纷,甚至将医务人员告上法庭。

七、城市化进程的影响

随着城市化进程的推进,大量农村人口进入城市,基于传统"地缘"、"亲缘"关系而产生的信任机制被打破;由于城市的扩大,无论是医务人员还是患者的流动性都远非传统"农耕"时代所能比拟的,此时,传统社会时期的社会信任和融合机制基本失效,而适应城市化进程的新型社会信任和融合机制却并未形成,在社会出现信任危机的情况下,医患之间的信任缺失也就不难理解了。

八、新闻媒体关于医患纠纷的负面报道

在多媒体信息时代,新闻媒体关心弱势群体是很正常的。当医院和患者发生纠纷后,从医疗规模、医学知识和医疗的主动性方面来说,患者是处于弱势。舆论出于对弱势群体的同情,往往将医院置于风口浪尖,因对市场经济初级阶段医疗市场上的一些不正之风的揭露,虽然对规范医疗市场有所促进,但是也有可能在群众中产生了一些负面性影响,尤其是一些夸大不实的报道,会让人产生误解或歪曲,错将医院当"黑店",这样"白衣天使"就变成了"白狼"。因新闻媒体及自媒体等关于对医患纠纷的负面报道,从某种程度上来说严重损害了医院、医务人员的形象。当今时代,因各种信息传播工具多,速度快,所以其波及产生的影响也较大。

九、医学科学的局限性和高风险性

(1) 医学科学是人的生命科学,生命的起源、地球的起源至今仍是谜。人体的许多结构和功能还没有完全弄清楚,研究的手段和方法也在不断地发展,因此对医学科学的认知水平也受到了时代的局限。

(2) 医学科学的发展要依靠基础科学的发展,只有基础科学发展了,才能推动医学的发展。今天医学上使用的 X 光机,B 型超声波检查仪,激光治疗仪,核磁共振检查仪、红外线治疗仪、放射免疫分析仪,等等,无一不是基础科学技术发展在医学上的应用。

(3) 医学科学的发展历史很短,尽管人类在医学上取得了巨大进步。但由

于人体的极端复杂性，尽管采用了各种现代化检查，如CT、磁共振、PET-CT等，而且经过许多医院的专家会诊，有些病人最后仍得不到确切的诊断，有的病人虽已死亡仍然不能确诊(包括少数尸体解剖)。这意味着目前人们所掌握的各种检查手段尚不能揭示人类所患各种疾病的本质和规律。在某些疾病诊断问题上仍处于无法企及的境地，仍有一大批疾病的治疗尚未被完全攻克，如癌症、风湿病、高血压、糖尿病、慢性肾小球肾炎、系统性红斑狼疮、再生障碍性贫血、艾滋病、白血病，等等。即便是对于很多常见病，在治疗中也会因个体差异而发生意外。可以说，一部医学史，就是经历过无数失败而发展起来的历史。医学的每一点进步，人类都付出了高昂的代价。

(4) 心理和社会因素可以影响到人体健康。情绪、性格、生活事件、个体易感性、社交方式与社会支持系统都可能成为致病的因素。这类疾病称为心身疾病。心身疾病目前所包括的范围是很广的，主要包括由情绪因素所引起的，以躯体症状为主要表现，受植物神经所支配的系统或器官的疾病。常见的有：神经性皮炎、瘙痒症、斑秃、湿疹、肌肉疼痛、痉挛性斜颈、支气管哮喘、过度换气综合征、神经性咳嗽。阵发性心动过速、心律不齐、偏头痛、神经性厌食、神经性呕吐、溃疡性肠炎、幽门痉挛、过敏性结肠炎。月经紊乱、经前期紧张综合征、功能性出血、性功能障碍、尿频、紧张性头痛、睡眠障碍、植物神经功能失调症、咽部异物感、眼睑痉挛、特发性舌痛症等。以上疾病均可在心理应激后起病，情绪影响下恶化，心理治疗和社会帮助有助于病情的康复。所以疾病的病因复杂，构成了“生物、心理和社会因素之间的联系，增加了诊断和治疗的难度。

(5) 任何一个医生的成长都需要一个过程，受学历、工作经历、医院条件、个人能力、老师带教、医学发展等诸多因素的影响，医务人员的知识面和临床经验因此而有一定的局限。许多疾病临床表现复杂，不同的疾病可以有相同的临床症状，相同的病可以有不同的临床表现，随着疾病发展的不同阶段表现出不同的临床症状。并且每个病人又存在不同的个体差异，在一些病人身上有效的药物用在另一些同类病人身上未必有效。加之临床病情不易掌握，存在一定的误诊误治率。可以说，医学是个不完善的学科，也是必须不断发展的学科，在医疗工作中，常出现一些不可预料的结果，因此它是一个高风险的行业①。

① 雷红力. 浅议医患纠纷形成的背景和原因(上)[J]. 中国卫生法制，2014，22(4)：61-64.

(6) 目前的诊疗手段和方法(如:吃药、注射、输液、输血及手术等),本身就带有风险。药物能治病也能致病,药物是一柄双刃剑,世界上没有一种毫无副作用的药物。药物的不良反应虽然在药物说明书上都有相当明确的描述,但医生很难预测这种不良反应会发生在哪些病人身上。许多检查手段本身就是有创伤、有风险的。为了确诊,医生进行的一些检查,如胃镜、结肠镜、支气管镜、腹腔镜、宫腔镜等,不仅在实施过程中可能会给病人带来一定的痛苦,而且可能会引起出血、感染、脏器穿孔甚至危及生命。各种介入检查,如心导管检查、动脉造影等均是有创伤性的,这与医学科学的高风险性相关。

十、医务人员的自我保护

一个医学本科生需读书 5 年,毕业后一般要工作 5 年才具有独立解决问题的能力。不管是实习,还是行医,医生的劳动强度都很大,值班需 24 小时,还要承受巨大风险。如不小心造成失误,不仅会给病人及家属带来身体和精神痛苦,还有可能因此葬送一个病人的生命,也就可能因此而断送了该医务人员的职业生涯。如果从医生创造的价值看,他们挽救的是生命、祛除的是病痛、带来的是生命质量的提升。目前医护人员平均每月的工资报酬,与挽救生命相比,医务人员的劳动显然廉价了。因此一些医务人员产生了付出太多、收入不对称、不被人理解的抱怨情绪,医生反对自己子女学医做医生的情况也非常普遍。

由于患者的维权意识增强,以及出现医患纠纷后法律规定"举证责任倒置",医护人员关注的重点发生了转变。为了减少漏诊、误诊和误治造成的医患纠纷,某些医生对病人增加了各种化验和医疗仪器检查,用患者的钱,为自己的诊断和治疗上全方位的"保险",医务人员的这种自我保护,客观上加重了患者的经济负担,也使得本已不和谐的医患关系更趋恶化。医疗机构日益增长的"证据意识",促使医生和护士都专注于医疗文献的"严密性",知情同意书、告知书、检查同意书、授权委托书、某某治疗同意书等签字项目突然增加了许多。结果医患双方忙于履行签字程序,医患之间戒备森严,人文关怀却荡然无存。医生本身就是一种高风险、高技术和高难度的行业,很多疾病是难以治愈的。在这种情况下,医生就需要探索新的治疗方法和技术。但多数医生不愿冒风险去开展创新的治疗方法和技术。医务人员的自我保护最终不利于病人,不利于医学事业的发展。

十一、维稳工作造成的影响

改革开放30多年来，我国经济快速发展，人民生活水平提高，但由于医疗体制改革相对滞后，导致医疗服务模式与医疗需求之间严重不协调，医疗纠纷急剧增加。不少医患纠纷演变成恶性事件，导致医生被打伤、致残甚至被杀害。医患关系紧张，患者有气，医院也有气。医患关系紧张不仅影响到患者及家属的心理，也影响了医务人员和正常的医疗工作。为处理医疗纠纷，卫生部门和政府要耗费大量的时间和精力，医患纠纷已影响到当前和谐社会的构建。

在“创建和谐社会”的过程中，某些地方政府注重弱势群体维权，在医患纠纷问题上助长了不正常的过度维权。医疗机构作为一个公共场所，一个带有公益特性的公共场所，它的安全、秩序保护问题，多年来一直未得到公安、法律、政府等部门的高度重视和有效管理，本着“少介入”的态度。客观上也助长了“医闹”们的胆大妄为。

近年来社会处于矛盾凸显期，社会变革造成人们心理承受发生问题及部分人对社会不满，某些人就把各种其他无法释放的怨气借对医疗行为的不满通过“过激”行为转向医疗机构。一些应该能够和解的医患纠纷被无休止的纠缠，在赔偿上个别患者漫天要价。政府出于建设和谐社会“维稳工作”的考虑，采取对医疗机构施加压力，或利用社会救济等途径来满足患者的利益要求，由此可能形成了一定的不良示范效应，会让人误认为“会哭的孩子有奶吃”，“闹得动静越大，得到的利益越多”，如此恶性循环。有少部分人看到在医患纠纷中有利可图，部分患者的不合理要求得到了部分满足，于是他们便漫天要价，如果不给，就“大闹”。如此也使医患纠纷的赔偿金额越来越高，医患纠纷出现愈演愈烈的状况。

医疗损害赔偿的恶性循环众所周知，医疗行为是一项高风险性的工作，由于医学上仍有很多未知领域，以及患者本身存在相当大的个体差异性，实际上相当一部分患者的死亡、残废和功能障碍并非是由于医务人员的过失所导致，而是由于无法预料和避免的并发症所致，完全属于医疗意外的范围，医院无需承担赔偿责任。但是，在目前医疗赔偿的体制下，患者家属出现医患纠纷不再由有关部门按照法律程序和规定处理，医院承担赔偿责任的前提不是由于自身的医疗侵权，而是由患者家属人数的多少和吵闹的程度所决定，这不能不说是目前医患纠纷处理的悲哀，也是与那些维护医院部门利益的人的初衷相背离的。

总之:医疗行业是高风险性行业;医疗制度改革步履艰难;看病贵看病难短期不能解决,医疗需求逐渐升高;患方维权意识逐步加强;医生自我保护处于无奈;医患纠纷的形成背景十分复杂。

第二节 医患纠纷形成的原因

医患纠纷的形成主要是医方和患方的原因,即医疗机构原因、医务人员原因、患方原因。以下给予重点介绍。

一、医患纠纷形成中的医疗机构原因

在我国,凡经依法登记并取得《医疗机构执业许可证》的医疗机构包括:综合性医院、乡镇卫生院、社区卫生服务中心、疗养院、门诊部、诊所、卫生所、保健站、急救站(中心)、检验中心、体检中心、康复中心、专科疾病防治院(所、站)、妇幼保健院,等等,上述单位均统称医疗机构。习惯上,人们把医疗机构都称为医院。一般情况下,医患纠纷虽然因医务人员的行为引起,但医患纠纷的医方法律主体仍是某一具体的医疗机构。

1. 法制观念落后于社会

随着社会的不断进步,人们的法律意识和维权意识在不断增强。近年来医疗工作的法律环境出现了变化,《医疗机构管理办法》、《中华人民共和国护士管理办法》、《中华人民共和国执业医师法》已相继颁布和实施,新修改后的《中华人民共和国刑法》规定了"医疗事故罪",医疗工作和医疗行为更多地受到社会规范的强制性约束。另外,在处理医疗纠纷时,《医疗事故处理条例》与《中华人民共和国民法通则》在某些方面的规定不一致,有些地方在纠纷处理时还适用《消费者权益保护法》。虽然处理医疗纠纷的有关法律法规尚有待统一和完善,但对医患纠纷的赔偿和对医疗过失责任的惩处力度都较以往有所加强。

当前医疗机构的管理体制没有根本改变,法制观念意识远没有跟上时代步伐,特别在用法律手段规范医务人员的医疗行为、保护医务人员的合法权益方面,与社会大环境相比显得十分落后,所以一旦发生纠纷,医院一方往往处境被动。医疗机构的管理人员要熟悉与医院工作相关的法律、法规,树立依法治院的

思想。在抢救、诊治病人的过程中，要让医务人员明白仅有满腔热忱和熟练的业务技术是不够的，还必须要有强烈的法律意识。只有这样，才能在诊疗活动中用相关法律规范自己的医疗行为，更好地为病人服务，也才能更好地维护患者、医务人员和医院的合法权益。

2. 医院管理人才不足

现阶段活跃在各医疗机构行政管理部门的人员大部分是由原来从事临床医疗工作转行而来的，他们对医疗专业知识非常熟悉，但是大多缺乏医院管理知识，所以在医院行政管理方面显得生疏。在全国，学习过卫生管理专业的人员相对较少，这类人员他们虽接受过系统的管理学教育，但是临床医疗专业知识又相对欠缺，在医院工作也难得到重用。因为医院管理有其特殊性，扎实的医学理论与系统的管理学知识同样重要。多年来医院管理方面一直存在人才不足的情况，这是常常引发医患纠纷的薄弱环节。

在一些民营医院和小型医疗机构（如门诊部、体检中心、卫生所等），没有设立专职的医疗安全和医疗质量管理部门，医疗管理人员常常是“兼职”的临床医生或是负责行政和人事管理的工作人员，由于他们很少有时间去真正关注医疗质量和医疗安全，有的甚至不懂管理，所以，此类医疗机构在医院管理方面存在的问题更显得多一些。

3. 医疗管理监督机制流于形式

尽管一些医疗机构设有医疗、护理、质量控制、医院感染控制等质量管理部门，但质量管理的组织活动不够经常，检查流于形式，发现问题多，分析原因少，经济处罚多，行政处罚少，对于出现的问题从临床方面找原因相对多，从管理方面找原因相对较少。各科室存在上级强调时抓一阵子，下边出问题时抓一阵子。质量控制意识淡薄，责任意识淡化，部分科室发生医疗质量问题不及时如实上报，消极应付。客观上增大了医院管理的难度，增大了医疗纠纷发生的风险。

虽然各医疗机构已有一整套行之有效的规章制度，这些规章制度对提高医疗质量、保障医疗安全、预防差错事故都具有十分重要的作用，如三查七对制度、三级查房制度、会诊制度、请示报告制度等，但部分医疗机构并没有很好地执行这些制度。造成医疗工作制度、各级人员岗位责任、诊疗及护理操作常规等规章制度不能真正得到贯彻执行。医疗质量考评制度执行不严，对存在的医疗质量问题没有逐一分析评判并制定相应整改措施，使部分存在的问题长期存在，给医患纠纷的发生留下隐患。

一些医院没有建立医院、科室、个人的各级医疗质量档案(或技术档案)。有的医院没有把医疗质量作为科室和个人评选先进的重要条件并与奖励、晋升、奖金分配挂钩。个别医院也没有对造成医疗事故的当事人,进行相应教育与处罚。因此,没有形成与医务人员切身利益相关的医疗质量管理体系,也就使各种规章制度形同虚设。

4. 忽视非医疗纠纷的发生

在医患纠纷中,有相当一部分是非医疗纠纷(也称医源性非医疗纠纷或医源性其他纠纷)。但是这些非医疗纠纷都与医源性有关,常见的有以下几种情况:①有些医务人员碍与情面,允许病人请假外出,患者在院外发生意外后,就可能成为引发纠纷的理由;②允许患者陪护人员离开病区或医院,当患者由医务人员代管时,不慎出了问题,如开水灼伤、摔倒、跌伤、高处坠落等,院方则需承担失职责任;③精神病或老年痴呆、行为异常、生活不能完全自理者,不慎出了问题,也容易发生纠纷;④精神抑郁者或癌症患者在住院期间自杀,如果事先没采取有效防范措施,也可成为引发纠纷的原因;⑤医疗仪器或器械突发故障导致检查或治疗延误;⑥医院建筑的门窗或周围环境因不安全因素,导致误伤;⑦电梯使用不便,影响患者行动和运送;⑧食堂饭菜不合胃口;⑨住院收费项目明细不清;⑩医务人员因服务态度生硬受到的投诉等。上述问题如果一旦出现,医院很难证明没有过错。此外,因到医院就诊的都是病人,出现医疗之外的安全问题,有时会导致病情加重或变化,很难分清是不是医院和医务人员的责任,给纠纷的处理和解决带来一定困难。虽然非医疗纠纷的防范涉及方方面面,但也最容易被管理人员和医务人员所忽视。

5. 对医务人员的医疗安全教育相对缺乏

高尚的职业道德、良好的医德医风是防范医患纠纷发生的根本的所在。在决定医疗质量的因素中,人的因素是最重要的。随着医学模式的转变,“以人为本”、以病人为中心理念的形成。促使医疗机构必须对职工加强职业道德教育,使医务人员树立应对患者认真负责和全心全意为患者服务的理念,让医务人员在诊疗过程中自觉遵守各种诊疗常规及各项规章制度,规范自己的行为,以利提高工作质量,才能有效地防止医疗纠纷的发生。

因医疗事故的发生给患者的生命和健康带来的伤害往往是无法补救的,并给社会、医院与当事人等均带来不良后果及一定的经济负担。所以医院要让全体医务人员树立良好的医德医风，敬业爱岗、乐于奉献的精神，切实维护患者的利益，全心全意为患者服务；增强医务人员单独工作时的自律性，养成单独工作与合作工作时一样认真，无人监督与有人监督时一样负责的好习惯。

为从根本上杜绝医疗纠纷和医疗事故的发生，医院应加强医疗安全教育、培训，经常进行全院性的医疗安全教育，适时召开典型病例研讨会，抢救成功病例分析会，总结经验，找准问题。要教育和引导职工建立正确医患关系，通过多种形式教育医务人员主动帮助患者适应医疗过程角色的转变，建立良好的医患关系，把提高服务质量上升到事关医院的生存发展和医护人员的留用取舍的高度来认识，改变传统的医患关系，主动进行医患之间的交流，通过真诚建立信任、用热情、诚恳的语言关怀、感染患方，取得患方的合作和支持。在医患之间达成理解与共识，从而及早消除医疗纠纷的隐患，确保医疗安全。要认真学习《医疗事故处理条例》及配套文件与相关法律法规，让医务人员掌握有关医疗法规的基本内容，加强自我保护意识，提高自身的医德修养，为患者提供优良的医疗服务。同时加大对责任心不强、玩忽职守造成医疗事故的直接责任人员的行政处罚力度，以儆效尤，这样才能从根本上杜绝医疗纠纷和医疗事故的发生。

6. 医疗机构接待投诉的途径不便捷

目前现状是大部分患者不知发生医患纠纷后应怎样投诉，医疗机构应清楚告知患者便捷的投诉途径，不但可增加患者的信任，也可提高患者对医院的满意度。患者若不知道投诉途径，就有可能因为不满情绪没能及时反映，给医患关系造成潜在的危害，最终导致医患危机的爆发。所以，医院要把投诉指引设计清楚，并要在患者认为投诉最方便的地点，如大厅咨询台等设立投诉接待咨询点，引导患者到专设接待投诉点接受面对面的互动投诉，医院要设立意见箱，24 小时投诉电话，宣传要面向所有门诊、住院患者及家属，避免他们因不能及时投诉，产生潜在的危机。

有些医疗单位把患者投诉视为洪水猛兽，唯恐避之不及。其实，患者投诉是反映了患者对医疗质量和服务水平的需求和满意度，不能正确对待并处理患者投诉，必将失去病源，竞争力也就无从谈起。只有提高了认识，才能在对待和处理患者投诉时，摆正心态，及时合理地去处理和应对。医院要重视人性化医疗服务，在患者的素质和维权意识明显提高的今天，人性化的医疗服务显得尤为重要。

7. 处理医患纠纷的措施不当

医患纠纷事件之所以难以处理，其中一条重要原因是早期处理不得力，医院态度生硬，不能换位思考，导致患者家属情绪激化。还有部分科室领导，当本科医生与患者发生矛盾、纠纷时擅自处理，至局面无法挽回时才上报医院。这时再处理，协调往往非常困难。另外，某些医院在确有医疗过失的纠纷事件中，不能对患者表示同情理解，而是想方设法掩盖事实真相，致使医患矛盾逐渐升级。

二、医患纠纷形成中的医务人员原因

在医疗活动中，医务人员在病人就诊的整个诊疗过程中处于主导地位，所以医务人员的责任心、技术水平、服务态度、医德医风等都决定着医疗工作的质量，医疗工作质量好医患纠纷就比较少，反之医务人员的责任心不强、技术水平不高、服务态度差、医德医风恶劣，就比较容易产生医患纠纷①。

1. 医务人员责任心不强

医院现有的医疗制度应该说是比较完善的，是医务人员向患者提供良好医疗服务的保障，不仅对日常的医疗工作有着有益的约束作用，而且对医务工作本身也是一种保护。可总有一部分医务人员对严格执行规章制度的观念淡薄，存在侥幸心理，自以为是。正是在这样的情况下常引发诊疗错误，直至产生不良后果，引发医疗纠纷。医务人员责任心不强通常表现为：①医生在接待患者时，不认真听取病人主诉，体检不全面，过分依赖实验室检查，在思想上存在主观性、片面性和盲目性。对重症病人不愿收治而互相推诿，以至病情恶化。②在病房工作中，医师不按时查房、病历书写不及时、术前讨论、死亡讨论敷衍了事、一线医生遇到疑难病症不及时向二线医生报告。值班不坚守岗位，以致病员发生意外或病情突变时不能立即抢救。③做临床治疗或诊断性操作时，医务人员不按操作常规，动作粗暴，以致损伤病人脏器或酿成不良后果。④门诊工作中，医生处方书写不合格、滥用抗生素、滥开辅助检查。⑤护理工作中，护士没有遵守“三查七对”制度，出现打错针、输错血、发错药等情况。⑥手术医生出现开错刀或在手术后体腔内遗留纱布及其他异物等以致引起不良后果。⑦化验室、病理科和辅

① 雷红力.浅议医患纠纷形成的背景和原因(下)[J].中国卫生法制，2014，22(5).

助检查室出现报告单错误;⑧药剂科出现药品发放错误等等上述导致医患纠纷的不良因素引起的纠纷涉及科目众多、均引起不同的不良后果,给医患双方都造成损失。

2. 医务人员技术水平差异

当今社会分工越来越细化,医学领域也不例外,其各个分支专业都有自成体系的科学理论,从住院医师到主任医师,对各级别医师的技术水平要求有所不同的。因此,各级别医师的业务水平是有差异的,低年资的年轻医师经验相对较少,因为个人的原因,即使是同一级别、相同资质的医师之间医疗水平也不完全相同。再加上有些疾病的早期症状不明显、不典型、医生在诊断时容易产生疏忽;或者因医务人员对某些罕见疾病缺乏认识,尚不知其诊断方法以至于误诊;或对某些疾病的严重性认识不足,而未预见到病情会突然变化与死亡,因此未事先向家属作相应说明。在家属缺乏思想准备的情况下,病人突然死亡而引起医疗纠纷,应属于技术原因。

3. 医疗意外和疾病的转归

医学实践非常复杂,有些医疗过程中所发生的变化可以预防,但也有一些情况不仅难以预见而且也难以控制。例如药物注射、诊断性检查或在麻醉过程中,有的病人会突然出现心搏、呼吸骤停,虽经积极抢救也难挽回生命。有的虽经尸体解剖、病理检查、生化检验、案情调查、病史分析等,鉴定结果均不能否认用药的指征、剂量、方法等各个方面均符合医疗上的原则和要求,抢救也是及时得当有力的。但是由于病人体质的特异性,发生了药物过敏至死亡,此类情况属于医疗意外。

尽管人类在医学上已取得了巨大进步,但由于人体的极端复杂性,仍有一大批疾病尚未被攻克,许多慢性病的病人最终阶段常出现多脏器衰竭。以肺心病为例,到了后期,病人不仅要忍受十分严重和顽固的咳嗽、咯痰、呼吸困难之苦,而且还会出现严重的心力衰竭、肺性脑病甚至肝肾功能衰竭等,不仅如此,病人还要忍受心慌、浮肿、头痛、恶心等症状的折磨,而现有的医疗措施只能是暂时缓解其中某些症状,不能从根本上解决问题。临床上像这类患者因疾病本身的原因,导致预后不良,出现最终死亡的结果,应属于疾病的正常转归。这样的例子举不胜举,像肝硬化、慢性肾功能衰竭以及晚期恶性肿瘤病人的临终阶段无不如此,医务人员无论怎样努力亦无法挽救病人的生命,成为医疗的无奈。

4. 医疗服务态度差

随着社会的发展进步，人均生活水平的不断提高，人们到医院就诊除了希望解除病痛、根治疾病，还希望有个和谐有序的环境，得到亲切良好的服务。近年来，虽然医疗行业的服务意识已不断增强，作为一个“治病救人”，提供特殊服务的行业，各医疗机构都把“以人为本”作为重要的工作来抓，目前，许多医院在服务态度方面仍然存在某些不足。

由于医学的专业性强，难度高，医患双方掌握的医学信息不对称，部分医务人员没有以换位思考方式去理解患者及家属的心情和感受，认为只要是为病人的利益着想，医疗上无过错，态度的好坏关系不大。医务人员有了这样的想法，语言就会变得简单，解释工作就难全面。即使是正常的病情转归，诊断治疗方面没有过失，患方仍会因与医务人员缺乏必要的沟通而质疑整个诊疗过程，引起医疗纠纷。例如，一位腹部隐痛、腹泻的患者会向医生提出是不是“肠穿孔”的疑问。如果医生对此意见不屑一顾，甚至不耐烦地反问：“肠子有这么容易穿孔吗?”“你提这个检查，那个检查，是你作医生，还是我作医生?”甚至讽刺挖苦病人，病人听了当然很反感，气愤抑在心里。如果这位腹痛、腹泻患者经过治疗后，病情迅速好转，患方不一定会投诉。如果病情没有得到有效控制或病情加重，患者就会指控医生态度简单粗暴不重视病人病情，造成误诊，就会要求医生承担相应责任。从医疗方面分析，患者出现的腹痛、腹泻症状与医生的服务态度无因果关系。但是因医生服务态度不好，说话不客气，以致医患关系紧张而引发医患纠纷的情况确实存在。

在医疗科室，包括财务收费窗口等后勤服务部门，工作上虽然并没出错，但是因服务态度存在一定欠缺，同样会引发纠纷。比如出院结账时，虽然账目都罗列清楚，结算也完全正确，但是出于医疗的特殊性，患方对具体收费项目不清楚，窗口工作人员解释又不耐心，容易让患方产生院方乱收费的想法而投诉至相关部门。

尤其是在护理部门，因工作的服务性较医院内的其他部门更多接触患者及家属，护士的工作不只是大众心里的打打针、发发药而已，还包括对病区内患者的生活与医疗上的护理等，护理工作是一项技术性很强的工作。护理工作的质量很多体现在对危重及特殊病人的看护方面，毕竟和医师相比，护士与病人的接触更多、更前沿、了解的情况也越多。有些护士以工作忙为由，不理睬患者的要求，不回答患者的提问，在护理中极易引起患者不满造成投诉和纠纷。医务人员要重视医疗服务态度在工作中的重要性，还要懂得病人及家属的心理、意愿，在理解与同情及做好解释工作的基础上，接受病人某些合理的意见和要求，它不仅可以提高医疗效果而且还可以避免事故和纠纷的发生。反之，就很难避免医疗纠纷的发生。

5. 行业不正之风的存在

每个行业内部都会有一些不正之风，医疗行业也不例外。虽然仅是少部分医务人员存在的问题，但是对整个行业的形象都损害不小。在医疗机构内部虽有防止不良风气与行为的规章制度，且职能管理部门也有权利和义务来确保这些制度的执行。但因管理部门的监管力度不够，使这些措施没有真正落到实处，对医务人员的不正之风没有起到必要的警戒作用，这就助长了不正之风的蔓延。最常见的就是为亲朋好友的就医“开绿灯”，让熟人省却应有的排队等候，优先安排就诊、住院等检查治疗过程。当周围的普通患者看到因这种行为延误了自身及亲人的就诊时，就会产生不满情绪，这种情绪就可能是发生纠纷的基础。

医务人员在诊疗过程中受经济利益的驱动，收受病员送的礼品或钱物，或者有些“专家”过于自信，对患者打包票夸海口：“放心”、“肯定没问题”、“我做过很多，从来没出现过问题”。虽知现有的医疗技术并非万能，很多疾病是很难彻底治愈的，一些手术必然会出现一些并发症或者失败。一旦患者出现不良后果，患方就会认为医务人员因所收红包不满意而有意耽误治疗。个别医务人员不良的医德医风，不仅严重损害了医务人员和医院的声誉，还影响了医患之间的关系。

目前在医药领域市场化和商品化的情况下，政府某些部门不负责任地给药品定价，使药品价格虚高，造就了一帮违法乱纪的医药公司和医药销售人员，他们使用行贿手段向医务人员推销具有“回扣”的高价药品和医疗器材，一些医生经不起经济利益的诱惑，给患者开大处方、开高价药、开有回扣的药品，使用有回扣的医疗器材，这在无形中推高了“看病贵”，让人错误地认为医院是“黑店”，“白衣天使”变成了“白狼”，进一步加剧了医患关系的紧张。

6. 医护人员缺少与患者必要的沟通

患者在接受医方诊断、治疗的过程中享有对病情的知情同意权，这是法律赋予患者的权利。中华人民共和国国务院于1994年颁布的《医疗机构管理条例》，2000年我国实行的《执业医师法》，以及2002年国务院下发并执行新的《医疗事故处理条例》为患者知情同意权的落实提供了法律、法规方面的依据。按照我国

《医疗机构管理条例》第33条规定，医疗机构实施手术、特殊检查、特殊治疗时，必须征得患者同意，并应当取得其家属或者关系人的同意。在医疗过程中，某些医务人员未尊重患者知情权同意权，使患者的知情权受到损害，乃至在没发生任何医疗上的失误时，患方仍会觉得无法接受而产生纠纷。

目前各医院的就诊人次不断攀升，医务人员与患者的沟通时间相对减少，客观上影响了正常的医患沟通，加之有的医生对医患沟通没有引起足够的重视，认为只要医疗质量上不出错就可以了，人为地为沟通设置了障碍。一些医务人员因为对患方的病情告知得不全面，把病情告知作为走过场的形式主义，具体的风险和利弊解释得不清楚，未取得患方的同意就实施有一定危险性的有创伤性的检查或治疗，一旦出现不良反应，如：短暂血压下降、眩晕等常见的不适症状，患方也可能觉得难以理解而产生纠纷。因此尊重患者知情权同意权，保持有效顺畅的医患沟通是必不可少的。

尽管现在医院的服务从原来的"以疾病为中心"转向为"以患者为中心"、"以质量为中心"，但仍有些医护人员，"见病不见人，医病不医心"，当患者对医院的医疗服务提出异议，并要求解释时，医护人员只是作一个简单的解释，强调医院没有责任，而导致患者及其家属产生过激行为。医学从来就处于不停的探索与发展中，医学知识更新很快，有些医生平时不注意新知识、新理论的学习，不注意自身能力的提高，在给患者看病时，仅凭着以往的经验去治疗，加之对患者病情解释不够，就容易导致医疗纠纷的发生。有些疾病早期症状不明显、不易发觉或者医务人员本人对一些罕见的疾病尚不知道解决办法，或对某些疾病的严重性预见不足，而在病人病情突然变化或出现死亡时，因事先对患者病情的严重性未加以说明，使病人及家属对疾病情况缺乏一定的思想准备，当患者病情突然变化或出现死亡时，病人或家属无法接受，这往往是引发医患纠纷的一个常见原因。

三、医患纠纷形成中患方的原因

医患纠纷是发生在医患双方之间的，绝大部分是由于医方的失误和不足造成，但是也不能否认确实有一部分纠纷的原因是与患者有关的。近年来，随着人们生活水平的提高，对医疗行业的期望值也逐渐攀升，自我保护、维护自身权益的法律意识也已增强，受社会舆论、新闻媒体对医疗事件大量曝光的负面影响，在治疗效果不理想时，患方常常首先认定是自身的利益受到损害，从而引发医疗纠纷，常见引起医疗纠纷的原因有以下四个方面[①]。

1．法律维权意识过度

随着社会主义法制社会的不断建设、完善，人们的法律意识普遍增强，自我保护意识不断增强。当人们认为自身的利益受到损害时，就会想到运用法律武器来维权。在建国后至很长一段时期内，医疗纠纷主要是用行政处理来解决，那时人们法律意识淡漠，很少有人会想到通过法律程序来解决纠纷。当前，一旦发生纠纷，人们常常会想到用法律武器来维护自身的合法权利，这是一个很大的进步。但是不可否认，在当下，随着人们法律意识的增强、综合素质提高的同时，医学作为一门专业性很强的科学，人们对基础知识的掌握还是很不够的，常会出现自我保护维权意识的过度，所以一旦诊疗结果没有达到患方预期的目标，即使在诊疗过程中医院并没有过失，但是患方仍然会觉得自身的利益受到了侵害，就会想到依靠法律武器来解决问题，矛盾就会因此产生，这种情况下医患双方的沟通将更难，也更容易引发医疗纠纷。

2．对医疗结果的期望过高

因患者方缺乏对医学专业知识的了解，对医疗的结果期望值过高。大多数患者及其家属缺乏相关专业医学知识或常规知识，甚至有病人认为进了医院就等于进了“保险箱”，这种错误认识容易导致患方对治疗过程存在的风险不理解。特别是对手术治疗，患者及家属对医生的积极表态坚信不疑。一旦出现了非正常的结果，即使不是操作失误，患方也会认为是医务人员有问题，侵害了他们的合法权益。有的出于感情因素或者经济考虑，故意将矛盾激化，形成纠纷甚至进行法律诉讼。

3．对诊疗不配合

要取得良好的治疗效果，除了医务工作者尽心尽责外，患者及家属的密切配合也是不可缺少的。出于某种目的，患方有时在叙述病情时是有所隐瞒的，它会耽误医师不能及时作出正确的诊断而延误最佳治疗时机，有的患者不遵守医嘱，或是服药随心所欲，或是不定期就诊复查等，即使并不危重的疾病有时也会因为不配合治疗而导致出现不良后果。例如，一起因骨折术后钢板断裂而引发的纠纷。医疗机构诊治方案虽然正确，所用钢板亦为医用质量合格产品，但患者因不

---

① 雷红力．浅议医患纠纷形成的背景和原因(上)[J]．中国卫生法制，2014，22(5)．

遵医嘱，擅自离床行动并在用力不当时导致钢板断裂，双方由此产生了纠纷。例如有的糖尿病患者，常常不按时服药，饮食上也不注意，又没有定期检查血糖，结果血糖直线上升而导致糖尿病酮症酸中毒引起昏迷。对于这样的情况，患者家属常常难以接受，并且常将责任转嫁到医务人员身上，又以医院有责任为由将医院告上法庭，由此产生了医疗纠纷。

4. 患方另有需求

随着社会主义市场经济的进一步深化，人们的经济价值观也发生了相应的变化，一些因患方另有需求而引起的纠纷已有增多的趋势。这种纠纷中有很大一部分是患方出于责任转嫁的因素引发的。特别是工伤、交通意外、伤害事件的受害人，这些病人的伤情大多非常严重，尽管医务人员已尽力抢救，并且在挽救生命的同时也尽最大可能保全患者肢体和内脏的完整。在医学科学高度发达的今天，仍有许多问题还没得到妥善解决，故难免会有器官摘除、截肢残废甚至死亡的病例发生。工伤的单位、交通事故及伤害事件的责任方，有时为了减轻自身的责任，避开直接损害因素，以医务人员治疗失误等为由而将各自本应承担的责任转嫁到医院，导致了医疗纠纷的产生。

个别患者和家属利用各种理由纠缠医院。这类纠纷案的特征在于：医务人员在诊疗工作中确已尽了最大的努力，经过多方面的查证核实无医疗过错或者仅存在轻微的医疗过错。但是病人家属借说“医疗事故”提出过高的经济赔偿和一些额外的要求。譬如安排与调动工作，解决住房困难等等。有的病人长期占住病房，拒不出院，甚至在医院包住包吃长达数年。

综上所述医患纠纷形成的背景和原因非常复杂，医患矛盾其实不仅仅是医务人员、医院与病人及其家属之间的矛盾，在很大程度上是因其他社会矛盾转化而来。有时一个医患纠纷形成的背景和原因往往并非只有一个，这就使医患纠纷的形式表现出一定的复杂性和多样性。这给医患纠纷的处理带来了不少困难和压力，因此医患纠纷的解决是一项社会系统工程。

参考书目

[1] 中华医学会主办：《中华医院管理杂志》(月刊).

[2] 中国医院协会主办：《中国卫生质量管理》(双月刊).

[3] 白求恩国际和平医院主办:《临床误诊误治》(月刊).
[4] 中国医院管理杂志社主办:《中国医院管理》(月刊).

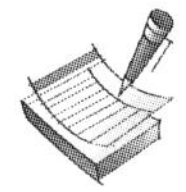

思考题

1. 什么是医患纠纷？医患纠纷与医疗纠纷有何区别？
2. 在当前看病难看病贵中,有哪些因素和环节造成了药价虚高？
3. 医务人员因自身哪些不良表现,会导致医患纠纷的产生？

第四章
目前我国医患纠纷的处理

第一节 医患纠纷处理的四个途径

《医疗事故处理条例》第46条规定:“发生医疗事故的赔偿等民事责任争议,医患双方可以协商解决,不愿协商或者协商不成的,当事人可以向卫生行政部门提出调解申请,也可以直接向人民法院提起诉讼。”此条规定提出了医患双方解决医疗纠纷的三条基本途径,即医患双方协商、行政调解、民事诉讼。近几年医患纠纷的处理又出现了一条新的合法途径即人民调解。我国个别地区试行“医患纠纷仲裁”途径,因处于探索阶段,尚没有取得有效地认可,在此不作介绍。

一、医患双方协商解决

医患双方协商解决:相较于其他类型的纠纷而言,医疗纠纷具有其不同的特点。医疗纠纷中,虽然医疗机构和患者双方的法律地位是平等的,但在医疗关系中,患方处于明显的弱势地位。因为医方掌握着大量的医疗资源实体和临床医学知识,在患者诊治中医生对诊治方案具有主导作用,患者相对处于被动状态。医疗过失损害赔偿最为明显的特点是:赔偿要求是由作为普通个体的患方向拥有专业知识的医方提起的。患方与掌握专门医学知识的医务人员相比,缺乏对相关诊疗情况的了解,患方在纠纷解决中担心受到不公平的对待,因此常常提高赔偿的金额。医方则利用自身的医疗资源和医学知识,压低患方的赔偿金额。在医患纠纷解决过程中，只有部分医患双方经过协商能够达成协议。

在处理医患纠纷实践中，医疗机构和医务人员对协商解决纠纷是有需求的。发生医患纠纷后，可能给医疗机构及其医务人员带来诸多不利影响，如医患纠纷是由医院医务人员严重失误或不负责任造成的，就有可能是医疗事故。医疗事故依法处理应追究医方相应行政乃至责任人的刑事责任。如对医院或责任人行政警告、降低医院考核成绩、影响责任人的职称晋升、严重的医疗事故要吊销责任医生或护士的执业证书等。所以医疗机构对这类医患纠纷不愿申请做医疗事故技术鉴定，希望用高额赔偿的方式来与患方和解。医疗机构及其医务人员这种“掩盖责任，花钱私了”的心理，很大程度上助长了医患纠纷赔偿金额的持续攀升。

医患纠纷属于平等民事主体之间的争议，属于私权纠纷。根据权利主体可以自由处分私权的原则，只要医患双方自愿就可以协商。双方如就医疗纠纷的赔偿达成合意，签署的协议书符合民事法律行为的有效要件，即具有一定法律约束力。医患双方采取协商方式处理医患纠纷需要明确的是，医患双方只能就民事赔偿部分进行协商(无权就行政或刑事责任进行协商，这是因为行政或刑事责任属于公权力处理的范畴)。

医患双方协商解决的最大优点在于：纠纷解决无需借助于第三方并且具有最高的自治性，形式和程序上的随意性，使得和解具有极大的灵活性。

医患双方协商解决的缺点也在于：由于没有第三方参与，双方控制不好容易出现协商僵持或过激行为。常出现患者家属纠集一批亲戚、朋友到医院大闹，对医务人员进行人身威胁或人身攻击，扰乱医院的正常工作秩序，直到医院出钱来“私了”方才罢休，某些医院每年用于“私了”的钱已经远远大于正常医患纠纷处理赔偿的数目。

二、医患纠纷的行政调解

1. 现行医患纠纷行政调解制度的优势

(1) 行政调解是在国家行政机关的主持下，以当事人双方自愿为原则，以国家法律、行政法规及政策为依据，通过对争议双方的说服与劝导，促使双方当事人互让互谅、平等协商，以解决有关争议而达成和解协议的活动。行政调解是国家行政机关对经济活动和社会生活执行管理和监督的一种方式。它不仅可以调解公民之间的纠纷，还可以调解公民与法人之间以及法人与法人之间的权利义务关系的争议。这是它不同于人民调解的一个重要特点。在新民主主义革命时期和社会主义建设中，行政调解为解决民间纠纷起到了重要的作用，人们已经形成了有事找政府、找对应的行政主管部门解决纠纷的习惯。

(2) 行政调解与法院诉讼相比具有成本低廉的优点，诉讼要收取一定的诉讼费用，而行政调解作为政府服务职能的一种体现，不收取费用，因此，当事人在选择行政调解途径时的总体花费与诉讼相比要低廉得多。行政调解与复杂的诉讼程序相比要简单、灵活、节约时间，更容易为医患双方所接受。

(3) 卫生行政主管部门的调解人员比法官更多地具有医学知识，他们熟悉医疗机构，熟悉医疗工作的流程与制度，在医患双方中有一定的威信和影响力。在医患纠纷矛盾激化时，医患双方都希望有一个第三方出面介入缓解矛盾。此时卫生行政部门就可以“充当第三方”，为医患双方的和解“牵线搭桥”，协助医患纠纷的解决。

(4) 在建立和谐社会的今天，行政主管部门更应为和谐社会贡献力量，充分发挥自身的积极作用。行政调解是“社会大调解”的一个组成部分，有进一步发展和提高的空间。

2. 现行医患纠纷行政调解制度存在的问题

(1) 目前我国尚无一部《行政调解法》来系统、完整地规范行政调解行为。在各种法规和文件中，有一些零星的行政调解规定，但实用性不强。《医疗事故处理条例》也对行政调解机构的组成和性质、调解人员的选任、调解具体规则等重要程序没有作出明确规定，也没有关于行政调解中行政机关职责的规定，更没有当调解机构不履行调解职能时当事人救济问题的规定。所以在实践中行政调解便处于一个“自我发展”的状态。

(2) 目前我国政府投资兴办的医疗机构为医疗卫生事业的主体。政府卫生行政部门对医疗机构采取全方位的管理。在这种体制下，卫生行政部门就有了双重的身份:既是整个医疗卫生行业的管理机构，又是医疗卫生单位的主办机构。这种“管办不分”的体制给卫生行政部门带来的身份错位，使得很多患者在与医疗机构发生纠纷时，不承认卫生行政部门是中立的第三方，不愿意申请行政调解。其原因就在于认为卫生行政部门是医疗机构的上级[①]，是“老子和儿子”的关系。由卫生行政部门出面，是老子帮儿子，不合情理。

(3) 根据《医疗事故处理条例》规定，行政调解只能调解已经定性为医疗事故的赔偿争议。而现实中这类争议仅占医患纠纷中的极少一部分，能够进行行政调解的范围太窄。由于大部分医患纠纷没做医疗事故鉴定，要求直接进行调解。因此一些行政调解人员根据医患纠纷案件具体情况来具体对待，以最终求得纠纷的解决。采取的方法往往是为医患双方进行协商、和解过程“牵线搭桥”，真正意义上的行政调解较少。

(4) 行政调解协议不具有法律约束力。《医疗事故处理条例》第四十八条规定，“经调解，双方当事人就赔偿数额达成协议的，制作调解书，双方当事人应当履行；调解不成或者经调解达成协议后一方反悔的，卫生行政部门不再调解”。也就是说医患双方中可以单方面反悔，可以再走其他的解决途径，而不会受到法律的制裁。现阶段行政调解中除了治安处罚和劳动仲裁领域的行政调解协议有法律效力以外，大多数行政调解协议是没有法律约束力，是否具有契约效力也存在争议。行政调解协议没有法律保障，导致卫生行政部门调解的积极性不高[②]。现实操作中，行政调解常常不制作行政调解书，变为向医患双方协商提供的一种牵线搭桥服务，促使医患双方完成和解协议。

三、医患纠纷的法院诉讼

医患纠纷本质上属于民事纠纷，任何一方均可依照《民事诉讼法》的规定，向人民法院提起民事诉讼。因此医患纠纷通过民事诉讼解决是一个重要的解决途径。但是医患纠纷的民事诉讼时间长、手续复杂、投入多(诉讼费、律师费等)，在中国传统“无讼”观念的影响下，选择法院诉讼的医患纠纷案件比例不高。

由于医学是一门深奥复杂的科学，医生是一种高风险的职业，非经专业训练难以对专业问题得出客观科学的评价。法官因不精通医学知识，处理医患纠纷不可能得心应手。如要充分保证医患双方的合法权利。一般要先做医疗事故技

---

① 舒产伟. 现行医疗纠纷行政调解制度的实证分析——以安徽省某市为例[J]. 安徽大学学报(哲学社会科学版)，2008，32(6)：35－38.

② 曹帆，田佩. 医疗纠纷行政调解制度的相关问题探讨[J]. 中国医药导报，2013，10(1)：153－155.

术鉴定以明确患方受到的伤害程度，明确医方医疗行为是否存在过失以及行为与伤害结果之间是否存在因果关系。这样法官才能做出恰当的判决。由于医疗事故技术鉴定程序上复杂，患方对医学会的医疗事故技术鉴定不信任，很多患者在出现医患纠纷后拒绝做医疗事故技术鉴定，直接到法院起诉要求赔偿。法院处理此类诉讼颇感困难，一些法院不得不求助于司法鉴定。但司法鉴定受人员和医学专业条件限制，一般不常规开展医疗损害鉴定工作。

法院调解也称诉讼调解，是指在诉讼中双方当事人在法院审判人员的主持和协调下，就案件争议的问题进行平等协商，达成协议，并经人民法院认可，从而解决纠纷所进行的一种诉讼活动。医患纠纷的诉讼也可以进行法院调解。按调解的时间和法院开庭审理的程序，法院调解的方式有：庭前调解、庭审中调解、庭审后判决作出前调解。当出现一审、二审、再审时，可以有一审程序中调解、二审程序中调解、再审程序中调解。按调解的方法可以有：口头调解、书信（网络、短信方式）调解，开庭调解、社会化参与调解、送达调解等。经过法院对医患双方当事人的调解，部分医患纠纷案例可能达成和解协议，部分案例调解无效再由法院审理判决。

法院诉讼的优点在于：法院是第三方，重视证据，依据法律和制度操作比较公正。缺点在于：具有明显的对抗性，医患双方处于敌对状态，诉讼的"证据资料"要求较高，医患纠纷常常涉及医疗事故技术鉴定或司法鉴定，程序复杂时间长，需要支付鉴定费、律师费和诉讼费。

法院调解的优点在于：比法院诉讼的程序简单，方式灵活。对证据的要求不像诉讼要求的那样严格，具有人民调解的部分优势。缺点在于：医患双方仍然处于"准对抗性状态"，可以随时进入诉讼程序。与卫生行政调解和人民调解不同的是：法院调解是要支付费用的。

四、医患纠纷的人民调解

医患纠纷既往主要采取医患双方协商解决、行政调解或法院诉讼（包括法院调解）三种解决方式，也有散在的医患纠纷案例通过人民调解方式解决的。但专门从事医患纠纷案例调解组织的出现，还是近几年的事。2006 年 4 月 28 日我国上海市普陀区成立全国第一家区级医患纠纷人民调解委员会。2006 年 10 月 12 日，山西省医疗纠纷人民调解委员会（简称省医调委）在太原成立，这是全国第一家省级医疗纠纷人民调解委员会。2006 年 11 月 20 日，北京丰台区长辛店街道办事处医患纠纷调处站成立，这是第一家基层街道的医患纠纷调解工作组织。

医患纠纷人民调解组织的出现有两个重要的原因，一是我国目前将传统调解的方式与现代司法形式有机结合，实现了人民法院、公安机关、司法行政机关等多部门的联动，在全国建立了大调解(或多元化调解)机制。各村、居委设有人民调解员，乡镇、街道都成立了调解组织，调解的内容涉及方方面面、林林总总。医患纠纷人民调解委员会就是在此种情况下应运而生，成为社会大调解(也称多元化调解)的产物。二是既往医患纠纷解决途径有医患双方协商解决、行政调解、法院诉讼三种。这三种途径都存在着一定的不足和缺陷。因此社会呼唤着一个有利于医患纠纷解决的新途径的出现，这促使医患纠纷人民调解委员会的诞生。

2010 年 5 月司法部、卫生部、中国保监会三部门联合下发《关于加强医疗纠纷人民调解工作的意见》，该文件的下发标志着一种新型的医疗纠纷处理机制与模式的建立，即医调委的正式成立。医调委与医疗机构和患者没有隶属组织关系，医调委的工作性质决定它虽从事纠纷调解但不加入医患当事人的任何一方，成为真正独立的调解方，这有利于保证调解的公平、公正。由于医患纠纷调解程序相对便捷、不收取费用，显示出明显的优越性。医调委的工作刚刚开始，这个新生事物就显示出了较强的生命力。2011 年 12 月 8 日，司法部副部长、党组成员郝赤勇在全国医患纠纷调处工作经验交流会上曾讲到，“目前，全国共建立医疗纠纷人民调解委员会 1 358 个，医疗纠纷人民调解工作室 1 074 个，专职人民调解员 1.5 万人，两年来，累计化解各类医疗纠纷近 10 万件，为维护社会和谐稳定作出了积极贡献”①。

由于我国专职的医调委成立的时间短，各地在实施医患纠纷人民调解方面还处于探索发展阶段。许多工作制度和调解程序都参照和吸收其他人民调解组织的做法，在国内还没有统一的规范。有关医调委的工作内容和调解工作优势将另设章节专门介绍。

---

① 郝赤勇. 紧紧围绕加强和创新社会管理全面推进医疗纠纷人民调解工作[J]. 人民调解，2012(1)：6.

第二节　医疗事故技术鉴定与医疗损害司法鉴定

一、医疗事故技术鉴定

医疗事故技术鉴定是指由医学会组织有关临床医学专家组成的专家组，运用医学、法医学等科学知识和技术，对涉及医疗事故行政处理的有关专门性问题进行检验、鉴别和判断，并提供鉴定结论的活动。医疗事故技术鉴定的作用：可作为医患双方协商解决医疗纠纷的依据、是卫生行政部门处理医疗纠纷案件的法定依据、是卫生行政部门作出行政处罚的法定依据、是法院诉讼中的重要参考证据(不是必然的定案依据)。

医疗事故技术鉴定的提起可以有以下三种：第一种，医患双方协商解决医疗事故争议，需要进行医疗事故技术鉴定的，由双方当事人共同书面委托负责首次医疗事故技术鉴定工作的医学会组织鉴定，医学会对单方面委托的鉴定申请不受理。第二种，县级以上卫生行政部门接到医疗机构关于重大医疗过失行为的报告或者医疗事故争议当事人要求处理医疗事故的申请后，对需要进行医疗事故技术鉴定的，书面移交负责首次鉴定的医学会组织鉴定。第三种，法院审理涉及医疗事故问题诉讼案件时，依职权或当事人申请，移交委托负责首次鉴定的医学会组织鉴定。

医疗事故技术鉴定的时限：负责组织医疗事故技术鉴定工作的医学会应当自受理医疗事故技术鉴定之日起5个工作日内通知医疗事故争议双方当事人提交进行医疗事故技术鉴定所需的材料。当事人应当自收到医学会的通知之日起10个工作日内提交有关医疗事故技术鉴定的材料、书面陈述及答辩。材料不全或不符合鉴定条件的，医学会退回材料，书面通知不受理鉴定。材料齐全并符合鉴定条件的，医学会应当自接到当事人提交的有关医疗事故技术鉴定的材料、书面陈述及答辩之日起45个工作日内，组织鉴定并出具医疗事故技术鉴定书。

缴纳鉴定费：双方当事人共同委托医疗事故技术鉴定的，由双方当事人协商预先缴纳鉴定费。卫生行政部门移交进行医疗事故技术鉴定的，由提出医疗事故争议处理的当事人预先缴纳鉴定费。县级以上地方卫生行政部门接到医疗机构关于重大医疗过失行为的报告后，对需要移交医学会进行医疗事故技术鉴定的，鉴定费由医疗机构支付。司法部门委托进行的医疗事故技术鉴定，鉴定费由提起诉讼的当事人支付。鉴定后根据鉴定结果，鉴定费分别由医患双方协商解决，或由卫生行政部门、司法部门裁决。由医学会财务部门按物价部门的定价规定收取鉴定费，并出具收据。

专家鉴定组的组成：医学会根据医疗事故争议所涉及的学科专业，确定专家鉴定组的学科构成和人数。医疗事故争议涉及多学科专业的，其中主要学科专业的专家不得少于专家鉴定组成员的二分之一。医学会应在收到当事人提交的医疗事故技术鉴定材料、书面陈述及答辩后(以挂号邮件送达医学会的签收或送达签收日为准计算)1至10个工作日内通知双方当事人，在指定时间、指定地点从专家库相关学科专业组中随机抽取专家鉴定组成员。医学会对当事人准备抽取的专家用电脑进行随机编号，并主持双方当事人用电脑随机抽取相同数量的专家编号，最后一个专家由医学会随机抽取(保证专家鉴定组成员为单数)。双方当事人还应当按照上款规定的方法各自随机抽取一个专家作为候补。涉及死因、伤残等级鉴定的，应当按照规定由双方当事人各自随机抽取一名法医参加鉴定组。随机抽取结束后，医学会当场向双方当事人公布所抽取的专家鉴定组成员和候补成员的编号并记录在案。当事人如要求所抽取专家组某成员回避的，应当说明理由，理由正当可与更换。

医学会在进行医疗事故技术鉴定时，对发生的医疗事件，通过调查研究，收取物证，查阅病案资料，听取当事人或其家属陈述，分析原因，作出是否属医疗事故及何类、何级、何等事故的科学鉴定结论。鉴定实行合议制度，过半数以上专家鉴定组成员的一致意见形成鉴定结论(少部分专家鉴定组成员对鉴定结论的不同意见予以注明)。医疗事故技术鉴定书根据鉴定结论作出，其鉴定书由专家鉴定组组长签发。

二、医疗损害司法鉴定

医疗损害司法鉴定的启动可有3种情况：一是司法机关(法院)当事人的委托；二是仲裁案件当事人的委托；三是诉讼中负有举证责任的当事人通过律师事务所的委托。

医疗损害司法鉴定程序：①司法鉴定机构接受委托后，由司法鉴定机构指定司法鉴定人或者由委托人申请，并经司法鉴定机构同意的司法鉴定人，完成委托事项。同一司法鉴定事项由两名以上司法鉴定人进行，第一司法鉴定人对鉴定结论承担主要责任，其他司法鉴定人承担次要责任。②审查鉴定委托书、送检资料等。③举行听证会，司法鉴定可以凭借委托人提供的资料进行鉴定，可以不组织听证，可进行单方书面审查，也可邀请相对人参加听证。④鉴定人在进行鉴定过程中，遇有特别复杂、疑难、特殊技术问题的，可向本机构以外相关专业领域的专家进行咨询，但最终的鉴定意见应当由本机构的司法鉴定人出具。⑤出具鉴定文书。司法鉴定书上必须有参加鉴定（检验、咨询、复核）人的签名，并且需要注明专业技术职称。司法鉴定文书经签发人签发后加盖司法鉴定机构司法鉴定专用章。

医疗损害司法鉴定分为初次鉴定、补充鉴定、重新鉴定、复核鉴定。任何一方当事人对初次鉴定结论不服的，可以申请补充鉴定、重新鉴定或复核鉴定，但要符合一定条件，补充鉴定的必须是：发现新的相关鉴定材料或原鉴定项目有遗漏。而要重新鉴定，则要满足以下条件：①司法鉴定机构、司法鉴定人超越司法鉴定业务范围或者执业类别进行鉴定的；②送鉴的材料虚假或者失实的；③原鉴定使用的标准、方法或者仪器设备不当，导致原鉴定结论不科学、不准确的；④原鉴定结论与其他证据有矛盾的；⑤原司法鉴定人应当回避而没有回避的；⑥原司法鉴定人因过错出具错误鉴定结论的。

复核鉴定适用于以下三种情况：①鉴定分歧的最终鉴定。在同一裁判活动中，两个以上鉴定机构就同一问题的鉴定要求做出根本不同的鉴定结论，当事人、诉讼代理人等向司法机关提出申请要求鉴定委员会鉴定，或者承办案件的司法机关主动决定提请鉴定委员会鉴定。这种协调鉴定分歧的鉴定是鉴定委员会的主要任务。②受理特殊的指定鉴定。有的案件由于种种主、客观原因，不宜交其他鉴定机构鉴定，直接由司法鉴定委员会鉴定。③受理个别疑难案件的鉴定。司法机关在办理案件过程中遇到个别案件中的专门性问题，鉴定难度极大，其他鉴定机构力量有限，直接或通过相应途径提交鉴定委员会组织优势技术力量进行攻关性鉴定。

医患纠纷案件在法院诉讼过程中，不服司法鉴定结论一方可以申请人民法院传唤司法鉴定人到庭接受质询，司法鉴定人应当按照司法机关或者仲裁机构的要求按时出庭。司法鉴定人出庭时，应当出示《司法鉴定人执业证书》，并应依法客观、公正、实事求是地回答司法鉴定相关问题。

医疗损害司法鉴定时限：一般从受理之日起应当在15个工作日内出具司法鉴定文书。如确需延长的，经向委托人说明理由，可延长至30个工作日。复杂、疑难案件的鉴定时限确需延长的，经司法鉴定机构负责人批准，并征得委托人同意，可再适当延长。延长期不得超过60个工作日。法医精神病鉴定的时限可适当延长，一般应在受理之日起60个工作日内完成。鉴定过程中需要补充鉴定材料所需时间，不计入鉴定时限。

三、医疗事故技术鉴定和医疗损害司法鉴定的区别

(1) 法律依据不同　医疗事故技术鉴定的法律依据是2002年实施的《医疗事故处理条例》及7个配套卫生法规文件，包括《医疗事故技术鉴定暂行办法》、《医疗事故分级标准(试行)》、《医疗事故技术鉴定专家库学科专业组名录》、《医疗事故争议中尸检机构及专业技术人员资格认定办法》、《医疗机构病历管理规定》、《病历书写基本规范(试行)》和《中医、中西医结合病历书写基本规范(试行)》，同时参照现行有效的医疗卫生管理法律、行政法规、部门规章和诊疗护理规范、常规。

医疗损害司法鉴定的主要法律依据则是《民事诉讼法》、全国人民代表大会常务委员会《关于司法鉴定管理问题的决定》、司法部《司法鉴定程序通则(试行)》、《司法鉴定机构登记管理办法》、《司法鉴定人管理办法》、《司法鉴定执业分类规定》、《人体损伤程度鉴定标准》、《精神疾病司法鉴定暂行规定》以及各省市地区《国家司法鉴定人和司法鉴定机构名册》等。

(2) 鉴定的组织方式　医疗事故技术鉴定只能由医学会组织，医疗损害司法鉴定由司法机关交由依法成立的鉴定机构进行。

(3) 启动程序的区别　医疗损害司法鉴定可接受单方申请，而医疗事故鉴定不接收单方申请，需医患双方共同申请，或卫生局指定，或司法机关委托。

(4) 鉴定时限的区别　司法鉴定一般应在15个工作日内出具鉴定书，需延长的可至30个工作日，经鉴定负责人批准并征得委托人同意，最长不得超过60个工作日。医疗事故技术鉴定应在鉴定7个工作日前，将时间、地点、要求以书面方式通知双方当事人，自接到材料之日起，45个工作日内组织鉴定并出具鉴定书。

(5) 听证程序的区别　医疗损害司法鉴定可以凭借委托人提供的资料进行鉴定,可以不组织听证,可进行单方书面审查,也可以邀请相对人参加听证。而医疗事故技术鉴定必须由双方提供资料并进行双方参加的听证。

(6) 鉴定人选的区别　医疗事故技术鉴定由医学会建立专家库,专家库应当依据学科专业组名录设置学科专业组。医患双方从专家库中各抽取 1～3 名专家,医学会抽取 1 名专家(保证专家为单数),组成鉴定专家组。医疗损害司法鉴定则由有资质的司法鉴定机构完成。司法鉴定机构接受委托后,由司法鉴定机构指定司法鉴定人,或者由委托人申请并经司法鉴定机构同意的司法鉴定人,完成委托事项。同一司法鉴定事项由 2 名以上司法鉴定人进行,第一司法鉴定人对鉴定结论承担主要责任,其他司法鉴定人承担次要责任。

(7) 鉴定研究方向及研究内容区别　医疗损害司法鉴定研究的方向一般是医疗结果,针对患者的异议,就其医疗结果进行因果关系参与度分析。其所研究的内容是人身是否受到侵害、侵害程度、医疗终结时间、护理人数及期限、营养需要情况及因果关系参与度。医疗事故技术鉴定研究的方向是,医疗行为是否违反了法律法规和技术操作规范,其所研究的内容是构成事故与否、事故等级、事故责任程度、医疗护理建议等。换句话说,医疗损害司法鉴定研究的是结果、因果关系;医疗事故技术鉴定研究的是程序是否合乎规范、是否违反诊疗原则。

(8) 鉴定地域性及层级性　首次医疗事故技术鉴定只能委托当地设区的市级医学会,再次鉴定只能委托所属省的省级医学会;必要时,中华医学会可以组织对疑难、复杂并在全国有重大影响的医疗事故争议的技术鉴定工作。医疗事故技术鉴定具有明显的地域性及层级性。而医疗损害司法鉴定分为初次鉴定、补充鉴定、重新鉴定、复核鉴定。任何一方当事人对初次鉴定结论不服的,可以申请补充鉴定、重新鉴定或复核鉴定。医疗损害司法鉴定在中华人民共和国国内不受地域范围的限制,各鉴定机构之间也没有隶属关系。

(9) 鉴定结论形成的区别　医疗事故技术鉴定结论经合议,根据半数以上专家鉴定组成员的一致意见形成鉴定结论。医疗损害司法鉴定由司法鉴定机构指定司法鉴定人负责鉴定结论。

(10) 鉴定人签字区别　医疗损害司法鉴定的鉴定人必须在鉴定书上签字。而医疗事故技术鉴定参加鉴定的专家不在鉴定书上签字,只是在鉴定书上盖医学会的医疗事故技术鉴定委员会印章。

（11）签发程序区别　医疗损害司法鉴定鉴定文书由鉴定人签发，需要时，由授权复核人核发。医疗事故技术鉴定由鉴定专家组组长签发。

（12）法庭质证不同　医疗事故技术鉴定结论作为证据在法庭质证时，双方当事人可以自由表达赞成或反对意见，但不能申请人民法院传唤鉴定专家到庭接受质询。而质证司法鉴定结论时，不服结论一方可以申请人民法院传唤司法鉴定人到庭接受质询，司法鉴定人应当按照司法机关或者仲裁机构的要求按时出庭、并收取相应的出庭费用。

医疗事故技术鉴定与医疗损害司法鉴定区别一览表

比较项目	医疗事故技术鉴定	医疗损害司法鉴定
主要的法律依据	医疗事故处理条例	民事诉讼法等
鉴定的组织方式	医学会组织	法院委托非医学会组织（具有鉴定资质、合法的鉴定机构）
鉴定的启动方式	医患双方共同启动	法院及当事人启动
当事人参加听证	医患双方当事人听证	当事人可以不听证
鉴定人选	主要由双方当事人从专家库抽取，医学会抽取一名保证单数	鉴定机构指定
鉴定内容的侧重	是否医疗事故，等级、程度，医护建议等	是否人身侵害、程度、因果关系等
鉴定地域限制	在事件发生地进行首次鉴定	不受鉴定地域限制
鉴定级别	首次鉴定，再次鉴定	初次鉴定、补充鉴定、重新鉴定、复核鉴定
鉴定结论的形成	合议制	个人（鉴定人）负责制
鉴定书签字	盖医疗事故技术鉴定委员会章	鉴定人签字
鉴定书签发人	鉴定组组长签发	鉴定人（签发人）签发
参加法庭质证	不参加	参加

四、医疗事故技术鉴定与医疗损害司法鉴定的新变化

近几年在一些省市医疗事故技术鉴定与医疗损害司法鉴定出现新的变化。例如：上海市出台了《上海法院关于委托医疗损害司法鉴定若干问题的暂行规

定》,在第二条中明确指出:“法院审理医疗纠纷民事案件中,当事人申请医疗损害鉴定的,除双方当事人协商一致以外,应由法院依职权委托医学会组织专家进行鉴定。医学会认为无法鉴定,法院可依据《人民法院对外委托司法监督管理规定》另行委托具有资质的司法鉴定机构组织鉴定”。这样一来,医学会既承担医疗事故技术鉴定又承担医疗损害司法鉴定,在进行医疗损害司法鉴定的程序上,向医疗事故技术鉴定的程序靠拢。例如:鉴定人选也采取了“双方当事人从专家库抽取”的抽签式,鉴定结论实行合议制等。今后医疗事故技术鉴定与医疗损害司法鉴定会不会并轨?两种鉴定形式如何演变,都无从可知。

第三节 医患纠纷处理中法律的不完善

医患纠纷处理在法律上始终存在二元化的问题,一是处理医疗纠纷的法律依据二元化;二是损害鉴定制度二元化。两套鉴定程序成为医患双方博弈的焦点,在一定程度上造成人民法院在采信两种鉴定结论方面无所适从的情形。医疗纠纷处理二元化的局面,影响争议处理的公正性,加剧了医患双方的不信任甚至矛盾冲突,医疗纠纷问题成为医疗卫生领域乃至整个社会的大问题。人们希望医患纠纷处理法律能够统一,也希望能够出现《医患关系法》和《卫生法》来健全卫生法制体系。

一、医患纠纷处理中法律依据的二元化

2002 年国务院颁布《医疗事故处理条例》后,最高人民法院发布了《关于参照〈医疗事故处理条例〉审理医疗纠纷民事案件的通知》(以下简称《通知》)。《通知》规定因医疗事故引起的医疗赔偿纠纷参照《医疗事故处理条例》(以下简称《条例》)的有关规定办理,因医疗事故以外的原因引起的其他医疗赔偿纠纷案件适用《民法通则》。这就是审理医疗纠纷法律适用二元化模式。于是,在案件的审理中,对于构成医疗事故的,适用《条例》的规定确定损害赔偿标准;对于不构成医疗事故,但医院存在过错的,适用《民法通则》和《最高人民法院关于审理人身损害赔偿案件适用法律若干问题的解释》(以下简称人身损害赔偿解释)确定损害赔偿标准。上述差异的存在,产生了严重的不公平现象:医院过错较重,患

者损失较大，由于鉴定为医疗事故，按照《条例》规定的医疗费、误工费等 12 个赔偿项目和计算标准赔偿比较低。而医院过错较轻，患者损失较小，不构成医疗事故但有过错，适用《人身损害解释》的规定，按人身损害的赔偿项目和计算方法反而赔偿额更高。

2010 年 7 月 1 日《侵权责任法》实施，摒弃医疗事故责任和医疗过错责任两个不同概念，使用统一的"医疗损害责任"概念。想从根本上改变了赔偿标准双轨制的混乱问题，实现受害患者的人格平等，有利于保护受害患者的合法权益。但是国务院的《医疗事故处理条例》目前尚没有废除，仍然有效。《侵权责任法》第七章叫医疗损害责任，《医疗事故处理条例》的概念是医疗事故，医疗损害和医疗事故这两个概念是一回事还是两回事？在《侵权责任法》中，没有对医疗损害责任鉴定作出任何规定。究竟是医学会进行鉴定，还是司法鉴定机构进行鉴定，或者另行设立新的鉴定制度，不得而知，继续保持着两种鉴定并存的混乱局面。

二、医患纠纷处理中损害鉴定的二元化

根据《条例》和《通知》，医疗事故由医学会组织专家进行鉴定；因医疗事故以外的原因引起的其他医疗赔偿纠纷，由司法鉴定机构进行鉴定。医疗事故鉴定主要由医学会组织的医疗卫生专业技术人员进行，司法鉴定主要由法医和其他医务人员进行。形成了医疗损害责任鉴定的双轨制。由于医疗事故技术鉴定程序比较繁琐，部分患者认为医疗机构和医学会是"姊妹关系"而不信任医疗事故技术鉴定，即使经过医疗事故技术鉴定，往往还要申请司法鉴定。两种鉴定结果常常出现不一致的情况，给医患纠纷的处理带来困难。

三、卫生领域中需要法律制度来健全

我国现行医疗卫生行政管理法律法规大多制定于改革开放初期，是建立在当时的医疗卫生体制基础上的，与当时的历史条件相适应。但是，我国改革开放 30 多年来，社会经济形势发生了天翻地覆的变化，人们的生活条件大大改善。同时，经济的发展对环境的破坏日益严重，社会生活的节奏加快给人们带来劳动强度的加大、劳动条件的恶化，社会生活压力的增大，都使人们长期处于疾病诱发的环境中，健康问题如影随形，健康需求日益增多，对医疗机构的要求也发生了巨大变化。特别是医疗行业市场化、商业化改革以来，医疗机构的性质发生了

不可忽视的变化，医疗机构性质多元化发展，医疗机构之间竞争的日益激烈，也对医疗机构管理的法律制度提出了新的要求。卫生行业至今没有一部总的《卫生法》或《医疗法》，医患之间权利义务需要《医患关系法》来明确，卫生领域中有大量的新的问题需要法治制度来补充和完善。

第四节　医患纠纷人民调解的赔偿标准

由于医疗纠纷处理法律的二元化模式。导致医疗损害赔偿标准也出现了二元化的差异，产生了严重的不公平现象。为了统一标准体现公平，依据“上位法大于下位法”，各地对医疗损害赔偿标准，基本是按照《民法通则》、《中华人民共和国侵权责任法》和《最高人民法院关于审理人身损害赔偿案件适用法律若干问题的解释》确定损害赔偿标准。下面介绍目前上海医患纠纷人民调解赔偿试行标准，供其参考。

一、目前上海医患纠纷人民调解赔偿试行标准

医患双方本着公平自愿、合乎情理的原则，在不违反法律、法规强制性规定、不违反公序良俗前提下，通过人民调解组织调解，根据《中华人民共和国人民调解法》、《中华人民共和国侵权责任法》、《最高人民法院关于审理人身损害赔偿案件适用法律若干问题的解释》等法律、法规协商确定赔偿范围。

(1) 对患方要求医疗机构承担损害赔偿责任的，人民调解员应根据医疗损害后果、医疗过失行为在医疗损害后果中的责任程度及医疗损害后果与患者原有疾病状况之间的关系，并结合医疗科学发展水平、医疗风险、医疗条件及患者个体差异等因素，提出赔偿数额建议。

(2) 患方请求医疗机构承担违约责任，而医疗机构确属违约，且双方当事人对于违约责任有明确约定的，从其约定。双方当事人未明确约定相应责任的，可参照《中华人民共和国民法通则》、《中华人民共和国合同法》，并参照最高人民法院《关于审理人身损害赔偿案件适用法律若干问题的解释》的相关规定建议医疗机构的相应责任。

(3) 经鉴定为医疗事故的，可以参考医疗事故等级相对应的残疾等级的计

算标准。

（4）赔偿项目及计算方式：

① 医疗费：根据医疗机构出具的医药费、住院费等收款凭证，结合病历和诊断证明等相关证据确定。康复费等其他后续医疗费，根据医疗证明或鉴定结论确定必然发生的费用，可以一并计算；

② 误工费：按照实际减少的收入计算，如果患者有固定收入，除单位出具工资发放证明以外，对于个人收入有纳税记录的，需要提供纳税证明。无固定收入的，按照近 3 年的平均收入计算；或参照上 1 年度职工平均工资计算；

③ 住院伙食补助费：按照当地国家机关一般工作人员的出差伙食补助标准计算。2014 年的标准为 20 元/天；

④ 营养费：根据患者伤残情况参照医疗机构或鉴定机构的意见决定期限，2014 年的标准为 20～40 元/天×营养期限；

⑤ 护理费：护理费根据护理人员的收入状况和护理人数、护理期限确定。护理人员有收入的，参照误工费的标准计算；护理人员没有收入的或者雇佣护工的，参照当地护工从事同等级别的劳务报酬标准计算；

⑥ 残疾赔偿金：根据伤残等级，按照本市上一年度城镇居民人均可支配收入（43 851 元）或者农村居民人均纯收入（19 208 元）计算，自定残之日起按 20 年计算。但 60 周岁以上的，年龄每增加 1 岁减少 1 年；75 周岁以上的，按 5 年计算；

⑦ 残疾辅助器具费：按照普通适用器具的合理费用标准计算。伤情有特殊需要的，可以参照辅助器具配置机构的意见确定相应的合理费用标准；

⑧ 丧葬费：按照本市上一年度职工月平均工资的 6 个月总额计算。2014 年的标准为 28 150 元；

⑨ 死亡赔偿金：按照本市上一年度城镇居民人均可支配收入（43 851 元）或者农村居民人均纯收入标准（19 208 元），按 20 年计算。但 60 周岁以上的，年龄每增加 1 岁减少 1 年；75 周岁以上的，按 5 年计算；

⑩ 被扶养人生活费：按损害事实发生地上一年度人均消费性支出标准计算（城镇居民 28 155 元/年，农村居民 13 425 元/年），未成年人抚养年限为 18 周岁；对年满 18 周岁但无劳动能力的，计算 20 年；60 周岁以上的，年龄每增加 1 岁减少 1 年；75 周岁以上的，按 5 年计算；

⑪ 交通费：按照患者及其必要的陪护人员因就医或者转院治疗实际发生的费用计算。实际必需的交通费用计算，凭据支付，也可以由双方协商；

⑫ 住宿费：按照当地国家机关一般工作人员的出差住宿补助标准计算，凭据支付。2014 年的标准为 60 元/天×期限（合理）；

⑬ 精神损害抚慰金：造成残疾和死亡的可予赔偿，具体数额由双方协商，最高不超过 5 万元。伤残的按 5 万×伤残等级系数；

⑭ 参与处理医疗事件（包括丧葬活动）的患者近亲属所需误工费、交通费、住宿费计算。2014 年的标准为赔偿三个亲属的 1 个月的误工费、交通费、住宿费；

⑮ 鉴定费：按照有关规定；

⑯ 勘验费（药检、尸检、医疗器械等）：按照有关规定。

（5）医疗机构在诊疗过程中因医疗意外给患者造成医疗损害的，如医疗机构投保了医疗意外险，则按照保险的相关规定予以赔偿；如医疗机构没有投保医疗意外险，则按照公平的原则，医疗机构仍应承担部分赔偿责任。

（6）医疗机构在诊疗过程中存在医疗过错，但没有明显医疗损害后果的，人民调解员可以视情况提出建议，或由双方自行协商。

（7）医疗机构在诊疗过程中虽无过错，但患者确因此医疗行为而受到伤害的医疗纠纷，医疗机构根据单位实际情况，出于人道主义给与适当补偿。

二、医疗事故等级（相应残疾等级）有关项目赔偿年限计算标准参考表

医疗事故等级	相应残疾等级	精神损害抚慰金赔偿年限	残疾生活补助费赔偿年限		
			1—59 岁	60 周岁以上	70 周岁以上
一级甲等		6			
一级乙等	1	3	30	15	5
二级甲等	2	3	27	13.5	4.5
二级乙等	3	2.5	24	12	4
二级丙等	4	2.5	20	10.5	3.5
二级丁等	5	2	18	9	3

（续表）

医疗事故等级	相应残疾等级	精神损害抚慰金赔偿年限	残疾生活补助费赔偿年限		
			1—59 岁	60 周岁以上	70 周岁以上
三级甲等	6	2	15	7.5	2.5
三级乙等	7	1.5	12	6	2
三级丙等	8	1.5	9	4.5	1.5
三级丁等	9	1	6	3	1
三级戊等	10	1	3	1.5	0.5
四级					

参考书目

[1] 史敏，赵同刚，吴明江. 医疗事故处理条例百问[M]. 北京：法律出版社，2002.

[2] 本书编委会. 医疗纠纷处理[M]. 北京：法律出版社，2012.

[3] 法律出版社法规中心. 人身损害赔偿司法解释配套规定实用注解版[M]. 北京：法律出版社，2012.

[4] 高祥阳，陈宇. 医患纠纷. 医疗事故赔偿. 患者维权完全手册[M]. 北京：中国城市出版社，2003.

思考题

1. 当前医患纠纷的处理有哪四条合法途径？

2. 简述医患纠纷人民调解组织出现的两个重要原因？

3. 医疗事故技术鉴定与医疗损害司法鉴定的区别？

4. 患者男性，52 岁，上海市××机械厂工人，月收入 3 000 元，在某某社区卫生服务中心理疗中出现背部烫伤。经上海市第七人民医院住院治疗 25 天，住院医药费总计 46 725.21 元，患者出院后经司法鉴定（鉴定费 3 000 元）为 10 级伤残，需护理 3 个月。患者向某某社区卫生服务中心（医方）提出经济赔偿，医方认为发生烫伤患方也有责任，双方纠纷提请医调委调解。经过医调委调解医方承担 60%责任，患方承担 40%责任。请使用上海医患纠纷人民调解赔偿试用标准，计算医方应赔偿患方的经济金额。(营养费按 30 元/天，护理费按 30 元/天，交通费总计 600 元，上海市上一年度城镇居民人均可支配收入 43 851 元，无精神损害抚慰金等其他费用)。

第五章
医患纠纷人民调解委员会的发展

第一节　医患纠纷人民调解委员会在探索中建立

一、全国第一家医患纠纷人民调解组织

(1) 人民调解并非新事物,但是将医患纠纷纳入调解范畴,并成立专业的医患纠纷人民调解委员会,上海市普陀区则属全国首创。2006 年 4 月 28 日上海市普陀区率先成立了医患纠纷人民调解委员会,这是全国第一家医患纠纷人民调解委员会①。这是由政府出资,聘请法律、医疗界专家组成的群众性自治组织,通过非诉讼争议解决方式,为调处本地区医疗机构与患者在就医过程中发生的纠纷提供公益性服务。上海普陀区医患纠纷人民调解委员会的建立,是对行业性人民调解工作一种积极有效的探索。不久上海市各区、县都相继成立了医患纠纷人民调解委员会。医调委下设人民调解工作室,负责日常的医患纠纷调处工作,有的街道(镇)成立相应的医患纠纷调解工作站,逐步实现网络化管理。

(2) 2006 年 10 月 12 日,山西省医疗纠纷人民调解委员会(简称:医调委)在

---

① 杨静,施妍萍.上海普陀区成立首家医患纠纷人民调解委员会[EB/OL].中国广播网 http://www.sina.com.cn 2006-4-29,12:40

太原成立①。由于医调委是山西省科协主管下、省心理卫生协会领导下的社团组织,与卫生行政部门无隶属关系。机构由医学、法律、管理学、心理学和保险方面的专家及具有医疗、法律或心理从业经验的调解人员组成。2009年山西省医调委大力开展机构建设,在全省11个市建立了医调委驻各市工作站,负责各市的医疗纠纷调解和防范工作②。这种以省级医疗纠纷人民调解组织为龙头,在各市建立分支机构的这种模式真正将医疗纠纷处理在基层。为了确保医疗纠纷人民调解工作的顺利进行,建立健全了医调委日常工作制度,山西省医调委研究出台了《医疗纠纷人民调解工作制度》《山西省医疗纠纷调解委员会学习制度》等多项制度,规范了接待、受理、调解、回访等互相衔接的工作环节,制定了调解应用文书和调解卷宗,编写了《调解技巧》、《调解文书书写规范》等适用性教材,建立了医调委工作人员绩效考核制度,以纠纷受理量和结案量以及月内调解成功率、文书优秀率和当事人的满意率的"两量、三率"为主要内容的考核标准。开通了医调委网站,方便当事人求助,提高工作效率,接受社会监督。在全省建立了视频会议系统,使鉴定会、周会、周讲座学习实现现场化。制度的建立和完善,使医调委的工作步入了规范化、制度化、程序化、职业化的轨道。

(3) 2006年11月20日,北京丰台区长辛店街道办事处医患纠纷调处站成立,这是首都第一家真正意义上的第三方医患纠纷调解工作站。只不过调处范围是一个街道辖区内的医院,医患纠纷调处站与医院和患者任何一方均无关联。长辛店医患纠纷调处站由9人组成,有当地街道司法助理员、社区人民调解委员会主任、律师以及社会志愿者,调处人员来自基层人民调解委员会。依据工作章程,调处站除了值班人员外,其他人员均在原单位工作,若有调处申请,他们才组织起来开展工作,而且所有工作都是公益的,不收费。至于办公经费,则是由司法局或者街道解决③。

---

① yue. 对我国人民调解各地模式的考察[EB/OL]. 法律快车网 www. lawtime. cn/inf... 2013-12-4

② 张文娟,武森. 山西省医疗纠纷人民调解委员会积极推进医疗责任保险[EB/OL]. 搜狐滚动频道 roll. sohu. com/201... 2011-12-16

③ 北京调处医患纠纷探索新模式:设立第三方调处站[EB/OL]. 新浪网(新闻中心)http://www. sina. com. cn 2006-12-19. 01:54 新京报

二、最先成立的三个医患纠纷人民调解组织的比较

(1) 三个医患纠纷人民调解组织的特点:①上海市普陀区医调委,这是全国第一家医调委。是区、县级层面的医患纠纷人民调解组织。也是第一次使用了医患纠纷人民调解委员会的名称,而没有称:医疗纠纷人民调解委员会。是政府出资,聘用专家,下设人民调解工作室和医患纠纷调解工作站,逐步实现网络化管理。②山西省医疗纠纷人民调解委员会是省级层面的医患纠纷人民调解组织,称医疗纠纷人民调解委员会,不是医患纠纷人民调解委员会。山西省科协主管下、省心理卫生协会领导下的社团组织,后期制度建立齐全规范。③北京丰台区长辛店街道办事处医患纠纷调处站,是街道层面的医患纠纷人民调解组织,司法局或者街道出资,聘用兼职调解员。

(2) 最先成立的三个医患纠纷人民调解组织的比较表:

比较项目	上海市普陀区医患纠纷人民调解委员会	山西省医疗纠纷人民调解委员会	北京丰台区长辛店街道办事处医患纠纷调处站
成立时间	2006.4.28	2006.10.12	2006.11.20
成立地点	上海	山西太原	北京
组织名称	医患纠纷人民调解委员会	医疗纠纷人民调解委员会	医患纠纷调处站
级别	区级	省级	街道级
主管单位	区政府	省科协	区司法局
资金来源	政府财政	省心理卫生协会	司法局或者街道
服务性质	公益性	公益性	公益性
与医疗机构	无隶属关系	无隶属关系	无隶属关系
调解员性质	聘用、专职	专职	兼职
下设机构	有	有	无

通过上面的比较表可以看出,他们是同一年成立,在各自的级别上都是全国首例。虽然调解的组织名称不同,但服务都是公益性的与医疗机构无隶属关系。最大的区别在于:主管单位、资金来源、调解员性质。

三、全国医患纠纷人民调解组织发展的两个阶段

(1) 探索性阶段　2005—2010 年是全国医患纠纷人民调解组织的最初发展阶段。由于上海、山西、北京医患纠纷人民调解组织机构的建立，对医患纠纷人民调解工作开展积极的探索。浙江宁波、江苏南京、山东济宁等地纷纷成立了医疗纠纷人民调解委员会或医患纠纷人民调解委员会。一些医患纠纷人民调解组织都是参照其他人民调解组织的形式开展工作，许多医患纠纷人民调解员没有经验，边干边学在尝试着调解，这个时期属于探索性阶段。

北京最早有两家专门的医疗纠纷调解中心：北京卫生法研究会医疗纠纷调解中心和北京医学教育协会医疗纠纷调解中心，分别承担人保、太平两家保险公司参保的医院与患者之间的"医疗纠纷"的调解工作。处于探索性阶段的这些医患纠纷人民调解组织，其主管单位、资金来源、调解员性质、工作程序、甚至与医疗机构的关系，都有差异。

(2) 规范化阶段　2010 年以后是全国医患纠纷人民调解组织的正规发展阶段。2010 年 5 月司法部、卫生部、中国保监会三部门联合下发《关于加强医疗纠纷人民调解工作的意见》，2010 年 8 月 28 日《中华人民共和国人民调解法》颁布，对医患纠纷人民调解委员会的组织性质、指导部门、经济来源、职能范围、工作流程，联动机制等都有明确的规定，使全国医患纠纷人民调解组织找到了发展的方向和道路，医患纠纷人民调解组织的发展进入规范化阶段。

第二节　医患纠纷人民调解委员会在规范化建立

一、医患纠纷人民调解委员会的法律保障

(1)《中华人民共和国人民调解法》　第五条：国务院司法行政部门负责指导全国的人民调解工作，县级以上地方人民政府司法行政部门负责指导本行政区域的人民调解工作。基层人民法院对人民调解委员会调解民间纠纷进行业务指导。

(2) 司法部、卫生部、保监会联合颁布《关于加强医疗纠纷人民调解工作的

意见》，指出：近年来，随着我国经济、社会、文化等各项事业的快速发展，人民群众不断增长的医疗服务需求与医疗服务能力、医疗保障水平的矛盾日益突出，人民群众对疾病的诊治期望与医学技术的客观局限性之间的矛盾日益突出，因医疗产生的医患纠纷呈频发态势，严重影响医疗秩序，一些地方甚至出现了因医疗纠纷引发的群体性事件，成为影响社会稳定的突出问题。贯彻“调解优先”原则，引入人民调解工作机制，充分发挥人民调解工作预防和化解矛盾纠纷的功能，积极参与医疗纠纷的化解工作，对于建立和谐的医患关系，最大限度地消除不和谐因素，最大限度地增加和谐因素，更好地维护社会稳定具有十分重要的意义。

还指出：医疗纠纷人民调解委员会原则上在县(市、区)设立。各地应结合本地实际，循序渐进，有计划、有步骤开展，不搞“一刀切”。医疗纠纷人民调解委员会受理本辖区内医疗机构与患者之间的医疗纠纷。受理范围包括患者与医疗机构及其医务人员就检查、诊疗、护理等过程中发生的行为、造成的后果及原因、责任、赔偿等问题，在认识上产生分歧而引起的纠纷。

(3) 全国各地对医患纠纷人民调解委员会的建设非常重视，许多省、市、县根据《中华人民共和国人民调解法》和《关于加强医疗纠纷人民调解工作的意见》，结合地方特点下发了有关具体实施医患纠纷人民调解委员会工作的文件。成为医患纠纷人民调解委员会的法律保障。人民调解工作的法制建设有了长足进展，法律地位得到确认。

二、医患纠纷人民调解委员会的组织保障

(1) 司法部、卫生部、中国保监会三部门联合下发《关于加强医疗纠纷人民调解工作的意见》指出：医疗纠纷人民调解委员会是专业性人民调解组织。各级司法行政部门、卫生行政部门要积极与公安、保监、财政、民政等相关部门沟通，指导各地建立医疗纠纷人民调解委员会，为化解医疗纠纷提供组织保障。要积极争取党委、政府支持，建立由党委、政府领导的，司法行政部门和卫生行政部门牵头，公安、保监、财政、民政等相关部门参加的医疗纠纷人民调解工作领导小组，明确相关部门在化解医疗纠纷、维护医疗机构秩序、保障医患双方合法权益等方面的职责和任务，指导医疗纠纷人民调解委员会的工作。

(2) 自 2010 年以后，全国各地新成立的医患纠纷人民调解委员会或称医疗纠纷人民调解委员会，都按照司法部、卫生部、中国保监会三部门联合下发《关于

加强医疗纠纷人民调解工作的意见》执行。许多省、市、县党委、政府给予了很大的支持。例如：北京市司法局、卫生局等6部门联合印发《北京市关于加强医疗纠纷人民调解工作的意见》，2011年5月30日成立北京市医疗纠纷人民调解委员会，司法部副部长郝赤勇、卫生部副部长马晓伟为调委会揭牌，副市长刘敬民出席会议并讲话①。2012年4月17日，垫江县政府批准举行县医疗纠纷人民调解委员会成立大会暨揭牌仪式。县委常委、宣传部部长魏崇荣，县政府副县长刘琼为县医疗纠纷人民调解委员会揭牌，刘琼为调解委员会授印，并为调解委员会专家颁发了聘书②。2012年7月30日，漯河市医疗纠纷人民调解委员会正式成立，漯河市委常委、政法委书记李亦博、市人大副主任田爱华、市政府副市长栗社臣、市政协副主席胡新峰出席仪式并共同为漯河市医疗纠纷人民调解委员会成立揭牌。市直有关单位、市预防和处置医疗纠纷领导小组成员单位负责同志，各县区司法局及辖区司法所负责同志，市区各大医院代表、人民调解员代表共计100多人参加了揭牌仪式③。

(3) 全国一些省、市、县不但成立了由政府牵头的"医患纠纷人民调解工作领导小组"，还成立了由司法行政部门、卫生、公安、保监、财政、民政等相关部门联合组成的"医患纠纷人民调解工作指导小组"。为医患纠纷人民调解委员会的规范化建立，提供了组织保障。

三、医患纠纷人民调解委员会的经费保障

《中华人民共和国人民调解法》 第六条：国家鼓励和支持人民调解工作。县级以上地方人民政府对人民调解工作所需经费应当给予必要的支持和保障，对有突出贡献的人民调解委员会和人民调解员按照国家规定给予表彰奖励。

财政部 司法部《关于进一步加强人民调解工作经费保障的意见》节选：

(1) 人民调解工作经费的开支范围：①司法行政机关指导人民调解工作经

① 北京市成立医疗纠纷人民调解委员会[EB/OL]. 中国新闻网 www.chinanews.com/... 2011-05-30

② 垫江县卫生局. 副县长刘琼为县医疗纠纷人民调解委员会揭牌宣布成立[EB/OL]. 垫江论坛 bbs.cqdj520.cn/threa... 2012-04-20

③ 漯河市医疗纠纷人民调解委员会揭牌成立[EB/OL]. 漯河政府法制网 www.hnfzw.gov.cn/lh...83.shtml 2012-08-06

费包括：人民调解工作宣传经费、培训经费、表彰奖励费等；②人民调解委员会补助经费是指对人民调解委员会购置办公文具、文书档案和纸张等的补助费；③人民调解员补贴经费是指发放给被司法行政部门正式聘请的人民调解员调解纠纷的生活补贴费。

（2）人民调解工作经费的保障办法：①司法行政机关指导人民调解工作经费列入同级财政预算。②为支持人民调解委员会和人民调解员的工作，地方财政根据当地经济社会发展水平和财力状况，适当安排人民调解委员会补助经费和人民调解员补贴经费。补助和补贴标准可由县级司法行政部门商同级财政部门确定。

（3）人民调解工作经费的管理：人民调解工作经费由各级财政部门会同司法行政部门共同管理。司法行政部门要每年编报经费预算，报同级财政部门审批；使用过程中要严格把关，杜绝弄虚作假、瞒报、虚报现象。财政部门要加强对司法行政部门人民调解工作经费管理的监督检查。

司法部、卫生部、中国保监会三部门联合下发《关于加强医疗纠纷人民调解工作的意见》指出：医疗纠纷人民调解委员会调解医疗纠纷不收费。其办公场所、工作经费应当由设立单位解决。经费不足的，各级司法行政部门按照财政部、司法部《关于进一步加强人民调解工作经费保障的意见》（财行〔2007〕179号）的要求，争取补贴。

医患纠纷人民调解委员会是人民调解委员会的行业委员会，其经费列入政府财政预算。全国各地的医患纠纷人民调解委员会有了上述法律文件的支持，其组织和工作经费有了可靠的保障。

四、医患纠纷人民调解委员会的人员保障

《关于加强医疗纠纷人民调解工作的意见》要求，医疗纠纷人民调解委员会人员组成，要注重吸纳具有较强专业知识和较高调解技能、热心调解事业的离退休医学专家、法官、检察官、警官，以及律师、公证员、法律工作者和人民调解员。原则上每个医疗纠纷人民调解委员会至少配备3名以上专职人民调解员；涉及保险工作的，应有相关专业经验和能力的保险人员；要积极发挥人大代表、政协委员、社会工作者等各方面的作用，逐步建立起专兼职相结合的医疗纠纷人民调解员队伍。要重视和加强对医疗纠纷人民调解员的培训，把医疗纠纷人民调解员

培训纳入司法行政队伍培训计划，坚持统一规划、分级负责、分期分批实施，不断提高医疗纠纷人民调解员的法律知识、医学专业知识、业务技能和调解工作水平。

医患纠纷调解工作需要由调解员来完成，但如果调解员不具备医学专业知识和法律知识，就难以做好调解。可如果把调解工作全部交给医疗卫生系统的人员，既难以保证其中立，又难以找到懂法的人员参与。所以，当前医患纠纷人民调解员的挑选比较困难，现有调解员的调解水平参差不齐，加强对医疗纠纷人民调解员的培训成了不容忽视的问题。

五、医患纠纷人民调解委员会的规范化建设标准

《关于加强医疗纠纷人民调解工作的意见》要求，各地要按照规范化人民调解委员会建设的标准，建设医疗纠纷人民调解委员会。医疗纠纷人民调解委员会的办公场所，应设置办公室、接待室、调解室、档案室等，悬挂人民调解工作标识和"医疗纠纷人民调解委员会"标牌，配备必要的办公设施。要建立健全各项规章制度，规范工作流程，并将工作制度、工作流程和人民调解委员会组成人员加以公示。

上述司法部、卫生部、中国保监会《关于加强医疗纠纷人民调解工作的意见》，已经明确规范了医患纠纷人民调解委员会建设的标准。全国各地都在认真执行，早期成立未能达到规范化建设标准的医调委，在政府和有关部门的支持下进行了整改。一些原来建筑面积小的医调委进行了改址搬迁(如：上海市浦东新区医调委改址搬迁)，目前全国的医调委正处在规范化建设阶段。

第三节　医患纠纷人民调解在处理医患纠纷中的优势

医调委是专业调解医患纠纷的人民调解组织，不是政府职能部门，也不代表任何政府职能部门，而是应当事人的要求，为医患双方提供纠纷调解服务的群众性组织。相关政府职能部门指导人民调解工作，但是不直接介入或干涉纠纷调解活动，与医调委的关系不是领导与被领导的关系。医调委调解纠纷彻底撇清了与卫生部门和医院的关系，不受任何组织和个人的干涉。医调委具有高度的

自主权，具体包括自主决定人员选聘、自主实施内部管理、自主开展调解活动等。其工作具有如下优势。

一、医调委的中立性有利于做到公正处理

根据我国《人民调解法》规定："人民调解委员会是依法设立的调解民间纠纷的群众性组织。"医调委既不是医方，也不是患方，始终坚持中立第三方的地位，人民调解员在调解纠纷过程中，能够做到平等对待医患双方当事人。具体而言，医调委的中立性，决定了人民调解员会充分听取医患双方当事人的陈述，平等地尊重医患双方当事人意思表达的权利，不会出现压制、阻碍医患双方当事人发表意见，偏袒一方当事人的情况。有利于医患纠纷的公正处理。

二、"调解自愿"是人民调解的一项基本原则

我国《人民调解法》规定"在当事人自愿、平等的基础上进行调解"；当事人可以接受调解，也可以不接受调解；调解过程中，当事人不愿再继续调解的，可以随时要求终止调解。人民调解是解决医患纠纷的重要途径，但不是解决医患纠纷的唯一途径，当事人还可以选择其他合法途径解决。人民调解员调解纠纷，坚持在当事人自愿、平等的基础上进行调解，不得因调解而阻止当事人依法通过行政、司法等途径维护自己的权利，是人民调解的一项基本原则。

三、医患纠纷人民调解不收取费用

《人民调解法》和《财政部　司法部关于进一步加强人民调解工作经费保障的意见》对此作了进一步的具体规定，医患纠纷人民调解工作所需运行经费、补助经费、调解员补贴经费和专家咨询费，由市和区、县财政按照有关规定予以保障。医患纠纷人民调解工作所需的必要办公条件和工作经费，由政府以购买服务的方式给予一定的支持，既不向医方也不向患方收取费用。这样可以有效避免医调委在经费问题上与医患双方存在利害关系，保证医调委的中立地位和能够顺利开展调解工作。

四、人民调解程序简易灵活

医患纠纷人民调解组织一般按照国家相关的法律法规、诊疗技术规范、社会

道德规范对医患双方之间的争议进行调解。调解程序的简易性和灵活性，可以使医患双方从复杂的程序中摆脱出来，专心于自己的需要和利益，大大减少医患双方在医疗纠纷中耗费的时间。上海市浦东新区医患纠纷人民调解委员会调解纠纷最短的时间仅为3小时就达成协议，这与医疗纠纷诉讼持续数月甚至是数年相比节省了大量的时间，患者能够在最短的时间内得到赔偿，节省了医患双方通过诉讼解决纠纷所要支付的诉讼费、律师费用和其他自费项目，同时也减少了医患双方在医疗纠纷过程中需要承受的巨大心理压力，提高了纠纷解决的效率。人民调解程序的简易性和灵活性是调解能够发挥重要作用的生命力所在。

五、人民调解协议书具有一定的法律效力

根据最高人民法院《关于审理涉及人民调解协议的民事案件的若干规定》，经人民调解委员会调解达成的、有民事权利义务内容的，并由双方当事人签字或者盖章的调解协议，具有民事合同性质。另依照《最高人民法院关于建立健全诉讼与非诉讼相衔接的矛盾纠纷解决机制的若干意见》第二十条规定，人民调解组织调解达成的具有民事合同性质的协议，经调解组织和调解员签字盖章后，当事人可以申请有管辖权的人民法院确认其效力。《最高人民法院关于人民调解协议司法确认程序的若干规定》(2011)规定，人民法院依法作出确认决定后，一方当事人拒绝履行或者未全部履行的，对方当事人可以向作出确认决定的人民法院申请强制执行。

六、医患纠纷人民调解员队伍的专业性比较强

根据《关于加强医疗纠纷人民调解工作的意见》要求，各地医调委吸纳了离退休医学专家、法律工作者和有实际经验的人民调解员，组建了一支由具有法学或医学专业背景、较强专业知识和较高调解技能的相关人员构成的调解队伍，这些都保障了医调委的人才队伍呈现复合型发展趋势。因此医患纠纷人民调解员队伍比法院法官单一司法学历背景的人处理医患纠纷更专业和更适宜。

七、依托保险理赔机制有利于协议书的履行

《关于加强医疗纠纷人民调解工作的意见》规定，“保监部门要鼓励、支持和引导保险公司积极依托医疗纠纷人民调解机制，处理涉及医疗责任保险的有关

保险索赔案，在医患纠纷人民调解委员会主持下达成的调解协议，是医疗责任保险理赔的依据。形成医患纠纷人民调解和保险理赔互为补充、互相促进的良好局面”。各地医疗纠纷人民调解机制与医疗责任保险相互依托，这些都是医患纠纷人民调解协议能够很好地得到履行的保障。

八、人民调解能够实现医患双方“共赢”

诉讼具有明显的对抗性，双方处于对抗状态，一般由律师代表医患双方讨论医疗纠纷涉及的法律依据或由律师提出医疗纠纷中的重要问题。人民调解是一种非对抗解决方式，致力于改变矛盾双方之间的对抗性，调解没有胜诉方也没有败诉方，人民调解使矛盾各方与调解者之间形成合作关系，这为矛盾双方提供了一个进行广泛商讨的机会，能够最大限度地扩大双方之间的交流。医患双方当事人在调解者的帮助下，可以坐下来进行面对面交涉，讨论的内容可以包括到索赔有关的医患双方认为重要的所有问题。矛盾双方可就医患纠纷解决方案中涉及的货币和非货币内容进行商谈，因为医患纠纷经常包含很多患方的情绪因素，调解使医患双方都能获得阐述自己真实意愿的机会。不但患方有机会充分反映自己的想法及情绪，表明自己的诉求。医疗机构或者医生也可以利用调解机构提供的交流机会，就医患纠纷中涉及的医学专业问题作出详细阐述。人民调解过程中，矛盾双方关注点集中在他们各自的利益上，而不像在诉讼中，集中在各自的法律身份上。通过沟通，人民调解使矛盾双方共同致力于采用双方都能接受的解决方案。这些方案的范围要比通过法院程序解决纠纷的方案多。医患纠纷索赔者的利益（金钱或者非金钱的），通过调解都可得到合理解决，卫生服务提供者的利益（金钱或者非金钱的），也可通过调解得到应有的维护。人民调解使医患纠纷双方在纠纷解决中都能获益，实现了“双赢”。

九、人民调解有利于保护医患双方的隐私

在调解过程中，双方当事人告知调解员的信息，调解员会严加保密。保密性是调解的核心内容之一。与诉讼的公开性相比，医患纠纷的调解是在调解组织的主持下，仅在医患双方间进行的，医患纠纷过程中涉及的患者隐私、医院医疗行为中可能存在的医疗过失或者差错对外界来说是封闭的。调解组织对调解中涉及的与医患双方有关的信息负有保密义务，有效保护了医患双方的隐私并能

够维护医患双方的利益，促使医患双方真诚交流，坦率分析事件发生的真相及原因，最终确定赔偿责任达到妥善解决纠纷的目的。

第四节 医调委在发展中提高

一、上海市医患纠纷人民调解工作的发展和创新

上海市医患纠纷人民调解工作开展较早，2006 年 4 月上海市普陀区医患纠纷人民调解委员会成立，不久各区都成立了医患纠纷人民调解委员会。特别是 2010 年司法部、卫生部、中国保监会《关于加强医疗纠纷人民调解工作的意见》公布以后，上海市各区的医患纠纷人民调解委员会的建设达到了规范化。在发展中出现以下创新和提高[①]：①实行了“首席人民调解员制度”，有四位医患纠纷人民调解员被评为上海市首席人民调解员。②各区司法局专门设立了一个“医患纠纷人民调解工作办公室”和医患纠纷人民调解委员会，这种情况，在以往的任何行业人民调解委员会中都没有出现过。③建立了一整套的“专家咨询制度”（将在以后的章节中详细介绍），并予以实施。④有 4 位从事医患纠纷调解有关工作者被上海政法学院法律学院评为兼职教授。⑤上海政法学院的法律学院人民调解专业将开设医患纠纷人民调解的相关课程。这些创新的做法取得的效果，有待接受时间的检验。

二、全国医患纠纷人民调解工作在发展中提高

全国的医患纠纷人民调解组织很多，某些医调委在个别案例调解上，开展了“听证”的尝试。最近个别医调委出现引进医方、患方、医调委之外的第四方——陪审团，参与医患纠纷调解工作的设想。通过医患陈述，医学、法学专家提问、讨论、分析、解释后，医院该负多少责任，最后通过投票方式对责任进行划分。这种近似“仲裁”的设想，但还没有具体实施的报道。不少医调委正开展“医患纠纷人

① 雷红力. 医患纠纷人民调解委员会的工作特征[J]. 上海政法学院学报(法治论丛)，2014，29(2)：69－73

民调解员专业化和职业化”的人事制度改革，取得了初步的经验。部分省、市（如：北京市、济南市、江苏省吴江市、上海市普陀区及浦东新区等）制定了“医患纠纷人民调解委员会章程”。有的市（如：冷水市、资阳市、秦皇岛市等）制定了“医患纠纷人民调解委员会操作规程”。上海市浦东新区制定了“浦东新区医患纠纷人民调解工作规程”。总之，医调委的工作在发展中得到了提高。

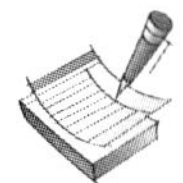

参考书目

[1] 吴志明，等. 大调解—应对社会矛盾凸显的东方经验[M]. 北京：法律出版社，2010.

[2] 北京市法庭科学技术鉴定研究所主办：《法律与医学杂志》(季刊)。

[3] 刘江江. 人民调解法治新论[M]. 北京：中国政法大学出版社，2009.

思考题

1. 简述我国最早成立的区级、省级、街道级三个医患纠纷调解组织的名称、时间、地点。

2. 我国医患纠纷人民调解组织的发展，存在哪两个阶段？依据什么来划分？

3. 简述人民调解工作经费来源、开支范围和经费的管理？

4. 上海市医患纠纷人民调解委员会在发展中出现哪些创新和提高？

第三篇

医患纠纷人民调解的工作要求和技能

第六章
医患纠纷人民调解委员会岗位职责和工作制度

第一节　医患纠纷人民调解委员会岗位职责

一、医患纠纷人民调解委员会职责

(1) 贯彻落实中央、省、市、区医疗纠纷人民调解工作的决策、部署。

(2) 依据法律、法规、政策、社会公德和医学知识，负责调处辖区内各类医疗机构中发生的医患纠纷。

(3) 在调解工作中，开展相关法律、法规、规章和医学知识宣传，引导医患双方当事人依据事实和法律解决纠纷。

(4) 协助有关部门处理医患纠纷突发事件、群体性事件；做好教育疏导工作，防止矛盾激化，并及时向本辖区司法局医患纠纷人民调解工作办公室汇报重大不安定事件。

(5) 为患者及其家属、医疗机构提供医患纠纷咨询服务。

(6) 分析医患纠纷发生的原因向医疗机构提出防范医疗纠纷的意见、建议。

(7) 及时向本辖区司法行政部门报告医患纠纷和调解工作开展情况，接受司法行政部门指导。

(8) 向卫生行政部门定期通报医患纠纷调处情况。

二、医患纠纷人民调解委员会主任职责

(1) 主持医患纠纷人民调解委员会全面工作。

(2) 组织开展医患纠纷人民调解工作,向辖区政府和司法行政主管部门报告医患纠纷人民调解工作情况和重大纠纷信息。

(3) 传达、贯彻、落实中央、省、市医患纠纷人民调解工作的指示、要求及工作安排部署等。

(4) 指派人民调解员调解医患纠纷。

(5) 决定人民调解员的回避。

(6) 组织医患纠纷人民调解员定期开展业务培训,提高人民调解员业务及调解水平。

三、医患纠纷人民调解委员会副主任职责

(1) 协助主任抓好医患纠纷人民调解委员会的全面工作,提出正确、合理的工作建议和思路,履行好助手的职责。

(2) 协助主任抓好医患纠纷人民调解委员会的组织建设、作风建设,协调有关部门的工作关系。

(3) 协助主任抓好法律、法规的宣传教育工作,积极总结交流典型经验,推动医患纠纷人民调解委员会规范化建设。

(4) 完成主任交办的其他事项。

四、医患纠纷人民调解员岗位职责

(1) 医患纠纷人民调解员在医患纠纷人民调解委员会的领导下,具体从事医患纠纷人民调解工作。

(2) 对突发的医患冲突,协助进行现场疏导,对符合受理条件的医患纠纷进行就地调解。

(3) 负责医患纠纷接待处理,了解和分析纠纷案情,制定调解方案。

(4) 促成医患双方当事人达成调解协议,根据当事人请求,协助其申请调解协议司法确认等工作。

(5) 督促医患双方当事人及时完整地履行调解协议,并做好调解后的回访

工作。

(6) 通过医患纠纷人民调解，宣传相关法律、法规、规章和医学知识。

(7) 对调解不成的医患纠纷，引导当事人通过其他合法途径解决。

(8) 发生可能有重大社会影响的医患纠纷时，及时向医患纠纷人民调解委员会主任报告。

(9) 积极参加医患纠纷人民调解委员会组织的各项活动。

第二节　医患纠纷人民调解委员会工作制度

一、受理登记制度

(1) 医患纠纷人民调解委员会对纠纷当事人的调解申请都应当进行登记，设立专门医患纠纷受理登记簿。

(2) 医患纠纷受理登记应审核调解申请人主体资格，符合医患纠纷调解受理条件的，指导当事人填写调解申请表并及时受理。

(3) 认真听取当事人对医患纠纷情况的陈述，做到忠实于客观事实，尽量记录当事人的原话或原意。

(4) 接待人员遇到有矛盾激化倾向的医患纠纷，应采取果断措施，妥善处理(如:可先行调解，而后补办纠纷登记手续)，并及时报告领导。

(5) 登记的内容应包括双方当事人的基本情况、医患纠纷事由(包括异常情况的发生过程和处理意见等)、调解要求、登记日期等。

(6) 重大、复杂纠纷，及时向医调委主任报告。

(7) 认真整理登记资料，及时归档，妥善保管。

(8) 对于不符合受理条件的，应当告知当事人不受理的理由及医患纠纷的其他法定解决途径。

二、例会制度

(1) 每周医调委召开一次调解组组长例会，传达政府、司法局指导部门的工作信息及领导对本业务方面的工作要求；总结交流上周工作，查找工作中薄弱环节，明确本周工作任务目标，布置下周工作。

(2) 每周召开一次全体医患纠纷人民调解员工作例会，研究调解中遇到的疑难案例和工作难点及预防纠纷的措施，学习有关政策、法律和法规，并做好记录，分析，学习好的做法和典型案例，总结调解心得。

(3) 每月召开一次全体医患纠纷人民调解员政治业务学习例会，不断提高医调委各成员的政治思想水平和业务素质能力，更好地做好本职工作。

(4) 突发紧急医患纠纷和重大疑难纠纷需要马上参与调解工作，可以临时召开紧急会议决定处理意见。

三、调查核实制度

(1) 医调委对受理的医患纠纷案情，需要实行调查核实、做好医患沟通等工作。

(2) 医调委调解员必须认真听取纠纷当事人的陈述和要求；审阅纠纷当事人的申请材料和查阅有关病历资料，对医患双方当事人应做好配合工作。

(3) 存在“物证”的情况下，调解员必须要深入医疗机构搜集有关现场物证。

(4) 医调委要针对受理案情中的疑难问题，查阅有关书面材料、医学文献或向有关专家进行咨询、查实。

(5) 医调委依法可用其他的调查方式核实受理的医患纠纷案情。

四、工作报告制度

(1) 医调委调解员，每周向医调委汇报工作，遇到重大、复杂、疑难纠纷有及时向医调委报告的义务。

(2) 医调委每月向司法局有关部门汇报本辖区医患纠纷人民调解工作情况。

(3) 医调委不定期向卫生行政部门通报辖区医患纠纷人民调解中有关医疗质量安全问题。

(4) 医调委遇有重大、复杂、疑难纠纷，应及时向司法局有关部门请示和报告。

五、重大和复杂纠纷集体研究制度

(1) 遇到重大和复杂纠纷,要召开医调委全体会议,分析案情,研究调解方案和协调、处置措施,预防矛盾激化和发生突发事件。

(2) 重大和复杂纠纷主要是:对社会产生较大影响的纠纷;影响医疗机构正常工作秩序的纠纷;已经激化或可能激化的纠纷;领导批示要求调解处理的纠纷;案情复杂难以认定责任、双方争执不下的纠纷等。

六、专家咨询制度

(1) 医调委预估赔付金额较大、医患双方对争议事实存在重大分歧的、患者死亡或者其他重大、复杂、疑难的医患纠纷,经医调委申请,获有关部门批准后可启动专家咨询程序。

(2) 根据回避原则从专家咨询库中抽取专家,原则上邀请三名及以上专家形成专家组。

(3) 医调委组织相关医学和法学专家对材料进行分析、咨询、论证,主要以出具咨询意见书的方式等为调解提供咨询意见,供人民调解员参考。

(4) 医调委启动专家咨询程序,可以请求司法局有关部门给予现场指导和支持。

七、保密制度

(1) 人民调解员应当遵守保密规定,不得泄露国家秘密、商业秘密和个人隐私。

(2) 调解员在调解活动中,不得将一方当事人只限提供给调解员的信息透露给对方当事人。

(3) 未经双方当事人同意,调解一律不公开进行,调解协议一律不公开。

(4) 涉及国家秘密、商业秘密、个人隐私或者未成年人的医患纠纷,调解过程一律不公开,调解协议一律不公开。

八、回避制度

(1) 人民调解员有下列情形之一的,应当回避。

① 本人是纠纷当事人或者当事人、代理人的近亲属。

② 本人或其近亲属正在或曾在纠纷所涉医疗机构工作。

③ 本人或其近亲属与纠纷所涉医务人员有利害关系。

④ 本人或其近亲属与纠纷所涉医疗制品销售、生产单位有利害关系。

⑤ 与纠纷或当事人有其他利害关系,可能影响公正调解的。

(2) 当事人可以在调解程序的任何时候以口头或者书面形式申请人民调解员回避,并说明理由。

(3) 人民调解员也可以自行回避。回避申请应在正式实施调解前提出,并说明理由。

(4) 被申请回避的人员在医调委作出是否回避的决定前,应当暂停参与本纠纷的调解工作,但需要采取紧急措施的除外。

(5) 人民调解员在工作中违反纪律的,医调委应当及时予以更换。

(6) 调解员的回避由医调委主任决定。

九、调解终止制度

(1) 有下列情形之一的,调解应当终止。

① 当事人已向人民法院提起诉讼的,调解应当终止。但人民法院委托人民调解的除外。

② 当事人已向卫生行政部门申请医疗事故争议行政处理的,但卫生行政部门终止处理的除外。

③ 当事人拒绝人民调解的。

④ 经多次调解,人民调解员认为已无调解成功可能的。

⑤ 调解期限届满,仍未达成调解协议的。

(2) 调解终止,人民调解员应向当事人说明情况,并出具书面证明。

(3) 对调解终止的案件,人民调解员应当积极疏导,也可引导当事人通过其他合法途径解决。

(4) 对调解终止后当事人再次提出调解申请的,如符合受理条件的医调委不应拒绝受理。

十、回访制度

(1) 对调解成功的纠纷,调解主持人应在双方当事人签收调解协议之日起十五日内进行回访。

（2）回访工作必须坚持实事求是，及时、有重点地进行的原则。

（3）回访应当有回访记录。通过回访掌握调解协议的履行情况，听取当事人的意见，巩固调解成果，及时发现和解决新出现的情况和问题，真正做到案结事了。

（4）回访中发现有激化苗头的，应采取措施防止纠纷激化，重大险情应及时上报，对工作中存在的问题和不足要予以纠正和改进。

十一、调解工作衔接制度

（1）医调委应建立与有关部门、单位工作协作关系，提高调解保障力和执行力，增强调解效率，扩大调解效应。

（2）建立与法院诉调对接关系，对已达成协议的调解案件，当事人要求进行司法确认的，使之能快速立案并进入确认程序；对未达成协议的调解案件，应尊重当事人诉讼权，引导当事人快速进入诉讼程序。

（3）建立与法律援助机构衔接关系，对需要通过诉讼方式解决纠纷且符合法律援助条件的，应帮助当事人及时获得法律援助。

（4）建立与卫生行政部门的协作关系，及时反馈纠纷信息，为加强行政管理和预防医患纠纷提供参考意见。

（5）建立与医疗机构的联系，支持医疗机构排查潜在医疗安全隐患，为预防医患纠纷提供参考意见。

十二、人民调解员培训制度

（1）建立人民调解员岗前培训和年度培训制度。

（2）岗前培训主要是帮助新选聘的人民调解员学习、掌握人民调解工作制度、工作程序和方法，使人民调解员具备人民调解工作的基本业务素质和要求。

（3）年度培训主要是对在岗的人民调解员进行知识更新和技能培训。

十三、档案资料管理制度

（1）医患纠纷人民调解委员会应设专人，对档案集中实行统一管理，按照有关规定，建立、健全文件材料的归档。

(2) 按照文书档案立卷的要求和原则，依时间、年度有关要求装订，要分年、分类保管，保管期限分为短期(五年)、长期(十年)和永久三种。

(3) 采取有效措施，防止档案的损害和散失，延长档案的利用寿命，确保档案的安全，查阅档案须经医调委主任同意后方可办理查阅档案手续，并在规定地点查阅，不得将档案带出。

(4) 调解文书档案要做到一事一案一卷，立卷时要审查卷中文书资料的种类是否齐全，内容是否合乎要求。

(5) 对上级下发的文件、医调委的其他工作，资料应分类、分卷装订入档。

(6) 对档案的收进、移出、保管、利用等情况进行统计。如遇人事变化应及时办理档案移交手续。

(7) 努力创造条件，逐步促进档案管理现代化，不断推进档案管理电脑化，更好地为医调工作提供服务。

十四、新闻宣传制度

(1) 医患纠纷人民调解新闻宣传工作的主要内容

① 医患纠纷人民调解工作的法律、法规、规章。

② 省(直辖市)、市政府关于医患纠纷人民调解工作的政策、方针、规定。

③ 本辖区内司法行政机关关于医患纠纷人民调解工作措施、办法。

④ 医患纠纷人民调解的工作经验和先进典型。

⑤ 医患纠纷人民调解的典型案例。

(2) 工作纪律

① 患方当事人的姓名、年龄、住址、职业、病情等信息，未经本人同意，一律不得向新闻单位提供或向社会公开；

② 医疗机构名称、等级、所在区域、科室部门，医务人员姓名、职称等信息，未经医疗机构同意，一律不得向新闻单位提供或向社会公开；

③ 个案纠纷所涉及的索赔金额数、赔偿金额数、人员伤亡情况、纠纷调解过程、人民调解协议内容等信息，未经司法局批准、双方当事人同意，一律不得向新闻单位提供或向社会公开；

④ 全市范围内有重大影响医患纠纷的相关信息，未经司法局批准，不得擅自向新闻单位提供或向社会公开；

⑤ 专家咨询的专家姓名、所在单位、咨询意见，一律不得向新闻单位提供或向社会公开。

十五、统计工作制度

(1) 做好医患纠纷《来电来信来访登记表》填报，作为咨询服务日常工作台账，对当期发生的有关数据进行汇总统计。

(2) 做好《医患纠纷汇总登记表》填写，主要包括医患纠纷人民调解的申请、受理、调解协议、协议履行、终止及当事人等情况。作为医患纠纷人民调解工作开展情况日常工作台账，对当期发生的有关数据进行汇总统计。

(3) 做好每月《医患纠纷人民调解工作情况统计表》的统计。包括来电来信来访登记汇总、医患纠纷汇总以及医调委人民调解员人数、类别、人员来源等。

(4) 医调委统计工作，落实专人负责审核上报相关报表，确保数据准确。

(5) 要严格按照相关报表的填表说明登录和填报数据，有关报表的栏目要严格按照医疗机构名称和医学专业科目规范填写。

(6) 工作统计表表格，通过电子文档形式上报，以利信息化管理。

十六、司法确认制度

(1) 调解员对医患纠纷达成的人民调解协议，要做好《医患纠纷人民调解委员会司法确认告知书》的发放，医调委有告知医患双方调解协议可以进行司法确认的义务。

(2) 对医患双方申请调解协议司法确认的案例，调解员应积极给予协助，包括提供《人民调解协议司法确认申请书》的格式文本、《调解协议承诺书》格式文本。

(3) 医调委应经常保持与人民法院联系，对要求进行司法确认的调解协议，向法院送达《医调委协助司法确认告知函》，使之能快速进入司法确认程序。

(4) 司法确认必须医患双方同意并共同申请，调解员不得采取暗示或代办等活动。

参考书目

[1] 司法部法律出版社主办:《人民调解》(月刊)

[2] 姜小川. 人民调解实用手册[M]. 北京:中国法律出版社,2009.

[3] 梁超德. 人民调解学[M]. 济南:山东人民出版社 1999.

思考题

1. 医患纠纷人民调解员的岗位职责有哪些?
2. 简述制定医患纠纷人民调解委员会工作制度的意义。

第七章

医调委操作规程和格式文书

第一节 医患纠纷人民调解委员会操作规程

目前全国一些地区(如冷水市、资阳市、秦皇岛市等)制定了“医患纠纷人民调解委员会操作规程”。现有的医患纠纷人民调解委员会操作规程大同小异。但少有对实施医患双方当面调解方式(又称:面对面调解或会议式调解)和医患双方单独调解方式(又称:背靠背调解),给予叙述的操作规程。作者在这里提供一份医患纠纷人民调解委员会操作规程的“样本”,供参考与探讨。

医患纠纷人民调解委员会操作规程(样本)

第一部分 总 则

第一条 为规范医患纠纷人民调解工作,提高调解工作质量,构建和谐医患关系,促进社会和谐稳定,根据《中华人民共和国人民调解法》、《中华人民共和国侵权责任法》、司法部、卫生部、中国保监会《关于加强医疗纠纷人民调解工作的意见》等法律法规,结合医患纠纷人民调解工作的实际,制定适用于本行政区域内医患纠纷调解的操作规程。

第二部分 调解的原则和受理的条件

第二条 根据《中华人民共和国人民调解法》第三条,×××医患纠纷人民

调解委员会(以下简称:医调委)调解医疗纠纷,应当遵循下列调解原则:

(一) 在当事人自愿、平等的基础上进行调解;

(二) 调解不得违背法律、法规和国家政策;

(三) 尊重当事人的权利,不得因调解而阻止当事人依法通过仲裁、行政、司法等途径维护自己的合法权利。

第三条　本辖区内发生的医患纠纷,符合下列条件之一的当事人申请调解的,医调委应当受理:

(一) 发生医患纠纷后,双方当事人共同申请调解的,且患方因医患纠纷与特定医疗机构有直接利害关系的事实依据和理由的;

(二) 一方当事人单独申请调解的,医调委应当及时向另一方当事人征询意见;另一方当事人同意调解的,应当按照本规程规定办理受理;

(三) 对有关部门、单位反映的,医疗机构内正在发生的医患纠纷,经医患双方当事人明示同意后,医调委可以主动受理调解;

(四) 当地党委和卫生行政部门或人民法院、公安机关已经受理的医患纠纷,通过与司法行政部门及医调委协商后认为更适宜医调委调解的,经医患双方当事人明示同意后,可移交医调委受理调解;

(五) 有具体的事实和理由证明发生了医患纠纷,并有具体调解请求的,患方当事人可以委托其近亲属、律师或基层法律工作者代为申请调解的。受委托的近亲属、律师或基层法律工作者应当出示授权委托书,律师或基层法律工作者还应出示执业证。

本规程所指患方当事人,是指患者本人或者死亡患者的法定继承人。

第四条　医调委对具有下列情形的之一的医患纠纷不予受理:

(一) 一方当事人明确拒绝调解的,医调委不予受理。但应当做好书面记录,依据有关法律、法规、规章的规定,告知医患双方当事人可以依法通过向卫生行政部门申请处理或者向人民法院提起诉讼等其他法律途径解决纠纷;

(二) 法律、法规规定由专门机关管辖处理的,或者不宜通过人民调解方式解决的;

(三) 一方当事人已向卫生行政部门申请行政处理,卫生行政部门已经受理或者已经作出处理决定的;

(四) 一方当事人已向人民法院提起诉讼的,人民法院已经受理或已作出裁判的，但人民法院委托医调委进行调解的除外。

第五条　符合受理条件的，医调委应在3个工作日内向双方当事人出具《医患纠纷不予受理通知书》及时告知当事人不予受理的理由。对纠纷随时有可能激化的医患纠纷，应当在采取必要的沟通疏导措施后，及时移交有关机关处理。

第三部分　咨询接待

第六条　医患双方当事人可以通过来电、来信、来访等方式向医调委咨询医患纠纷人民调解的相关事项。

医调委应安排人民调解员于每个工作日接待医患双方当事人的咨询。接待人员对咨询事项应予以解答。

第七条　人民调解员在接待和解答医患双方当事人咨询的过程中，应当向医患双方当事人宣传相关的法律、法规、规章、政策，向患方当事人介绍相关的医学知识及处理医患纠纷的其他合法途径。

对上款难以在电话中解释清楚的，可告知当事人带好相关资料及身份证明来医调委当面沟通。

第四部分　申办受理调解的手续

第八条　医患纠纷一方或双方当事人申请调解的，医调委应先审核“受理的条件”，经确认医患双方当事人都同意进行人民调解并符合受理条件的，医调委应当受理并应为申请医患纠纷人民调解的当事人办理如下受理手续：

（一）医患双方同时申请或患方单独申请的，医患双方当事人应当根据人民调解员要求，提供相关病史资料并按要求分别或单独填写《医患纠纷人民调解申请书》。

（二）医方须提交的相关证明：医疗机构执业许可证复印件（加盖公章）、医方组织机构代码证复印件（加盖公章）、医方法人代表职务证明与医方法人代表授权委托书（加盖公章及法人代表印章），医方当事人可以委托其工作人员或者律师向医调委申请调解，受委托的工作人员应当出示授权委托书和本单位工作人员证明，受委托的律师应当出示授权委托书和执业证，由医调委复印并将复印件留存。

（三）患方应提交的相关证明：患方当事人或代理人的身份证复印件、患者死亡的需提供死亡证明复印件；死亡患者的继承人应提交与死者的关系证明；死亡患者的部分继承人申请调解的，应当同时出示其余继承人的身份证明、与患者的关系证明和授权委托书，由医调委复印并将复印件留存；患方当事人可以委托其近亲属、律师或者基层法律服务工作者向医调委申请调解，受委托的近亲属应当出示授权委托书和近亲属关系证明，受委托的律师或者基层法律服务工作者应当出示授权委托书和执业证，由医调委复印并将复印件留存。

第九条　对决定受理的医患纠纷，医调委可指定两名人民调解员，一名为调解主持人、一名为助理调解员，也可以根据需要指定一名或几名人民调解员参加调解。

医调委应当自当事人提出调解申请之日起的3个工作日内，作出受理的决定，并于当日以书面《医患纠纷人民调解受理通知书》(以下简称“《受理通知书》”)形式通知医患双方当事人，同时下发《医患纠纷人民调解告知书》告知调解相关事项及当事人的权利与义务，医患双方当事人或委托代理人应在《医患纠纷人民调解告知书》上签名及注明告知日期。

第五部分　调解前的准备工作

第十条　人民调解员有下列情形之一的，应当回避；

(一) 调解员本人是纠纷当事人或者当事人、代理人近亲属的；

(二) 调解员本人或其近亲属正在或曾在纠纷所涉医疗机构工作的；

(三) 调解员本人或其近亲属与纠纷所涉医务人员有利害关系的；

(四) 调解员本人或其近亲属与纠纷所涉药品、医疗器械的生产、销售单位或人员有利害关系的；

(五) 调解员与纠纷或当事人有其他利害关系，可能影响公正调解的；

(六) 调解员在工作中违反组织纪律的，医调委应当及时予以更换。

医患双方当事人对医调委指定的人民调解员有权以口头或者书面方式在接到《纠纷受理通知书》之日起5个工作日内申请回避，经审核，确有回避情形的，医调委应当及时作出决定，从调解员名册中另行选定人民调解员并告知医患双方当事人；人民调解员也可以自行申请回避。回避申请应在正式实施调解前提出，并说明理由。被或申请回避的人员在医调委作出是否回避的决定前，应当暂停参与该纠纷调解工作(但需要采取紧急措施的除外)，调解员的回避由医调委主任决定。

第十一条　调解前医调委应当认真审核当事人的申请及证明材料，证明材料不全的，应当通知当事人及时补齐。原则上应当先于调查工作完成前 3 个工作日完成与纠纷相关的病历资料的收集工作。

第十二条　医调委对于所收集的病历资料应当进行整理甄别，以便全面清晰地了解纠纷事实经过。医调委应当自受理医患纠纷之日起 3 个工作日内对纠纷展开调查，并于调查开始后 7 个工作日内完成调查工作。调查工作主要包括向医患双方当事人及相关单位和人员了解纠纷的事实经过，询问医患双方当事人的初步意见、诉求及其主要理由，以及收集与纠纷相关的其他资料。

第十三条　人民调解员进行调查工作时，应于当日将调查情况记载于《医患纠纷人民调解委员会调查记录》(以下简称:《调查记录》)。《调查记录》是调解前人民调解员对医患双方当事人及相关单位和人员制作的笔录，旨在查清医患纠纷的事实经过。记录内容应当客观公正，经被调查人校阅和确认，由被调查人、人民调解员、记录人签名。

调查了解纠纷事实可以通过下列方式:

(一) 审阅纠纷当事人的申请材料;

(二) 询问双方当事人和相关人员;

(三) 必要时查验现场和有关物证;

(四) 查阅有关医学、法学文献和有关病历资料;

(五) 其他依法可用的调查方式取得视听资料等。

第十四条　医疗机构参加医疗责任保险的，医调委可以在调解前，通知医疗责任保险的承保机构(以下简称“承保机构”)列席。

承保机构收到医调委列席调解通知但未列席的，不影响调解进行。

第六部分　专家咨询

第十五条　对于一般简单的医患纠纷，调解时无需进行专家咨询。调解员预估医患双方涉及赔付金额较大(如:预估保险理赔金额超过 10 万元且承保机构建议的);医患双方对争议分歧较大的;患者死亡或者其他重大、复杂、疑难的医患纠纷;人民调解员认为医患纠纷需要进行专家咨询的，经医调委讨论同意，可启动专家咨询程序。

第十六条　咨询专家的选定，应当根据回避原则，从医患纠纷人民调解咨询专家库中选取。必要时可以根据调解工作实际，从专家库外另行选取咨询专家。

第十七条　医调委应当向咨询专家提交下列材料，包括但不限于：

（一）患者的住院病史、门诊病历、相关实物证据等资料及患方当事人提出的初步意见和诉求；

（二）医方当事人的门诊病历、住院志、体温单、医嘱单、化验单（检验报告）、医学影像检查资料、特殊检查同意书、手术同意书、手术及麻醉记录单、病理资料、护理记录、病程记录、会诊记录及就医患纠纷提出的初步意见等；

（三）医调委对医患双方当事人就纠纷的事实和情节询问后所制作的谈话记录。

第十八条　医调委可以就下列事项征求咨询专家意见：

（一）医疗机构在执行诊疗规范、履行告知义务等方面是否存在过错；

（二）医疗过错行为与损害结果之间是否存在因果关系；

（三）医疗过错行为在损害结果中的责任程度；

（四）其他与争议事实有关的专业问题。

第十九条　专家咨询可以采用集中研判会、咨询会、现场咨询和口头咨询4种形式进行。咨询专家根据独立、客观、公正的原则，向医调委出具签名或者盖章的咨询意见书，供人民调解员参考。

第七部分　实施调解

第二十条　人民调解员在调解开始前应当向医患双方当事人充分告知其权利和义务。人民调解员应当平等对待医患双方当事人，尊重当事人意思表达的权利，充分听取当事人的陈述；不得压制、阻碍当事人发表意见，也不得偏袒一方当事人。医患双方当事人在调解活动中应当履行下列义务：

（一）如实陈述纠纷事实；

（二）遵守调解现场秩序，尊重人民调解员；

（三）尊重对方当事人行使权利。

第二十一条　人民调解员在调解纠纷过程中，发现当事人之间产生的纠纷有可能激化的，应当采取有针对性的预防措施；对有可能引起治安案件、刑事案件的纠纷，应当及时向所在地公安机关或者其他有关部门报告。

第二十二条　调解员在了解医患纠纷事实的基础上，通过研究，初步分析医患双方当事人提供的各种材料或专家咨询意见，根据纠纷焦点、分清层次，弄清与纠纷有关的法律、法规后确定调解重点制订调解方案。

第二十三条　医调委调解医患纠纷可以实施医患双方当面调解方式（又称：法庭式调解或会议式调解或面对面调解）和医患双方单独调解方式（又称：背靠背调解），也可以根据需要实施以上两种混合方式。选择调解的方式不同，决定了实施的路径不同。

（一）实施医患双方当面调解方式：人民调解员确定调解日期和调解场所后，应提前3个工作日通知医患双方当事人，有委托代理人的，应通知代理人。根据实际情况也可以邀请当事人单位、居委会、当地公安、司法部门的代表参加。医患双方当面调解以会议形式举行，调解主持人宣布调解纪律，宣布纠纷当事人享有的权利和义务，告知人民调解协议具有民事合同的效力。医患双方当事人提出自己的主张和陈述事实的真相，提供证据并予以证实；或者反驳对方主张并举出相应的证据证实。调解员应向当事人进行法制宣传和社会主义道德教育，对当事人进行尊重事实、尊重科学、耐心、细致的说服，积极促使当事人互谅互让，引导、帮助当事人达成调解协议。

（二）实施医患双方单独调解方式：人民调解员可以采取与一方当事人或（和）代理人面谈的形式调解，根据实际情况也可以邀请一方当事人单位、居委会、当地公安、司法部门的代表参加。也可以采取电话等通讯工具谈话的形式进行。人民调解员进行调解时，应充分尊重当事人意思表达的权利，尊重当事人单位、居委会、当地司法部门代表的意见，如实将一方当事人的意愿传达给另一方当事人，并从中帮助当事人分清是非，明确责任，依法调解促成双方当事人互相谅解，互相让步。

（三）实施混合调解方式：实施医患双方单独调解不排除医患双方当面调解方式的加入，同样实施医患双方当面调解方式也不排除医患双方单独调解方式的进行，可以根据需要交替进行。医患双方当面调解会议没有达成调解协议，可以再次预约举行调解会议，也可以实施医患双方单独调解方式。选择调解的方式不同，决定了实施的路径不同。具体调解方式的选择，由调解员根据实际情况决定。

第二十四条　人民调解员调解时，应当于当日将调解情况记载于《医患纠纷人民调解委员会调解记录》(以下简称"《调解记录》")。《调解记录》是医调委对医患双方当事人进行疏导规劝,促使当事人达成协议过程的文字记录。《调解记录》应当客观、真实、整洁、简练,经当事人校阅或者向当事人宣读后,由当事人、人民调解员、记录人签名。

第八部分　延期或中止调解

第二十五条　医调委调解医患纠纷一般应在六十个工作日内调结。因特殊情况需要延长调解期限的,医调委和医患双方当事人可以约定延长调解期限。超过约定期限仍未达成调解协议的,视为调解不成。调解员应告知当事人可向人民法院起诉或向卫生行政部门申请行政处理。

第二十六条　医调委在调解医患纠纷过程中,有下列情形之一的,应中止调解:

(一) 无法联系当事人超过三十个工作日的;

(二) 因客观原因致调解工作停滞超过三十个工作日的;

(三) 患方当事人死亡,尚未确定权利义务承受人的;

(四) 患方当事人丧失行为能力,尚未确定法定代理人的;

(五) 医方当事人的法人或者其他组织终止,尚未确定权利义务承受人的;

(六) 其他应当中止调解的情形。

中止调解的原因消除后,可以恢复调解,调解时间再连续计算。

第九部分　终止调解

第二十七条　医调委在调解医患纠纷过程中,有下列情形之一的,应终止调解:

(一) 一方当事人明确表示放弃调解的;

(二) 患方当事人死亡,没有继承人,或者继承人放弃调解的;

(三) 一方当事人在调解过程中,已向人民法院或者卫生行政部门等提请处理并且人民法院或者卫生行政部门已受理或正在处理的。

(四) 调解期限届满,双方赔偿差距较大,难以达成调解协议的;

(五) 其他应当终止调解的情形。

第二十八条　调解终止的,人民调解员应明确告知当事人解决纠纷的其他途径及可申请法律援助的帮助。应向双方当事人各出具一份《医患纠纷人民调解终止通知书》，当事人收到后，应在回执上签名或盖章并由医调委留存。

第二十九条　调解终止后，当事人再次申请人民调解且符合受理条件的，医调委应当受理调解。

第十部分　调解协议的签订和履行

第三十条　调解成功的医患纠纷应制作书面调解协议。《调解协议书》是在医调委主持下，医患双方当事人依照国家法律、法规、规章、政策和公序良俗，在查清基本事实的基础上，通过平等协商、互谅互让，对纠纷的解决自愿达成一致意见的意思表示，任何人不得强迫当事人接受调解协议。《调解协议书》由医患双方当事人签名或者盖章，经人民调解员签名并加盖××医调委印章后生效。

第三十一条　调解协议内容不得具有下列情形：

（一）违反法律、行政法规强制性规定；

（二）侵害国家利益、社会公共利益；

（三）侵害案外人合法权益；

（四）违背社会公序良俗。

第三十二条　调解协议无财产或资金赔偿内容，且医患双方当事人认为无需制作《调解协议书》的，可以采取口头协议方式，但人民调解员应当书面记录协议内容，并由医患双方当事人、人民调解员和医调委签名或者盖章。

第三十三条　经医调委调解达成的调解协议，具有民事合同的效力。是医疗责任保险理赔的依据。调解协议应一式三份，分别由医患双方当事人各保存一份，医调委留存一份。医患双方当事人应当按照协议内容履行约定，无正当理由，不应反悔。

第三十四条　当事人不履行调解协议或者达成调解协议后反悔的，医调委应当按下列情形分别处理：

（一）当事人无正当理由不履行协议的，应做好当事人的说服工作，督促其及时履行；

（二）协议内容确有不当的，应当在征得医患双方当事人同意后，经再次调解变更原协议内容，或者撤销原协议，达成新的调解协议；

（三）对经督促仍不履行人民调解协议的，应引导医患双方当事人向人民法院提起诉讼。

第三十五条　经医调委调解达成调解协议后，医患双方当事人认为有必要的，医调委可以协助医患双方自调解协议生效之日起三十日内向人民法院申请司法确认。调解协议经人民法院司法确认的，一方当事人拒绝履行或者未全部履行的，对方当事人可以向人民法院申请强制执行。

医患双方向人民法院申请司法确认的“人民调解调解协议书”，人民法院决定不予确认调解协议效力的，当事人可以通过人民调解方式变更原调解协议或者达成新的调解协议，再向人民法院申请司法确认。

第十一部分　回访制度

第三十六条　对调解成功的纠纷，调解员应于调解协议书载明的履行期限届满后七个工作日内进行回访，以了解双方协议履行情况和对医调委工作的评价与建议。

第三十七条　回访工作必须坚持实事求是，及时的原则。

第十二部分　案卷归档

第三十八条　凡涉及本次医患纠纷人民调解的所有文字记录、表格、图片等资料，必须分类整理、建立档案，其案卷应统一归档处理。

第二节　医调委格式文书使用说明

一、医患纠纷人民调解申请书

《医患纠纷人民调解申请书》(以下简称《申请书》)是当事人向医患纠纷人民调解委员会(以下简称“医调委”)提交的要求调解医患纠纷的书面申请文书。医、患双方可以共用一种《申请书》，以双方填写《申请书》为例，予以叙述。

患方填写《申请书》中应当记载患方当事人的姓名、性别、出生年月、职业、联系方式、住址、与患者的关系、医方当事医疗机构名称、地址等基本信息和纠纷简要事实经过，当事人申请理由，调解要求等事项及关于人民调解告知事项等。调解申请书既可以由申请人本人填写，也可以由他人代写，由申请人签名并填写日期后提交医调委。(注：当事人委托代理人申请调解的，应附载明委托权限的委托授权书)。

医方填写《申请书》与患方《申请书》的内容和格式基本一致，只是在基本信息栏目有所不同，其中要注明法人与代理人及联系方式。

二、纠纷登记表

《纠纷登记表》是医调委受理、调解医患纠纷的简要记载，应当根据具体情况，按表格要求，顺序填写患方姓名、性别、出生年月、住所、联系电话、身份证号码、委托人、邮编；医方名称、联系人、联系电话、地址、邮编、纠纷涉及专业学科、申请日期、本次纠纷就诊日期、纠纷简要情况及争议事项、受理日期、受理事由或不受理事由、人民调解员姓名、对进行了专家咨询的纠纷案例，专家栏按要求填写请了何专业专家，医学专家应注明何科目。备注栏写明于某年某月某日聘请何专业几位专家对本纠纷进行专家咨询。并注明填表人、核实人、审查人。纠纷登记表应当由医调委工作人员填写，“编号”栏应按有关规定填写，该纠纷其他相关文书应统一使用纠纷登记表的“编号”。

三、纠纷受理通知书

《纠纷受理通知书》用于书面告知当事人纠纷受理情况，通知书应列明某某医调委、统一使用纠纷登记表的“编号”、当事人姓名或名称、申请受理日期、与对方当事人姓名或名称、人民调解员姓名及为当事人提供调解员回避等情况说明。医调委联系人姓名，联系电话，地址及邮编。并附《医患纠纷人民调解告知书》应注明纠纷受理日期。

四、医患纠纷人民调解告知书

《医患纠纷人民调解告知书》应当告知的事项：医患纠纷人民调解委员会的性质、调解工作原则、调解工作流程或步骤、调解员回避的有关规定，纠纷当事人享有的权利与义务。应有被告知当事人签名及告知日期，《医患纠纷人民调解告知书》一式两份，当事人和医调委各持一份。

五、纠纷不予受理通知书

《纠纷不予受理通知书》用于向当事人书面告知纠纷不予受理及具体原因。"纠纷不予受理通知书"应统一使用"编号",应有当事人姓名或名称,申请受理日期,对方当事人姓名或名称,纠纷不予受理的理由(用打钩来表示),医调委联系人姓名,联系电话及地址,医调委名称与日期。下方应附有"送达回执"(以下简称:回执),回执上应有××医调委名称,与"纠纷不予受理通知书"相同的"编号",双方当事人签名及送达日期。

六、调查记录

"调查记录"是调解前人民调解员对当事人或相关单位及人员制作的笔录,旨在查清医疗事件的事实经过。人民调解员在调查患方当事人时,应记载调查时间、地点、参加人、被调查患方当事人的姓名和与患者关系;在对医方当事人进行调查时,应当在记载参加人、医疗机构名称和医方被调查人的姓名、职务等基本信息;

调查记录应体现本次纠纷事实:患者就诊原因及时间与就诊医方和科室,就诊时诊断及相关检查与治疗情况,如有手术应记录手术名称、手术开始时间、采用麻醉方式、手术结束时间等,患者目前状况,纠纷争议焦点与依据等。调查记录还应记载患方诉求及依据与医方对纠纷的处理意见等。

《调查记录》时间、地点栏应按实际填写。记录内容应以对话形式要客观、真实、整洁、简练,经被调查人校阅确认后,由被调查人、人民调解员、记录人签名。

七、专家咨询申请书及回执

"专家咨询申请书"用于提请专家咨询的申请文书,应有专有编号、被申请部门名称、简要叙述医患纠纷争议情况,并提出需要咨询的事项;应当载明医学专业所需具体学科的名称,及每个专业咨询专家的人数,并附有关病史资料及其他证据。

回执是根据申请书要求,提供专家咨询的具体名单等信息反馈。

八、调解记录

"调解记录"是医调委对当事人进行疏导、劝解,促使当事人达成协议过程的文字记录，是检验调解解员业务水平及是否坚持公平、公正、自愿调解的重要依据。除注明具体时间、地点外，其中“参加人”栏指调解该纠纷的调解员和特别邀请的协助调解的人员（特别邀请人需注明工作单位与职务）。“当事人”栏应列明到场的全部当事人姓名，如是患方当事人应标注是患者本人或代理人或死亡患者继承人等与患者的关系情况；如当事人是医疗机构工作人员应注明其姓名与在医疗机构中的具体科室与职务等信息。调解应体现客观、公正，能体现说服依据与说服情况，记录应以对话形式要客观、真实、整洁、简练。记录经当事人校阅确认后，由当事人、人民调解员和特邀人员、记录人签名并注明调解日期。

如果调解是以电话通话方式进行，一名人民调解员在通话时，应当有其他人民调解员在场作为旁证。调解员应当将通话内容固定为通话记录，记载于《调解记录》中，并尽快交当事人校阅或向当事人宣读，由当事人、人民调解员、记录人签名并注明电话调解日期。

九、医患纠纷调解终止通知书

“医患纠纷调解终止通知书”是调解终止的书面证明，应当列明终止的原因；还应明确告知当事人解决纠纷的其他合法途径；对符合法律援助的当事人可提供申请法律援助的有关帮助；《医患纠纷调解终止通知书》应向医患双方当事人各出具一份，当事人收到终止通知书后，应当签收。回执由医调委留作存档。

十、医患纠纷人民调解协议书

“医患纠纷人民调解协议书”是在医调委主持下，纠纷当事人依照国家法律、法规、规章、政策和公序良俗，在查清基本事实的基础上，通过平等协商、互谅互让，对纠纷的解决自愿达成一致意见的真实意思表示。调解协议的文书格式中“编号”栏应按照有关规定统一填写。“当事人”栏应按顺序列明纠纷的全部当事人，有委托代理人的应表明代表的是哪一位当事人。“纠纷主要事实、争议事项”栏应写明纠纷简要事实、争议事项等内容。“达成协议”栏应载明协议内容与达成协议的条款即当事人的权利与义务。“履行协议的方式、地点、期限”栏根据具体情况填写。

“调解协议书”应一式三份，由医、患双方与医调委各持一份，必须由纠纷各当事人签名或盖章，人民调解员及记录人签名，加盖医调委印章，并明确填写日期。

十一、司法确认告知书

医调委对医患双方有告知调解协议可以进行司法确认的义务。告知书的内容应包括当事人、申请调解日期、申请司法确认的依据、作用和好处与期限，是否收费，在申请司法确认时需要提供的资料，以及医调委可能给与的帮助。司法确认告知书要有回执，应写明双方当事人是否知晓与是否需要对人民调解协议进行司法确认并有双方当事人签名与告知日期，以利检查调解员是否做了这项工作。

十二、司法确认申请书

“司法确认申请书”是医患双方共同向人民法院申请对人民调解协议进行司法确认的申请文书，虽由医患双方书写，但需有固定的格式。除了医患双方的基本情况和联系方式之外，要有提请申请司法确认的内容或条款，即《人民调解协议书》中当事人权利、义务条款，并简要列出事实和理由，申请书应有：此致，某某人民法院。纠纷各当事人签名或盖章，并明确填写日期。

十三、调解协议承诺书

调解协议承诺书是指医患双方当事人对通过人民调解达成的“人民调解协议书”向人民法院申请对其合法性予以司法确认时的承诺，办理司法确认时司法部门对其文书有格式的规定：(一)该调解协议是申请人的真实意思表示，不存在受欺诈、胁迫或乘人之危等情形；(二)不存在串通损害国家、集体或者第三人利益的情况，如果一旦发现有上述情况，申请人将共同向受到损害的第三方承担赔偿等法律责任。由纠纷各当事人签名或盖章，并明确填写日期。

十四、协助司法确认告知函

医调委对医患双方当事人，因调解达成的医患纠纷人民调解协议书的司法确认，有协助的义务。一方面提供申请书、承诺书的格式文本，另一方面应与法院保持联系。告知函的内容在于通知法院，某个医患纠纷人民调解协议需进行司法确认，现已经做好了准备工作，希望安排立案确认。附：司法确认申请书；承诺书；医患双方有关身份证明的证件复印件；与本协议相关的病史资料。应注明拟申请司法确认告知的日期。

十五、回访记录

“回访记录”是当事人签署调解协议后，调解员应在调解协议约定的履行协议期限届满后，就协议履行情况对医患双方当事人进行回访时所作的记录，目的是监督履行，确保调解协议落实到位。“回访情况”要详细记录协议的履行状态。

调解终止的，调解员应于 7 个工作日内对医患双方当事人进行回访。当事人自行和解的，调解员应将该情况记载于《回访记录》；当事人已经向人民法院提起诉讼且人民法院已经受理的，人民调解员应当将人民法院受理日期记载于《回访记录》；当事人已经向卫生计生部门申请医疗事故争议行政处理且卫生计生部门已经受理的，人民调解员应当将卫生计生部门受理日期记载于《回访记录》。

十六、卷宗（正面和背面）

“卷宗”。“正面卷宗”是将一个纠纷案例的所有文书立卷归档时所加的封面。“卷宗背面”是卷内文件目录。未受理的纠纷，不适用本卷宗，按有关规定填写。

第三节　医调委格式文书和“样张”

医患纠纷人民调解文书格式一

________医调委医患纠纷人民调解申请书

患方申请人姓名：　　　　性别：　　　　出生年月：
职业：　　　　联系方式：
住址：　　　　与患者关系：
医方申请人名称：　　　　法定代表人/职务：
代理人（联系人）/职务：　　　　联系方式：
地址：

纠纷简要情况：

____

____

____

____

当事人申请理由：

____

____

当事人调解要求：

____

____

人民调解委员会已将申请人民调解的相关规定告知我，现自愿申请人民调解委员会进行调解。

申请人（签名或盖章）：________

申请日期：____年____月____日

（注：当事人委托代理人申请调解的，应附载明委托权限的委托授权书）

样张1

×××医调委医患纠纷人民调解申请书

患方申请人姓名：张×× 性别：男 出生年月：1976年5月

职业：工人 联系方式：135×××86901

住址：××市××路××弄××号××室 与患者关系：患者本人

医方申请人名称：某某医院 法定代表人/职务：周某/院长

代理人（联系人）/职务：吴×/××医院纠纷办主任 联系方式：68528×××

地址：×市×路×号

纠纷简要情况：张某某，男，36岁。2013年3月1日因右上腹阵发性绞痛，伴恶心、呕吐1天，至A院急诊。诊断：急性胆囊炎。予普外科住院治疗，3月4日在全麻下行开腹胆囊切除术，3月10日出院。3月16日，又感中上腹饱胀不适，伴腰背部酸痛，在门诊挂了三天盐水。3月18日白天挂完盐水，晚上又痛得受不了，再到医院急诊，诊断：胆道感染，黄疸原因待查。再次住院治疗。住院期间因疗效欠佳，3月23日我自己去B院门诊，医生建议作磁共振检查，(因需要医保卡，只能在A院办理出院，检查后再回到A院继续住院治疗。)3月27日B院磁共振检查诊断：胆总管结石。3月31日，A院帮我联系了B院行逆行胰胆管造影(ERCP)及十二指肠乳头切开取石+鼻胆管引流术，取出一枚直径约0.5 cm结石，4月17日出院。(附病历和检查单复印件)

当事人申请理由：我认为A院第一次手术没有发现并取出胆总管结石，导致我第二次手术，并且该院根本没告诉我有关病情及手术情况，到外院检查也是我自己去的，A院延误了我的病情。

当事人调解要求：要求A院赔偿我10万元人民币。包括：医疗费、营养费、误工费、护理费、交通费、精神损失费等。

人民调解委员会已将申请人民调解的相关规定告知我，现自愿申请人民调解委员会进行调解。

申请人(签名或盖章)：张××

申请日期：2013年4月24日

(注：当事人委托代理人申请调解的，应附载明委托权限的委托授权书)

医患纠纷人民调解文书格式二

________医患纠纷人民调解委员会

纠纷登记表

编号：　　医调委　　年第　　号

<table>
<tr><td rowspan="3">患方</td><td>姓名</td><td></td><td>性别</td><td></td><td>出生年月</td><td colspan="2"></td></tr>
<tr><td>住所</td><td colspan="4"></td><td>电话</td><td></td></tr>
<tr><td>身份证号码</td><td></td><td>委托人</td><td colspan="2"></td><td>邮编</td><td></td></tr>
<tr><td rowspan="2">医方</td><td>名称</td><td></td><td>联系人</td><td colspan="2"></td><td>电话</td><td></td></tr>
<tr><td>地址</td><td></td><td>邮编</td><td colspan="2"></td><td>专业学科</td><td></td></tr>
<tr><td colspan="3">申请日期：　年　月　日</td><td colspan="5">就诊日期：　年　月　日</td></tr>
<tr><td colspan="8">纠纷简要情况及争议事项：</td></tr>
</table>

<table>
<tr><td colspan="2">受理日期</td><td colspan="2"></td><td>事由</td><td>☐ 索赔超3万</td><td colspan="2">☐ 索赔3万以下</td></tr>
<tr><td colspan="2">不受理事由</td><td>☐ 外区纠纷</td><td>☐ 已起诉</td><td>☐ 已裁判</td><td>☐ 行政处理</td><td colspan="2">☐ 其他</td></tr>
<tr><td colspan="2">人民调解员</td><td colspan="3">1.</td><td colspan="3">2.</td></tr>
<tr><td>专家</td><td colspan="2">医学：________科</td><td></td><td>法律</td><td></td><td>心理</td><td></td></tr>
<tr><td colspan="8">备注：</td></tr>
</table>

填表人：　　　　　　　核实人：　　　　　　　审查人：

样张 2

×××医患纠纷人民调解委员会
纠纷登记表

编号:×× 医调委 2013 年第 097 号

<table>
<tr><td rowspan="3">患方</td><td>姓名</td><td>张某某</td><td>性别</td><td>男</td><td>出生年月</td><td>1976 年 5 月 17 日</td></tr>
<tr><td>住所</td><td colspan="3">××市××路××弄××号××室</td><td>电话</td><td>135××××6901</td></tr>
<tr><td>身份证号码</td><td>310×××19760517××××</td><td>委托人</td><td>无</td><td>邮编</td><td>××××××</td></tr>
<tr><td rowspan="2">医方</td><td>名称</td><td>××医院</td><td>联系人</td><td>庄××</td><td>电话</td><td>681×××10</td></tr>
<tr><td>地址</td><td>××市××区××镇××路××号</td><td>邮编</td><td>××××××</td><td>专业学科</td><td>普外</td></tr>
<tr><td colspan="3">申请日期:2013 年 4 月 24 日</td><td colspan="4">就诊日期:2013 年 3 月 1 日</td></tr>
<tr><td colspan="7">纠纷简要情况及争议事项:患者张某,男,36 岁。2013 年 3 月 1 日因右上腹阵发性绞痛,伴恶心、呕吐 1 天至 A 院急诊,诊断:急性胆囊炎。予收治入院,3 月 4 日在全麻下行开腹胆囊切除术,3 月 10 日出院。3 月 16 日,患者出现中上腹饱胀不适,伴腰背部酸痛,给予门诊补液治疗三天,病情加重。3 月 18 日晚又至 A 院急诊,诊断:胆道感染,黄疸原因待查。再收入院治疗。住院期间患者自行到 B 院就诊做核磁共振检查发现胆总管结石,3 月 31 日 A 院帮助患者联系至 B 院行逆行胰胆管造影(ERCP)及十二指肠乳头切开取石十鼻胆管引流术。取出一直径约 0.5 cm 结石,4 月 17 日出院。
患者认为因第一次手术失败并延误病情,导致其遭受第二次痛苦,故向 A 医院提出赔偿要求。医院则坚持认为医方无过错,双方僵持不下。4 月 24 日,患者到医调委,申请调解。</td></tr>
</table>

<table>
<tr><td>受理日期</td><td colspan="2">2013 年 4 月 26 日</td><td>事由</td><td colspan="2">☑ 索赔超 3 万</td><td colspan="2">☐ 索赔 3 万以下</td></tr>
<tr><td>不受理事由</td><td>☐ 外区纠纷</td><td colspan="2">☐ 已起诉</td><td>☐ 已裁判</td><td colspan="2">☐ 行政处理</td><td>☐ 其他</td></tr>
<tr><td>人民调解员</td><td colspan="3">1. 张××</td><td colspan="4">2. 陈××</td></tr>
<tr><td>专家</td><td>医学:肝胆外科</td><td colspan="2">医学:ERCP 科</td><td>法律</td><td></td><td>心理</td><td></td></tr>
<tr><td colspan="8">备注:于×年×月×日聘请医学专家肝胆外科 2 位,ERCP 科 1 位对本纠纷进行专家咨询</td></tr>
</table>

填表人:陈某某　　核实人:张某某　　审查人:周某某

医患纠纷人民调解文书格式三

__________医患纠纷人民调解委员会

纠纷受理通知书

医调　　年第　　号

__________：

经审查，你于____年____月____日向本医调委申请人民调解与________（患方/医方）的医患纠纷符合受理条件，本医调委已受理。现指派：

人民调解员1.________2.________负责调解前述医患纠纷。

如有异议，你可以自接到受理通知之日起五个工作日内，向本医调委申请上述人民调解员回避或者从本医调委的名册中另指定一名人民调解员（人民调解员名册由医调委保存，仅供当事人看阅，从中指定人民调解员用）。

联系人：　　　　　　　　电话：

地址及邮编：　　市　　路　　号（　　　　）

附：《医患纠纷人民调解告知书》

__________医患纠纷人民调解委员会

年　　月　　日

样张3

×××医患纠纷人民调解委员会

纠纷受理通知书

××医调　　2013年第097号

张××：

经审查，你于2013年4月24日向本医调委申请人民调解与××医院（患方/医方)的医患纠纷符合受理条件，本医调委已受理。现指派：

人民调解员1. ×××2. ×××负责调解前述医患纠纷。

如有异议，你可以自接到受理通知之日起五个工作日内，向本医调委申请上述人民调解员回避或者从本医调委的名册中另指定一名人民调解员(人民调解员名册由医调委保存，仅供当事人看阅，从中指定人民调解员用)。

联系人：×××　　电话：50905556

地址及邮编：××市××路××号(××××××)

附：《医患纠纷人民调解告知书》

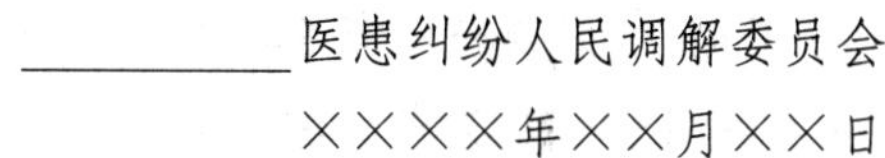

________医患纠纷人民调解委员会

××××年××月××日

医患纠纷人民调解文书格式四

《医患纠纷人民调解告知书》

一、医患纠纷人民调解委员会的性质

医患纠纷人民调解委员会是依法设立专门从事医患纠纷人民调解的群众性组织，是中立的第三方。

二、医患纠纷人民调解委员会调解工作原则

(一)调解应在当事人自愿、平等的基础上进行；(二)调解不得违背法律、法规和国家政策；(三)尊重当事人的权利，不得因调解而阻止当事人依法通过仲裁、行政、司法等途径维护自己的权利。

三、调解工作的流程或步骤

(一)医调委负责接待来电、来访和咨询；(二)对符合申请调解条件的医患双方当事人给予办理调解手续；(三)调解前的准备，包括审核医患双方提交的资料、证据，做好调查研究等；(四)根据情况决定是否申请专家咨询；(五)由本医调委人民调解员对医患纠纷具体实施调解；(六)调解中如出现特殊情况，可按约定适当延期或中止；(七)调解成功达成协议或调解失败终止调解；(八)调解回访；(九)调解案卷归档。

四、人民调解员有下列情形之一的，应当回避

(一) 调解员本人是纠纷当事人或者当事人、代理人近亲属的；

(二) 调解员本人或其近亲属正在或曾在纠纷所涉医疗机构工作的；

(三) 调解员本人或其近亲属与纠纷所涉医务人员有利害关系的；

(四) 调解员本人或其近亲属与纠纷所涉药品、医疗器械的生产、销售单位或人员有利害关系的；

(五) 调解员与纠纷或当事人有其他利害关系，可能影响公正调解的；

(六) 调解员在工作中违反组织纪律的，医调委应当及时予以更换。

医患双方当事人对医调委指定的人民调解员有权以口头或者书面方式在接到《纠纷受理通知书》之日起的5个工作日内申请回避，经审核，确有回避情形的，医调委应当及时作出决定，从调解员名册中另行选定人民调解员并告知医患双方当事人；人民调解员也可以自行申请回避。回避申请应在正式实施调解前提出，并说明理由。

五、纠纷当事人享有的权利

（一）选择或者接受人民调解员调解；

（二）接受调解、拒绝调解或者要求终止调解；

（三）要求调解公开进行或者不公开进行；

（四）自主表达意愿，自愿达成调解协议。

六、纠纷当事人应承担下列义务

（一）如实陈述纠纷事实，提供证据；

（二）遵守调解现场秩序，尊重人民调解员；

（三）尊重对方当事人行使权利。

被告知当事人签名：________　　　　________医患纠纷人民调解委员会

告知日期：20　年　月　日　　　　　　　　20　年　月　日

（此医患纠纷人民调解告知书一式两份，当事人和医调委各持一份。）

样张 4

《医患纠纷人民调解告知书》

一、医患纠纷人民调解委员会的性质

医患纠纷人民调解委员会是依法设立专门从事医患纠纷人民调解的群众性组织，是中立的第三方。

二、医患纠纷人民调解委员会调解工作原则

（一）调解应在当事人自愿、平等的基础上进行；（二）调解不得违背法律、法规和国家政策；（三）尊重当事人的权利，不得因调解而阻止当事人依法通过仲裁、行政、司法等途径维护自己的权利。

三、调解工作的流程或步骤

（一）医调委负责接待来电、来访和咨询；（二）对符合申请调解条件的医患双方当事人给予办理调解手续；（三）调解前的准备，包括审核医患双方提交的资料、证据，做好调查研究等；（四）根据情况决定是否申请专家咨询；（五）由本医调委人民调解员对医患纠纷具体实施调解；（六）调解中如出现特殊情况，可按约定适当延期或中止;(七)调解成功达成协议或调解失败终止调解;(八)调解回访;(九)调解案卷归档。

四、人民调解员有下列情形之一的,应当回避

(一)调解员本人是纠纷当事人或者当事人、代理人近亲属的;

(二)调解员本人或其近亲属正在或曾在纠纷所涉医疗机构工作的;

(三)调解员本人或其近亲属与纠纷所涉医务人员有利害关系的;

(四)调解员本人或其近亲属与纠纷所涉药品、医疗器械的生产、销售单位或人员有利害关系的;

(五)调解员与纠纷或当事人有其他利害关系,可能影响公正调解的;

(六)调解员在工作中违反组织纪律的,医调委应当及时予以更换。

医患双方当事人对医调委指定的人民调解员有权以口头或者书面方式在接到《纠纷受理通知书》之日起的5个工作日内申请回避,经审核,确有回避情形的,医调委应当及时作出决定,从调解员名册中另行选定人民调解员并告知医患双方当事人;人民调解员也可以自行申请回避。回避申请应在正式实施调解前提出,并说明理由。

五、纠纷当事人享有的权利

(一)选择或者接受人民调解员调解;

(二)接受调解、拒绝调解或者要求终止调解;

(三)要求调解公开进行或者不公开进行;

(四)自主表达意愿,自愿达成调解协议。

六、纠纷当事人应承担下列义务

(一)如实陈述纠纷事实,提供证据;

(二)遵守调解现场秩序,尊重人民调解员;

(三)尊重对方当事人行使权利。

被告知当事人签名:张××　　　　______医患纠纷人民调解委员会

告知日期:2013年4月26日　　　　2013年4月26日

(此医患纠纷人民调解告知书一式两份,当事人和医调委各持一份。)

医患纠纷人民调解文书格式五

________医患纠纷人民调解委员会
纠纷不予受理通知书

医调　　年第　　号

________：

经审查，你于____年____月____日向本医调委申请人民调解与________（患方/医方）的医患纠纷因下列原因不予受理（用打钩来表示）：

□ 医疗机构不在本区县行政区划内；

□ ________（当事人）已向卫生行政部门申请医疗事故争议行政处理；

□ ________（当事人）已向人民法院提起诉讼；

□ 人民法院对医患纠纷已作出裁判；

□ 其他原因：________________。

联系人：

电话：　　　　　　　　地址：

________医患纠纷人民调解委员会

年　　月　　日

纠纷不予受理通知书回执

________医患纠纷人民调解委员会：

医调________年第________号纠纷不予受理通知书，本人已收讫。

当事人（签名或盖章）：________

年　　月　　日

样张 5

____×××____医患纠纷人民调解委员会
纠纷不予受理通知书

医调 20××年第××号

____×××____：

经审查，你于____年____月____日向本医调委申请人民调解与________医院（患方/医方）的医患纠纷因下列原因不予受理（用打钩来表示）：

☐ 医疗机构不在本区县行政区划内；

☐ ________（当事人）已向卫生行政部门申请医疗事故争议行政处理；

☐ ____√____（当事人）已向人民法院提起诉讼；

☐ 人民法院对医患纠纷已作出裁判；

☐ 其他原因：________________________。

联系人：郭××

电话：×××××××××　　地址：××路××号

________医患纠纷人民调解委员会

20　　年　　月　　日

纠纷不予受理通知书回执

________医患纠纷人民调解委员会：

医调________年第________号纠纷不予受理通知书，本人已收讫。

当事人（签名或盖章）：________

20××年××月××日

医患纠纷人民调解文书格式六

人民调解委员会调查记录

时间：________________ 地点：________________

参加人：________________________________

被调查人：________________________________

调查记录：________________________________

____

____

____

____

____

____

____

____

被调查人(签名)：__________

人民调解员(签名)：__________ 记录人(签名)：__________

样张 6

人民调解委员会调查记录

时间：　　　年　　月　　日　　地点：医患纠纷人民调解委员会

参加人：医调委调解员：郭××　吴××

被调查人：A院纠纷办主任：周××

调查记录：调(郭)：周主任您好！我想了解您院普外科患者张某某与您院的纠纷

情况,请讲讲好吗?

院(周):好的。张某某因右上腹阵发性绞痛,伴恶心、呕吐 1 天,3 月 1 日到我院急诊,诊断:急性胆囊炎,收入外科病房。3 月 4 日在全麻下行开腹胆囊切除术,3 月 10 日出院。3 月 16 日患者又出现症状,予门诊补液,症状加重,3 月 18 再入院,诊断:胆道感染,黄疸原因待查。住院期间患者自行在外院做核磁共振检查发现胆总管有结石。当时我院非常重视,3 月 31 日帮助患者联系 B 院为其行逆行胰胆管造影(ERCP)及十二指肠乳头切开取石+鼻胆管引流术,取出一结石于 4 月 17 日治愈出院。

调(郭):据了解,患者第二次住院时根据当时病情与化验,已可诊断患者有胆结石,您院没有。在患者病情无好转,又不知何因的情况下,您院为何不建议患者外院检查?现患者认为您院延误其治疗 15 天,另外,患者还认为您院在对其病情与手术方面均存在告知不足的情况。

院(周):患者第二次住院期间,因疗效欠佳,我院在与病人谈话中提到过,可能存在结石;给患者做了二次 CT 和 B 超检查,均未发现结石指征,告知患者我院不能作核磁共振,后来患者到外院作了。所以,我院认为没有延误患者病情,在外院做第二次手术也是患者自身疾病造成的,现患者要求我院赔偿,我院不同意,郭老师请帮我们多给患者解释一下好吗?

调(郭):鉴于您院与患方争议较大,我建议请专家给你们进行咨询,以明确责任,如没责任,我们自当帮你们解释,可如有责任,我建议你们也应正确对待,该给患方适当补偿的还是要给的,好吗?

院(周):好的。谢谢郭老师!

调(郭):不用客气,应该的。

被调查人(签名):以上记录经本人校阅,确认无误。周××

人民调解员(签名):郭××　　吴××　　记录人(签名):吴××

医患纠纷人民调解文书格式七

________医患纠纷人民调解专家咨询申请书

编号：______医调(专)字[201__]年第0__号

________区医患纠纷人民调解工作办公室：

现就________与________的医患纠纷之调解的有关专业问题，申请专家咨询。

纠纷争议事项概述：

现提请专家组咨询(内容)：

拟定咨询专家专业组构成人员：

医学专业(　　科)：　　人；医学专业(　　科)：　　人；

法律专业：　　人；心理咨询：　　人。

________医患纠纷人民调解委员会(印章)

年　　月　　日

样张 7

××医患纠纷人民调解专家咨询申请书

编号：××医调(专)字[2013]第058号

××医患纠纷人民调解工作办公室：

现就张××与××医院的医患纠纷之调解的有关专业问题，申请专家咨询。

纠纷争议事项概述：

张××，男，36岁。于2013年3月1日因急性胆囊炎入住××医院，3月4日全麻下行开腹胆囊切除术，3月10日出院。3月16日患者出现中上腹饱胀不适，伴腰背部酸痛再诊，给予补液治疗3天无效。3月18日晚急诊，诊断：胆道感染，黄疸原因待查，即收住院。期间患者于3月23日与3月27日先后至外院就诊并检查，3月31日院方为患者联系至第××医院行逆行胰胆管造影(ERCP)及十二指肠乳头切开取石，鼻胆管引流术，取出一枚直径约0.5 cm结石，4月17日出院。患方当事人认为第一次手术没有发现并取出胆总管结石导致病人遭受第二次痛苦，故向医院提出赔偿要求，4月24日，当事人向医调委申请调解。

现提请专家组咨询(内容)：

1. 3月4日在对患者行胆囊切除术时是否已存在胆总管结石；

2. 院方在对患者多次诊疗过程中是否存在过错，是否延误患者病情。

拟定咨询专家专业组构成人员：

医学专业(肝胆外科)：2人

医学专业(ERCP)：1人

________医患纠纷人民调解委员会

二〇一三年五月八日

医患纠纷人民调解文书格式七(附一)

________医患纠纷人民调解专家咨询回执

编号：____医调(专)字【201 __】第0 __号

当事人____与____医院的医患纠纷调解的有关专业问题，兹安排下列专家就申请咨询事项择日提出意见。构成及人员：

医学专业(肝胆外科)： 人； 医学专业(ERCP)： 人；

医学专业( )： 人； 心理咨询： 人。

联系人：

姓名	单位名称	专业	技术职称

________医患纠纷人民调解办公室

201 __年__月__日

样张7(附1)

________医患纠纷人民调解专家咨询回执

编号：××医调(专)字【2013】第058号

当事人张某某与某某医院的医患纠纷调解的有关专业问题，兹安排下列专家就申请咨询事项择日提出意见。构成及人员：

医学专业(肝胆外科)：2人； 医学专业(ERCP)：1人；

医学专业( )： 人； 心理咨询： 人。

联系人：郑××

姓名	单位名称	专业	技术职称
夏某	A医院	肝胆外科	主任医师
向某	B医院	肝胆外科	副教授
李某某	C医院	ERCP	主任医师

××医患纠纷人民调解办公室

2013年5月9日

医患纠纷人民调解文书格式八

人民调解委员会调解记录

时间：________________ 地点：________________

当事人：________________________________

参加人：________________ 特邀人：________________

调解记录：________________________________

____

____

____

____

____

____

当事人（签名）：________________ 年 月 日

当事人（签名）：________________ 年 月 日

人民调解员（签名）：________ 特邀人________ 记录人（签名）：________

样张 8

人民调解委员会调解记录

时间：2013 年 5 月 12 日 地点： 医患纠纷人民调解委员会

当事人：患者：张××

参加人：××医调委调解员：郭×× 吴×× 特邀人：无

调解记录：调（郭）：张××您好！您与 A 院的纠纷经调查与专家咨询，情况已明确，专家咨询结论是：您术前因无胆总管结石的表现，医生对您诊断急性胆囊炎是正确的，特别是3月4日B超与CT均未见胆总管扩张，故术前应没有胆总管结石，所以您的手术指征是明确的，没有胆总管探查指征，手术方案也是对的。您第二次住院时，因医方没有核磁共振设备，无法明确您胆总管结石的诊断，医生将此情况也告诉了您，您自己已到上级医院做了检查，明确诊断有结石后，医方主动帮您联系B院为您手术，并支付了所有治疗费，从这方面看，医方对您还是负责任的，毕竟您的结石属隐性结石，一般检查难发现，这与您体质有关，结石是您自己长的而非医方造成。目前您恢复也较好，对您没造成大伤害，希您体谅医方没相应设备的情况，A院毕竟不是三级医院。且专家认为临床上胆囊切除术后出现胆总管结石是少见的，院方也作了B超及CT检查，都不显影的情况下，院方硬要诊断您有结石也不太合适。我说的这些您也可到医疗事故处理办、法院或您认可的医院去咨询或相关网上查询等，如认为我讲得有理就听我劝，我认为医方能给您免去第二次住院及外院治疗费就可以了，当然我会尽力争取您第二次住院到最后出院期间的误工费、营养费、护理费与您外院看病的交通费等，但精神损失费因不构成医疗事故，我无法为您主张。

患(张)：郭老师，我希望您能帮我多争取一些补偿金，我毕竟遭了很多痛苦，是吗?

调(郭)：我尽力为您争取补偿××××元，不知您与院方能否同意?

患(张)：郭老师，看您对我的事这么负责，听您的分析觉得有一定道理，我相信您，也信任您们请的专家，同时我也希望郭老师您帮我做院方工作，补偿××××元虽然太少，但如他们能给，我也就算了。

调(郭)：谢谢您的信任，希望通过我们共同努力早日妥善处理好此纠纷好吗?

患(张)：好的，谢谢您!

调(郭)：不用客气。

当事人(签名)：以上记录经本人校阅，确认无误。张×× 2013年05月12日

人民调解员(签名)：郭×× 吴××特邀人无记录人(签名)：吴××

医患纠纷人民调解文书格式九

______医患纠纷人民调解委员会
纠纷调解终止通知书

医调　　年第　　号

______：

本医调委于　　年　　月　　日受理的你与______(患者/医疗机构)的医患纠纷，经调解，现因下列原因决定终止调解(用打钩来表示)：

□ ______(当事人)已向人民法院提起诉讼；

□ ______(当事人)已向卫生行政部门申请医疗事故争议行政处理；

□ ______(当事人)拒绝人民调解；

□ ______经多次调解，已无调解成功可能的；

□ 调解期限已于______年____月____日届满。

你可以就本医患纠纷向卫生行政部门申请处理、向医学会申请医疗事故技术鉴定、向______区人民法院提起民事诉讼。如需法律援助的，本医调委可以提供协助办理有关手续。

(注：本医患纠纷调解终止后，如当事人再次向本医调委申请人民调解，符合受理条件的，本医调委将继续予以调解。)

______医患纠纷人民调解委员会

年　　月　　日

纠纷调解终止通知书回执

______医患纠纷人民调解委员会：

医调______年第______号纠纷调解终止通知书，本人已收讫。

当事人(签名或盖章)：______

年　　月　　日

样张 9

________医患纠纷人民调解委员会
纠纷调解终止通知书

医调 2013 年第　　号

朱××________：

本医调委于 2013 年 9 月 25 日受理的你与某某医院(患者/医疗机构)的医患纠纷,经调解,现因下列原因决定终止调解(用打钩来表示):

□ ________(当事人)已向人民法院提起诉讼;

□ ________(当事人)已向卫生行政部门申请医疗事故争议行政处理;

□ ________(当事人)拒绝人民调解;

□ ____√____经多次调解,已无调解成功可能的;

□ 调解期限已于2013 年12 月26 日届满。

你可以就本医患纠纷向卫生行政部门申请处理、向医学会申请医疗事故技术鉴定、向________人民法院提起民事诉讼。如需法律援助的,本医调委可以提供协助办理有关手续。

(注:本医患纠纷调解终止后,如当事人再次向本医调委申请人民调解,符合受理条件的,本医调委将继续予以调解。)

________医患纠纷人民调解委员会

2013 年 12 月 26 日

纠纷调解终止通知书回执

________医患纠纷人民调解委员会:

医调2013 年第________号纠纷调解终止通知书,本人已收讫。

当事人(签名或盖章):朱××

2013 年 12 月 26 日

医患纠纷人民调解文书格式十

________医患纠纷人民调解协议书

编号：________医调(协)字[201　]年第　号

当事人(患方)：　　性别：　　民族：　　出生日期：　年　月　日

户籍住址：

身份证号码：

委托代理人(患方)：　　性别：　　民族：　　出生日期：　年　月　日

户籍住址：

身份证号码：　　联系方式：

当事人(医方)：　　地址：

法定代表人：　　职务：　　联系方式：

委托代理人：　　职务：　　联系方式：

纠纷主要事实、争议事项：

经调解，自愿达成如下协议：

一、

二、

三、患方承诺在本协议生效后不再以此医疗纠纷提出其他主张；

四、医患双方均确认无其他争议及未了事项。

履行协议的方式、地点、期限：

年　月　日医患双方在　　医患纠纷人民调解委员会调解室签订调解协议书后，医方当即以　　方式给予患方人民币　　圆整(￥　　)，患方收款后应出具收条给医方。

本协议一式三份，医患双方与人民调解委员会各持一份，效力相同，本协议经医患纠纷人民调解委员会盖章后生效。

患方/委托人(签名):　　　　　　　　　　医方(签名和盖章):

人民调解员(签名):

记录人(签名):

(________医患纠纷人民调解委员会印章)

年　月　日

样张 10

×××医患纠纷人民调解协议书

编号:××医调(协)字[2013]年第 097 号

当事人(患方):张××　性别:男　民族:汉　出生日期:1976 年 5 月 17 日

户籍住址:××市××路××弄×号××室

身份证号码:××××××19760517××××　联系方式:135××××6901

委托代理人(患方):李××　性别:女　民族:汉　出生日期:1978 年 2 月 10 日

户籍住址:××市××路××弄×号××室　与患者关系:夫妻

身份证号码:××××××19780210××××　联系方式:137×××××312

当事人(医方):××市××区××医院　地址:××市××区××路××号

法定代表人:庄××　职务:院长　联系方式:××135×××

委托代理人:周××　职务:医纠办主任　联系方式:××135×××

纠纷主要事实、争议事项:

患者张×(患方),男,36 岁。于 2013 年 3 月 1 日因右上腹阵发性绞痛,伴恶心、呕吐 1 天至某某医院(医方)就诊,诊断:急性胆囊炎,予外科住院治疗。3 月 4 日全麻下行开腹胆囊切除术,3 月 10 日出院。3 月 16 日患者出现中上腹饱胀不适,伴腰背部酸痛再诊,予门诊补液治疗无效。3 月 18 日晚因病情加重,至医方急诊,诊断:胆道感染,黄疸原因待查,再收住院。期间患者至外院行核磁共振检查被告知有胆总管结石,3 月 31 日医方为患者联系至×××医院行 ERCP 及十二指肠乳头切开取石+鼻胆管引流术,取出一枚直径约 0.5 cm 结石,4 月

17日治愈出院。患方认为医方在诊疗过程中存在不足,据此提出补偿要求。经调解,自愿达成如下协议:

一、医方愿意一次性减免患方医疗费自费部分人民币×××圆整(¥×××.00元)

二、医方愿意补偿患方人民币××圆整(¥××××.00元)包括误工、营养、护理及交通费;

三、患方承诺在本协议生效后不再以此医疗纠纷提出其他主张;

四、医患双方均确认无其他争议及未了事项。

履行协议的方式、地点、期限:

2013年5月15日医患双方在×××医患纠纷人民调解委员会调解室签订调解协议书后,医方当即以现金方式给予患方人民币××××圆整(¥××××.00),患方收款后应出具收条给医方。

本协议一式三份,医患双方与人民调解委员会各持一份,效力相同,本协议经医患纠纷人民调解委员会盖章后生效。

患方/委托人(签名):　　　　　　　　医方(签名和盖章):

李××　　　　　　　　　　　　　　　周××

人民调解员(签名):

郭××　　吴××

记录人(签名):

吴××

(________医患纠纷人民调解委员会印章)

二〇一三年五月十五日

医患纠纷人民调解文书格式十一

＿＿＿＿＿＿医患纠纷人民调解委员会
司法确认告知书

＿＿＿＿＿＿＿＿＿＿：

你于＿＿＿＿年＿＿月＿＿日向本医调委申请人民调解的与＿＿＿＿的医患纠纷，经本医调委调解，现已达成人民调解协议。根据《中华人民共和国人民调解法》第 33 条、《最高人民法院关于人民调解协议司法确认程序的若干规定》第 1 条、第 3 条、第 9 条及第 11 条有关规定，达成的人民调解协议可以进行司法确认的有关事宜做如下告知：

1. 办理人民调解协议的司法确认，必须当事人双方同意并认为有必要的，可以自调解协议生效之日起 30 日内共同向人民法院申请司法确认。本医调委愿意为此提供方便（提供人民调解协议司法确认申请书格式文本、承诺书格式文本、联系人民法院和法官等服务）。

2. 当事人双方达成的人民调解协议经过法院的司法确认后，一方当事人拒绝履行或未全部履行协议的，对方当事人可以向人民法院申请强制执行。

3. 当事人申请司法确认调解协议，应当向人民法院提交司法确认申请书、调解协议书和身份证明、资格证明，以及与调解协议相关的病史等证明材料，并提供双方当事人的送达地址、电话号码等联系方式。委托他人代为申请的，必须向人民法院提交由委托人签名或者盖章的授权委托书。

4. 办理人民调解协议的司法确认，不收取费用。

本医调委现将上述规定告知于你方，你方可自行决定是否需要对你方与＿＿＿＿方达成的调解协议向人民法院申请司法确认。

＿＿＿＿医患纠纷人民调解委员会

年　　月　　日

司法确认告知书回执

________医患纠纷人民调解委员会：

贵委已将人民调解协议司法确认的相关事宜告知我方，我方已经知晓并理解，对于我方与达成的调解协议，我方决定需要(　　)/不需要(　　)向人民法院申请司法确认。

注：需要或不需要，用打钩来表示。

当事人签名：

年　　月　　日

样张 11

____××____医患纠纷人民调解委员会
司法确认告知书

____张××____：

你与××医院的医患纠纷，经本医调委调解，现已达成人民调解协议。根据《中华人民共和国人民调解法》第 33 条、《最高人民法院关于人民调解协议司法确认程序的若干规定》第 1 条、第 3 条、第 9 条及第 11 条有关规定，达成的人民调解协议可以进行司法确认的有关事宜做如下告知：

1. 办理人民调解协议的司法确认，必须当事人双方同意并认为有必要的，可以自调解协议生效之日起 30 日内共同向人民法院申请司法确认。本医调委愿意为此提供方便(提供人民调解协议司法确认申请书格式文本、承诺书格式文本、联系人民法院和法官等服务)。

2. 当事人双方达成的人民调解协议经过法院的司法确认后，一方当事人拒绝履行或未全部履行协议的，对方当事人可以向人民法院申请强制执行。

3. 当事人申请司法确认调解协议，应当向人民法院提交司法确认申请书、调解协议书和身份证明、资格证明，以及与调解协议相关的病史等证明材料，并提供双方当事人的送达地址、电话号码等联系方式。委托他人代为申请的，必须向人民法院提交由委托人签名或者盖章的授权委托书。

4. 办理人民调解协议的司法确认，不收取费用。

本医调委现将上述规定告知于你方，你方可自行决定是否需要对你方与________方达成的调解协议向人民法院申请司法确认。

________医患纠纷人民调解委员会
2013年5月15日

司法确认告知书回执

________医患纠纷人民调解委员会：

贵委已将人民调解协议司法确认的相关事宜告知我方，我方已经知晓并理解，对于我方与××医院达成的调解协议，我方决定需要(√)/不需要( )向人民法院申请司法确认。

注：需要或不需要，用打钩来表示。

当事人签名：张××
2013年5月15日

医患纠纷人民调解文书格式十二

司法确认申请书

申请人(患方)1：　　性别：　　民族：　　出生日期：　　　年　月　日
户籍地址：　　　　　　　　与患者关系：
联系方式：
身份证号：
委托代理人：　　　性别：　　民族：　　出生日期：　　　年　月　日
户籍地址：　　　　　　　　与患者关系：
联系方式：
身份证号：
申请人(医方)2：
地址：
法定代表人：　　　　职务：　　　　电话：
委托代理人：　　　　职务：　　　　电话：

申请司法确认的内容：

一、医方某某医院在经司法确认后________个工作日内，一次性支付________补偿款人民币________圆整(￥　.00 元)；

二、医患双方均确认就本纠纷无其他争议。

事实与理由：

患方认为医方在________存在不足，据此提出补偿要求。

经调解双方已达成协议，特此申请司法确认。

此致：

________人民法院

申请人 1(签名、盖章或按指印)：　　　　申请人 2(签名并盖章)：

年　月　日　　　　　　　　　　　　年　月　日

样张 12

司法确认申请书

申请人 1(患方):张×× 性别:男 民族:汉 出生日期: 年 月 日

户籍地址:××市××路××弄××号××室 与患者关系:患者本人

联系方式:135××××6901 身份证号:××××××19760517××××

委托代理人(患方):李×× 性别:女 民族:汉 出生日期: 年 月 日

户籍住址:××市××路××弄×号××室 与患者关系:夫妻

身份证号码:××××××19780210×××× 联系方式:137×××××312

申请人 2(医方):××市××医院

地址:××市××路××号

法定代表人:唐×× 职务:院长 电话:2025××××

委托代理人:周×× 职务:纠纷办主任 电话:202××××6

申请司法确认的内容:

一、医方某某医院在经司法确认后5个工作日内,一次性支付张某某补偿款人民币××××圆整(￥××××.00元),包括误工、营养、护理及交通费;

二、医方某某医院减免患者张某某本次医疗费自费部分人民币×××圆整(￥××××.00元);

三、医患双方均确认就本纠纷无其他争议。

事实与理由:

患者张××(患方),男,36岁。于2013年3月1日因右上腹阵发性绞痛,伴恶心、呕吐1天至某某医院(医方)就诊,诊断:急性胆囊炎,予外科住院治疗。3月4日全麻下行开腹胆囊切除术,3月10日出院。3月16日患者出现中上腹饱胀不适,伴腰背部酸痛再诊,予门诊补液治疗无效。3月18日晚因病情加重,至医方急诊,诊断:胆道感染,黄疸原因待查,再收住院。期间患者至外院行核磁共振检查被告知有胆总管结石,3月31日医方为患者联系至×××医院行ERCP及十二指肠乳头切开取石+鼻胆管引流术,取出一枚直径约0.5 cm结石,4月17日治愈出院。

患方认为医方在诊疗过程中存在不足,据此提出补偿要求。

经调解双方已达成协议，特此申请司法确认。

此致：

________人民法院

申请人1(签名、盖章或按指印)：	申请人2(签名并盖章)：
张××	唐××
二〇一三年五月二十日	二〇一三年五月二十日

医患纠纷人民调解文书格式十三

调解协议承诺书

申请人(患方)1：　　　性别：　民族：　出生日期：　　　年　月　日

户籍地址：

联系方式：

身份证号：

委托代理人(患方)：　性别：　民族：　出生日期：　　　年　月　日

户籍住址：　　　　　与患者关系：

身份证号码：　　　　联系方式：

申请人(医方)2：

地址：

法定代表人：　　　　职务：　　　　电话：

委托代理人：　　　　职务：　　　　电话：

申请人1________与申请人2________因________医患纠纷达成人民调解协议，现双方申请________人民法院对本协议的合法性等予以确认，申请人承诺如下：

一、该调解协议是申请人的真实意思表示，不存在受欺诈、胁迫或乘人之危等情形；

二、申请人不存在串通损害国家、集体或者第三人利益的情况，如果一旦发现有上述情况，申请人将共同向受到损害的第三方承担赔偿等法律责任。

申请人(患方)1：

申请人(医方)2：

年　　月　　日

样张13

调解协议承诺书

申请人(患方)1：张××　性别：男　民族：汉　出生日期：　　年　　月　　日

户籍地址:××市××路××弄××号××室

联系方式:135××××6901

身份证号:××××××19760517××××

委托代理人(患方):李×× 性别:女 民族:汉 出生日期: 年 月 日

户籍住址:××市××路××弄×号××室 与患者关系:夫妻

身份证号码:135×××××××××× 联系方式:135×××8201

申请人(医方)2:上海市××医院

地址:××市××路××号

法定代表人:周×× 职务:院长 电话:2025××××

委托代理人:唐×× 职务:纠纷办主任 电话:202××××6

申请人1张××与申请人2××市××医院因胆总管结石手术医患纠纷达成人民调解协议,现双方同意共同向________人民法院申请对本协议的合法性等予以确认,申请人承诺如下:

一、该调解协议是申请人的真实意思表示,不存在受欺诈、胁迫或乘人之危等情形;

二、申请人不存在串通损害国家、集体或者第三人利益的情况,如果一旦发现有上述情况,申请人将共同向受到损害的第三方承担赔偿等法律责任。

申请人(患方)1:张××

申请人(医方)2:唐××

20××年××月××日

医患纠纷人民调解文书格式十四

＿＿＿＿医调委协助司法确认告知函

＿＿＿＿人民法院立案庭：

患方＿＿＿＿与医方＿＿＿＿因＿＿＿＿医患纠纷一案，经本医调委调解，双方自愿达成协议，并于二〇一　年　月　日签订人民调解协议书。经医患双方同意，共同申请人民调解协议的司法确认。本医调委已协助医患双方完成该协议的司法确认准备工作。

特此告之。

附：司法确认申请书

承诺书

医患双方的证件复印件

与本协议相关的病史资料等

＿＿＿＿医患纠纷人民调解委员会

二〇一　年　月　日

样张 14

×××医调委协助司法确认告知函

＿＿＿＿人民法院立案庭：

患方张××与医方××医院因胆总管结石手术医患纠纷一案，经本医调委调解，双方自愿达成协议，并于二〇一三年五月十五日签订人民调解协议书。经医患双方同意，共同申请人民调解协议的司法确认。本医调委已协助医患双方完成该协议的司法确认准备工作。

特此告之。

附：司法确认申请书

承诺书

医患双方的证件复印件

与本协议相关的病史资料等

________医患纠纷人民调解委员会

××××年××月××日

医患纠纷人民调解文书格式十五

________医患纠纷人民调解委员会回访记录

当事人:________________

纠纷受理编号:________________

回访事由:________________

回访时间:________________

回访记录:________________

____

____

____

回访人(签名):________

________医患纠纷人民调解委员会

年 月 日

样张 15

________医患纠纷人民调解委员会回访记录

当事人:张××

纠纷受理编号:××医调 2013 年第 097 号

回访事由:协议内容是否履行

回访时间:2013 年 5 月 16 日

回访记录:调(吴):张××,您好!我是××××医调委调解员,我现在要与您确认一下,昨天您妻子受您之托到我处为您签订您与××医院医患纠纷调解协议书,您的协议书与补偿款都收到了吗?张:谢谢!收到了。调(吴):您确认协议内容及您与××医院医患纠纷已完全了结,再无其他争议及未了事项了吗?张:

确认再无其他争议及未了事项了。您们辛苦了！调(吴)：不用客气，这是我们应该做的。只要您们双方满意就好了。张：谢谢您们！我很满意。

回访人(签名)：吴××

________医患纠纷人民调解委员会

××××年××月××日

医患纠纷人民调解文书格式十六(正面)

<table>
<tr><td colspan="3" align="center">×××医患纠纷人民调解委员会</td></tr>
<tr><td colspan="3" align="center">调解卷宗</td></tr>
<tr><td colspan="3">患方当事人：</td></tr>
<tr><td colspan="3">医方当事人：</td></tr>
<tr><td colspan="3">卷　　号：</td></tr>
<tr><td colspan="3">人民调解员：　　　　　　　　受理日期：</td></tr>
<tr><td colspan="3">立　卷　人：　　　　　　　　立卷日期：</td></tr>
<tr><td colspan="3">保管期限：</td></tr>
<tr><td colspan="3">备　　注：</td></tr>
<tr><td>自　　年　　月至　　年　　月</td><td>保管期限</td><td></td></tr>
<tr><td>本卷共　　件　　页</td><td>归档号</td><td></td></tr>
</table>

样张16(正面)

<table>
<tr><td colspan="3" align="center">×××医患纠纷人民调解委员会</td></tr>
<tr><td colspan="3" align="center">调解卷宗</td></tr>
<tr><td colspan="3">患方当事人:张××</td></tr>
<tr><td colspan="3">医方当事人:××医院</td></tr>
<tr><td colspan="3">卷　　号:××医患纠纷调委会《第201卷》</td></tr>
<tr><td colspan="3">人民调解员:郭××　吴××　　受理日期:××××-4-24</td></tr>
<tr><td colspan="3">立　卷　人:吴××　　立卷日期:××××-6-21</td></tr>
<tr><td colspan="3">保管期限:长期</td></tr>
<tr><td colspan="3">备　　注:张××与××医院的医患纠纷</td></tr>
<tr><td>自××××年××月至　年　　月</td><td>保管期限</td><td>永久</td></tr>
<tr><td>本卷共××件××页</td><td>归档号</td><td>××××</td></tr>
</table>

医患纠纷人民调解文书格式十六(背面)

卷内文件目录

序号	文书名称	页次
1		
2		
3		
4		
5		
6		
7		
8		
9		
10		
11		
12		
13		
14		
15		
16		
17		
18		
19		

样张16(背面)

卷内文件目录

序号	文书名称	页次
1	××××医患纠纷人民调解申请书	1
2	××××医患纠纷人民调解委员会纠纷登记表	2
3	××××医患纠纷人民调解委员会纠纷受理通知书	3
4	医方或委托代理人的身份证明	4—5
5	患方或委托代理人的身份证明	6—7
6	××××医患纠纷人民调解委员会调查记录	以此类推
7	××××医患纠纷人民调解委员会调解记录	
8	××××医患纠纷人民调解专家咨询申请书	
9	××××医患纠纷人民调解专家咨询回执	
10	医患纠纷人民调解专家咨询委员会咨询意见书	
11	××××医患纠纷人民调解协议书或××××医患纠纷人民调解口头协议登记表或××××医患纠纷人民调解委员会纠纷调解终止通知书	
12	××××医患纠纷人民调解协议书签收表或纠纷调解终止通知书回执	
13	收条	
14	××××医患纠纷人民调解委员会司法确认告知书	
15	司法确认书	
16	纠纷终止原因的材料	
17	××××医患纠纷人民调解委员会回访记录	
18	当事人提供的有关证明材料	
19	人民调解员调查取得的有关证明材料	

参考书目

[1] 刘树桥,盛永彬. 人民调解实务[M]. 广州:暨南大学出版社,2010 年版。

[2] 曾添贵,杨日华. 人民调解教程[M]. 广州:广东人民出版社,2008 年版。

[3] 王恒勤. 人民调解理论与实务[M]. 北京:中国政法大学出版社,2011 年版。

思考题

1. 根据医患纠纷人民调解委员会操作规程,试绘制一张“医患纠纷人民调解工作流程图”。

2. 患者:王××,男,身份证号:32××××198603015×××8,住:××市××路××弄××号××室,电话 136××××452。医方:××市××医院,法人代表:李××,单位地址:××市××路××号,电话 021 - 12345678。患者 2014 年 2 月 5 日因右下肢股骨骨折在上海市××医院住院行右股骨骨折钢板螺丝钉内固定术治疗。术后出院三月复查发现钢板弯曲,两颗固定螺栓断裂,患方与医方为此构成纠纷。经过双方协商,同意医方支付患方 2 万元人民币结束此纠纷。根据上述提供的医患纠纷信息,使用“医患纠纷人民调解协议书的格式”,填写一份医患纠纷人民调解协议书。

第八章
上海市医患纠纷调解中的专家咨询制度

第一节　专家咨询制度的提出

一、专家咨询制度的定义

专家咨询制度是专指在医患纠纷人民调解工作中，通过建立咨询专家库，建立了对患者死亡或其他疑难、复杂、涉及赔付金额较高的医患纠纷必须请教相关专家进行咨询的标准，同时规定了咨询专家的资格和工作程序，这种特定的模式已成为一种制度固定下来，称作专家咨询制度。

二、最早提出接近专家咨询概念的文件

我们国家在医患纠纷调解工作中，最早提出接近专家咨询概念的见于：2010年司法部、卫生部、中国保监会《关于加强医疗纠纷人民调解工作的意见》。《关于加强医疗纠纷人民调解工作的意见》文件中有关内容指出“司法行政部门要会同卫生、保监、财政、民政等部门加强对医疗纠纷人民调解委员会的监督指导，建立医学、法学专家库，提供专业咨询指导，帮助医疗纠纷人民调解委员会做到依法、规范调解”。

三、上海市以文件形式提出专家咨询制度

上海市在实施医患纠纷人民调解工作中，注意到了医疗专业和法律专业的

特殊性，考虑到医疗事故鉴定和司法鉴定手续复杂、过程很长、需要支付鉴定费等的情况，关注到了人民调解员对医学和法学知识掌握不够需要请教“专家”的实际问题。2011 年连续下发了沪府发〔2011〕30 号《上海市人民政府关于开展医患纠纷人民调解工作的若干意见》和沪司规〔2011〕2 号《关于发布〈上海市医患纠纷人民调解工作实施办法〉的通知》以及沪医调办〔2011〕6 号《上海市医患纠纷人民调解专家咨询工作的暂行规定》文件，提出了医患纠纷人民调解委员会在调解工作中实施专家咨询制度的有关内容。

第二节　上海市专家咨询制度和工作内容

在谈论本节前，先讲清楚两个重要名称。上海市医患纠纷人民调解工作办公室（简称：市医调办）是上海市政府建立的，作为全市医患纠纷人民调解工作的组织、指导和管理机构。上海市没有建立“市医患纠纷人民调解委员会”。

上海市各区司法局都设立了一个专门指导医患纠纷人民调解工作的部门是××区医患纠纷人民调解工作办公室（简称：区医调办）。这与区医患纠纷人民调解委员会（简称：区医调委）的名称和机构是不一样的。

一、专家咨询委员会的建立

医患纠纷人民调解专家咨询委员会（以下简称“专家咨询委员会”）是由上海市卫生局组建，上海市司法局聘任，市医调办管理，为本市医患纠纷人民调解工作提供专家咨询。专家咨询委员会由医学、法律及心理学等相关学科的专家组成，医学专家依据相关学科设置专业组。

1. 专家咨询委员会成员任职条件

具有良好的业务素质、职业道德，并具备以下条件之一的人员可以作为专家咨询委员会成员候选人：①具有相应专业高级技术职称 3 年以上的医疗卫生专业技术人员；②具有多年办理医疗损害纠纷或民事纠纷案件经验的执业律师；③具有二级以上资质的心理咨询师。

2. 审核入选

卫生医疗机构或者医药卫生教学、科研机构，应当按照市医调办要求，推荐专家咨询委员会成员候选人；符合条件的个人经所在单位同意后也可以直接向市医调办申请加入专家咨询委员会。市医调办对专家咨询委员会成员候选人进行审核。审核合格的，予以聘任，并发给统一格式的聘书。

3. 聘任期限

专家咨询委员会成员聘用期为三年，均为兼职。市医调办可根据医患纠纷人民调解工作的实际情况，对专家咨询委员会学科专业组予以适当增减，对专家咨询委员会成员进行调整。聘用期满可续聘，继续聘用的，需重新审核、聘用。

在聘用期间出现以下情形之一的，应当由其所在单位及时报告市医调办，市医调办根据实际情况及时进行调整。①因健康原因不能胜任的；②变更受聘单位或被解聘的；③受刑事处分的；④违反专家咨询工作纪律的；⑤具有其他规定的情形的。

二、申请专家咨询的标准和内容

1. 申请专家咨询的标准

①医调委预估赔付金额可能超过十万元；②患者死亡、患者肢体或器官具有明显损伤；③当事人之间对于医患纠纷的责任承担存在重大分歧的；④其他重大、复杂、疑难的医患纠纷；⑤其他需要进行专家咨询的情形。上述标准只要符合一项即可。

2. 申请咨询内容

申请咨询内容包括：①病史资料的合法性、及时性、完整性；②医疗机构的诊疗行为有无过错；③医疗机构是否尽到告知义务；④医疗机构是否违反诊疗规范实施不必要的检查；⑤医疗过错行为与损害结果之间是否存在因果关系；⑥医疗过错行为在损害结果中的责任程度；⑦损害赔偿方式；⑧其他专门性问题。

三、咨询专家的工作规定和内容

1. 工作原则

医患纠纷专家咨询工作应遵循实事求是、客观公正的原则，尊重科学，依据法律、法规和规章，公正客观地提供专业咨询服务。保护当事人隐私，遵守保密制度。

2. 回避制度

咨询专家接到通知后认为应当回避的，应当于接到通知后及时提出回避申请。有下列情形之一的应当回避：①本人系医患纠纷当事人或者当事人近亲属；②本人或其近亲属正在或曾在纠纷所涉医疗机构工作；③本人或其近亲属与纠纷所涉医务人员有利害关系；④本人或其近亲属与纠纷所涉医疗机构的办医主体有利害关系；⑤本人或其近亲属与纠纷所涉医疗制品的销售、生产单位有利害关系；⑥本人或其近亲属所在法律服务机构与纠纷当事人、纠纷所涉医务人员存在利益冲突；⑦与纠纷有其他利害关系，可能影响公正咨询的。

3. 工作纪律

①保守在工作中知悉的国家秘密、商业秘密，不得泄露个人隐私，不得向他人透露与专家咨询或医患纠纷有关的任何信息；②及时提供咨询，不得无故拖延或终止提供咨询，无正当理由不得拒绝提供咨询；③不得从事与本人、近亲属有利害关系的咨询；④不得通过咨询为本人或帮助他人获取纠纷当事人的相关委托授权；⑤不得利用咨询为本人或他人向纠纷当事人谋取利益；⑥不得干预、过问他人正在办理的咨询事项；⑦未经医调办同意，不得与当事人接触。

4. 工作内容

专家应及时、认真、仔细审阅医调委提交的材料，对医患纠纷相关资料研究、讨论后，审慎地提出具有可行性的专家咨询意见，出具咨询意见书并签名。咨询意见书作为内部工作文件，入卷归档，不对外公布。医学、法律、心理咨询专家可以根据本专业情况，单独出具有关格式的咨询意见文书。

医患纠纷专家咨询意见书包括以下主要内容：①咨询要解决的问题；②医疗行为是否存在违反医疗卫生管理法律、法规、部门规章和诊疗护理的行业标准和技术规范的情形；③医疗过错行为与人身损害后果之间是否存在因果关系；④患者人身损害后果；⑤医疗过错行为对患者人身损害后果产生的作用。医疗损害涉及多种原因时，要对各种原因在产生损害结果的过程中作用大小进行简要分析；⑥赔偿责任方式及其计算方式；⑦依据的法律、法规、规章以及技术标准、技术规范；⑧其他专业性需要说明的问题。专家咨询过程中涉及医疗机构使用医疗用(产)品后有不良后果发生的，咨询专家仅对医疗行为提供咨询意见。

第三节　上海市专家咨询制度的实际操作和初步研究

一、上海市专家咨询制度的实施

上海市已建立了有900余名医学、法学、心理学专家组成的专家库(正在扩充),用于医患纠纷人民调解的咨询服务①。2011年7月左右开始推行专家咨询制度,到2013年12月上海市各个区医调委共实施专家咨询制度1 251次。以浦东新区为例,简要叙述实际操作的程序、形式和重要内容及注意事项。

1. 开展专家咨询的程序

①调解员收集病史和医患双方各自对纠纷的调查陈述与处理意见;②医调办和医调委对拟咨询案例进行讨论,由医调委主任审核,医调办主任批准;③医调委对符合“专家咨询标准”的案件,填写专家咨询申请单;④医调办5个工作日内确定专家咨询委员和咨询日期并通知相关专家参加咨询会;⑤医调办通知医方或患方参加咨询会;⑥召开专家咨询会议;⑦参会的专家咨询委员出具专家咨询意见书。

2. 专家咨询会的形式和内容

①专家咨询会原则上邀请医学专家1～2名,法律专家1名,心理咨询专家0～1名。纠纷严重或复杂,可适当增加咨询委员人数,但专家咨询委员不得少于2名;②咨询会议由医调办领导主持;③调解员负责汇报调查情况和患方诉求;④医方介绍患方诊治经过和医方对此纠纷的看法;⑤专家咨询委员根据其查看的纠纷资料,对医方调查患方诊治经过并提问;⑥医方退席,专家咨询委员进行讨论;⑦专家咨询委员出具专家咨询意见书。

3. 专家咨询意见书

①专家咨询意见书有3种:上海市医患纠纷人民调解专家咨询委员会医学咨询意见书、法律咨询意见书、心理咨询意见书。②有不同意见的专家咨询委员

---

① 佚名.上海:建立医患纠纷人民调解专家咨询制度[J].领导决策信息,2011(35):18.

可以分别写各自的咨询意见书，允许有不同意见。③咨询专家委员出具的咨询意见书，仅供人民调解员参考使用。④专家咨询意见书由医调委入卷归档，不对外公布。

4. 专家咨询中的注意事项

①专家咨询会一般不邀请患方参加，咨询专家认为需要向患方当事人进行调查询问的或需要了解患者现状的，经医调办同意，安排人民调解员陪同进行。②咨询专家委员出具的咨询意见书，仅供人民调解员在本案例调解中参考使用。③人民调解员在医患纠纷调解中可以向医患各方口头传达专家咨询意见，但不允许向医患双方提供专家咨询意见书的原件或复印件。

二、上海市专家咨询制度的初步研究

(1) 在这一领域研究最早的是上海市浦东新区医患纠纷人民调解委员会。研究取2006年8月—2011年7月原浦东新区医调委未开展专家咨询制度的医患纠纷调解案例为对照组，取2011年8月—2012年6月现浦东新区医调委开展专家咨询制度的医患纠纷调解案例为实验组，两组作对照性研究。研究结果显示：在符合专家咨询标准的案例中，经过对比，实施专家咨询制度比不实施专家咨询制度的调解成功率要高33.58%，有显著性差异（$P<0.01$）。研究说明专家咨询制度对医患纠纷的调解起到了积极的促进作用[①]，除此之外未见过相关报道。

(2) 目前专家咨询制度的形式，在实践中有了发展和变化。采取单一会议咨询的形式，显得不灵活，不方便。在许多情况下，人民调解员需要直接向专家请教问题或希望专家能到调解现场，于是出现了如下演变：①口头咨询：一般对因故不方便会议咨询的专家，调解员采取上门当面咨询的方式；②电话咨询：将案件的病史资料等传真给专家，调解员在电话中对专家进行咨询；③会议咨询：针对某案例召开专家咨询会议，这是规定的方式，也是开展最多的方式；④集体咨询：召开大型的专家咨询会议，将多个案例放在一起，利用多科、多名专家参加咨询；⑤现场咨询：在出现突发医患纠纷事件需紧急处理时，请专家到纠纷现场

---

① 雷红力，杨晓时，顾术理. 医患纠纷调解机制中专家咨询制度的实践与完善研究[J]. 医学与法学，2013，5(2)：21-23.

调查提供咨询服务。无疑，这些变化对现有的“会议咨询”专家咨询方式带来了冲击，反映了人民调解员“发挥主观能动性”，追求灵活、方便的咨询形式的愿望。但是涉及向专家支付“咨询费”问题，一些专家咨询方式尚处于探索阶段，有待实践中进一步检验。

(3) 实施专家咨询制度的好处。

上海市实施专家咨询制度的好处表现在：①咨询程序简单，从提出申请到确定专家咨询会的时间较短。②每次受到邀请参加会议咨询专家只有 2～4 人，会议人数少相对干扰少，开会方便。③上海市浦东新区医调委采取：专家咨询会议由医调办领导主持，人民调解员转达患方意见(常常不邀请患方出席)，医方列席会议接受专家提问和调查，医患之间不见面从而避免了出现争执及冲突。④专家咨询意见书只向医调委提供，不向医患双方提供，咨询过程中专家无顾虑。⑤医方通过列席会议接受提问和调查，利于专家对医患双方责任判定清楚，为下一步的调解工作提供了方便。⑥专家咨询会后，患方从人民调解员那里获得专家对疾病的权威诊疗信息或法律信息，通过调解员的沟通，便于正确认识医疗中出现的问题，通常容易接受调解。⑦医患纠纷发生后，往往出现患方当事人不愿意再让当事医疗机构继续治疗，医方也希望患方到别的医疗机构治疗的案例，有些医学专家会主动提出解决后续治疗的问题，以有效解决了医患双方的后顾之忧。⑧法律专家的咨询有利于从法律的角度来思考问题并提供同等案例比较，确定调解金额的范围，保证调解金额的相对公平。⑨专家的咨询过程，有效弥补了人民调解员医学专业知识和法学专业知识的不足，帮助人民调解员分清医患双方的责任和有相对合理的调解金额范围，为人民调解员下一步拟定调解方案指明了方向。⑩开展专家咨询也提高了调解的成功率。

(4) 实施专家咨询制度中存在的问题或需要完善的内容[①]：

①医调委必须提供会议室，从而影响医调委的办公房屋使用面积。②《上海市医患纠纷人民调解专家咨询委员会名册》库中的医学专家工作繁忙，常不易抽出时间到区医调委参加专家咨询会议。③专家咨询会中发现，部分医学专家能一针见血指出医疗机构的诊疗行为过错，但写咨询意见书时，对该过错造成损害

① 雷红力，杨晓时，顾术理．医患纠纷调解机制中专家咨询制度的实践与完善研究[J]．医学与法学，2013，5(2)：21－23.

结果及责任程度写的比较隐讳。④专家咨询会上涉及的法律问题通常比较简单，没有必要请《上海市医患纠纷人民调解专家咨询委员会名册》库中的法律专家参加，一般的执业律师可以胜任，邀请也方便。且浦东新区医调委内有专门的律师工作室，固定时间都有执业律师当班随时可参与调解。⑤专家咨询意见书只限医调委内部参考，没有法律权威性，个别医方或患方当事人拒绝听从专家咨询的意见，造成调解中止。⑥患方一旦知道医方列席专家咨询会议，自己没有列席咨询会议将由此产生不满情绪，同时涉及医患的“公平性”和咨询的“公正性”问题。⑦有些人民调解员的医学知识薄弱，不能提出关键性的医学问题，领会医学专家意见较困难。⑧医调委用于专家咨询费的经费有限（医患双方不支付专家咨询费），不利于举办会务活动，保持工作联系。

三、关于专家咨询制度的思考

目前医患纠纷人民调解实施专家咨询的省市还有不少，如北京市有 1 497 名的专家咨询库，医患纠纷调解操作规程分 13 个环节，其中有咨询专家环节[①]。

上海市医患纠纷人民调解工作专家咨询制度起到了较好的效果，这主要归功于上海的城市较大，“专家资源”丰富。已建立 900 余名专家组成的专家库（现正在扩大），在国内的城市中不多见。在我国县级城市中，城市面积和人口相对较小，符合医学、法学、心理学“专家条件”的人员就更少，能否组成专家库？如果医学专家都集中在县人民医院，那么患方与县人民医院发生了医患纠纷，涉及县人民医院的医学专家如进行回避，专家咨询制度的实施会有何影响？我们知道出现医患纠纷后，赔偿要求是由作为普通个体的患方，向拥有大量医疗资源实体和临床医学知识的医方提起的，患方处于明显的弱势地位。在一个县城里只有几家可数的医疗机构，这些医疗机构与县城里的一些医学或法学专家，有着业务或人际关系的联系。县医患纠纷人民调解委员会应采取什么样的措施来保证医患纠纷调解的公正性，怎样利用县级城市自身的特点来落实或创新专家咨询制度，希望有学者和从事人民调解的工作人员做出相关研究。在中等城市（市级城市）中如何落实或发展专家咨询制度，也希望有学者和从事人民调解工作的人员能做出研究。

---

① 胡勇. 确保医疗纠纷调解高效公正[J]. 人民调解，2014(2)：16－17.

上海市浦东新区在实施专家咨询制度中，遇到的一个特殊现象：患者限于医学知识贫乏，没有发现医院的重大失误，提出赔偿的金额较低。在专家咨询中，发现了这个问题。由于只有医方参加了专家咨询会，所以医方存在急于按患方提出的赔偿金额签订调解协议。这样就涉及医患纠纷人民调解委员会如何主持公正，保护患方利益的问题。在上海市有的区医调委（如长宁区医调委），实施专家咨询制度让医患双方同时参加，这样就显示了公平。但是让不让患方列席参加专家咨询会，各有利弊，这项制度还在探索阶段，有待今后加以充实与健全。

上海市目前实施的专家咨询制度实际上，类似于召开一个小型的"医疗事件鉴定会"，这个会开的灵活、简便。会议的宗旨在于：给医调委提供一个相对合理的调解依据和调解尺度，供制定调解方案。所以与医学会组织的"医疗事故技术鉴定会"还是有区别的。

第四节　专家咨询制度与医疗事故技术鉴定的区别

医患纠纷调解工作中的专家咨询制度，采取的是会议的形式。医疗事故技术鉴定也是采取会议的形式，两者在形式上相似。但是，在实际操作中存在许多不一致的地方，为了便于更好地认识专家咨询制度与医疗事故技术鉴定的区别，作者制作了"专家咨询制度与医疗事故技术鉴定比较表"供参考。

专家咨询制度与医疗事故技术鉴定比较表

比较内容	专家咨询制度	医疗事故技术鉴定
提出申请方	医患纠纷调解人民委员会（简称：医调委）	患方或医方或医患双方共同申请
收费情况	不收费	按规定收费
接受申请到安排咨询或鉴定的时间	司法局医患纠纷调解办公室（简称：医调办）接受申请后，5个工作日内安排专家咨询会	医学会受理后5个工作日内通知医患双方在10个工作日内交鉴定材料，接材料45个工作日内组织鉴定。

（续表）

比较内容	专家咨询制度	医疗事故技术鉴定
调查取证方	医调委	医学会
确定咨询或鉴定的专家人员名单	医调办确定	在医学会主持下医患双方抽签确定
邀请专家人数	一般为3人	一般为3～7人
邀请的专业	医学、法学专业，根据情况邀请心理学专家参加	医学专业，根据情况邀请法医专家参加
会议主持方	医调办	医学会
医患参加会议情况	医方参加会议，酌情安排患方参加，原则上医患双方不见面。	医患双方均参加会议，医患双方见面。
会议形成的文书	专家咨询意见书（可以有多个意见书）	医疗事故技术鉴定书（只有一个鉴定书）
文书书写的形式	专家单独书写制	专家合议书写制
文书的公布情况	文书内部存档，不公布（调解员将咨询结果口头告知医患双方，不提供文书原件和复印件）	公布，医患双方都有一份原件
文书的法律效应	无	有
再次申请咨询或鉴定	原则上不安排再次专家咨询会议	可以再向上一级医学会申请鉴定
备　注：		

第五节　专家咨询制度使用的格式文书

一、医患纠纷人民调解专家咨询文书使用说明

专家咨询意见书是医患纠纷人民调解专家咨询委员会的咨询专家依照规定条件和程序，运用专业知识和科学技术对医患纠纷人民调解过程中涉及的专门

性问题进行分析、鉴别和判断后出具的反映专家咨询过程和专家咨询意见的书面载体。

1. 文书内容

专家咨询意见书一般由封面、正文和附件组成，包括标题、编号、基本情况、纠纷摘要、咨询过程、分析说明、咨询意见、落款、附件及附注等内容。

2. 正文的规范和要求

1）标题

由“上海市医患纠纷人民调解专家咨询委员会”、“咨询意见书”及专业类别（医学、法律、心理）组成。

2）编号

由“沪咨”、区县简称、年份及序号组成，同一医患纠纷各专业的意见书使用相同编号。

3）基本情况

写明申请人（区县医患纠纷人民调解委员会及人民调解员）、申请咨询事项、申请材料、咨询日期、咨询地点、参加人员等内容。

4）纠纷摘要

客观、简单地陈述纠纷的基本情况。

5）分析说明

写明根据所提交书面材料，专家咨询的过程及形成咨询意见的分析、判断的过程，引用的资料应当注明出处。

6）咨询意见

应当明确、具体、规范，具有针对性和可适用性。

7）落款

由咨询专家签名并注明文书制作日期等。

8）附注

对专家咨询意见书中需要解释的内容，可以在附注中作出说明。

3. 存档备案

专家咨询意见书制作一般应当一式三份，一份交区县医患纠纷人民调解委员会收执，一份由区县医患纠纷人民调解工作办公室存档，一份报市医患纠纷人民调解工作办公室备案。

4. 咨询专家应当在专家咨询意见书上签名；多名咨询专家参加咨询的，有不同咨询意见的，应当注明或单独出具咨询意见书。

二、医学、法学、心理学专家咨询意见书及咨询专家承诺书（专家咨询文书示范文本1—4）

医患纠纷人民调解专家咨询文书示范文本一

上海市医患纠纷人民调解专家咨询委员会
咨询意见书（医学）

编号：沪咨（区县简称）[201×]第×号

一、基本情况

申请人：××区（县）医患纠纷人民调解委员会

（人民调解员：×××　×××）

申请咨询事项：

申请材料：

咨询日期：

咨询地点：

参加人员：

二、纠纷摘要

（纠纷基本事实）

三、咨询过程

（专家咨询会召开的过程）

四、分析说明

（一）咨询要解决的问题；

（二）病史资料的合法性、及时性、完整性；

（三）医疗行为是否存在违反医疗卫生管理法律、法规、部门规章和诊疗护理规范的情形；

（四）医疗过错行为与人身损害后果之间是否存在因果关系；

（五）患者人身损害后果；

（六）医疗过错行为对患者人身损害后果产生的作用。医疗损害涉及多种原因时，要对各种原因在产生损害后果的过程中作用力大小进行简要分析；

（七）其他专业性问题。

五、咨询意见

（一）医疗机构的诊疗行为有无过错；

（二）医疗机构是否尽到告知义务；

（三）医疗机构是否违反诊疗规范实施不必要的检查；

（四）医疗过错行为在损害结果中的责任程度；

（五）其他专业性问题。

六、落款

咨询专家签名

咨询专家签名

咨询专家签名

年　　月　　日

说明：1. 咨询意见书中需要添加附件的，须在咨询意见后列出详细目录。

2. 对咨询意见书中需要解释的内容，可以在正文的落款后另加附注予以说明。

共　　页第　　页

医患纠纷人民调解专家咨询文书示范文本二

上海市医患纠纷人民调解专家咨询委员会
咨询意见书(法律)

编号:沪咨(区县简称)[201×]第×号

一、基本情况

申请人:××区(县)医患纠纷人民调解委员会

(人民调解员:×××　×××)

申请咨询事项:

申请材料:

咨询日期:

咨询地点:

参加人员:

二、纠纷摘要

(纠纷基本事实)

三、咨询过程

四、分析说明

(相关事实的法律意见及法律依据)

五、咨询意见

1. 当事人是否应当承担相关法律责任。

2. 承担责任的大致比例及形式。

3. 经济赔偿(补偿)的项目、建议数额、计算方式。

六、落款

咨询专家签名：

日　期：　　年　　月　　日

咨询专家签名：

日　期：　　年　　月　　日

说明：1. 咨询意见书中需要添加附件的，须在咨询意见后列出详细目录。

2. 对咨询意见书中需要解释的内容，可以在正文的落款后另加附注予以说明。

共　　页第　　页

医患纠纷人民调解专家咨询文书示范文本三

上海市医患纠纷人民调解专家咨询委员会
咨询意见书(心理)

编号:沪咨(区县简称)[201×]第×号

一、基本情况

申请人:××区(县)医患纠纷人民调解委员会

(人民调解员:×××　×××)

申请咨询事项:

申请材料:

咨询日期:

咨询地点:

参加人员:

二、纠纷摘要

(纠纷基本事实)

三、咨询过程

四、分析说明

五、咨询意见

六、落款

咨询专家签名：

日　期：　　年　　月　　日

咨询专家签名：

日　期：　　年　　月　　日

说明：1. 咨询意见书中需要添加附件的，须在咨询意见后列出详细目录。

2. 对咨询意见书中需要解释的内容，可以在正文的落款后另加附注予以说明。

共　　页第　　页

医患纠纷人民调解专家咨询文书示范文本四

咨询专家承诺书

本人不存在下列情形：

1. 本人系纠纷当事人或者当事人近亲属。

2. 本人或其近亲属正在或曾在纠纷所涉医疗机构工作。

3. 本人或其近亲属与纠纷所涉医务人员有利害关系。

4. 本人或其近亲属与纠纷所涉医疗机构的办医主体有利害关系。

5. 本人或其近亲属与纠纷所涉医疗制品的销售、生产单位有利害关系。

6. 本人或其近亲属所在法律服务机构与纠纷当事人、纠纷所涉医务人员存在利益冲突。

7. 其他可能影响专家咨询独立性、公正性的情形。

本人将独立、客观、公正地为医患纠纷人民调解提供咨询意见；在咨询过程中遵守法律、法规和有关规定，恪守职业道德和行业规范。

咨询专家(签名)：

年　　月　　日

参考书目

[1] 华中科技大学主办:《医学与社会》(月刊)

[2] 中国卫生经济学会，中国卫生资源杂志社主办:《中国卫生资源》(双月刊)

[3] 泸州医学院，中国卫生法学会主办:《医学与法学》(双月刊)

[4] 中国疾病预防控制中心主办:《中国卫生法制》(双月刊)

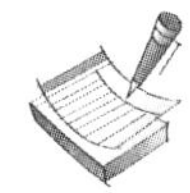

思考题

1. 专家咨询制度的定义？

2. 写出上海市医患纠纷人民调解申请专家咨询的标准。

3. 实施专家咨询制度的好处有哪些？

4. 谈一谈你认为医患纠纷人民调解中，是否要实施专家咨询制度，怎样去实施？

第九章

医患纠纷人民调解员的队伍建设

人民调解制度是一项社会主义法律制度，长期以来在化解民间纠纷，维护社会稳定，实现群众自治及基层民主政治建设方面发挥了重要作用。随着我国进入全面建设小康社会，加快推进社会主义现代化建设的历史时期，各种利益格局将重新调整，社会矛盾纠纷将日趋多元化、多样化和复杂化，人民群众不断增长的医疗服务需求与医疗服务能力、医疗保障水平的矛盾日益突出，人民群众对疾病的诊治期望与医学技术的客观局限性之间的矛盾日益突出，因医疗产生的医患纠纷呈频发态势，严重影响医疗秩序，一些地方甚至出现了因医疗纠纷引发的群体性事件，成为影响社会稳定的突出问题。这就要求医患纠纷人民调解工作要主动适应新形势的需要，在维护社会政治稳定中发挥新的更大的作用。

医患纠纷人民调解员作为医患纠纷人民调解工作的主体，在日常工作中处理了大量的医患纠纷和突发医源性的医患矛盾，这对人民调解员的素质提出了新的、更高的要求。需要考虑的是：新形势下医患纠纷人民调解员队伍应具备什么样的素质和能力，新形势下的人民调解员队伍需要怎样培养和建设，以适应新形势下医患纠纷人民调解工作的需要。

第一节　医患纠纷人民调解员的素质要求

一、政治素质

调解员一定要忠于党和国家、忠于社会主义、忠于法律，要有正确的道德观念及大局观念，要敬业爱岗。只有具备良好的政治思想素质，才能表现出健康的人格特征：公正、正直、热情、耐心、忠于事实和法律，对人谦虚谨慎、落落大方、刚直不阿，对权贵不阿谀奉承，对贫穷和弱势群体不歧视和欺侮；只有具备这样素质的人民调解员才能让当事人对其产生尊敬与信任，才能保证其热心人民调解工作及在调解工作中公道正派。

二、医学素质

相较于其他类型的纠纷而言，医疗纠纷具有其不同的特点。医疗纠纷中，虽然医疗机构和患者双方的法律地位是平等的。但在医疗关系中，患方处于明显的弱势地位。医疗过失损害赔偿最为明显的特点是：赔偿要求是由作为普通个体的患方向拥有专业知识的医方提起的。患方与掌握专门医学知识的医务人员相比，缺乏对诊疗相关情况的了解，这就使得患方在纠纷解决中容易受到不公平的对待而无法有效地保护自身的合法权益。因此，在医疗纠纷解决过程中，特别是在第三方调解的情况下，要注意避免因当事人双方之间因知识不对等而导致患方权益受损。同样患方在纠纷事件中容易产生医学误解，因为医学是精深的专业领域，医生的想法和做法，不可能一一向病患或家属解释清楚，这样，患者与医生方面对情况的认知会有很大差距。这时候通过具有医学素质的第三方进行沟通和解释，效果会好很多。

医患纠纷难处理最难的就是其中的定性定责问题。如果都依据医疗事故技术鉴定结果来作判断，需要很长时间。而且，很多小的纠纷可能只是由于医疗中的一些差错引起的，够不上医疗事故。因此，很多患者不愿去做鉴定。有医学临床经历的人民调解员可以做出基本的判断，可以协调双方坐下来谈，这也有助于实际问题的解决。因此要求医患纠纷人民调解员必须具有一定的医学知识和临床工作经验，只有具备良好的医学素质，才能在调解工作中取得医患双方的认可，才能有效地保护双方的合法权益。

三、法律素质

随着社会日新月异的进步，相应法律法规已配套出台。调解员只有熟练掌握了规范医患双方行为的法律、法规、规章、制度后，才能真正作到："晓之以理、动之以情、明之以法"，才能搞好调解。如果仅凭主观想象，凭感觉，依情理，不依法条的规定,将会对当事人产生误导,甚至出现新的问题。因此,人民调解员在法规面前要做明白人,这样才不会违背人民调解的基本原则。

四、心理素质

在医患纠纷调解实践活动中,调解工作的对象是医患双方的当事人或代理人;调解的过程就是医患纠纷化解的过程,也是医患双方当事人或代理人的认知、情绪、态度等一系列心理活动发生转变的过程。如果不了解双方当事人或代理人各自的心理,一味地就事论事,往往难以发现导致矛盾的内在症结,也难以从根本上解决问题。相反,如果能根据医患双方的认知心理,以理服人;根据医患双方的情绪情态,以情感人;根据医患双方的行为心理,以行导人,往往能快速、彻底地解决问题。因此,科学的心理学基础知识、良好的心理观察技巧、正确的心理疏导方法都是新时期人民调解员应该具备的能力。同时调解员只有保持自身心理素质良好,才能处乱不惊,沉着应战①。

五、文化素质

新形势下的医患纠纷人民调解员必备大专以上文化,知识面丰富。这要求人民调解员对自然、社会、伦理、人文科学等都有所了解,以利于在接待来访者或在对医患双方调解时,有话题和亲和力,才能让医患双方对调解员产生信任感和亲近感,从而有效掌控全局,促进调解工作的顺利进行。医患纠纷人民调解员在工作中,有许多涉及文字性的任务,如:做调查、调解笔录(要求简洁明了,内容真实,逻辑性强),制作调解协议书(要求合理、真实、规范、可行),以及调解文书归档等等,这些都需要一定的书面表达能力。因此必须要求调解员具备较高的文化素质。

第二节 医患纠纷人民调解员的能力要求

在不同时期、不同环境、不同形势下,医患纠纷人民调解工作的侧重点是不

---

① 雷红力,商忠强,刘军.医疗纠纷人民调解员应具备的素质和能力[J].人民调解,2014(2):20-21.

相同的。因此,要求医患纠纷人民调解员必须具有敏锐的洞察力,能及时了解分析和掌握当时医患之间纠纷中的争议重点,提出具体的工作措施。针对突发的激烈矛盾,迅速进入情况,提出可行的预防和应急应变措施。其次,医患纠纷人民调解工作是一项涉及面十分广泛的工作,它存在于社会、家庭等各个方面。从新形势下医患纠纷人民调解工作的特点和任务看,医患纠纷人民调解员还应包括以下能力:

一、语言表达能力

人民调解员只有具备较强的语言表达能力,在纠纷调解中才能较好地进行说理、析法、进行疏导和劝解工作。因此,语言表达能力对人民调解员至关重要,这是进行纠纷调解活动的必备能力。要求:①语言表达准确、清晰;②用语要朴实无华,通俗易懂,不言过其实,不哗众取宠;③条理要清楚,语言要庄重、文明、符合规范,有时也可诙谐、幽默活跃气氛,但不能低级、庸俗。

二、观察判断能力

人民调解员在工作中要时刻“留心”观察,做好调查研究。对观察到的情况进行分析,从杂乱的资料中理出头绪,从小的细节中发现问题,从医患双方矛盾中找出“焦点”,在化解纠纷中能正确判断找出恰当“切入点”。观察判断能力的高低直接影响着调解的工作质量,也反映了调解员的工作水平。

三、综合归纳能力

调解员要善于收集、筛选各类相关信息资料,运用综合分析的方法及时研究新时期医患纠纷人民调解中的新情况、新问题,总结经验、找到规律、提出对策,使调解工作得到进一步提高,同时也为政府部门当好参谋和助手。优秀的医患纠纷人民调解员不仅能发表论文,在条件允许的情况下,还要积极申报科研课题,为医患纠纷人民调解理论研究工作作出贡献。

四、组织协调能力

医患纠纷人民调解委员会是社会大调解(也称多元化调解)中的一个组成部分,医调委与街、镇各个调解机构、公安、民政、社会稳定部门都有一定的工作联系。这要求调解员不但在医患纠纷人民调解委员会内部，要上下左右、建立良好的个人关系，组成优秀的工作团队。而且医患纠纷人民调解员也要与外部相关部门保持紧密联系，这样才能畅通工作渠道。因为在现实生活中，每一个当事人都不是一个孤立的个体，在他的身边一定聚集着与之相关的社会群体。如能巧妙利用当事人的亲友和社会力量等有利条件参与调解工作，不仅有利于突破纠纷当事人的种种心理障碍，而且还能把握和了解矛盾纠纷的根源，帮助人民调解员有的放矢，对症下药，从而提高调解的效率。

五、善用技巧能力

人民调解员必须掌握一定的调解技巧，才能在实际工作中灵活运用。在医患纠纷调解工作中，人民调解员会接触到形形色色的人和单位，了解到各种各样的医患纠纷案例。相似的案例可因不同的人，使调解的经历而不相同；相似的案例会因不同的医院，使调解的效果而不一样。不同的事，可有相似的调解经历；不同的人，会有相似的调解效果。调解中遇到的每件事和每个人都不再重复，恰当的应用调解技巧体现着人民调解员的业务能力。

第三节　医患纠纷人民调解员的现状

一、我国发展医患纠纷人民调解委员会的时间较短

2006 年 4 月 28 日上海市普陀区率先成立了医患纠纷人民调解委员会，这是全国第一家医患纠纷人民调解委员会。2006 年 10 月 12 日，山西省医疗纠纷人民调解委员会在太原成立。2006 年 11 月 20 日，北京丰台区长辛店街道办事处医患纠纷调处站成立。这三家分别代表我国最早出现的区级、省级、街道级医患纠纷人民调解组织，可以说我国出现医患纠纷人民调解组织的时间始于 2006 年。

2010 年司法部、卫生部、保监会公布《关于加强医疗纠纷人民调解工作的意见》，在《关于加强医疗纠纷人民调解工作的意见》中对加强医疗纠纷人民调解组织建设作出指示："医疗纠纷人民调解委员会是专业性人民调解组织。各级司法

行政部门、卫生行政部门要积极与公安、保监、财政、民政等相关部门沟通，指导各地建立医疗纠纷人民调解委员会，为化解医疗纠纷提供组织保障。要积极争取党委、政府支持，建立由党委、政府领导的，司法行政部门和卫生行政部门牵头，公安、保监、财政、民政等相关部门参加的医疗纠纷人民调解工作领导小组，明确相关部门在化解医疗纠纷、维护医疗机构秩序、保障医患双方合法权益等方面的职责和任务，指导医疗纠纷人民调解委员会的工作”。自此全国各地医患纠纷人民调解委员会才得到了快速的发展。

二、既往没有专门从事医患纠纷调解的人民调解员

在医患纠纷人民调解组织建立以前，出现医患纠纷有 3 个处理途径：医方和患方协商和解、卫生行政部门调解、法院诉讼。三种途径中，医方和患方协商和解、法院诉讼都不是调解，也没有调解员。只有在卫生行政部门调解的处理途径中，有兼职的调解员从事调解工作，因为调解员属于卫生行政部门的工作人员，卫生行政部门与医疗机构的关系是领导和被领导的关系，是“老子和儿子”的关系。这种调解是卫生行政调解，不是人民调解。兼职的调解员是卫生行政调解员，不是人民调解员。所以在医调委建立之前，没有专门从事医患纠纷调解的人民调解员。

医调委是人民调解委员会中的专门调解医患纠纷的行业委员会，是依法设立的调解民间纠纷的群众性组织。医调委与医疗机构和患者没有隶属组织关系，医调委的工作性质决定他虽从事纠纷调解而不加入医患当事人的任何一方，在调解中的位置是中立的，这有利于保证调解的公平、公正。但是医调委的建立需要医患纠纷人民调解员的问题，困扰着各地待成立的医调委。

三、目前医患纠纷人民调解员的情况

在各级省、市、县党委、政府的领导下，司法行政部门和卫生行政部门牵头，公安、保监、财政、民政等相关部门参加，指导建立了医患纠纷人民调解委员会。根据司法部、卫生部、保监会公布《关于加强医疗纠纷人民调解工作的意见》的指示：“医疗纠纷人民调解委员会人员组成，要注重吸纳具有较强专业知识和较高调解技能、热心调解事业的离退休医学专家、法官、检察官、警官，以及律师、公证员、法律工作者和人民调解员。原则上每个医疗纠纷人民调解委员会至少配备

3名以上专职人民调解员；涉及保险工作的，应有相关专业经验和能力的保险人员；要积极发挥人大代表、政协委员、社会工作者等各方面的作用，逐步建立起专兼职相结合的医疗纠纷人民调解员队伍。”

按照《关于加强医疗纠纷人民调解工作的意见》的指示，医患纠纷人民调解员从无到有，吸纳已离退休的医务人员、法律工作者、社会工作者等。也有来自基层的人民调解组织中的人民调解员。有的地区还开展了向社会招聘新的人民调解员。甚至有临时借用卫生行政部门的个别医务人员来工作的情况。由于吸纳人员不同，人员来源的途径不同，决定了人民调解员的年龄、知识、经历、工作效果的参差不齐。截至2013年底，上海市17个医调委选聘人民调解员共计123名，其中专职人民调解员87名。专职人民调解员的平均年龄为56岁，其中具有医学专业背景的占30%，具有法律专业背景的占50%。主要表现在：已退休的医务人员、法律工作者和在基层的人民调解组织中推选人民调解员的年龄都偏大。向社会招聘新的调解员和其他途径来的调解员，年轻没有调解工作经历。既懂医又懂法的复合型人才很少。

调解员年纪大虽然有一定的优势，如经验阅历丰富，处事沉稳老练，人际关系沟通协调上更容易赢得当事人的信任。但是受精力体力所限，在日益繁重的医患纠纷调解工作中，年纪大的医患纠纷人民调解员日渐吃力，加之电脑办公自动化等业务相对不熟悉，其日常工作受到明显局限。新的年轻的医患纠纷人民调解员学历较高，应用电脑办公自动化等熟练。但是缺乏懂法学、医学或心理学等相关专业知识的人员，人民调解员的知识结构与现实的医患纠纷调解工作不匹配，医患纠纷的调解需要从头学起。更重要的是一些医患纠纷人民调解员没有医学学历，没有临床医学工作经历，他们对医疗过程和医疗环节认识不清，对医患纠纷的责任无法认定，尽管他们的调解热情很高，医疗机构和患者都会轻视他们。学医的未学法，学法的未学医，面对重大疑难医患纠纷，往往工作被动不知所措。

一些地区医患纠纷人民调解员的工资待遇不高。在市场经济的条件下，许多医务人员、法学工作者、心理学工作者等都选择了社会上高收入的岗位。一些有调解经历的调解员也被纳入了各种各样的人民调解组织，社会对人民调解员的旺盛需求和高收入岗位的吸引，给医患纠纷人民调解员队伍带来了吸纳人才的困难。

第四节　医患纠纷人民调解员的培养途径

目前,我国人民调解员正处于“青黄不接”的阶段,在医患纠纷人民调解方面有调解经历的人民调解员年龄偏大、整体文化水平不高。新的年轻的人民调解员知识结构与现实的医患纠纷调解工作不匹配,医患纠纷的调解需要从头学起。同时具有医学和法学类型调解能力的人才稀缺。为了提高调解人员业务水平,认真履行本职工作。使医患纠纷人民调解员队伍更加专业,工作机制更加规范,调解能力更加强化,调解效果更加显著,充分发挥医患纠纷人民调解委员会职能作用。因此,采取下列途径对现有人民调解员的素质和能力的培养显得非常必要。

一、建立医患纠纷人民调解委员会内部在岗学习、交流制度

(1) 医患纠纷人民调解委员会内部要建立在岗学习制度。为人民调解员制定学习计划,定期针对各个时期不同的工作重点,及时调整学习内容。可通过外聘医务工作者、律师或法官作教师,丰富教学内容。同时鼓励医患纠纷人民调解员开展各类形式的自学,尤其鼓励调解员在调解中遇到医学和法学问题,采取多看、多听、多问(多问有关人员或专家)多查(多查医学或法学书籍、相关文献资料、网络检索等)等形式,来解决实际工作中出现问题,培养调解员可贵的求知精神和严谨认真的工作作风。

(2) 加强注重同事间和机构间的相互交流　在医调委内部有意识安排医患纠纷人民调解员之间,能力强弱搭配、新老搭配、医法搭配(学医学的与学法学的或学其他学科的人员搭配)的团队结构,以利在工作中实施“传、帮、带”促进整体水平的提高。平时医患纠纷人民调解委员会利用召开有关会议,互相交流调解工作经验。

二、接受司法行政部门组织对医患纠纷人民调解员的培训

《中华人民共和国人民调解法》第十四条规定:县级人民政府司法行政部门应当定期对人民调解员进行业务培训。司法部、卫生部、保监会《关于加强医疗

纠纷人民调解工作的意见》规定：要重视和加强对医疗纠纷人民调解员的培训，把医疗纠纷人民调解员培训纳入司法行政队伍培训计划，坚持统一规划、分级负责、分期分批实施，不断提高医疗纠纷人民调解员的法律知识、医学专业知识、业务技能和调解工作水平。目前司法行政部门已经着手开展了对医疗纠纷人民调解员的培训，随着时间的流逝培训会越来越规范。

三、重视人民法院对医患纠纷人民调解员的业务指导作用

《中华人民共和国人民调解法》第五条规定：基层人民法院对人民调解委员会调解民间纠纷进行业务指导。医患纠纷人民调解委员会可以主动与法院取得联系，组织医患纠纷人民调解员观摩人民法院庭审、庭调，接受法院法官和工作人员的指导。包括：①医患纠纷人民调解员定期到人民法院参加旁听依法公开审理的医患纠纷案件。②法院法官和工作人员可以接受医患纠纷人民调解员在调解过程中遇到的有关法律问题的咨询(但不得就医患纠纷人民调解委员会正在调处的个案直接发表意见)，帮助人民调解委员会规范运行机制、工作程序和制度。③人民法院配合当地司法行政机关，制定培训计划，派出具有较丰富的法律知识和审判经验的审判人员定期开展对医患纠纷人民调解员的培训。通过培训，使人民调解员能够掌握民事纠纷的性质、相关的法律知识和调解艺术，提高医患纠纷人民调解工作的水平。④医患纠纷人民调解委员会可以将通过调解达成的医患纠纷人民调解协议以及卷宗材料送交法院工作人员评阅，帮助人民调解委员会规范调解方式及文书制作，对发现的问题提出建议，不断改进，使医患纠纷人民调解的水平逐步提高。⑤通过医患纠纷人民调解委员会与法院建立工作指导关系，有利于医患纠纷案例的司法调解与人民调解的衔接。

四、注意拓展人民调解员的工作视野和思路

组织医患纠纷人民调解员观摩由医学会主持的“医疗事故鉴定会”等。有条件的情况下，可以组织到外省、市的医患纠纷调解部门参观学习，可以参加相关学术会议，不断拓展人民调解员的工作视野和思路。

五、逐步建立和完善定向培训基地

特别是医患纠纷人民调解员应是复合型人才。医患纠纷人民调解委员会可

通过与当地医学院校和法学院校联系，建立定向培训基地，通过针对性学习，逐步改善和提高医患纠纷人民调解员的知识结构和业务水平。

第五节　医患纠纷人民调解员专业化职业化

一、近年来全国各地积极探索人民调解员专业化职业化

2003年11月，上海市长宁区江苏路街道就成立了第一家以个人名义命名的调解工作室——“人民调解李琴工作室”。李琴和街道签订协议成立调解工作室，街道每年为工作室提供经费12万元，李琴和其他工作人员不再是“公家人”，不再“吃皇粮”。60多岁的李琴成了人民调解的社会化、专业化、职业化的代表。在李琴工作室运行成功的基础上，上海已经全面推开人民调解工作室制度，许多街道、乡镇都成立了工作室。政府通过向调解工作室这样的社会中介组织购买服务，从纷繁复杂的民间纠纷中解脱出来。同时，调解工作室实现了调解员的专业化和职业化，服务质量更高，调解效果更好。

2005年浙江省温州市龙湾区永中街道，以月薪2 000元在全国率先聘请退休职工刘万定期担任“职业调解员”，专门调解重大疑难民事纠纷。

自2008年以来，江苏省昆山市积极探索“在人民调解工作室公开招聘专职人民调解员”的工作模式，全市人民调解工作室向社会公开招聘专职人民调解员，同时建立职业人民调解员的工资待遇制度，即按照劳动人事法规签订用工合同、确定报酬、办理保险。把人民调解员作为一个社会职业来培育，将不断增强人民调解的发展后劲，提升人民调解员待遇，推动人民调解员专业化、专职化、职业化道路进程。

以后全国各地纷纷开展了人民调解员专业化和职业化的实践。如：江苏省徐州市司法局和四川省成都市龙泉驿区司法局积极创新人民调解工作模式，大力推动人民调解员队伍职业化、工作专业化、待遇工薪化，相继建立了人民调解员职业管理制度，并取得了明显成效。北京市海淀区司法局面向社会公开招录专业化、高素质的专职司法调解员，充实到全区多家司法所中，负责人民调解工作。山东省聊城市大力推进人民调解员职业化进程。上海市2008年各区医患

纠纷人民调解委员会的人民调解员已实行了专业化、职业化和工薪化。

二、建立专职人民调解员制度的好处

人民调解员职业化含义，就是让人民调解员成为一种职业，由具备这一职业所需要的业务素质的人来从事，得到与这一职业的工作量和社会贡献相适应的报酬，并按照这一职业的内在规律进行考核和监督。建立专职人民调解员制度有以下几点好处。

1. 专职人民调解员工作时间有保证

以前人民调解员大多是兼职的，他们有自己的本职工作，因此，调解时间难以保证，精力难以集中。建立专职人民调解员制度，建立一支比较专业的人民调解员队伍，设立专职的人民调解员后，保证了人民调解员的工作时间。

2. 专职调解技能等方面的素质能得到完善

发展职业调解员，可以在全社会范围内，多中选好、好中选优，择优聘用的职业调解员具备专业特长和丰富的实践经验，调解水平相对较高，可以起到事半功倍的效果。同时带动了整个人民调解员文化、医学、法律、调解技能等方面的素质的提高。再通过全面的培训，其调解专业性就能不断上台阶，调解的效果就会越来越好。

3. 实现调解工作质量规范化管理

建立人民调解工作考核机制可以考虑将对医患纠纷的调解数量和成功率情况纳入考核内容。严格兑现奖惩，按期对那些在人民调解工作中成绩突出的集体和个人给予奖惩。同时，及时收集和挖掘优秀人民调解员突出事迹，通过各种形式广为宣传报道，从而调动人民调解员的工作积极性。通过责、权、利挂钩，明确目标和责任，促使调解工作质量规范化。对职业调解员的考核和监督自然而然地进入了规范化管理。

4. 调解员工薪制有利于调动他们的积极性

我国法律法规有关规定，人民调解员调处矛盾纠纷时不得收费。调解员不但没有报酬，有时候反而要自掏腰包，贴进通信费、交通费，难以体现权利与义务的对等。落实人民调解员工作报酬，建立调解员工薪制度，将人民调解员工作经费及工薪列入同级财政预算，支付适当的报酬，为调解员解除了后顾之忧，并提供了利益驱动力，调动了调解员的积极性。

5. 有助于调解员们走出职业发展的困境

只有调解员成为一种职业，才能让广大调解员们走出职业发展的困境，“人民调解的职业化、专业化、社会化是加强社会建设、促进社会和谐的现实需求，让人民调解员的收入水平与其职业能力要求和贡献挂钩，是改革发展的必然要求。”

三、中国高校第一个人民调解专业诞生

2012 年上海政法学院新设立法学人民调解专业在国内高等教育院校中是一个创举，不但顺应了社会需求，而且学生毕业后，其优势资源将不断充实到调解员队伍中，今后将成为人民调解队伍中的骨干力量并可成为人民调解的有关专家，为探索高层次人民调解员的培养作出了贡献，因此具有广阔的发展前景。

第六节　医患纠纷人民调解员行为规范

随着《中华人民共和国人民调解法》的颁布，全国各个地区人民调解组织的建立，人民调解员的队伍逐渐壮大。一些地区制定了人民调解员行为规范，行为规范的内容涉及坚持原则、热情服务、举止文明、不徇私舞弊，等等。现提供一份具有专业特点的《医患纠纷人民调解员行为规范》供参考，全文如下：

医患纠纷人民调解员行为规范

一、为规范医患纠纷人民调解员的行为，提高医患纠纷调解的工作质量，保障医患纠纷人民调解工作的中立性、公正性，树立医患纠纷人民调解员良好的社会形象，根据《中华人民共和国人民调解法》、《人民调解委员会组织条例》、《司法部、卫生部、保监会关于加强医疗纠纷人民调解工作的意见》制定本规范。

二、本规范适用于医患纠纷人民调解员在调解医患纠纷工作中的行为。

三、医患纠纷人民调解员应当遵守中华人民共和国宪法和法律，坚持以事实为依据，在医患当事人自愿平等及不违背法律、法规和国家政策的基础上，独立、公正地调解纠纷。

四、医患纠纷人民调解员应当言语文明、举止得体、着装恰当，不得参加有

损人民调解员形象的活动。

五、医患纠纷人民调解员不得协助、引诱、唆使当事人实施违反法律、法规、违反公序良俗或者侵害国家、社会以及他人利益的行为。

六、医患纠纷人民调解员不得索取、收受当事人及其代理人、利害关系人的财物;不得利用医患纠纷调解到医疗机构为本人或者近亲属牟取其他利益。

七、医患纠纷人民调解员不得为当事人介绍代理人以及中介机构;不得为律师等法律服务人员介绍案源或者给予其他不当协助。在调解结束后,不得代理当事人处理纠纷。

八、医患纠纷人民调解员不得泄露在医患纠纷调解中获得的国家秘密、商业秘密、个人隐私等;不得过问、干预和影响他人正在调解的医患纠纷,不得随意发表有损人民调解公正性的言论;未经各方当事人同意,不得对外透露任何有关医患纠纷调解的情况,包括纠纷案情、调解过程、调解结果等。

九、医患纠纷人民调解员应当及时披露本人存在的可能导致影响调解独立性、公正性的情形;不得调解本人及近亲属的或者与本人及近亲属有利害关系的纠纷;认真执行"回避制度"。

十、医患纠纷人民调解员应当尊重当事人的权利,不得因调解而阻止当事人依法通过仲裁、卫生行政、司法等途径维护自己的权利。

十一、医患纠纷人民调解员应当热情对待当事人,尊重当事人的人格,尊重当事人的民族习俗;平等对待各方当事人,充分尊重当事人意思表达的权利,充分听取各方当事人的陈述;不得有偏袒一方当事人的言行;不得压制、阻碍当事人发表意见。不得有侮辱、歧视当事人的言行。

十二、医患纠纷人民调解员应当及时主动地向当事人提供与纠纷调解有关各类咨询;对当事人的帮助请求,应当在力所能及的范围内给予解决;对当事人不合理的要求,应当采用温和的方式予以拒绝,并作好解释工作;对当事人的过激言行,应当耐心劝解、疏导,防止矛盾激化。

十三、医患纠纷人民调解员应当从法律和情理上向当事人客观地讲释案情,帮助当事人分析争议要点,引导当事人在互谅互让的基础上达成调解协议。

十四、医患纠纷人民调解员制作调解协议书应当符合当事人的真实意思表示,不得强迫当事人接受调解协议;协议书内容不得违背国家政策,不得违反法律、法规强制性规定,不得违背公序良俗,不得侵害国家、社会公共利益,不得侵害案外人合法权益。

十五、当事人经调解达成协议的，医患纠纷人民调解员应当及时地制定调解协议书；未能达成协议的，人民调解员应当及时地声明调解程序的终止，并详细告知当事人解决纠纷的其他合法途径。

十六、医患纠纷人民调解员之间应团结友爱、互帮互学，不断提高自身业务能力和团队工作水平。

十七、医患纠纷人民调解员应接受岗前培训和医患纠纷调解的相关培训学习。

十八、医患纠纷人民调解委员会应当加强对所属医患纠纷人民调解员调解行为的监督，对违反本规范的人民调解员可以进行批评教育；情节严重的，由司法行政机关、医患纠纷人民调解委员会提请医患纠纷人民调解员所在推选单位或者聘任单位予以罢免或者解聘。

参考书目

[1] 本书编写组. 人民调解员手册[M]. 北京：中国法制出版社，2005.

[2] 中华全国人民调解员协会. 人民调解员实用工作手册[M]. 北京：法律出版社，2010.

[3] 张新民，王欣新. 人民调解员工作手册[M]. 北京：中国法制出版社，2000.

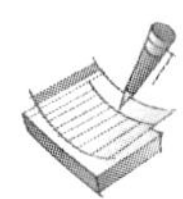

思考题

1. 医患纠纷人民调解员应具备哪些方面的素质?
2. 医患纠纷人民调解员应具备哪些方面的能力?
3. 你愿意做专职人民调解员吗? 人民调解员会专业化、职业化吗? 为什么?

第十章 医患纠纷人民调解的模式及方法和技巧

第一节 医患纠纷人民调解的调解模式

医患纠纷人民调解的调解模式:是指在医患纠纷人民调解中,经过对其调解方法、技巧、经验和体会进行提炼升华,把调解方法、技巧、经验、体会等归纳到理论高度,形成解决医患纠纷人民调解的核心知识体系,这就是调解模式。模式是一种思维指导,是一种方法论,好的思维调解模式有助于做出一个优良的调解方案,达到事半功倍的效果。

本节尝试将医患纠纷人民调解的调解模式划分为:划分责任调解模式、利益平衡调解模式、心理情感调解模式和混合性调解模式。这种划分方式是否妥当,还有待于进一步研究。

一、划分责任调解模式(依法办事模式)

通常使用这种模式调解医患纠纷的人民调解员比较注重客观标准,强调法律依据。人民调解员在调解过程中,能利用自身的医学和法学知识来正确区分出医患双方的责任并简单判断出患方受损害程度,或根据医疗事故技术鉴定结果或专家咨询意见,再据此依照人身损害相应赔偿标准计算出院方应赔付的大致金额,做到调解员心中有杆秤。在这种模式指导下调解医患纠纷的人民调解员通过摆事实,讲道理,分别说服医患双方当事人最终达成协议。通常使用这种调解模式的人民调解员较注重的是明确责任、维护权利,体现的是公道正义。这种调解模式有些像“仲裁”式的作法，因此这种模式亦是“依法办事模式”。

划分责任调解模式与“仲裁”的本质区别在于：“仲裁”结果完全由“仲裁”员决定并具有强制性，而本模式的结果最终由当事人双方来决定是否同意，不具有强制性。

使用划分责任调解模式对医患纠纷人民调解员的政治素质、医学和法学素质要求很高，因为必须要通过分析医患纠纷的具体案例来确定医患双方各自的责任。要想得到医患双方的认可均不容易。首先不仅要求人民调解员要具有丰富的临床工作经验，扎实的医学、法学知识，善于剖析问题的能力，还要求人民调解员要具有一定的沟通说服能力和公信力，这样，才能使患方信服；要想得到医疗机构的认可更非易事，因为很多专业医疗技术人员，他们很容易站在纯专业的角度而忽略了法律的角度来看问题，这难免有失偏颇，难免忽略现实事件对患方造成的实际损害。人民调解员要说服这类专业技术人员，不仅需要具有上述知识外还需要查找许多必须资料，有时必须借助医疗事故技术鉴定和通过专家咨询意见来实施。要做好这项工作，人民调解员没有一定的临床医学经历和相应的法律知识以及一定的沟通技巧是很难达到的。

划分责任调解模式适用于：重大的医患纠纷、患方漫天要价的医患纠纷、医方推脱责任拒赔的纠纷、还有一些医患双方对“责任”分歧较大的纠纷。

例如：内科案例1*，患者高血压脑出血夜间死亡，患方要价90万，在医院内设灵堂、拉横幅、摆花圈，医院的正常医疗秩序受到破坏。医方明确答复：整个治疗过程符合诊疗常规，不予赔偿；只有通过医疗事故鉴定等其他途径明确医方确有责任，再谈补偿问题。此种重大的医患纠纷、患方漫天要价的医患纠纷、医方推脱责任拒赔的纠纷，必须采取划分责任调解模式。又例如：妇科案例2，孕妇孕时感染风疹，医院产前检查正常，结果婴儿出生畸形，双方对纠纷的责任分歧较大。类似这些情况都必须采取划分责任调解模式。

二、利益平衡调解模式（以理服人模式）

通常使用这种模式调解医患纠纷的人民调解员无需对医疗事件做过多的责任论证，它是在对医患纠纷的事实双方均认可的情况下，医患纠纷人民调解员通

* 本章所列案例均参见本书第十一章“医患纠纷人民调解案例解析”内容。

过双方利益的平衡，主动地促成医患双方谈判，分别明确每一方的“底线”，然后鼓励当事人朝着一个有利于双方都能接受的条件渐近靠拢的一种调解模式。它是在医患双方当事人的目的、动机和责任都很明确清楚的情况下，通过对双方当事人利益进行不断调整，最终达成平衡的一种调解模式。整个调解过程有点像“讨价还价”。

使用利益平衡调解模式，人民调解员不需要太多的医学知识，但要求社会知识要丰富，熟悉相关法律、法规、各种规章制度及社会伦理道德、人情世故，要有一定的说理能力和调解技巧，使“讨价还价”也要讲出“道理”来。所以这种模式是“以理服人模式”。

适用于：很多小的纠纷可能只是由于医疗中的一些明显的小差错引起的，造成的损害也不大，双方当事人都清楚，够不上医疗事故的纠纷。对于这些事实清楚，责任明确，不需要做相关鉴定或专家咨询的纠纷，可通过人民调解员有效的说理促使双方坐下来谈，可直接谈赔偿的方案或数值。这种模式的调解，完全有利于实际问题的快速解决，也符合人民调解便捷、高效、经济的原则。

例如：中医科案例 2，颈椎病给予局部封闭止痛治疗时，进针角度或进针深度有误，刺伤右肺导致气胸。又例如：其他科室案例 4，患方在健康体检时，医方未能及时发现肾肿瘤。事实清楚，双方对责任又都认可，给患方造成的损害也不大。如果一定要进行专家咨询，就是对人力、财力资源的浪费，也不符合人民调解简便、高效、经济的原则。对这类纠纷的调解适用此模式能充分体显人民调解的优越性。

三、心理情感调解模式（以情感人模式）

通常使用这种模式调解医患纠纷的人民调解员根本目的是改善医患当事人之间的关系，甚至理想地达到完全和解。因此，调解的形式更注重建立今后的和谐关系。例如：导致一个孕妇流产的医患纠纷，不仅要考虑到孕妇已流产的事实，还要考虑到孕妇下一次怀孕，仍然需到这个医院接受检查和分娩的情况。调解员不仅要帮助医患双方消除抵触情绪，还要在互相理解，相互体谅的基础上达成和解。

使用心理情感调解模式时，人民调解员在调解过程中要用“热情、真诚感染人”。它在具体调解过程中不仅体现在对当事人的接待要热情、主动，关心体贴（例如：在护理案例 2、美容整形案例 1 中，患方哭诉时为其擦泪，送杯热茶等），使用语言上尽量讲方言，还要对当事人的生活环境、性格、爱好、背景等有尽可能多的了解，使其对调解员产生亲近感，而且还要体现在调解过程中，用打比方或举例加本案现身说法等方式便于更好地找到解决问题的切入点，把握好调解现场的氛围，营造出一个有利于问题解决，比较自由、轻松、活跃的气氛。恰当地运用热情、亲情进行调解，使双方当事人便于接受，容易换位思考，互相体谅，优秀的医患纠纷人民调解员，可通过此过程不断促进双方关系逐渐改善，有的医患双方当事人在调解员的努力下还发展成了朋友。心理情感调解模式应用得当，不仅有利于纠纷的化解，还有利于社会的"和谐"。这种模式亦称"以情感人模式"。

使用心理情感调解模式时，人民调解员可以"借用力量"，如：外科案例 3 中，调解会议邀请了医患双方工作单位的工会主席参加，原来医患双方工作单位的工会主席是"熟人"。在亲切友好的气氛中，医患双方进行了交谈。医方愿意为患方今后的医疗提供优质服务，患方也希望医方能继续在甲状腺疾病诊治方面帮助自己，医患双方参会人员情感交融，成了"朋友"，高高兴兴地达成了协议。又例如：中医科案例 1 中，人民调解员请当地司法所人民调解信访工作室的同志帮助，并动员医方到患方家庭走访。当调解员第二次来到患者家中家访时，患方很激动。医方纠纷处理人员看见因医方原因致患者受到伤害，至今躺在床上休养感到愧疚，患者因感恩于人民调解员两次登门看望而激动得热泪奔涌，加上人民调解员的有效劝说，使医方代表由此心生怜悯，油然产生同情和愿意对患者提供帮助的冲动。医患双方紧紧握手之际，人民调解员知道他们和解了。

适用于：需要涉及后续治疗的纠纷，这对于解决一些小的纠纷，特别是对涉及医疗服务态度的纠纷显得尤为重要。也适用于因患方在某些方面对医方行为产生了一些误解的及一些长期未能解决的医患纠纷。

四、混合性调解模式（法、理、情模式）

以上三种调解模式按顺序出现或交替进行，称混合性调节模式。在实际工作中，这种"法、理、情交融"的混合性人民调解模式最常见。一般是先确定责任，在明确责任的基础上，调解员心中要制定出一个相应的调解方案。这样有利于彰显公道正义。在此前提下，依据情、理作适当调整，这样做兼顾各方利益，不仅有利于调解协议的达成，更有利于协议的履行及建立与恢复和谐的医患关系。这样才能真正做到案结事了，达到化解纠纷的目的。

第二节　医患纠纷的调解方法和技巧

医患纠纷形成原因非常复杂，专业性与现实性都很强，需要医患纠纷人民调解员在实践中，具备一些基本调解思路及方法和技巧。在此介绍十八种较常用的医患纠纷人民调解的方法和技巧，供借鉴和参考。

一、首次接待法

首次接待法就是不管来访的是医方还是患方，第一次负责接待该医患纠纷的人民调解员对来访者的诉求只做询问、记录和登记，不对其医患纠纷中诉求的内容做出评论。又称：首次接待不做评论法。这是因为只听了一面之词，在未做全面的调查研究前，就没有发言权。人民调解员如果对第一次来访者就对其诉求内容轻易表示认可，不但会造成偏听偏信，还会使来访者产生误解，导致其对调解结果的期望值估计错误。

如：因为调解员在没完全调查清楚纠纷的情况下，或只听了某一方当事人对自己有利的陈述或提供了对己方有利的证据的情况下，调解员就误认为已弄清楚了事实真相，就贸然表态，这就可能会提高患方来访后心理赔偿的预期数值，或医方来访后降低心理赔偿的预期数值。

医患纠纷人民调解员如在首次接待任何一方时，就轻易表态，不但会让医患中的另一方产生误解，还有可能因此产生抵触情绪，导致后期调解中的困难。

如果人民调解员在既不了解案件的真实全貌又没进行调查核实的情况下，对第一次来访者的反映内容表示不认可，必然会引起来访者对人民调解员产生负面情绪，至质疑我们调解员的公信力。这样人民调解员不仅不能提供有力的证据来推翻来访者有些荒谬的思维，还有“与医院穿的一条裤子”的嫌疑。

因此，人民调解员对第一次来访者的诉求内容既不能表示认可也不需表示不认可，只要采取耐心倾听、认真记录，适时提问、搜集有关资料并不失时机地进行法制宣传和进行必要的告知。如：告知调解的性质、原则、调解员的职责、调解工作流程及解决纠纷的其他合法途径及人民调解的优越性等，首次接待就妄做评论是大忌。

二、获取信任法

人民调解员在调解纠纷时，首先应当向当事人阐明医调委“中立第三方”的性质，调解员是“老娘舅”的角色，让当事人对医调委的调解产生正确的认识；另一方面调解员需要尊重当事人，在耐心倾听当事人陈述时，态度要和蔼可亲，工作周全细致，体现出对当事人的关心与理解，使其产生亲近感，从而让当事人对调解员产生信赖之情并予配合。但是这种“关心”必须理智，用一些理智的语言表达出对当事人关心的态度和自己一定会公正处理的决心即可，不能对当事人作出任何对“调解结果”方面的单方承诺，更不能热情“过度”或夸大自己的调解能力。

获取信任不仅靠说，更需要做具体的事情。最简单的是让首次到访的当事人参观医调委工作场所和宣传栏。例如：五官、口腔科案例 1。有条件的情况下，尽量给当事人帮助，例如：妇科案例 4，人民调解员对资料例行审查，对资料中的疑问之处，作进一步的调查了解，并请孕（产）妇之子来到医调委，组织有医学经历的人民调解员查看了患儿左臂丛神经损伤的情况，患方对医调委的认真负责精神非常感动，表示相信医调委、信任医调委。又例如：非医疗纠纷与特殊医患纠纷案例 4，人民调解员现场提出了坠床骨折初步调解方案，医患双方均认为这样公平合理，对医调委产生了信任。

确实对人民调解员有质疑的当事人，可进行有效的引导。先引导其到自己信任的亲戚、朋友、律师、医务人员、有关网络、医疗事故鉴定机构或法院等多方咨询，并告知当事人，只有在其愿意信任调解的基础上，调解员方可为其提供必要的帮助。调解员对解决纠纷公开、公正又谨慎严谨的态度，会使当事人产生一定信任感。如调解员能有效获取当事人的信任，就为医患纠纷能通过调解途径有效解决奠定了人文基础。

三、热案冷处法

当医患纠纷当事人情绪激动或案件正处在激化阶段，人民调解员要沉着冷静。不能立即调解，以免处置不当引火烧身。对有过激行为或对医调委不信任的当事人，可以使用常规的“首次接待不作评论”方法稳住对方，再以调查了解等理由延长下次接触的时间；可动员当事人主动搜集并提供有利于己方的证据（例如:儿科案例1等),鼓励当事人上网证实相关法律制度与赔偿标准,引导当事人去进行相关部门或有关人员进行法律咨询、请医疗事故鉴定部门或找医务人员为其提供医疗方面咨询,让当事人充分咨询后,再决定是否调解。这样调解员既覆行了告知义务,又便于取得信任,同时又让患方通过多方比较,使其诉求更趋理性。这样做既可延长再访时间,亦表明调解员调解纠纷公开透明,公平公正,为后续处理奠定了基础;如有必要可进一步通过"专家咨询制度"等程序来对热案冷处理,例如外科案例1、外科案例5等。这样做是又为了后续工作能顺利进行做好了铺垫。待对方心理平静后,再进一步做调解工作。

四、关键人选法

发生医患纠纷时,常遇当事人、家属及亲友各持己见,情绪激动。发生激烈冲突时,不妨让民警出面控制乱局,人民调解员此时必须保持冷静,便于控制局面。此时不妨退一步察言观色,不能自乱方寸。调解员要善于观察,用和缓的语言进行交谈,避其锋芒,迂回调解。通过交谈了解,从人群中找出一位或几位有影响力并有威信且愿意为化解此纠纷事件进行沟通的人,让他或他们作为关键人选。通过他或他们来整合当事人、家属、亲友的不同意见,使他或他们作为当事人的代表与人民调解员进行沟通,这样就能起到"纲举目张"的效果。在第十一章内科案例1、外科案例5、护理案例1、美容整形案例3中,都有实际的例子予以证实。当然确定关键人选需要人民调解员必须有敏锐的观察力和果断的判断力,才能准确确定正确人选,这样才能真正达到有效沟通并妥善化解纠纷的目的。

五、借助力量法

因为医患纠纷的产生有各种各样的背景和原因,而当事人处在复杂的人际关系之中,人们生活在现实里,当然要受到周围各种社会因素的影响。这需要人民调解员善于动员多种力量协助调解,共同解决当事人的思想、经济、治疗等问题,这样医患纠纷的调解就会由难变易,迎刃而解了。帮助当事人处理纠纷,可以是与当事人密切联系的亲友,也可以是其他社会力量,如当事人所在的街、镇人民调解机构,或亲友、公安、司法部门及由人民调解员聘请有关医学专家等帮助协调疏导。亲友和社会力量能够从生活、工作、学习、经济救助等各个环节给予必要的支撑，对当事人也存在管理上的约束力和社会舆论监督力。在这方面的例子很多，例如：内科案例 1 中借助公安民警的力量，对进行打砸医院的首要人员依法进行了拘留，使矛盾激化转为平静。在外科案例 2 中借助公安民警力量，使医院病房恢复了秩序，医患纠纷引导至医调委调解。又例如：在非医疗纠纷与特殊医患纠纷案例 2 中，人民调解员请当地司法所人民调解组织帮助，了解到患方母子之间因房产在闹纠纷，可能导致了死者心理异常反应的情况，为促进了医患纠纷的调解带来有益的帮助。

人民调解员可以借助医学专家的力量，医学专家能给患方当事人提供治疗或建议，能够指出医方存在的不当之处，使医方对纠纷的性质有较清楚的认识。这使得调解过程更加顺利和更具人性或威信。这样的例子更多，如外科案例 5 等。

六、去伪存真法

医患纠纷人民调解员需要收集医患纠纷有关信息，熟悉案情。首先必须了解医患纠纷的性质、起因和经过，了解双方当事人的性格、人品和背景，对提供的医患纠纷材料和各自的说辞，必要时还要进行梳理，可能还要对某些细节进行甄别，这样便于还原纠纷原貌，在保证纠纷事件真实可靠的前提下，同时还要注意消除当事人之间的误解。这个过程就是去伪存真的过程，也是一个认真负责的优秀的医患纠纷人民调解员必须实施的过程。

例如：内科案例 3 中消除了患方在二羟丙茶碱注射液临床用药超量上的误会；外科案例 4 中人民调解员认真审核了患方住院病史，通过去伪存真的分析辨别，发现除病史书写有误外，患者住院治疗存在一定瑕疵；妇产科案例 3 中，医调委否定医方手术并发症的解释，向医方一针见血地指出：腹腔镜全子宫及双侧附件切除手术操作致双侧输尿管损伤，属于医疗事故，医方应该承担责任给予赔偿；儿科案例 4 中人民调解员调查当时所用药物罗氏芬无药物过量及错误的情况，排除了其死亡与静脉补液有因果关系使患方消除了误会；护理案例 2 中人民调解员证明输入的药品为复方氨基酸注射液；中医案例 3 中，人民调解员搞清楚了关键两点：一是医生与患者女儿是朋友，患者女儿私自给患者操作熏蒸结果出现了烫伤，二是烫伤后患者自己回家乡一周，结果烫伤处感染病情加重。类似的例子还有很多。人民调解员只有通过调查了解，去伪存真才能理清纠纷脉络，找出工作的切入点，为后续的调解工作奠定基础。

七、区分责任法

区分责任法是最难独立完成的方法，相当于医患纠纷人民调解员要利用自己所学医学、法学知识对医患纠纷进行一次预鉴定。对于事实不太复杂的案例，有一定工作经验的调解员能独立完成这项工作。但对于情况比较复杂的案例，就需要人民调解员充分熟悉案情，在去伪存真的基础上，还要对各科诊疗技术常规与规章制度较清楚，熟悉“医疗事故分级标准”和“伤残鉴定等级标准”，熟悉相关法律、法规与规章制度，这样才能对案例中医方是否有过错及患方是否受到伤害与受伤害的范围和程度进行一定预判。

对于案情很复杂的医患纠纷，单凭调解员自身的能力，是很难作好这一工作的。因此必须借助医调委集体讨论和“专家咨询制度”来帮助完成。通过医学或法学专家来帮助人民调解员进行分析与预判断。在明确医患双方责任的前提下，要求人民调解员根据专家咨询结果，分别告知双方当事人实际情况，提醒各自应正确认识的问题和必须承担的相应责任，希望双方当事人端正态度，打消侥幸心理并去除患方不切实际的漫天要价，便于使双方当事人回归理性。只有坚持以事实为依据，尽可能指出医方或患方存在的问题，在双方对自身问题都有一个比较明确的认识下，才能为调解工作的顺利展开铺平道路。

八、专家咨询法

专门列出专家咨询法是因为医患纠纷人民调解中有一项“专家咨询制度”，这项制度要求人民调解员对一些医患纠纷必须实施专家咨询。这是一种形式也成为了一种定式，所以单独列出。实际上区分责任法已经包含了专家咨询法，借助力量法也包含了专家咨询法。例如：妇产科案例 1，医调委启动专家咨询程序，请医学妇产科专家、血液科专家、精神病科专家、心理学专家、律师等参加，专门讨论子宫颈术后出血，造成切除子宫的医患纠纷；又例如：美容整形案例 1 中，因面部除皱手术失误造成患者右眼角膜溃疡，借助专家咨询来区分责任。

专家咨询法最常用于人民调解员对该医患纠纷认识不清时，或需要给当事人一个明确意见时。优点在于：给医患双方一个明白，为调解方案奠定基础。另外还可以用于热案冷处法、特事特办法中，例如：内科案例 1 等。

九、会议沟通法（面对面沟通法）

指以会议形式实施医患双方当面调解的方式。首先确定调解日期和调解场所后，提前通知医患双方当事人，及委托代理人参加调解。人民调解员根据实际情况也可以邀请当事人单位、村（居）委、当地公安、司法部门的代表参加。调解主持人宣布调解纪律，宣布纠纷当事人享有的权利和义务，以及其他需要告知的事项及人民调解的特点。由医患双方当事人或委托代理人分别发言，提出自己的主张和陈述事实的真相，提出证据证实；或者反驳对方主张并提举出相应的证据。在此阶段，人民调解员和应邀的代表要积极、耐心地引导当事人弄清纠纷的事实真相，在了解纠纷事实的基础上，希望当事人面对现实，尊重客观事实，通过耐心细致的说服、疏导工作，帮助双方当事人统一思想，消除对立情绪，积极促使当事人互谅互让达成调解协议。例如：内科案例 4 等。

这种面对面沟通方法优点在于通过沟通直接明确各自观点，阐明道理，便于消除误解。缺点在于容易因医患双方“情绪激动”而产生失控，所以医患纠纷人民调解员要针对比较理性的医患双方才采用这种方法，否则容易出现场面失控的局面，这样反而不利于调解工作的进行。因此选用这种方法一定要根据当事人的性格、脾气与涵养及调解员对场面的掌控能力来确定，不能贸然乱用。在美容整形案例 2 中，人民调解员在会议沟通中放任医患双方争执，并牢牢掌控局面，收到了较好的效果，是一个成功应用的例子。

十、单独沟通法（背靠背沟通法）

单独沟通法是每例医患纠纷的调解都要应用的，是最为常用的一种方法。指医患双方当事人不见面，由人民调解员分别与医方或患方进行的沟通的一种形式。实施医患双方单独沟通调解方式，除了预约见面交谈之外，也可以采取电话等通信工具沟通的形式进行。人民调解员不但要了解当事人的主张和对医患纠纷的认识，还要如实将一方当事人的意愿传达给另一方当事人，并从中帮助当事人分清是非，明确责任。在此基础上，依法、理、情进行调解，促成双方当事人互谅互让，最终达成一致。但要注意在与一方沟通中不得泄露另一方当事人的隐私、商业秘密。

十一、弘扬正气法(扶正祛邪法)

是指人民调解员在调解医患纠纷过程中,对遇到个别蛮不讲理、目无法纪的当事人。人民调解员必须运用相关法律、法规的规定和社会道德及专家咨询结论等,祛除当事人的无理要求及邪念,弘扬正气,主持公道。

例如:在内科案例 1 和外科案例 2 中,人民调解员对患方目无法纪的“医闹”,坚持扶正祛邪;在妇产科案例 3 和美容整形案例 1 中,人民调解员对医方不负责任的“狡辩”,坚持弘扬正气。

十二、换位思考法

在调查了解案情的基础上,一方面调解员应当站在当事人双方的角度,考虑双方各自的处境和难处,寻找全面解决纠纷的合适方法。调解员站在当事人的立场,有助于与当事人顺利沟通,了解双方的不同观点、感受和想法,获得对方的信任,这样双方的情绪才有可能平静和缓和,才能够坐下来理性商议解决方案。调解员一定是要以当事人的心态来理解具体的纠纷,而不能仅仅是站在“第三人”的立场来思考当事人“应该”有什么想法、感受和要求;另一方面,调解员在劝说的过程中应当引导当事人尽量站在对方的立场想一想,这有助于促使双方都做出一定的妥协。引导当事人设身处地、将心比心地去思考医患纠纷产生的原因,也可以让对方站在调解员的角度来提出解决问题的建议并说出自己所能接受的“底线”,这有利于提出合情合理大家都能接受的纠纷解决方案。

在第十一章调解案例中,多见于劝医方站在患方立场思考,典型的有妇产科案例 4,让医方换位思考,想想臂丛神经被损伤患儿今后的生活,想想对患方家庭带来的困难,再想想医方应有的社会责任。同样的例子还有非医疗纠纷与特殊医患纠纷案例 3,让医方想一想:患者的弟弟虽已经死了,却花费了可观的医药费,而结果是人财两空。姐姐为救弟弟去献肝,结果白挨一刀又失去胆囊,虽然医方没有违反医疗常规,但是胆囊是人体的器官之一,请医方认真思考给予答复。当时医方被人民调解员的明法析理和换位思考所折服,几天后,医方表现了解决纠纷的诚意,大幅度提高了赔偿金额。在护理案例 4 中,调解员请医患双方换位思考,最终互相谅解达成协议。

十三、明法析理法

明法析理法是人民调解的基本方法，贯穿着人民调解的整个过程。人民调解依据的不仅是法律，还须依据当地民风、公序良俗和社会道德。因此，人民调解员不仅要有丰富和扎实的医学与法学知识，也应该熟悉传统的社会道德和当地公序良俗，要把法治和道德观念有机结合，并充分运用到调解中去化解纠纷，把调解纠纷和法治宣传、道德教化充分结合，起到“调解一起纠纷、教育一片群众”的目的。这就是所谓的“明法析理”。

医患纠纷有自身的特点，既可依照医学或法学的结论和医学或法学的理论来调解，也可依据人们公认的道理、伦理、价值观来调解，所以医患纠纷人民调解需要将有关法律、道德、医学有机结合。优秀的医患纠纷人民调解员必须清楚“人身损害赔偿标准”，可在区分责任后便于计算出合理的赔偿金额。通过使用各种方法讲清楚这些道理就是“析理”，将道理用通俗、浅显、易懂的方式分析得清楚明白，当事人才容易接受。区分责任法、专家咨询法、扶正祛邪法、换位思考法、心理疏导法都与明法析理法有着紧密的联系，前述这些方法都是为明法析理作铺垫，都是为妥善化解纠纷服务的。

十四、案例引导法

案例引导法实际是明法析理法中的一个特殊方法，通过举例或运用法律规定，来说服当事人做出接受现实，是利益最大化的选择。由于应用的比较普遍，所以单独列出。使用这种方法，需要医患纠纷人民调解员有大量的案例积累，同时还要具备较丰富的医学与法学知识和医患纠纷调解工作经验。使用这种方法，便于医患双方进行类比并自然而然地将人民调解员所举案例拿来与自己的情况作比较，有利于朝调解员希望的方向引导，从而促进纠纷的化解至最终达成一致意见，签订调解协议书。例如：外科案例 3、五官口腔科案例 2、非医疗纠纷与特殊医患纠纷案例 4 等。

十五、心理疏导法

心理疏导法是指调解员在调解纠纷过程中，要针对当事人的心理进行有效疏导、沟通，解开当事人的“心结”，让其得到一定心理安慰，消除双方之间的障碍或误解，从而化解纠纷的方法。大家知道，我们每个人除了有生存的物质需要外，在日常交往中还有一种“要面子”的心理需要。这种心理需要一旦受到伤害，很容易产生“心结”。人民调解员就需要找准产生心结的原因，进行有效的心理疏导，使当事人的“心结”在人民调解员如“和煦春风”的疏导中渐行渐远，最终化解矛盾纠纷。

例如：在外科案例 3 中，人民调解员邀请了医患双方单位的工会主席参加，医患双方都满足了“面子”，也解开了“心结”。又例如：在其他科室案例 1 中，人民调解员和医方在残联和居委会代表的指引下，一起来到了患方的家中。患方很感动，大家都很感动，医患对抗的心理得到了有效疏导。

在实际纠纷调解中当事人也可能会出现或存在焦虑症、忧虑症等情况，人民调解员可以通过申请专家咨询，请心理学专家协助做心理治疗或心理疏导。心理疏导法运用得好不但有利于纠纷的化解，还有利于当事人的身心健康，从而促进社会的和谐。外科案例 5 是一个膝关节术畸形的多次“上访户”，经过人民调解员的心理疏导和公正调解，短时间内与医方签订了和解协议。

十六、特事特办法

指在调解中遇到特殊的人或事情，或紧急情况，需要立即给予设法办理而不走常规途径，按照特殊情况办理。例如：突发紧急重大医患纠纷，医患双方在对峙中已经影响到正常的医疗秩序，甚至当事人之间已产生肢体冲突，如不尽快予以制止会导致恶性事件的发生。这种情况下医患纠纷人民调解员应奔赴现场，在使用一般方法劝说无效时，可以提出尽快实施专家咨询来明确纠纷责任，将医患双方争执不清的“医疗责任”问题暂时搁置，平复矛盾不再激化。这种不走常规申请途径，而尽快实施专家咨询以明确责任的做法，就是特事特办法。在第十一章调解案例中，内科案例 1 和外科案例 5 是现场决定特事特办实施专家咨询的。

调解中还有一些意想不到情况的出现，例如：在妇产科案例 3 中，患方在调解时提出安排一名人员到医方后勤部门工作的条件，这个特殊的要求最终解决方案是医方同意在××服务公司招临时工时，医方提供让患方人员参加应聘的机会，是否录用与医方无关。以上说明调解遇到的事情比较复杂，人民调解员要有一定的应变能力和心理准备，但是，特事特办必须严格掌握，需要请示上级领导批准方可实施。

十七、经济促和法

医患纠纷中，大多数医患双方最终要以经济利益赔偿形式来解决，促成双方达到都能接受的经济补偿金额，常常也成为医患纠纷人民调解员的重要工作内容。所以几乎每个医患纠纷调解案例都要“经济促和”。经济促和法不能是一般性的讨价还价，尽量与换位思考、明法析理、案例引导、心理疏导、因势利导法等结合应用。例如：护理案例 3、美容整形案例 4、其他科室案例 2 等。

经济促和法也是有技巧的，在纠纷调解中人民调解员应主动征求双方当事人对医患纠纷的解决方案，尽量让双方提出解决纠纷的经济利益补偿方案（调解员一般不主动提出经济补偿的数目），但要做到心中有杆秤。通过分析对当事人造成伤害程度的大小和承担责任多少等因素考虑，在探明医患双方的心理底线（赔偿金额）多少的基础上，人民调解员帮助各方当事人分析经济利益补偿数目的合理性，尽量让当事人自愿选择合适的利益补偿金额来协商，这样就能促进医患纠纷的快速解决，同时有利于协议的自觉履行。

十八、因势利导法

因势利导法是指人民调解员在调解过程中，通过明察、诱导并抓住有利时机，及时进行调解的方法。包含欲擒故纵、适时终止、趁热打铁，求同存异等方法。

因当事人对调解结果的期望值过高，或涉及法律、心理等因素，估计难以完成医患纠纷人民调解的案例，应适时办理终止调解手续。一方面不应为此耽误当事人和调解工作的时间，须注重办案效率，有时当事人因看到医患纠纷人民调解委员会因双方差距较大，为此将要终止对该案的调解时，可能会因此权衡利弊后作出降低期望值的决定，反而出现顺利达成调解的结果。例如：中医科案例 2，医患双方的赔付只有 600 元的差距，这种情况僵持了数天。人民调解员意识到双方都有达成协议的想法，决定使用适时终止法或欲擒故纵法（因势利导法中的一种），向医患双方提出终止调解，请医患双方选择法院诉讼或卫生行政处理或申请医疗事故技术鉴定。这时医患双方一起给人民调解员来电话，承认做得不对，马上都同意让步，反而促成协议的签订。

人民调解员在接待中发现有的患方对人民调解的信任度不高，此时医患纠纷人民调解员应主动提出：让患方去找律师咨询、鼓励找信任的医务人员咨询，了解真实原因。可以引导患方申请医疗事故技术鉴定或走诉讼途径等，患方经过“货比三家”反而会再来医患纠纷人民调解委员会申请办理调解的手续，这时当事人就会安心接受人民调解员的调解，这就是所谓欲擒故纵法。因为估计到患方一定要经过“货比三家”才安心，不如因势利导主动促使他尽快实施。他虽经麻烦，多绕了一圈，但也安心了，而且经此周折，反而让以后的调解工作会相对顺利。

在五官口腔科案例 4 中有一个情况，人民调解员想到作为母亲最关心的是儿子的病情发展，人民调解员因势利导请医学专家帮助，医学专家给患儿进行了免费会诊，并表示愿意长期为其提供医学咨询服务，帮助患儿减轻残疾症状。患儿母亲的焦虑因此得到了改善，一直说医调委好，更信任医调委调解员了。

求同存异法是针对一些没有或很难取证的事件，只能根据当事人的具体情况，采取双方接近的意愿进行化解纠纷，使当事人双方握手言和的方法。趁热打铁法是指人民调解员在调解过程中，洞察到医患双方有让步的意愿或行为时，通过有效形式，促进其加快调解进程的调解方法。如中医科案例 3，当双方的金额差距已比较接近，此时人民调解员趁热打铁请出患者女儿和针灸推拿科医生，一对昔日的朋友见面，心中感慨万分，在调解员的疏导下，在亲切友好的气氛中，医患双方和解了。作者将上述几种方法都归于因势利导法中，是因为作者认为这些方法都可因调解员根据不同的情况，进行巧妙穿插，因势利导来达到最终有效化解纠纷的目的。

第三节　对医患纠纷人民调解方法和技巧的认识

在现实医患纠纷调解中，遇到的每一件调解案例和每个当事人都不会同时重复。相似的医患纠纷案例，但因对象不同，调解员不同，调解的过程和结果也就不一样了。医患纠纷的出现看上去是个案，但事实上人是有思想有需求的，当事人的心理活动决定了对医患纠纷的认识态度，也决定着调解的效果。而无论患方当事人还是医方当事人之间都存在着差异，人民调解员只有对此保持清醒的头脑，才能不机械使用以上介绍的医患纠纷人民调解的十八种方法和技巧，实际工作中调解的方法和技巧是随机应变、多种多样、互相穿插的。医患纠纷人民调解与其说是医学和法学与心理学知识的应用，不如说是一种综合知识和调解技能的展现。

对医患纠纷人民调解工作有感而言：调解的是“事”，根本的在“人”。走的是调解程序，调的是人心平衡。相似的事不同的人，调解的效果不相同；相似的人不同的事，调解的经历不一样。不同的事，可有相似的调解经历；不同的人，会有相似的调解效果。调解中遇到的每件事和每个人都不再重复，调解的方法可以借鉴，调解的技巧在于灵活变化，调解的关键在于“用心”。

参考书目

[1] 朱婉儿.医患沟通基础[M].杭州：浙江大学出版社，2009.

[2] [英]乔纳森·西尔弗曼，等.医患沟通技巧[M].杨雪松，等，译.北京：化学工业出版社，2009.

[3] 车新业，陈谦.大律师教你打官司医疗侵权纠纷案例[M].北京：中国经济出版社，2003.

[4] 王红梅.新编人民调解工作技巧[M].北京：中国政法大学出版社，2006.

思考题

1. 医患纠纷调解有哪些调解模式？

2. 调解中遇到的每件事和每个人都不会重复，那么学习医患纠纷的调解方法和技巧还有用吗？

3. 有的人说：调解就是“和稀泥”，只要摆平就是水平。你对此有何认识？

第四篇
医患纠纷人民调解案例解析

第十一章
医患纠纷人民调解案例解析

第一节　内科医患纠纷人民调解案例

一、高血压脑出血纠纷案例的调解

（一）医患纠纷案情简介

患者徐某，男，47岁，10月7日下午因“左侧肢体麻木11小时”，由急救车送至A医院急诊，经CT等检查后诊断：脑出血，收入急诊科病房。当时病人言语流利，能够行走，给予二级护理、对症治疗。10月8日凌晨护士巡房时发现患者心跳呼吸停止、双侧瞳孔散大，已经临床死亡。死亡诊断：高血压脑出血。当日上午10时左右患者10余名家属至医院讨要说法，并拒绝将尸体移入太平间，患方以院方未尽责任救治为由，提出要求经济补偿人民币90万元。

（二）医患双方争议焦点

（1）患方认为：患者入院时情况尚可，因医院没有重视而延误病情，致救治不力导致患者死亡，是医疗事故，应该承担全部赔偿责任。

（2）医方认为：整个治疗过程符合诊疗常规，不存在医疗事故。院方坚持希望通过医疗事故技术鉴定等其他途径先明确院方的责任再谈补偿问题。

（三）调解过程与结果

1. 调解员急赴现场，讲法理平息冲突

医调委10月8日晚接到公安民警应急协助处理通知，即派两名医患纠纷人民调解员(以下简称:人民调解员或调解员)来到医院现场,见患方10余人正围着医院的工作人员在医方医患纠纷处理办公室(以下简称纠纷办)"讨说法"。由民警引见,调解员先向医患双方阐明了医调委调解员的来意与工作原则及第三方的身份。之后调查了死者诊疗情况和患方不愿尸检的原因。调解员认为目前医患双方僵持,不是积极解决纠纷的办法,建议医院应尽快针对患者家属提出的质疑给一个明确答复。调解员在向患方表示同情与理解时,不失时机借纠纷办墙上张贴的宣传品向患方家属宣传了相关法律、法规与政策,同时要求患方不能影响医院的正常医疗秩序,不可有过激行为。医调委的这些做法得到了医患双方的认可。院方表示次日上午讨论后给患方明确答复。经调解员与民警合力疏导,家属同意将死者尸体从病房移入太平间,一场冲突暂时平息。

2. 医方明确不赔偿,患方医院设灵堂

10月9日上午医方对患方明确答复:整个治疗过程符合诊疗常规,医方不存在医疗事故不予赔偿;患者死亡属疾病本身所致;鉴于患方不愿尸检,建议患方通过医疗事故鉴定或诉讼途径来明确医方确有责任后,再谈补偿问题。患方听了医方的答复特别气愤,表示坚决不走医方提出的途径解决。10月10日下午死者父母从家乡赶来,患方聚集了近30人,立即在医院设灵堂、拉横幅、摆花圈。此事吸引百名人员围观,使医院的医疗秩序受到破坏,造成了不良的社会影响。

3. 调解员再赴现场,化纠纷特事特办

因患方拒不接受医方答复,再次"闹事",医方只好请医调委人民调解员再赴现场。为了不让患方情绪失控与矛盾激化,调解员告知患方:对于医方的观点,你们可以不予认同,可保留您们的意见。本事件真相可通过医调委申请专家咨询作出公正评判(经调解员请示后,领导决定对此事"特事特办"明日组织专家咨询),但"特事特办"的前提是患方必须将所设灵堂、花圈、横幅撤除。调解员告知患方如要继续坚持"闹事",可能要承担由此而引起的相应法律责任,希望患方配合。患方表示认可,同意从医院撤离。

4. 专家咨询获认可,患方医闹被制止

10月11日调解员根据专家咨询情况与患方沟通时告知患方:专家咨询认为,患者高血压脑出血诊断明确,医方诊疗基本符合规范,死亡的原因是其疾病所致。但院方在治疗过程中,由于对疾病的严重性认识不足,患者入院后院方对其治疗存在护理等级过轻,观察病情不及时的问题,但因该患者出血部位较特殊、隐蔽，大量出血很难救治，且病情发展快，结果凶险。总之，本案医方存有过错，承担次要责任。患方家属认为医调委专家咨询还算公正，终于有人认为医院有错了。调解员与医方单独沟通时指出：患者入院后血压已有明显升高，提示颅内高压明显，出血增多，血肿增大，而医方只予以降压治疗，属于对头颅纵裂出血性疾病严重性认识不足，入院后存在因护理等级过轻，观察病情不及时至患者死亡都没抢救过的错误。医方表示将开会讨论后给调解员回复。

但当晚，因死者的某位亲戚引来了一位"医闹"，在其煽动下，患方再次在医院吵闹，打砸财物……，患方希望通过干扰医疗秩序对医方施加压力以达到要求高额赔偿的目的。人民调解员和公安民警三赴现场对患方做了劝说工作，同时针对其不法行为进行了警告。在劝说和警告无效的情况下，民警对此次进行打砸的首要人员"医闹"依法进行了拘留，使激化的矛盾转为平静。

5. 混乱现场需冷静，关键人选细找寻

针对一片混乱的现场，调解员经仔细观察，在患方众多亲友中发现一位较有威信的村长，同时了解到另一位亲戚德高望重。调解员立即把他们俩作为突破口，有针对性地说服这两位"关键人选"。关键人选与调解员沟通时也认为靠设灵堂、摆花圈、拉横幅和打砸财物，不是解决问题的办法，应该支持医调委的调解工作。于是关键人物按照调解员的建议，立即出面统一患方意见，并代表患方与调解员沟通，医患纠纷由此进入协商阶段。

6. 单独沟通来劝说，明法析理定责任

调解员与患方单独沟通时强调：患者主要死于脑出血疾病本身，其在脑血管已出现出血的基础上再度破裂，死亡率极高。因医方在本例纠纷中仅承担次要责任，所以您们的索赔要求只有符合国家人身损害赔偿标准的有关法律规定才能得到支持。调解员指出患方提出的赔偿金额中欠合理的部分，告知其这样做不利于纠纷的解决。经过调解员的劝说，又引导患方请教了有关律师，患方重新提出了较合理的索赔金额。调解员进一步与医方领导沟通，经过调解员明法析理，医方认可了本纠纷属于一级甲等医疗事故，院方承担次要责任的专家咨询结论，表示愿意承担相应赔偿责任。

7. 医患双方都认可，经济促和签协议

医患双方都认可了医调委的专家咨询结论，可双方在赔偿金额上还有较大差距。人民调解员通过将医方一级甲等次要责任相应赔偿与当地当年度人身损害赔偿标准对照，进行明法析理，说服当事人接受现实，是利益最大化的选择。医调委处事公平、认真负责的态度得到了医患双方的认可，经过多次协商，双方最终表示愿意接受调解员的建议，确定了医患双方都认同的赔偿金额并签订了协议。

（四）调解模式与方法和技巧

（1）医调委在开展调解工作过程中，对医患双方先实施了“划分责任调解模式”以明确医方责任，再用“利益平衡调解模式”促进赔偿金额的最终达成。

（2）具体调解中人民调解员主要对医患双方采用了获取信任法、区分责任法、热案冷处法、专家咨询法、特事特办法、单独沟通法、借助力量法、扶正祛邪法、关键人选法、明法析理法、经济促和法等多种调解方法和技巧。

表现在：调解员到现场后，通过借助公安民警亮明身份（借助力量法），阐明医调委工作原则，表明医调委中立立场与身份。进行相关调查后，督促医方尽快答复患方问题。同时通过向患方家属宣传相关法律、法规与政策等一系列行为，获得医患双方的信任。当患方对医方的答复不满再次“闹事”时，医调委采取热案冷处理法，将此事作为“特事特办”申请专家咨询既为区分责任解决纠纷奠定了基础，又拖延了时间，让患方渐趋冷静。特别是患方第三次在医院吵闹，打砸财物……严重干扰医疗工作秩序时，能够果断借用力量，联合公安民警扶正祛邪。调解员通过善于观察问题的能力，在患方复杂的人际关系中，找出“关键人选”做突破口，通过与“关键人选”进行单独沟通，起到纲举目张的效果，确保了调解工作的顺利进行。最终通过调解员与双方分别单独沟通进行明法析理，使用经济促和法，说服医患双方接受了调解员的建议，达成了调解协议。

（五）临床医学点评

（1）患者脑出血诊断明确，因刚入院时脑部出血量不多，脑 CT 检查没有显示大面积出血，患者当时精神状态和四肢活动尚可。医方在治疗过程中，由于对疾病的严重性认识不足，在患者入院后血压有明显升高，提示颅内高压明显，出血增多，血肿增大的情况下，医方在常规止血治疗后只加予降压治疗，存在对病情演变转归预料不足，特别在 CT 阅片方面存在不足（对头颅纵裂血肿认识存在不足）；至医务人员思想上没引起重视，出现护理等级不正确（二级），应该收 ICU 重症监护病房的患者却只安排在普通病房。

（2）由于护理级别低，患者在夜间脑血管继续出血时，未得到足够重视，至医护人员观察病情不及时，出血量增多而未及时发现。使患者失去了最佳抢救时机，到发现患者死亡时已无法挽回。患者死亡的原因是其疾病：高血压脑出血所致。但是医方存有过错。

（3）本例医患纠纷属于一级甲等医疗事故，院方承担次要责任。

（六）本案涉及的相关法律、法规

（1）《中华人民共和国侵权责任法》第五十四条　患者在诊疗活动中受到损害，医疗机构及其医务人员有过错的，由医疗机构承担赔偿责任。

第五十七条　医务人员在诊疗活动中未尽到与当时的医疗水平相应的诊疗义务，造成患者损害的，医疗机构应当承担赔偿责任。

第六十四条　医疗机构及其医务人员的合法权益受法律保护。干扰医疗秩序，妨害医务人员工作、生活的，应当依法承担法律责任。

（2）《中华人民共和国人民调解法》第二十一条　人民调解员调解民间纠纷，应当坚持原则，明法析理，主持公道。调解民间纠纷，应当及时、就地进行，防止矛盾激化。

第二十二条　人民调解员根据纠纷的不同情况，可以采取多种方式调解民间纠纷，充分听取当事人的陈述，讲解有关法律、法规和国家政策，耐心疏导，在当事人平等协商、互谅互让的基础上提出纠纷解决方案，帮助当事人自愿达成调解协议。

（3）《中华人民共和国治安管理处罚法》第二十三条　有下列行为之一的，处警告或者二百元以下罚款；情节较重的，处五日以上十日以下拘留，可以并处五百元以下罚款：①扰乱机关、团体、企业、事业单位秩序，致使工作、生产、营业、医疗、教学、科研不能正常进行，尚未造成严重损失的……

（4）《医疗事故处理条例》第二条　本条例所称医疗事故，是指医疗机构及其医务人员在医疗活动中，违反医疗卫生管理法律、行政法规、部门规章和诊疗护理规范、常规，过失造成患者人身损害的事故。

第四条　根据对患者人身造成的损害程度，医疗事故分为四级：一级医疗事故：造成患者死亡、重度残疾的；二级医疗事故：造成患者中度残疾、器官组织损伤导致严重功能障碍的；三级医疗事故：造成患者轻度残疾、器官组织损伤导致一般功能障碍的；四级医疗事故：造成患者明显人身损害的其他后果的。具体分级标准由国务院卫生行政部门制定。

(5)《医疗事故分级标准(试行)》节选:一级医疗事故系指造成患者死亡、重度残疾。一级甲等医疗事故:死亡。

(6)《上海市医患纠纷人民调解工作实施办法》第二十九条　医患纠纷人民调解工作实行专家咨询制度。上海市医患纠纷人民调解专家咨询委员会负责向人民调解员提供专家咨询。专家咨询工作由各区县医调办组织实施。

第三十一条　专家咨询委员会采用咨询意见书或者口头答复的方式向医调委提供医患纠纷专家咨询意见。人民调解员可以参考专家咨询意见调解医患纠纷。

(7)《上海市医患纠纷预防与调解办法》第三十一条　医患纠纷具有下列情形之一的,医调委应当启动专家咨询程序:①赔付金额可能超过10万元的;②患者死亡的;③医患双方对争议事实存在重大分歧的;④预估保险理赔金额超过10万元且承保机构建议的;⑤其他需要进行专家咨询的情形。……

二、肺动脉高压症纠纷案例的调解

(一) 医患纠纷案情简介

去年冬季患者U感到身体乏力,精神萎靡、胸闷、活动后气急,便到某医院就诊。医生因其肝功化验异常,诊断患者U的肝脏有病变,给予“保肝灵”等药物治疗,并要求其一周后复诊。患者服药9天后,病情稍有好转,仍遵医嘱在肝病专科复诊并继续接受诊治。期间,患者诉仍乏力、胸闷。医生告知:属于正常疾病恢复阶段,要过段时间才能恢复。又过了一周后(周日),患者出现了恶心、呕吐、胸痛的症状,立即通过电话与经治医生联系,医生告知:在没有查清病因之前,不可胡乱用药,待明日我上班后,给你检查了才能给予相应治疗。当时经治医生并未建议患者让当班医生进行诊治。

至次日,患者已无法独立行走,由其亲属送至医院就诊。鉴于患者病情危急,经治医生急请包括心内科在内的其他科室医生对患者进行大会诊。经查,患者的肺动脉段凸出,右心明显增大,结合相关检查诊断患者为“肺动脉高压”。至傍晚,医方才向患者家属发出病危通知。经近4小时持续抢救,患者终因病情危重,于第二日凌晨宣告死亡。

得知患者死讯,家属对医院的诊治表示质疑,要求医方作出合理解释并给予高额赔偿。在与医方协商未果后,患者亲属约20余人于上午8:00聚集医院,在门诊大厅设灵堂、摆花圈、拉横幅，并与医院保安发生肢体冲突。经公安机关出动数十警力，医院秩序才恢复正常。当日下午 2:00 左右，患方再次采用静坐方式在门诊大厅聚集，再次严重影响了医院的正常秩序。

（二）医患双方争议焦点

（1）患方认为：医方的诊疗行为存在诸多过错。患者从最初发病到最后死亡，期间数次就诊，医生都未诊断“肺动脉高压”，也未对症施治。因此，患方对最终死因存在质疑并且认为医方对于患者的死亡，具有不可推卸的责任，故应当承担赔偿责任。

（2）医方认为：患者可能死于“急性肺动脉高压”，而该病属于医学难题，死亡率极高，而且早期通过普通的诊疗行为无法发现，医方已尽到诊疗义务，对患者的死亡，不应承担赔偿责任。

（三）调解过程与结果

1. 医院求助医调委，现场处置得信任

当患方家属到医院聚集静坐时，医方立即请求医调委帮助调解。获知此信息后，医调委立即指派经验丰富的调解员赶赴现场。调解员进入纠纷现场先亮明身份，在了解案情的同时向医患双方宣传了医调委的性质和人民调解原则与优点。针对患者死因的质疑，调解员建议进行“尸检”以弄明白。患方家属表示拒绝。鉴于此情况，调解员在对患方表示同情时又劝解患方不要激化矛盾，应理性维权。并表示医调委会保持中立，如果双方都愿意调解，调解员将公平、公正地调解该纠纷。调解员沉着、冷静的现场处置取得了医患双方的信任，患方家属同意由医调委调解员给予调解，并表示立即停止静坐。医方立即也表示愿意配合医调委调解员调解该纠纷。

2. 分析病情先讨论，医方治疗有瑕疵

调解员认真审核了医患双方提交的病历，并将与经治医生及院方处理纠纷人员的沟通情况，在医调委案例讨论会上提出，供大家分析讨论。讨论结果为：患者从最初就诊到最后死亡，在 17 天的时间里数次就诊，作为患者已经向医方提供了足够的疾病信息。而医方作为专业的诊疗机构，对患者病情竟无明确判断，一直只局限于对肝脏相关疾病的治疗，没有对患者胸闷、活动后气急引进重视，尤其是没针对性做心肺相关情况进行检查。医方没有尽到注意的义务，因此本案医方在整个诊疗过程中存在瑕疵，对患者死亡负有次要责任。

3. 客观指出明责任，医方当即愿承担

因患方提出，希尽快解决此事，好回老家办丧事。调解员再次来到医院，将医调委对案情讨论意见向医方进行了沟通。医方承认，其检查主要针对肝脏，对心肺未做相应检查；只诊断肝脏疾病没有考虑“肺动脉高压”的情况，使之丧失了对肺动脉高压进行医疗干预的时间，医方存在一定的责任。调解员客观地指出，本案例应属误诊、误治，以致丧失了挽救病人生命的最后机会，如去进行鉴定，不排除医方应承担主要责任的风险。调解员表示：因患方要急于解决，希望医方配合医调委做好纠纷化解的经济赔偿工作。医方当即表态，愿意配合调解，并承担一定数额的赔偿。

4. 单独沟通明法理，说服患方化寒冰

此后，调解员与患方单独沟通时指出：由于患者家属拒绝尸检，直接导致患者的死因无法确定，患方对死亡原因的质疑，只是揣测，无客观依据。同时告知医调委对本案的讨论意见。患方认为医调委的讨论意见是主持了公道，对调解员表示感谢。调解员因势利导地指出：你们提出高额索赔并不明智，也不利于维护你们的合法权益。双方只有通过协商、互谅互让，才能妥善处理好纠纷。调解员入情入理的分析，使多日来积聚于患方心中的寒冰，渐渐开始消融。患方表示愿在医调委帮助下与医方继续协商。

5. 趁热打铁助调解，患方接受已理性

鉴于此情况，调解员趁热打铁开展说服工作。人民调解员一方面表达了对患者家属的同情，一方面又指出：在双方对医调委讨论意见均认可的情况下，按照人身损害赔偿的有关依据，在双方互谅互让的基础上，事情才有解决的可能。如患方始终坚持高额索赔，最后必然无功而返。调解员的分析感性和理性兼具，既抚慰了死者家属悲痛的心情，又使其明白自身的不妥之处，接受了调解员的疏导。经过数次沟通，患方最终接受了医方提出的合理的赔偿数额，但另外要求医方报销交通、住宿、餐饮等费用，并退回已收取的患者住院医疗费。

6. 换位思考降要求，利益平衡达协议

患方的要求固然突破了医方的赔偿底线，但调解员考虑到患方家境较贫，还有幼子需抚养，故认为患方的要求也有合情理之处，愿尽可能地考虑患方家庭的实际困难，但也劝其不要太坚持己见，要充分考虑医方的感受，也应换位思考。于是，调解员又数次与医方协商。初期，医方坚决不同意患方提出的额外要求，调解陷入僵局。调解员衡量双方情况后,在医患双方意见的基础上提出了较为折中的解决方案,并因势利导向医方说明,对死亡患者的赔偿金中本应包括未成年人的扶养费,患方的小孩年幼,应给予适当的扶养费,如通过司法途径解决,不但耗时长(必须通过鉴定定性),应支付的费用只会比现在的金额多,而且院方还有被行政处罚的风险。如现在早处理,院方的成本只会降低,并且利于患方想尽快处理死者遗体的想法,早日恢复医院正常医疗秩序。医方权衡利弊,同意了调解方案。

医患双方经调解员的说服,最终接受了调解员利益平衡的方案,并立即签订了调解协议。在调解员的努力下,使原本尖锐的医患冲突在一周时间内达成了一致,妥善地避免了矛盾升级。

(四) 调解模式及方法和技巧

(1) 医调委在开展调解工作的过程中,对医患双方主要实施了"混合性调解模式"。

(2) 具体调解中,人民调解员主要对医患双方采用了获取信任法、去伪存真法、区分责任法、明法析理法、单独沟通法、因势利导法、换位思考法、经济促和法等调解方法和技巧。

表现在:本案医患双方在发生正面冲突、剑拔弩张的关键时刻,通过调解员有效进行相关宣传,表明医调委具有"第三方"的身份,定会中立、公平、公正地调解纠纷,获得了患方当事人的信任,有效地防止了案件的激化升级。调解员选择单独沟通法在明确告知患方拒绝尸检会导致死因无法确定的情况下又同时告知了医调委对本纠纷的讨论意见,让患方从事实上感受到了医调委的公正性,通过告诉患方标准的赔偿依据,让其明白高额索赔无法得到主张,使用明法析理法客观评估医疗损害的性质、责任、损害赔偿范围,最终制订出公正合理的调解方案。

对医方沟通时,人民调解员经过调查了解去伪存真,通过医调委集体分析、讨论案例,明确了医方责任。采用单独沟通,明确指出其诊疗过程中的过错,使其意识到赔偿责任无法回避。然后根据有关规定使用明法析理法,根据医方责任大小推算其应赔偿的大致金额,这种一针见血、不偏不倚的说服劝导,使医方回归理性判断,逐渐接受了调解方案。

用劝医患双方换位思考的方式沟通说服。整个过程充分体现了人民调解员

“第三方”的立场，并将其有效地融于调解工作中，促成当事人正确评估自身处境、尊重并认真考虑对方的利益和立场，从而从对抗走向合作，且因势利导促使双方调整心理预期，理性对待赔偿，让双方自觉自愿接受调解员制订出的既体现出对患方合法权益的维护，又体现了对医方诊疗工作包容的调解方案，最终树立了人民调解的公信力，为人民调解工作长期发展创造了良好的社会环境。

（五）临床医学点评

(1) 医务人员接诊处置每一位患者时，都应有高度的责任心，考虑问题应尽可能全面，应认真询问病史和进行体格检查，以利及时发现问题。本案中的患者首诊时虽然有肝脏疾病的相关症状，但对某些不能用肝脏疾病解释的问题医生既没有进行认真体检，尤其是心肺方面，也没有考虑到其他疾患引起的肝功能异常，属考虑问题不够全面，诊断思维过于局限，至误诊、误治。

(2) 患者电话告知医生其有恶心、呕吐、胸痛、乏力等症状时，医生未引起足够重视，让其休息，亦未建议患者应立即请当班医生诊治，待病情已非常严重，才请相关科室进行会诊，诊断出“肺动脉高压”，可此时患者已病情垂危，难以挽回，至延误病情。

(3) 本例纠纷属于一级甲等医疗事故，院方负有主要责任。

（六）本案涉及的相关法律、法规

(1)《中华人民共和国侵权责任法》第五十四条　患者在诊疗活动中受到损害，医疗机构及其医务人员有过错的，由医疗机构承担赔偿责任。

第五十七条　医务人员在诊疗活动中未尽到与当时的医疗水平相应的诊疗义务，造成患者损害的，医疗机构应当承担赔偿责任。

第六十四条　医疗机构及其医务人员的合法权益受法律保护。干扰医疗秩序，妨害医务人员工作、生活的，应当依法承担法律责任。

(2)《中华人民共和国人民调解法》第二十一条　人民调解员调解民间纠纷，应当坚持原则，明法析理，主持公道。调解民间纠纷，应当及时、就地进行，防止矛盾激化。

第二十二条　人民调解员根据纠纷的不同情况，可以采取多种方式调解民间纠纷，充分听取当事人的陈述，讲解有关法律、法规和国家政策，耐心疏导，在当事人平等协商、互谅互让的基础上提出纠纷解决方案，帮助当事人自愿达成调解协议。

(3)《医疗事故处理条例》第二条　本条例所称医疗事故,是指医疗机构及其医务人员在医疗活动中,违反医疗卫生管理法律、行政法规、部门规章和诊疗护理规范、常规,过失造成患者人身损害的事故。

第四条　根据对患者人身造成的损害程度,医疗事故分为四级:一级医疗事故:造成患者死亡、重度残疾的;二级医疗事故:造成患者中度残疾、器官组织损伤导致严重功能障碍的;三级医疗事故:造成患者轻度残疾、器官组织损伤导致一般功能障碍的;四级医疗事故:造成患者明显人身损害的其他后果的。具体分级标准由国务院卫生行政部门制定。

(4)《医疗事故分级标准(试行)》节选:一级医疗事故系指造成患者死亡、重度残疾。一级甲等医疗事故:死亡。

三、阻塞性肺病纠纷案例的调解

(一) 医患纠纷案情简介

患者男 83 岁,既往有慢性阻塞性肺病史,因“胸闷、气短 30 余年,加重半月伴浮肿”于 1 月 13 日入住 A 院。诊断:慢支感染,肺心病。给予止咳、化痰、平喘、抗感染等治疗,病情已平稳,因患者病情容易反复(本次住院期间亦曾有两次反复,均因给予积极救治,转为平安)加之家中房屋动迁,暂无房、无人照顾,家属不愿办理出院手续,故本次住院时间接近一年。12 月 4 日,因医院床位紧张需将该病房改为女病房,与患者本人商议后暂将患者换至另一间 5 人住的大病房,12 月 11 日上午患者突发神志不清,血压下降、给予抗感染、升压、呼吸兴奋剂治疗并告病危,家属拒绝转院坚持就地治疗。12 月 13 日患者出现昏迷,血生化检查肝、肾功能出现异常,血 wbc18.6×109/L,家属要求转院,遂由 120 救护车送至外院抢救,12 月 15 日患者病情加重,抢救无效,当日死亡。患者子女认为父亲是送来疗养的,以前发病比这次严重,A 院都治疗好了。本次发病是因院方搬病房引起,因未事先征求家属同意,家属对此表示过异议,一定是院方医生不满,故对其父的病情没有认真对待,是医疗事故。

(二) 医患双方争议焦点

(1) 患方认为:①医方对 83 岁高龄“慢阻肺并感染”患者,违反药品使用说明书规定,短时超量静脉滴注二羟丙茶碱注射液,造成了患者死亡;②医方对 83 岁高龄有“慢阻肺并感染”的患者换病房未征得患者及家属同意违反医院管理的有关规定，引得患者不开心，故而发病；③患者是来疗养的，以前发病比这次严重A院都治疗好了。这次一定是搬病房引起家属异议，院方不满，没有认真对待致抢救不积极，故属医疗事故。

(2) 医方认为：①医方对慢性阻塞性肺病患者应用二羟丙茶碱注射液符合临床用药指征，患者死亡与医方的诊疗行为无因果关系；②医方对慢性阻塞性肺病患者在病情平稳的状态下，因救治其他病人的需要，在反复给患者家属打电话(5次)，家属均不接的情况下，征得患者本人同意，对病房作了合理调整，未违反医院管理有关规定，也未引得患者不满，患者在换病房6日后才出现病情反复，与患者自身疾病有关；③患者突发昏迷，与医院换病房无关，属于患者疾病本身原因引起，且医方当时已下病危并建议患方转院，是患方当时拒绝。待患方要求转院时院方也派医生一起护送，患者转外院因病情较重抢救无效，死于外院，与本院无任何关系。本院整个医疗过程符合诊疗护理技术操作规范与常规，医方不存在医疗过错更不是医疗事故。

(三) 调解过程与结果

1. 纠纷事实需查清，调解重点要把握

患者儿子在其父死亡半月后到医调委反映其父亲在医方住院，因换病房引发疾病加重，医方医务人员不尽心救治，转院时病情已严重，导致患者死亡。要求医方支付50万元的赔偿。调解员认真了解纠纷发生的情况，仔细作好记录并进行了必要的告知。次日人民调解员向医方调查，核实纠纷的有关情况。证实二羟丙茶碱适应证有慢性阻塞性肺病。调解员查看药物手册和二羟丙茶碱使用说明书，发现该患者二羟丙茶碱使用未超过最大剂量。针对患方认为此次发病与换床的关系，调解员核实：患者于换床6天后发病，应与此没有本质联系；关于患方质疑的诊治抢救过程，医方认为：该患者年龄大，在肺部感染，机体整体状况较差的情况下，医方(社区卫生服务中心)医疗条件有限，已经尽其所能，考虑到患者病情危重，建议在医生的陪同下转院，整个医疗过程符合诊疗护理操作规范。对患方提出的赔偿金额不能接受，希望医调委给予帮助解释。

2. 了解情况除误会，责任还待再分清

人民调解员在初步了解患方诊治情况的基础上，先运用自己的医学知识进行辨别，消除了患方在二羟丙茶碱注射液临床用药超量上及因换床引起患者发病的误会。而患方仍坚持要医方赔偿50万元，因要求赔偿金额较大，加之患者死亡时间较长，无法进行“尸检”，且双方争议也较大，按有关规定，必须实施专家咨询。患方对此表示拒绝，因病史已查封，无法进行专家咨询。患方表示将继续追究医方责任。

3. 终止调解去法院，峰回路转再调解

经多次沟通发现，原来患方的近亲中有位律师，愿作诉讼代理人免费给患方提供服务。于是患方在医调委办理了“人民调解终止手续”，将此案例转入法院诉讼途径。根据法院受理程序，法院首先对医患双方安排诉前调解，在诉前调解中因医患双方各执一词、互不相让。法院认为此案例需要申请医疗事故技术鉴定，鉴定费用 3 500 元先由提请诉讼的患方支付，待有鉴定结论后再进行调解或诉讼。患方又找到医调委要求办理“再次申请人民调解”，并主动从法院撤诉。医调委征得医方同意给双方办理了再次申请人民调解的手续。

4. 对立情绪及时平，事故鉴定责任明

医调委非常重视再次申请调解的案例，对医患双方分别进行了劝说，平息医患双方的对立情绪，让医患双方理智地对待所发生纠纷。经过调解员耐心疏导，医患双方同意申请医疗事故技术鉴定，但是改为医方支付鉴定费。一个月后区医学会医疗事故技术鉴定中心鉴定结论为：患者原有疾病是其死亡的直接原因，A 院在对该患者的诊治过程中，诊疗措施符合诊疗常规，但部分病史记录过于简单，与患方沟通病情不够。患方不服，要求到市医学会鉴定，经调解员与医患双方协商，再次鉴定由患方支付鉴定费。一段时间后市医学会医疗事故技术鉴定中心鉴定结论与区医学会鉴定结论基本相同。至此，医患纠纷责任已明。

5. 身份中立是关键，依法调解要坚持

经第二次医疗事故技术鉴定，患方的态度发生了很大变化，将医方赔偿款逐步降至几万元。此时医方仍然不能接受。调解员引导患方要依据人身损害赔偿标准的有关规定进行理性索赔，否则，还是只能走诉讼途径。并且指出：虽然由您家亲属代理诉讼，不用付律师费，但诉讼费是免不了的，现事实已明确，赔偿标准又是法定，您们诉求越高，风险就越高(诉讼费因诉求增加而相应增加)。调解员与医方沟通时劝说医方要勇于承担责任，毕竟院方在本纠纷中“病史记录过于简单，与患方沟通病情不够”还是存在一定不足，如走诉讼途径，还是要给患方一定补偿。如请律师，院方支出的费用只会增加。调解员灵活运用“背靠背”方法多次与双方沟通，从而让双方在赔偿金额上都作出了一定让步。

6. 调节模式多变换,化解纠纷真情待

双方赔偿差距虽有一定缩小,但还互相僵持。鉴于医患双方互为“邻里”(同在一个社区),调解员又通过会议沟通,运用“邻里关系”拉近双方心理距离,让他们回忆既往患者在医方治疗时,医患之间的信任关系。提醒患方向前看,今后患方家属还需要医方继续提供诸多医疗服务,医方也需要患方的良好口碑。朴实的语言点到问题的“情结”上,说到当事人的心里去,从而促使双方的观点逐步趋于一致。调解员通过会议沟通时,了解到患方有位亲戚,该亲戚与调解员也熟悉,于是主动与其联系,在她的帮助下,医患双方当日达成了调解协议,成功化解了该纠纷。

(四) 调解模式及调解方法和技巧

(1) 医调委在开展调解工作的过程中,对医患双方主要实施了“混合性调解模式”。

(2) 具体调解中人民调解员主要对患方采用了首次接待法、去伪存真法、区分责任法、明法析理法、单独沟通法、会议沟通法和借助力量法等调解方法和技巧。

表现在:调解员接待患方当事人首次来访时,仔细询问认真记录,遵循不做评论的原则。在初步了解患方诊治情况基础上,能运用自己掌握的医学知识去伪存真,消除了患方在二羟丙茶碱注射液临床用药超量及换床引发疾病上的误会。在患方提出高价赔偿时,通过两次促成医疗事故技术鉴定区分责任,为医疗纠纷合理解决奠定了基础。调解过程中人民调解员与医患双方多次开展单独沟通,不断用明法析理法平息医患双方的对立情绪,最后使医患双方都能理智对待纠纷。在最后阶段,医患双方在赔偿数额上差距不大,又互不让步时,人民调解员利用会议沟通,回忆双方昔日友好,期望以后更加融洽。同时借助患方亲戚与人民调解员的关系,巧用心理情感调解模式,以情感人,促成了本次医患纠纷的解决。

(五) 临床医学点评

由于本案做过两次医疗事故技术鉴定,故临床医学点评,以鉴定结论为依据:

(1) A院在对该患者的诊治过程中,诊疗措施符合诊疗常规,无不当之处。医方对慢性阻塞性肺病患者使用二羟丙茶碱平喘有适应征;依据临床指南,该患者用药未超过最大剂量,医方的该诊疗行为符合临床常规。与患者死亡无因果关系。

(2) 患者有慢性阻塞性肺病 30 余年,伴有泌尿系感染等疾病。住院期间经检查发现,同时存在感染,心功能不全。患者年事已高,病情进展快,最后因多脏器功能衰竭死亡,其原有疾病是其死亡的直接原因。

(3) A 院部分病史记录过于简单,与患方沟通病情不够,今后工作中有待加以改进。

(六) 本案涉及的相关法律、法规

(1)《病历书写基本规范》第二十二条　病程记录是指继入院记录之后,对患者病情和诊疗过程所进行的连续性记录。内容包括患者的病情变化情况、重要的辅助检查结果及临床意义、上级医师查房意见、会诊意见、医师分析讨论意见、所采取的诊疗措施及效果、医嘱更改及理由、向患者及其近亲属告知的重要事项等。

(2)《医疗机构管理条例实施细则》第六十二条　医疗机构应当尊重患者对自己的病情、诊断、治疗的知情权利。在实施手术、特殊检查、特殊治疗时,应当向患者作必要的解释。因实施保护性医疗措施不宜向患者说明情况的,应当将有关情况通知患者家属。

(3)《医疗事故处理条例》第十一条　在医疗活动中,医疗机构及其医务人员应当将患者的病情、医疗措施、医疗风险等如实告知患者,及时解答其咨询;但是,应当避免对患者产生不利后果。

(4)《中华人民共和国侵权责任法》第五十四条　患者在诊疗活动中受到损害,医疗机构及其医务人员有过错的,由医疗机构承担赔偿责任。

第六十条　患者有损害,因下列情形之一的,医疗机构不承担赔偿责任:①患者或者其近亲属不配合医疗机构进行符合诊疗规范的诊疗;②医务人员在抢救生命垂危的患者等紧急情况下已经尽到合理诊疗义务;③限于当时的医疗水平难以诊疗。前款第一项情形中,医疗机构及其医务人员也有过错的,应当承担相应的赔偿责任。

(5)《中华人民共和国人民调解法》第二十一条　人民调解员调解民间纠纷,应当坚持原则,明法析理,主持公道。调解民间纠纷,应当及时、就地进行,防止矛盾激化。

四、心源性猝死纠纷案例的调解

(一) 医患纠纷案情简介

患者 S,男,52 岁,半小时前突发上腹部疼痛不适,急来就诊。诊断:急性胃炎。医生给其静脉滴注头孢唑肟、奥美拉唑,口服达喜片。一小时后(患者)阵发性剑突下疼痛,伴恶心、呕吐 2 次为胃内容物。医方予:654 - Ⅱ肌注止痛,并收治病房。4 小时后患者突发呼吸、心跳停止,抢救无效死亡。死亡诊断:心源性猝死?患者子女得知父亲离世的消息后,立即召集了数人到医方讨要说法。一度情绪失控,把医务科的桌子砸了一个洞。医方请求医调委介入化解该起医患纠纷。

(二) 医患双方争议焦点

(1) 患方认为:①医方未尽注意义务,误诊误治(静滴头孢唑肟、肌注 654 - Ⅱ)使患者丧失了最佳抢救时机,与其最终死亡存有因果关系;②医方对"突发上腹部疼痛半小时","痛苦面容""血压 98/58 mmHg"的急诊患者未按临床诊疗护理规范、常规予以生命体征监控与及时诊治,致病情不断恶化,造成患者急诊 3 个多小时后因"心源性猝死"而亡的不良后果。

(2) 医方认为:①患者急诊约 3 个半小时后突发心跳、呼吸停止,医方立即现场予以心肺复苏,抢救及时,措施到位,医方不存在医疗过错及医疗事故;②医方对"突发上腹部疼痛半小时"的患者,已经予以血液、心电图等检查,并给予相应治疗措施。符合急诊临床诊疗护理规范、常规。

(三) 调解过程和结果

1. 调解员急赴现场,将纠纷导出医院

医调委接讯后,派出调解员第一时间赶到医院,与派出所民警会合,民警负责维持现场秩序,调解员负责了解情况与患方沟通。调解员首先找到患者子女,向他们亮明身份,说明医调委是中立的第三方,告知调解的优势是:自愿、方便、灵活、不收取任何费用等。建议患方考虑通过人民调解途径来解决纠纷。此时,距患者死亡已是第三天(已超过"尸检"有效时限),医患双方也已经僵持了一整天,患方也想着手料理后事。经过两个多小时的沟通,调解员取得了患方的信任,患方同意全部撤离医院,次日至医调委进行调解。送走了患方,调解员与医方沟通,医方也认识到此次治疗过程中的确存在一定过错,但责任程度到底有多大？希望医调委能公正给予评判。并表示愿意配合医调委调解。调解员表示按规定，此案应进行专家咨询，既然双方都愿意调解，当即复印了患者的有关病史。

2. 患方倾诉受安抚，感谢接待和教育

次日，患方来到医调委，调解员耐心倾听了患方倾诉，仔细记录，适时给予安抚。安慰患方：你们家的老人已过世，这已无法挽回，活着的人应面对现实，应按照纠纷责任情况来进行处理。并告知患方，按……有关规定，本案应进行专家咨询，现您们双方争议又较大，医调委可通过专家咨询来判定院方是否具有责任？且责任程度有多大？并告知其医调委专家咨询的有关程序，同时送给其医调委印制的法制宣传品，适时告知患方"人身损害赔偿标准"并讲明，待专家咨询结果出来，再按有关责任来依法处理。患方对调解员接待和所受到的法制教育表示感谢，表示愿意让医调委请的医学和法学专家来对此纠纷的责任进行划定。

3. 责任分摊起争议，调解工作遇难题

几天后，专家咨询有了结果：①患者因突发上腹部疼痛半小时去医方内科急诊。心电图：窦性心律，Ⅰ°房室传导阻滞，T 波高尖。医方未首先考虑冠心病诊治，却以胃病处理（肌注 654－Ⅱ，静脉滴注奥美拉唑），违反了临床诊疗常规，致使患者丧失了最佳抢救时机，与患者最终死亡存有因果关系。②患者病情凶险，致残致死率较高。③本例纠纷属于一级甲等医疗事故，院方应负主要责任。医调委立即将此情况与院方进行了沟通，院方对专家咨询表示默认，但对责任程度希望通过医调委调解按 40％的责任比例进行。调解员立即向院方指出：既然您们对专家咨询表示无异议，但对责任程度又为何要按 40％的比例来计算，这样没有依据，对方如不接受，要进行诉讼或其他途径，院方应有思想准备。

调解员根据专家咨询结果告知患方：患者因突发上腹部疼痛半小时去医方内科急诊。医方诊断胃病并给相应处理存在一定过错，致使患者丧失了最佳抢救时机，院方应负一定责任。但患者本身疾病病情也很凶险，致残致死率极高。希望患方也充分考虑到这方面的原因，理性对待妥善处理。现医方也表示愿意给予某数额的补偿，也希望患方认真考虑。患方表示：对调解员的工作表示认可，但指责医方没有诚意解决问题，表示将找医方讨回应有权益。

4. 单独沟通起作用，明法析理见效果

调解员为防止矛盾激化，立即与医方进行了沟通，向医方指出：本案例属于误诊误治，医务人员对突发上腹部疼痛半小时的患者，只考虑胃病，存在临床“思维定势”，在心电图有改变的情况下，仍然按胃病治疗，导致患者失去了抢救时机，院方应负主要责任。按《医疗事故处理条例》及人身损害赔偿的有关规定要承担50%～70%的责任，现患方根本不同意医方按40%的比例来计算，如因此而找院方讨“说法”或进行医疗事故技术鉴定或走诉讼途径，都将给院方带来不利。院方不但解决不了问题还有可能被“行政处罚”，责任医生还有可能被暂停一段时间执业，法院仍然会按有关规定进行判决。调解员请医方充分考虑各种风险，再妥善处置。调解员一席话让院方处理纠纷人员深思良久后表示：待再向领导汇报并争取50%左右的比例，同时希望调解员帮助做患方工作以利妥善处理。

调解员与患方沟通时指出：本案例的死因是冠心病，冠心病不是医生造成的，该患者病情发病急，进展快，病情重，易死亡。即使当时得到及时救治也难以保证就能挽救其生命。患者平时就有此病，就诊时应该要给医生主动说明，好让医生引起重视，所以你们也不能一定要求医方承担很重责任。现我们也正在积极帮你们向院方争取合理赔偿，你们也应表示出诚意，能否考虑各自50%左右的责任？如不愿意也可通过医疗事故鉴定或诉讼途径解决，但也请你们考虑到走鉴定或诉讼途径都可能存在的风险。既要交一定费用（鉴定费、诉讼费、律师费等）还要消耗大量时间与精力，结果拿到的补偿数额与调解（不收取任何费用，时间相对较快，方便灵活）相比能有多大区别，为表示公开透明与公平、公正，调解员还主动希望患方多方咨询后再作决定。调解员的明法析理让患方心服口服，当即表示愿意做出一定让步。

5. 会议沟通促和谐，彼此握手化纠纷

经过多次单独沟通，在调解员的努力下双方均认可了责任均摊的比例。此时调解员决定进行双方面对面沟通（会议沟通）。通过调解员用案例引导与人性化的引导双方换位思考，说服医方在额外费用支出上（如交通费、误工等），又作出了积极的让步，面对调解员人性化的说服，患方非常感动，表示愿意当即签订调解协议书。本案通过调解员扎实的临床医学知识与良好的沟通说服能力，树立了医患纠纷人民调解的威信，促使该医患纠纷及时得到合理解决。

（四）调解模式及调解方法和技巧

（1）医调委在开展调解工作过程中，对医患双方主要实施了“划分责任调解模式"和"利益平衡调解模式"。

（2）具体调解中人民调解员主要对医患双方采用了获取信任法、专家咨询法、区分责任法、明法析理法、单独沟通法、会议沟通法、案例引导法、换位思考法等调解方法和技巧。

表现在：人民调解员奔赴现场亮明身份，说明医调委的中立性和公正性及调解优势，获取了患方的信任，将本案顺利引入人民调解程序。通过专家咨询明确责任，整个调解中围绕实施责任分摊为主线，尽管调解中遇到一些挫折，凭借人民调解员扎实的医学知识和对案例的正确分析，通过多次单独沟通和明法析理，使赔偿渐趋公平。在此基础上，调解员又通过会议沟通用案例引导法、换位思考法促使纠纷解决得既合法又合理，双方还都比较满意，由此增加了医患纠纷人民调解的公信力。

（五）临床医学点评

（1）患者因突发上腹部疼痛半小时去医方内科急诊。心电图：窦性心律，Ⅰ°房室传导阻滞，T 波高尖。医方忽视了"T 波高尖"的心电图表现，未首先考虑冠心病诊治，却以胃病处理（肌注 654－Ⅱ，静脉滴注奥美拉唑），违反了临床诊疗常规，致使患者丧失了最佳抢救时机，医方的医疗行为与患者最终死亡存有因果关系。

（2）患者病情凶险，致残致死率较高。

（3）本例纠纷属于一级甲等医疗事故，院方应负主要责任。

（六）本案涉及的相关法律、法规

（1）《中华人民共和国人民调解法》第二十一条　人民调解员调解民间纠纷，应当坚持原则，明法析理，主持公道。调解民间纠纷，应当及时、就地进行，防止矛盾激化。

第二十二条　人民调解员根据纠纷的不同情况，可以采取多种方式调解民间纠纷，充分听取当事人的陈述，讲解有关法律、法规和国家政策，耐心疏导，在当事人平等协商、互谅互让的基础上提出纠纷解决方案，帮助当事人自愿达成调解协议。

（2）《中华人民共和国侵权责任法》第十八条　被侵权人死亡的，其近亲属有权请求侵权人承担侵权责任。被侵权人为单位，该单位分立、合并的，承继权利的单位有权请求侵权人承担侵权责任。被侵权人死亡的，支付被侵权人医疗费、丧葬费等合理费用的人有权请求侵权人赔偿费用，但侵权人已支付该费用的除外。

第五十四条　患者在诊疗活动中受到损害，医疗机构及其医务人员有过错的，由医疗机构承担赔偿责任。

第五十七条　医务人员在诊疗活动中未尽到与当时的医疗水平相应的诊疗义务，造成患者损害的，医疗机构应当承担赔偿责任。

第六十四条　医疗机构及其医务人员的合法权益受法律保护。干扰医疗秩序，妨害医务人员工作、生活的，应当依法承担法律责任。

(3)《医疗事故处理条例》第二条　本条例所称医疗事故，是指医疗机构及其医务人员在医疗活动中，违反医疗卫生管理法律、行政法规、部门规章和诊疗护理规范、常规，过失造成患者人身损害的事故。

第四条　根据对患者人身造成的损害程度，医疗事故分为四级：一级医疗事故：造成患者死亡、重度残疾的；二级医疗事故：造成患者中度残疾、器官组织损伤导致严重功能障碍的；三级医疗事故：造成患者轻度残疾、器官组织损伤导致一般功能障碍的；四级医疗事故：造成患者明显人身损害的其他后果的。具体分级标准由国务院卫生行政部门制定。

(4)《医疗事故分级标准(试行)》节选：一级医疗事故系指造成患者死亡、重度残疾。一级甲等医疗事故：死亡。

(5)《上海市医患纠纷人民调解工作实施办法》第二十九条　医患纠纷人民调解工作实行专家咨询制度。上海市医患纠纷人民调解专家咨询委员会负责向人民调解员提供专家咨询。专家咨询工作由各区县医调办组织实施。

第三十一条　专家咨询委员会采用咨询意见书或者口头答复的方式向医调委提供医患纠纷专家咨询意见。人民调解员可以参考专家咨询意见调解医患纠纷。

(6)《上海市医患纠纷预防与调解办法》第三十一条　医患纠纷具有下列情形之一的，医调委应当启动专家咨询程序：①赔付金额可能超过 10 万元的；②患者死亡的；③医患双方对争议事实存在重大分歧的；④预估保险理赔金额超过十万元且承保机构建议的；⑤其他需要进行专家咨询的情形。

第二节　外科医患纠纷人民调解案例

一、胆结石手术纠纷案例的调解

(一) 医患纠纷案情简介

患者张某,男,36 岁,3 月 1 日因右上腹阵发性绞痛,伴恶心、呕吐 1 天,至 A 院入院治疗。诊断:急性胆囊炎。3 月 4 日在全麻下行开腹胆囊切除术,术后恢复良好,康复出院。3 月 18 日,患者出现高热、右上腹绞痛和对穿性背痛及黄疸等症状。再入住 A 院,诊断:胆道感染,黄疸原因待查。医方给予抗感染保守治疗。因治疗效果欠佳,患者自行到 B 院做核磁共振检查发现胆总管结石。3 月 31 日患者在 B 院住院,行内镜下逆行胰胆管造影(简称:ERCP)及十二指肠乳头切开取石＋鼻胆管引流术,取出一枚直径约 0.5 cm 结石。患者认为 A 院第一次手术失败导致其遭受第二次痛苦,故向 A 院提出赔偿要求,A 院则坚持认为不存在过错。双方在僵持的情况下,患者及其家属找到医调委,申请调解。

(二) 医患双方争议焦点

(1) 患方认为:①A 院第一次手术不成功,未取出结石,导致再做第二次手术;②在 A 医院的第二次住院治疗过程中,院方存在漏诊,导致延误治疗,增加了患者痛苦,故要求医方给予赔偿。

(2) 医方认为:①医方在为患者行第一次手术前,术前谈话已告知其仍可能术后存在结石的情况,因此本院对患者第一次住院诊疗过程符合医疗常规,不存在医疗过错;②患者第二次住院诊治过程,通过两次做 B 超及 CT 检查在均未发现胆管结石的情况下,无法明确诊断胆总管结石,在未诊断出结石又有感染的情况下,给予保守治疗,符合当时医院的实情。

(三) 调解过程与结果

1. 首次接待拒评论,温和有礼获信任

患方第一次来到医调委,调解员认真听取了其对疾病诊治情况的叙述,仔细记录了患方的意见和要求。详细复印了患方门诊病历、3 次住院的有关记录和相关检查报告。调解员温和有礼地告诉患方：医调委是中立的第三方，是群众性组织，调解必须双方自愿。听了你的诊治经过，你的心情我们非常理解，但我们需要与医方联系，待征求医方对此事的意见后会及时给你答复。调解员规范有礼的接待获得了患方的好感和信任，表示非常希望医调委的调解员能帮助其解决纠纷。

2. 千元补偿不满意，纠纷双方有分歧

医患纠纷人民调解员与A院联系，一方面进一步了解患者诊治情况，另一方面征求医方对纠纷的处理意见。医方表示愿意调解，但医方无过错，因考虑患方再次手术的实情，可考虑给与千元左右的人道主义补偿。患者再次来医调委时，因对医方答复不满，在医调委大厅大声怒骂医方，情绪异常激动，扬言要找医方院长算账。对此情况，调解员立即劝阻，请患方冷静不要冲动，现可暂将医方回复搁置一边。并表示：对于医方自己认为他们在纠纷中没有过错，并不代表医方真正没错。请相信我们医调委，可通过申请专家咨询来公平、公正的明确医方是否真正有责任。患方对调解员的说法表示认可。

3. 专家咨询明责任，明法析理论赔偿

专家咨询后，调解员结合专家咨询意见在与患方沟通时讲明：经专家咨询，对于您第一次手术，因术前急性胆囊炎诊断明确，您当时又无胆总管结石的表现，故医方治疗不存在过错；另外，关于您所患疾病，您自己也知道，与您自身体质有较大关系，毕竟结石的产生不是由医方造成的。对于您第二次入院时虽已有黄疸、发热、胆管扩张等症状，但两次CT及B超检查，结果均显示没有结石。调解员向患方解释了临床上确实存在有不显影结石这种特殊情况，并进一步疏导患方，虽然院方在第二次就诊时存在一定瑕疵，但也与院方的设备条件有一定关系，换个角度，我们无法要求“巧妇做出无米炊”，同理我们也应理解医方的难处。同时调解员为其仔细分析了有关赔偿的每一项标准后，请患方理性对待赔偿。面对调解员详细的医学分析与合情合理的比喻解释，以及对赔偿标准理性而周全的阐述，患方对调解员为此所作的一切努力非常感动，表示对调解员与专家咨询意见的理解并愿意作出让步。

4. 劝说医方勇担责，换位思考促解决

调解员与医方单独沟通时指出：在患者第二次住院期间，虽然你院医疗设备有限，无法做核磁共振，以明确诊断结石存在，但根据当时患者临床症状结合实验室检查，医生亦可作出有胆总管结石的判断，你院医生不仅没有作出正确诊断，也未当时建议患者到外院作相应检查，所以存在一定缺陷。希望你院能拿出诚意，慎重考虑你们在诊疗过程中存在的不足，并对已发生的失误要敢于承担。调解员建议医方应换位思考，同时告知患方已作出了让步的信息，并以此因势利导，建议院方尽快参照有关标准，拿出合理赔偿方案以妥善解决此事。院方经讨论后表示认可调解员的建议，增加了一定金额的补偿。

通过调解员反复沟通疏导与明法析理，医患双方最终达成了调解协议。

（四）调解模式及方法和技巧

（1）调解员在开展调解工作过程中，对医患双方主要实施了“划分责任调解模式”和“利益平衡调解模式”。

（2）具体调解中人民调解员主要对双方采用了首次接待法、获取信任法、专家咨询法、区分责任法、单独沟通法、明法析理法、换位思考法、因势利导法、经济促和法等调解方法和技巧。

表现在：患方第一次到医调委，负责接待的人民调解员使用了首次接待法对患方的陈述认真倾听，仔细记录，详细复印有关资料，规范告知以获取信任。当医患双方对纠纷产生较大分歧时，通过启动专家咨询来区分责任。在此基础上人民调解员多次与医患双方进行单独沟通，通过深入细致的医学、法学解释来明法析理，建议患方换位思考的同时，巧用比喻感动并说服患方。指出医方错误时有理有据以理服人，建议医方换位思考，同时告知患方已主动作出了让步，并以此因势利导使用明法析理法有效说服了医方，最终以经济促和法使双方达成协议。

（五）临床医学点评

（1）患者第一次就诊时，急性胆囊炎诊断明确，CT 中未见胆总管扩张，患者又无胆总管结石的临床表现，根据医疗常规，患者手术指征明确，没有胆总管探查指征，手术方案正确，且院方复查 CT，从片子上无法看出有结石存在，所以第一次胆囊切除手术不存在过错。

（2）患者第二次入院时，已有寒战、发热、上腹绞痛和对穿性背痛及黄疸的症状，医方虽做了两次 B 超及 CT 检查，但结果均未显示有结石。患者胆囊切除术后出现胆总管结石是少见情况，可是原胆囊结石脱落，也可能当时就存在有不显影结石。因该院医疗设备有限，无法做核磁共振以明确诊断结石。但根据第二次入院时患者有黄疸、发热、胆管扩张等临床症状结合实验室检查，也可判断胆总管结石的存在，院方当时没有作出诊断，不排除漏诊的可能。未能及时建议到上级医院诊治也欠妥当。

(3) 在外院明确诊断后，内镜下行逆行胰胆管造影(ERCP)及取石术处理正确，患者现已康复，无不良后果。本例医疗事件，不构成医疗事故。

(六) 本案涉及的法律、法规

(1)《中华人民共和国侵权责任法》第五十四条　患者在诊疗活动中受到损害，医疗机构及其医务人员有过错的，由医疗机构承担赔偿责任。

第五十七条　医务人员在诊疗活动中未尽到与当时的医疗水平相应的诊疗义务，造成患者损害的，医疗机构应当承担赔偿责任。

(2)《上海市医患纠纷人民调解工作实施办法》第二十九条　医患纠纷人民调解工作实行专家咨询制度。上海市医患纠纷人民调解专家咨询委员会负责向人民调解员提供专家咨询。专家咨询工作由各区县医调办组织实施。

第三十一条　专家咨询委员会采用咨询意见书或者口头答复的方式向医调委提供医患纠纷专家咨询意见。人民调解员可以参考专家咨询意见调解医患纠纷。

(3)《上海市医患纠纷预防与调解办法》第三十一条　医患纠纷具有下列情形之一的，医调委应当启动专家咨询程序：①赔付金额可能超过10万元的；②患者死亡的；③医患双方对争议事实存在重大分歧的；④预估保险理赔金额超过十万元且承保机构建议的；⑤其他需要进行专家咨询的情形。……

(4)《中华人民共和国人民调解法》第二十一条　人民调解员调解民间纠纷，应当坚持原则，明法析理，主持公道。调解民间纠纷，应当及时、就地进行，防止矛盾激化。

第二十二条　人民调解员根据纠纷的不同情况，可以采取多种方式调解民间纠纷，充分听取当事人的陈述，讲解有关法律、法规和国家政策，耐心疏导，在当事人平等协商、互谅互让的基础上提出纠纷解决方案，帮助当事人自愿达成调解协议。

(5)《医疗事故处理条例》第十一条　在医疗活动中，医疗机构及其医务人员应当将患者的病情、医疗措施、医疗风险等如实告知患者，及时解答其咨询；但是，应当避免对患者产生不利后果。

二、胃癌手术纠纷案例的调解

（一）医患纠纷案情简介

患者王某，男，53岁。因"体检发现胃窦部占位10余天"而入住医方普外科病区。胃镜取活体组织，病理报告示：胃窦部黏膜内癌变。在告知患方同意后实施了胃癌根治术。术中发现脾窝处有渗血，经与家属交流后决定行脾切除术。术后病理诊断："胃窦"腺癌（Ⅱ级），给予相应治疗后出院。出院诊断：胃腺癌。患者出院后第二天即出现呕吐、第三天出现黑便，再次入住医方普外科病区。住院次日患者出现休克，抢救无效死亡。患方拒绝将遗体移入太平间，众家属披麻戴孝，手捧遗像，在医院哭闹不休。当地派出所和医院来电，急请调解员现场调解。

（二）医患双方争议焦点

（1）患方认为：①医方术前准备不足，未对患者进行常规必须的术前上腹部CT检查，以致未能对病情作出全面的判断；②医方在手术过程中存在严重失误，无端损伤并切除了脾脏，并且对于手术方案的重大变更未获得患者亲属的书面同意；③术后医方明知患者腹腔内存在继续出血的可能，但为了规避责任和掩盖病情，继续选择了消极放任和不作为，未能采取积极有效措施干预死者腹腔内继续出血的严重情况，并且草率安排患者出院；④医方对患者出院后注意事项未作相应告知，至出院后仅隔一天患者病情发生严重变化，直接导致患者丧失了最后一次挽救生命的关键时机。

（2）医方认为：①医方对胃窦癌患者在告知同意后全麻下行胃癌根治术，符合临床诊疗护理规范、常规；②患者死亡诊断为失血性休克，两次住院中医方的整个医疗过程规范有序，处置得当，不存在医疗损害和医疗过错。

（三）调解过程与结果

1. 搁置争议待尸检，纠纷导入医调委

患方声称患者死于医疗事故，拒绝将死者遗体从病房移入太平间，众家属披麻戴孝，手捧遗像，在医院哭闹不休，迫使医方马上答应给予其高额赔偿。当晚，医方在无奈之下只能将与死者同病房里的几位病人转入其他病房。次日上午，当地派出所民警和医方联系医调委，请求医调委给予现场调解。人民调解员到达现场后，通过民警引导，向患方当事人亮明身份，并告知：医调委是中立的第三方，人民调解必须是双方自愿。强调了医调委调解纠纷的优势：方便、灵活、公平、公正、不收费等，以及解决医患纠纷的几条其他法定途径。并表示：请相信我们医调委一定会公平、公正地处理纠纷……听完调解员的介绍，双方均表示：愿意调解。于是在民警的协助下，由调解员主持医患双方进行了会议式调解，在会上医患双方对患者死亡原因分歧较大。对此情况，调解员建议立即做尸体解剖以明确死因。针对患方已经闹了一天一夜没有结果，家属也很困乏的情况，调解员和民警一起劝说患方：哭闹不是解决问题的办法，要想解决问题，最好先作"尸检"待明确死因后再进一步处理。同时让患方站在医院其他患者的角度来考虑问题，劝患方不能因此影响医院其他住院病人的治疗，同时严肃地告诉患方最近市政府刚下发了打击"医闹"的文件，目前患方的做法属于禁止性行为，希望患方理性维权，否则将承担不利后果。经调解员晓之以理，明之以法的沟通说服，医患双方初步达成约定，同意暂时搁置争议，待"尸检"结果出来后，再以"尸检"结果为依据明确责任，再协商具体处理办法。患方听从了调解员的劝说，当即将尸体送出进行"尸检"，并表示次日上午至医调委申请调解。至此，调解员将该纠纷顺利引出医院，导入至医调委调解。

2. 专家咨询明责任，明法析理劝理性

一个月后，"尸检"结论为："患者死亡直接原因为失血性休克"。面对这一结论，患方态度立即变得强硬，提出了高额的赔偿要求。针对此情况，医调委内部对该案例进行了讨论：按照有关规定，该案须进行专家咨询。经咨询后结合专家意见，人民调解员与医方沟通时讲道：你院由于在术前对患者风险评估存在不足，知情告知也较简单化和走形式，故对患者及家属在告知方面存在欠缺；且在术中行脾脏切除前因未履行书面告知，又存有缺陷，使患者及家属不能正确认识和对待手术并发症和意外风险；加之患者出院时，医生对其围手术期注意事项指导不力，致出院后第二天患者出现呕吐时也未引起注意，至第三天出现黑便了才再次入院。待患者再入院时你院仍未引起足够重视，只给予了患者一般止血措施，致其出现失血性休克时，你院也未采取积极、有效措施致患者最终死亡。因此该纠纷中你院应负较大责任。医方面对人民调解员理性的分析，沉默不语。人民调解员进一步分析：如果你院不能理性对待赔偿事宜，患方即有可能走诉讼途径或鉴定途径，到时你院将有可能既被行政处罚，还要给予相应赔偿，并且还可能要增加鉴定费、诉讼费及律师费等多项支出。人民调解员明法析理，说得医方连忙表示:一定按规定给予患方相应赔偿,还请调解员帮助做好患方工作。

3. 单独沟通获理解,区分责任有依据

得到了医方答复后,调解员再与患方单独沟通时,主要强调了三个方面的情况:其一,患者出院回家后病情发生了变化,患者本人与家属均未引起注意,至已出现黑便才再次入院,已致病情较为严重,也延误了病情。因此,患方在这方面也有一定过错,不能将所有过失全都推给医方;其二,患者出院时生命体征已平稳,且能下床活动,回家后由于未能得到合理照顾,出现病情突然变化,患方也不能全怪医生;其三,本案中医方虽存有缺陷但患者的最终死亡与癌症病人本身身体抵抗力严重降低,影响术后伤口生长修复,出现术后并发症有关。故责任不可全归于医方。调解员表示体谅患方对死者的个人感情,但也劝其维权应理性,只有合理的赔偿金额,才能有利于纠纷顺利化解。如果要求过分,院方又坚决不同意,那就有可能走诉讼途径,且法院也必须依法办事,最终判决也不可能由患方自己来决定。如不依法索赔,提出过分要求终也无济于事,只能是空耗财力物力与精神。人民调解员区分责任有理有据的分析,得到了患方的认同,于是患方表示:待家属商议后再提出理性、合理的索赔金额。

4. 传递信息消误解,经济促和签协议

人民调解员以中立第三方的角色,分别采取单独沟通法明法析理,取得医患双方的理解与信任,通过调解员及时为双方传递信息并沟通疏导,有效地消除了双方误解。在赔偿金额上,通过调解员的层层剖析,消除了医患之间差距,最后双方都作出多次让步,用经济促和使其渐达一致,最终促成了调解协议的达成。

(四) 调解模式及方法和技巧

(1) 调解员在开展调解工作过程中,对医患双方主要实施了"划分责任调解模式"和"利益平衡调解模式"。

(2) 具体调解中人民调解员主要对患方采用了获取信任法,扶正祛邪法、借助力量法。对医患双方采用了会议沟通法、热案冷处法、专家咨询法、区分责任法、单独沟通法、明法析理法、经济促和法等调解方法和技巧。

表现在:人民调解员及时介入,进行现场调解时先通过介绍医调委的性质,调解原则与优势等,用法理情交融的方法获取了患方信任。借助民警的力量,实施扶正祛邪法制止了患方的哭闹,顺利将遗体移出病房,保证了医院的正常秩序,将纠纷顺利引出医院,避免了矛盾进一步激化升级。调解时使用会议沟通法，确定了“搁置争议，尸检明因”。实现热案冷处理并为以后调解工作区分责任奠定基础，调解员多次与医患双方单独沟通，利用专家咨询以区分责任，通过调解员运用自身的医学和法学知识，明法析理进行劝说，获得了医患双方的认同，让双方多次作出经济让步，最终以经济促和法使双方达成协议。

（五）临床医学点评

（1）患者胃癌术前诊断明确，有手术指证。医方在告知患方同意后全麻下行胃癌根治术符合临床诊疗常规。

（2）医方应在术前对患者认真分析评估风险，对患者及家属详细告知，使患者及家属能正确认识和对待手术及并发症与意外风险。本案知情告知较简单化和走形式，医方在术中行脾脏切除前未履行书面告知，也存有缺陷。

（3）患者出院时生命体征虽平稳，且能下床活动。但医生对其围手术期注意事项指导不力，致出院后第二天患者出现呕吐时也未引起注意，至第三天出现黑便了才再次入院。虽属于围手术期消化道出血，但医方因对患者出院指导不力，致患方没引起足够注意，与患者的最终死亡存有一定的因果关系。

（4）患者因消化道出血再次入院时院方仍未引起足够重视，只给予了患者一般止血措施，致其出现失血性休克时，院方亦未采取积极、有效措施致患者最终死亡。医方应负有一定责任。

（5）患者死于围手术期消化道出血并发症，且与患者癌症术后抵抗力下降及家属对患者照顾有一定欠缺有关。

（6）参照《医疗事故分级标准（试行）》，患者死亡结果的人身医疗损害等级为一级甲等。本例医疗事件的责任程度为次要责任。

（六）本案涉及的法律、法规

（1）《中华人民共和国侵权责任法》第五十四条　患者在诊疗活动中受到损害，医疗机构及其医务人员有过错的，由医疗机构承担赔偿责任。

第五十五条　医务人员在诊疗活动中应当向患者说明病情和医疗措施。需要实施手术、特殊检查、特殊治疗的，医务人员应当及时向患者说明医疗风险、替代医疗方案等情况，并取得其书面同意；不宜向患者说明的，应当向患者的近亲属说明，并取得其书面同意。

第五十七条　医务人员在诊疗活动中未尽到与当时的医疗水平相应的诊疗义务，造成患者损害的，医疗机构应当承担赔偿责任。

第六十四条　医疗机构及其医务人员的合法权益受法律保护。干扰医疗秩序，妨害医务人员工作、生活的，应当依法承担法律责任。

(2)《中华人民共和国执业医师法》第二十六条　医师应当如实向患者或者其家属介绍病情，但应注意避免对患者产生不利后果。

(3)《医疗事故处理条例》第二条　本条例所称医疗事故，是指医疗机构及其医务人员在医疗活动中，违反医疗卫生管理法律、行政法规、部门规章和诊疗护理规范、常规，过失造成患者人身损害的事故。

第四条　根据对患者人身造成的损害程度，医疗事故分为四级：一级医疗事故：造成患者死亡、重度残疾的；二级医疗事故：造成患者中度残疾、器官组织损伤导致严重功能障碍的；三级医疗事故：造成患者轻度残疾、器官组织损伤导致一般功能障碍的；四级医疗事故：造成患者明显人身损害的其他后果的。具体分级标准由国务院卫生行政部门制定。

第十一条　在医疗活动中，医疗机构及其医务人员应当将患者的病情、医疗措施、医疗风险等如实告知患者，及时解答其咨询；但是，应当避免对患者产生不利后果。

(4)《医疗机构管理条例实施细则》第六十二条　医疗机构应当尊重患者对自己的病情、诊断、治疗的知情权利。在实施手术、特殊检查、特殊治疗时，应当向患者作必要的解释。因实施保护性医疗措施不宜向患者说明情况的，应当将有关情况通知患者家属。

(5)《医疗事故分级标准(试行)》节选：一级医疗事故系指造成患者死亡、重度残疾。一级甲等医疗事故：死亡。

(6)《中华人民共和国人民调解法》第二十一条　人民调解员调解民间纠纷，应当坚持原则，明法析理，主持公道。调解民间纠纷，应当及时、就地进行，防止矛盾激化。

(7)《上海市医患纠纷人民调解工作实施办法》第二十九条　医患纠纷人民调解工作实行专家咨询制度。上海市医患纠纷人民调解专家咨询委员会负责向人民调解员提供专家咨询。专家咨询工作由各区县医调办组织实施。

第三十一条　专家咨询委员会采用咨询意见书或者口头答复的方式向医调委提供医患纠纷专家咨询意见。人民调解员可以参考专家咨询意见调解医患纠纷。

(8)《上海市医患纠纷预防与调解办法》第三十一条 医患纠纷具有下列情形之一的,医调委应当启动专家咨询程序:①赔付金额可能超过10万元的;②患者死亡的;③医患双方对争议事实存在重大分歧的;④预估保险理赔金额超过10万元且承保机构建议的;⑤其他需要进行专家咨询的情形。……

三、甲状腺癌手术纠纷案例的调解

(一) 医患纠纷案情简介

患者C,女性,36岁。因"发现颈部肿块半月余"入住医方甲状腺病专科病房。专科检查:左侧甲状腺触及肿块,颈部B超:甲状腺左侧叶局限性回声,甲状腺右侧叶结节,医方初步诊断:双侧甲状腺占位;结节性甲状腺肿?癌?给予行"左侧甲状腺腺叶切除+峡部切除+左侧喉返神经区淋巴结清扫+右侧甲状腺次全切除术"。病理诊断示:"左"甲状腺:微小乳头状癌。出院诊断:右结节性甲状腺肿、左甲状腺乳头状癌。出院后患者曾多次因声嘶去医方复诊。检查后诊断:左声带麻痹。患方向医方提出索赔,医方以术后并发症为由拒绝赔偿,患方到医调委申请调解。

(二) 医患双方争议焦点

(1) 患方认为:因医方未尽注意义务,对"甲状腺肿块"患者行外科手术操作时过于草率,造成了患者喉返神经损伤、左声带麻痹的不良后果,至影响患者生活质量,要求医方给予经济赔偿。

(2) 医方认为:①医方对"结节性甲状腺肿?癌?"患者在告知同意后全麻下行"左侧甲状腺腺叶切除+峡部切除+左侧喉返神经区淋巴结清扫+右侧甲状腺次全切除术"符合外科临床诊疗护理常规、规范。医方在整个诊疗过程中不存在医疗事故及医疗过错;②患者甲状腺癌术后声音嘶哑为术后常见并发症之一,医方术前已作过详细告知,故对此不应负任何责任。

(三) 调解过程与结果

1. 甲状腺术致声嘶,声带麻痹求调解

人民调解员首次接待患方时认真查看了患方门诊及住院病历等复印件,听取了患方对甲状腺癌术后出现声带麻痹诊治情况的叙述,感到患者的声嘶症状明显。调解员温和有礼地告诉患方:医调委是中立的第三方,在双方都愿意调解的情况下进行调解。听了你的诊治经过,我们表示关心,待与医方联系他们同意调解后，尽快帮助您调解。并告诉患者本市治疗此种声嘶较好的几家医院，让患者可多家医院咨询，看看有没有治疗声嘶的好办法，如果有治疗的办法大致需要多少费用与时间，以利在下一步调解中提出来。调解员的接待获得了患方的好感和信任。

2. 医方不赔找理由，调解需要论事实

送走患方后，调解员马上与医方联系核实情况，医方承认甲状腺癌手术后患者出现声嘶的事实，表示术前已经告知，有手术知情同意书为证，声嘶属术后并发症，不应给予赔偿。调解员郑重地告诉医方，术后出现并发症不是免责的理由，根据《医疗事故处理条例》有关规定，关键要看医方是否采取了有效措施进行避免，并且出现并发症后是否积极进行了妥善处理，否则不排除要承担相应责任。医方表示需要汇报并讨论后才能回答调解员。当调解员第二次与医方联系时，医方仅愿意一次性承担患者近半年医药费的自费部分(总计 700 多元)，表示其他不再做任何赔偿，否则让患者走诉讼途径解决纠纷。

3. 专家咨询有结果，纠纷责任划分明

鉴于医方对此纠纷解决的态度，患方十分气愤，调解员劝其可通过医疗事故技术鉴定或法院诉讼途径解决该纠纷。患者家属不甘，遂向人大、政协等写信投诉，通过信访部门与人民调解衔接，希望医调委调解员继续实施调解。同时医方也获得有关信息，认识到不能草率结束调解。医调委根据医患双方的情况，为分清责任启动了专家咨询程序。专家咨询后调解员与医方沟通：根据专家咨询结果，你院在术中冰冻病理无明确癌变情况下仍对患者行“左喉返神经区淋巴清扫”，导致患者喉返神经损伤，引起声嘶，是属违反诊疗常规的行为，你院在本案中，不是没有责任，而是应承担主要责任。所以应按相应责任给予赔偿。院方征询调解员建议，调解员给院方提出一个调解方案，请医方考虑。

4. 索赔太高冷处理，相似案例找依据

经过调解员与医方沟通后，医方认识到了自己的责任，同意给予赔偿。当调解员也将专家咨询结果告诉患方时，患方非常感谢调解员为其主持公道，但因患方的索赔要求太高医方不能接受，于是双方处于僵持状态。调解员也感到患方提出的索赔金额高于标准太多，太不理性。于是给患方仔细讲解了“人身损害的赔偿标准”，并列举既往调解与法院判决的相似案例，引导患方以此为据参照处理。经过调解员单独沟通并明法析理进行劝解，患方仍坚持己见。于是调解员决定采用热案冷处法和适时终止法(因势利导法中的一种),在明确告知处理医患纠纷的其他几条合法途径后,讲明了要终止调解的原因,给予办理了调解终止手续。调解员告知患方:待你们多方去咨询,你认为走哪条途径对你们有利,就选哪条途径维权。半月后患方主动到医调委申请再次调解,患方告诉调解员,患者已按调解员建议到某专科医院就诊,医生检查后告知患者有通过手术治愈的希望,但有一定风险。通过冷静思考后患者到法院也进行了咨询,认识到提出的索赔数额确实太高,感恩于调解员对其认真负责的态度,于是重新提出合理的索赔金额。调解员立即与医方沟通,医方也希望妥善解决。医患双方再次进入调解,调解员预约召开调解会议。

5. 借助力量见"熟人",以情感人签协议

在医调委召开调解会议前,调解员了解到双方单位工会主席关系较好,决定邀请医患双方的工会主席参加会议,医患双方"熟人"见面,在较友好的气氛中进行了交谈。医方愿意为患方今后的医疗继续提供优质服务,患方也希望医方能继续在甲状腺疾病诊治方面给予有关帮助,医患双方参会人员经双方单位工会主席与调解员的协调,情感交融,成了"朋友"。高高兴兴地达成了协议。

(四) 调解模式及方法和技巧

(1) 调解员在开展调解工作过程中,对医患双方主要实施了"划分责任调解模式"和"心理情感调解模式"。

(2) 具体调解中人民调解员主要对患方采用了获取信任法、热案冷处法、案例引导法。对医患双方采用了区分责任法、会议沟通法、单独沟通法、去伪存真法、明法析理法、专家咨询法、借助力量法等调解方法和技巧。

表现在:人民调解员首次接待患方时通过关心其病情,建议继续诊治获取信任;当医患双方在责任认定上有较大分歧时,分别通过与医方讲事实依据,告知医方术后出现并发症不是免责的理由进行去伪存真;通过《医疗事故处理条例》相关规定的说明来明法析理;用专家咨询来明确责任。人民调解员与患方单独沟通时将专家咨询结果进行了告知,患方知道了医方应该承担赔偿责任,因此提出了高额索赔,人民调解员在使用区分责任法、明法析理法、案例引导法无效的情况下,针对患方心里,及时采用热案冷处,适时终止调解。并在办理终止手续时,建议患方多途径咨询,巧妙借助外力,打消患方不合理要求。当患者再次申请调解时,调解员使用会议沟通法,请医患双方单位工会主席参加,

借助力量，用“熟人”的亲和力，会场上使用“心理情感调解模式”促成双方签订调解协议。

（五）临床医学点评

（1）患者因“发现颈部肿块半月余”入住医方甲状腺病专科病房。颈部 B 超：甲状腺左侧叶局限性回声，建议进一步检查除外“癌”可能；甲状腺右侧叶结节，考虑结节性甲状腺肿可能；双侧颈部软组织内结节，考虑淋巴结增大。医方初步诊断：双侧甲状腺占位：结节性甲状腺肿？癌？

（2）医方在术中冰冻病理无明确癌变情况下，继续行“左喉返神经区淋巴清扫”，导致喉返神经损伤，引起声嘶，存在违反诊疗常规的行为，与患者术后声音嘶哑存有直接因果关系。

（3）医方术前谈话不规范、术中未根据病理情况改变手术方式，存有缺陷。

（4）根据《医疗事故处理条例》第二、四条、十一条《医疗事故分级标准（试行）》本医疗事件属于三级戊等医疗事故，医方承担主要责任。

（六）本案涉及的法律、法规

（1）《医疗事故处理条例》第二条　本条例所称医疗事故，是指医疗机构及其医务人员在医疗活动中，违反医疗卫生管理法律、行政法规、部门规章和诊疗护理规范、常规，过失造成患者人身损害的事故。

第四条　根据对患者人身造成的损害程度，医疗事故分为四级：一级医疗事故：造成患者死亡、重度残疾的；二级医疗事故：造成患者中度残疾、器官组织损伤导致严重功能障碍的；三级医疗事故：造成患者轻度残疾、器官组织损伤导致一般功能障碍的；四级医疗事故：造成患者明显人身损害的其他后果的。具体分级标准由国务院卫生行政部门制定。

第十一条　在医疗活动中，医疗机构及其医务人员应当将患者的病情、医疗措施、医疗风险等如实告知患者，及时解答其咨询；但是，应当避免对患者产生不利后果。

（2）《医疗机构管理条例实施细则》第六十二条　医疗机构应当尊重患者对自己的病情、诊断、治疗的知情权利。在实施手术、特殊检查、特殊治疗时，应当向患者作必要的解释。因实施保护性医疗措施不宜向患者说明情况的，应当将有关情况通知患者家属。

（3）《医疗事故分级标准（试行）》节选，三级戊等医疗事故：器官部分缺损或畸形，有轻微功能障碍，无医疗依赖，生活能自理。例如造成患者下列情形之一的：①脑叶缺失后轻度智力障碍；②发声或言语不畅；……

(4)《中华人民共和国侵权责任法》第五十四条　患者在诊疗活动中受到损害，医疗机构及其医务人员有过错的，由医疗机构承担赔偿责任。

第五十七条　医务人员在诊疗活动中未尽到与当时的医疗水平相应的诊疗义务，造成患者损害的，医疗机构应当承担赔偿责任。

(5)《中华人民共和国人民调解法》第二十一条　人民调解员调解民间纠纷，应当坚持原则，明法析理，主持公道。调解民间纠纷，应当及时、就地进行，防止矛盾激化。

(6)《上海市医患纠纷人民调解工作实施办法》第二十九条　医患纠纷人民调解工作实行专家咨询制度。上海市医患纠纷人民调解专家咨询委员会负责向人民调解员提供专家咨询。专家咨询工作由各区县医调办组织实施。

第三十一条　专家咨询委员会采用咨询意见书或者口头答复的方式向医调委提供医患纠纷专家咨询意见。人民调解员可以参考专家咨询意见调解医患纠纷。

(7)《上海市医患纠纷预防与调解办法》第三十一条　医患纠纷具有下列情形之一的，医调委应当启动专家咨询程序：①赔付金额可能超过10万元的；②患者死亡的；③医患双方对争议事实存在重大分歧的；④预估保险理赔金额超过10万元且承保机构建议的；⑤其他需要进行专家咨询的情形。……

四、腹股沟疝手术纠纷案例的调解

(一) 医患纠纷案情简介

患者男性，75岁。因“双侧腹股沟发现肿块17年”，体温39度，X线示：肺炎。于2月21日收入院，诊断：肺炎，双侧腹股沟斜疝。予补液抗炎3日，体温降到正常的当日(2月24日)行腹腔镜下腹股沟斜疝修补术。2月25日下午患者入厕所时，突发呼吸困难、四肢无力，继而意识丧失，即经多科室联合抢救，复苏成功，后转入重症监护病房ICU进一步治疗。2月28日中午患者突发心率、血压下降，抢救无效死亡。患者死亡1个月后，家属发现出院死亡小结上不是患者姓名，病历记录日期也存在错误，患方认为医方隐瞒病情，遂对诊疗过程全程质疑。

（二）医患双方争议焦点

（1）患方认为：①医方为了科室利益动员患者手术，说手术简单不会有问题，现在患者死亡作何解释；②对发热肺炎病人不适合马上手术，患者术后突然四肢无力与手术有一定关系；③出院死亡小结上患者姓名出错，病历记录日期不对，属医方隐瞒病情提供虚假资料，患方对诊疗全程质疑，要求追究院方责任。

（2）医方认为：①患者术前检查完整，并发症考虑完善，手术成功，抢救及时到位，故医方认为医生在救治过程中不存在过失；②至于病历书写上存在一点小瑕疵，与患者死亡无任何因果关系。

（三）调解过程与结果

1. 病史错误讨说法，患方拟探医调委

患者死亡1个月后，家属偶然发现医方提供的出院死亡小结上患者的姓名错误（不是患者的姓名），病历记录日期也存在错误，患方遂认为医方隐瞒病情，提供虚假资料，对诊疗全程产生怀疑。于是立即到医方复印了一份患者住院病历，请学医的亲戚帮助审核，结果发现一些诊治上的疑问。患方向医方进行交涉，提出追究责任，要求经济赔偿要求。医方以患者属并发症死亡与手术无关为由，拒绝承担责任。患方召集十余名亲友到医方讨说法，与医方“对峙”了一整天。由于医患双方不能协商解决，医方建议患方到医调委调解。患方只在电视上看到对医调委工作的宣传，没有接触过，听了医方建议将信将疑，准备到医调委试探调解员对该医患纠纷处理的态度。

2. 工作规范受赞扬，患者信任供资料

患方来到医调委，提出第一次到医调委，要先了解医调委调解工作的情况。人民调解员热情接待了他们，带他们参观了医调委的工作场所，针对墙上的宣传资料，调解员适时进行了相关法制宣传并对医调委的工作作了必要的介绍。患方连说：来对了，医调委工作规范，我们相信你们，想请你们帮助给予出面调解，之后讲了整个纠纷的全过程。调解员告诉患方：医调委是中立的第三方，在医患双方都自愿调解的情况下进行调解。既然医方让你们来医调委，我们会尽快与医方联系。调解员收下患方提供的住院病历复印材料，并作了相关记录。

3. 调查了解到医院，去伪存真求公正

医调委派两名调解员到医院全面了解纠纷情况。医方认为手术成功，不存在诊疗过失。调解员认真审核了有关病史，通过分析辨别，去伪存真，发现除病史书写有误外，患者住院治疗还存在较多瑕疵。调解员将此情况与医方沟通后，医方坚持认为不存在诊疗过失，态度强硬。为明确实际情况，给医患双方一个明白，保证调解工作的公正性，切实保护医患双方的合法权利，医调委启动了“专家咨询”程序，以区分责任。

4. 医方赔偿太消极，医患矛盾再激起

五天后，在医调委对此案例进行了专家咨询。根据专家咨询结果，调解员与医方沟通时指出：你院在对患者的诊疗过程中存在告知不够全面，尤其是没有针对肺栓塞并发症进行相关的告知；病史中未见第一次抢救患者时的心电图，而且整个复苏过程记录不全，医嘱中未找到吸氧记录；在有肺炎的情况下用几天抗生素就进行手术，属手术条件未严格控制。另外床位医生在电子病历书写中用复制、粘贴时，未作相应修改至病历书写出现错误等诸多不足之处。医方听了调解员传达的专家咨询意见和对案例的分析，沉默很久迟迟不表态。调解员强调如院方不认可医调委专家咨询结果，调解员将建议患方进行医疗事故技术鉴定。此时，医方表示希望调解员帮助调解，可只答应给患方很少的赔偿金应付调解。患方对医方的态度极为不满，组织人员到医院讨“说法”，局面一度紧张。医方急请调解员和民警到现场进行疏导劝阻，经过调解员与民警沟通疏导，抚慰其情绪后再次强调并建议患方通过鉴定或诉讼途径解决，并告知患方可先到有关部门进行咨询，让其自主选择对其最有利途径，用热案冷处理法，才防止了矛盾激化。

5. 相似案例来引导，公平调解得好评

针对医患之间的矛盾升级，医方表示仍希望调解员进行调解，并表示愿意适当提高赔偿比例，但双方赔偿金额差距仍然很大。此时，患方经过多方咨询，最终还是表示相信医调委，希望由调解员为其主持公道。鉴于此种情况，医调委内部统一思想，多次与医方单独沟通，举出类似案例的赔偿方案，引导医方参照处理，并友情提示医方如不妥善对待此事，将可能引起的风险，希望院方公平对待此事。经过调解员的多次沟通说服，医方表示会尊重调解员建议，妥善处理此纠纷。

调解员与患方沟通时表示：非常感谢您对我们的信任，但调解毕竟是医患双方自愿的事，我们不能强求，看在医院对患者抢救还是比较尽力，如第一次抢救就很成功。虽然患者最终死亡，但属于意外事件，是因患者病情突发，比较凶险也与患者高龄、术前本身有肺部感染等有关。既然你们相信我们，我们也会尽力在合理范围内进行调解，这样才能保证调解的公正性。患方听后表示愿意在合理范围内解决。最终在“公平原则”的指导下，医方自愿以较合理的金额与患方达成一致，签订了协议。这完全高于患方的期望值，调解员公平、公正的调解受到了患方赞扬。

（四）调解模式及方法和技巧

（1）调解员在开展调解工作过程中，对医患双方主要实施了“划分责任调解模式”和“利益平衡调解模式”。

（2）具体调解中人民调解员主要对患方采用了获取信任法、热案冷处法。对医患双方采用了去伪存真法、区分责任法、专家咨询法、弘扬正气法、案例引导法、明法析理法、单独沟通法等调解方法和技巧。

表现在：人民调解员首次接待患方，通过带患方参观医调委的工作环境与相关介绍，成功获取信任。调解员进行调查和审核病历时，使用去伪存真法发现问题。为了给医患双方一个明白，启动专家咨询区分责任。当患方第二次到医方“讨说法”时，调解员到现场通过劝导患方多方咨询，选择调解途径，成功使用热案冷处法，通过劝说避免了矛盾激化升级。调解后期调解员坚持弘扬正气法，公平公正地对待调解，使用案例引导法明法析理，让医方作出合理的赔偿方案，受到患方好评。

（五）临床医学点评

（1）对75岁的老人，患腹股沟斜疝17年，没出现嵌顿等特殊情况，可不做手术。在患者发热、有肺炎的情况下只用3天抗生素就进行手术，属手术条件不成熟。门诊医生动员患者手术，告知手术简单不会有问题，不排除是为了经济利益驱动。

（2）医方在诊疗过程中告知不全面，书面文字太少，尤其是对肺栓塞并发症没有进行告知。

（3）第二次抢救患者时的心电图在病史中未发现，而且整个复苏过程记录不全，医嘱中也未找到吸氧记录；显得医护之间合作不佳，科室管理比较混乱，病历书写也不合规范。

（4）床位医生在电子病历书写中，应用复制、粘贴技术时将其他患者的出院小结未作相应修改，至病历书写出现错误等。属工作责任心不强。

(5) 患者在腹腔镜下行全腹膜外双侧股疝修补手术是成功的，患者死于肺栓塞，属术后并发症。因该病情突发，比较凶险与患者高龄、肺部感染、手术条件欠成熟等有关。医方承担一级甲等次要责任。

(六) 本案涉及的法律、法规

(1)《中华人民共和国侵权责任法》第五十四条　患者在诊疗活动中受到损害，医疗机构及其医务人员有过错的，由医疗机构承担赔偿责任。

第五十五条　医务人员在诊疗活动中应当向患者说明病情和医疗措施。需要实施手术、特殊检查、特殊治疗的，医务人员应当及时向患者说明医疗风险、替代医疗方案等情况，并取得其书面同意；不宜向患者说明的，应当向患者的近亲属说明，并取得其书面同意。

第五十七条　医务人员在诊疗活动中未尽到与当时的医疗水平相应的诊疗义务，造成患者损害的，医疗机构应当承担赔偿责任。

第六十四条　医疗机构及其医务人员的合法权益受法律保护。干扰医疗秩序，妨害医务人员工作、生活的，应当依法承担法律责任。

(2)《医疗机构管理条例实施细则》第六十二条　医疗机构应当尊重患者对自己的病情、诊断、治疗的知情权利。在实施手术、特殊检查、特殊治疗时，应当向患者作必要的解释。因实施保护性医疗措施不宜向患者说明情况的，应当将有关情况通知患者家属。

(3)《病历书写基本规范》第三章住院病历书写内容及要求，第二十二条节选：抢救记录是指患者病情危重，采取抢救措施时作的记录。因抢救急危患者，未能及时书写病历的，有关医务人员应当在抢救结束后 6 小时内据实补记，并加以注明。内容包括病情变化情况、抢救时间及措施、参加抢救的医务人员姓名及专业技术职称等。记录抢救时间应当具体到分钟。

死亡记录是指经治医师对死亡患者住院期间诊疗和抢救经过的记录，应当在患者死亡后 24 小时内完成。内容包括入院日期、死亡时间、入院情况、入院诊断、诊疗经过(重点记录病情演变、抢救经过)、死亡原因、死亡诊断等。记录死亡时间应当具体到分钟。

病重(病危)患者护理记录是指护士根据医嘱和病情对病重(病危)患者住院期间护理过程的客观记录。病重(病危)患者护理记录应当根据相应专科的护理特点书写。内容包括患者姓名、科别、住院病历号(或病案号)、床位号、页码、记录日期和时间、出入液量、体温、脉搏、呼吸、血压等病情观察、护理措施和效果、护士签名等。记录时间应当具体到分钟。

(4)《中华人民共和国人民调解法》第二十一条　人民调解员调解民间纠纷,应当坚持原则,明法析理,主持公道。调解民间纠纷,应当及时、就地进行,防止矛盾激化。

第二十二条　人民调解员根据纠纷的不同情况,可以采取多种方式调解民间纠纷,充分听取当事人的陈述,讲解有关法律、法规和国家政策,耐心疏导,在当事人平等协商、互谅互让的基础上提出纠纷解决方案,帮助当事人自愿达成调解协议。

(5)《医疗事故处理条例》第二条　本条例所称医疗事故,是指医疗机构及其医务人员在医疗活动中,违反医疗卫生管理法律、行政法规、部门规章和诊疗护理规范、常规,过失造成患者人身损害的事故。

第四条　根据对患者人身造成的损害程度,医疗事故分为四级:一级医疗事故:造成患者死亡、重度残疾的;二级医疗事故:造成患者中度残疾、器官组织损伤导致严重功能障碍的;三级医疗事故:造成患者轻度残疾、器官组织损伤导致一般功能障碍的;四级医疗事故:造成患者明显人身损害的其他后果的。具体分级标准由国务院卫生行政部门制定。

(6)《医疗事故分级标准(试行)》节选:一级医疗事故系指造成患者死亡、重度残疾。一级甲等医疗事故:死亡。

(7)《上海市医患纠纷人民调解工作实施办法》第二十九条　医患纠纷人民调解工作实行专家咨询制度。上海市医患纠纷人民调解专家咨询委员会负责向人民调解员提供专家咨询。专家咨询工作由各区县医调办组织实施。

第三十一条　专家咨询委员会采用咨询意见书或者口头答复的方式向医调委提供医患纠纷专家咨询意见。人民调解员可以参考专家咨询意见调解医患纠纷。

(8)《上海市医患纠纷预防与调解办法》第三十一条　医患纠纷具有下列情形之一的,医调委应当启动专家咨询程序:①赔付金额可能超过 10 万元的;②患者死亡的;③医患双方对争议事实存在重大分歧的;④预估保险理赔金额超过 10 万元且承保机构建议的;⑤其他需要进行专家咨询的情形。……

五、膝关节手术纠纷案例的调解

（一）医患纠纷案情简介

患者，男，32 岁。因右膝半月板损伤到 A 院就诊，予手术治疗。历时两年半，多次住院，三次手术，未能治愈。去年 7 月右膝关节处两个窦道流脓，在卫生局的协调下患者转入某三级医院救治。目前膝关节严重损坏，已丧失自由弯曲功能，两腿长短不一，成跛脚，造成终生残疾。患方曾多次上访一直没有妥善解决，此次患方又到 A 院门诊大厅，故意敲打门窗干扰医院工作秩序，逼迫医方赔偿。

（二）医患双方争议焦点

(1) 患方认为：因 A 院在对该患者诊疗过程中存在不足和失误，造成患者残疾，要求医方给一个合理解释，来访时要求索赔金额 120 万元。

(2) 医方认为：因患方索赔期望值太高，该患者家属几年间反复去医方闹访，公安部门多次出警。到过卫生局、政府部门、信访部门上访，睡过马路等。一直未得妥善解决。A 院希望医调委调解员介入能调解解决此纠纷。

（三）调解过程与结果

1. 调解员赶赴现场，患方排斥拒调解

医调委接到警所电话，A 院医患纠纷“闹访”请求帮助调解，立即赶往 A 院。到 A 院门诊大厅，患者坐在轮椅上，周围聚集了 6～7 位该患者的家属，每一位都情绪激动，正在大声斥责医方对患者不关心。其中一位老人更是情绪失控，扬言要跳楼以此造成社会关注。人民调解员由民警引导亮明身份，宣传了医调委是群众性组织，是中立的第三方，在医患双方自愿调解情况下进行调解。患方马上说：群众性组织有什么用，政府都管不了，调解你们能给钱吗？该患者和家属对调解员非常排斥，不愿医调委调解员介入调解，扬言：来此的目的是闹访，扩大影响，给医院施压。

2. 关键人选先锁定，感动患方获信任

人民调解员针对患方排斥调解的情况，沉着冷静关注事态发展和患方每个人的行为，通过观察发现患者母亲与一亲戚比较讲道理，在患者家属中也有一定地位，调解员以此作为“关键人选”。两名调解员一位单独与患者母亲沟通，另一位与“那位亲戚”交谈，表明来意并宣传相关法律、政策、调解的原则后，与派出所民警同志一起好言相劝，调解员适时告知我们是人民调解员，人民调解为人民。在对患方表示同情和理解时注重服务细节（帮其母亲擦泪，送茶水等）体现人文关怀，令患方非常感动，最终该患者家属暂时同意由医调委调解员帮助协调。

3. 抓紧时间快办案，专家咨询明责任

医调委认识到患方是长期上访户，医患纠纷一直没有得到妥善解决，情况肯定复杂。该患者虽同意我们介入调解，但始终认为国家的人身损害赔偿标准订得太低，心态极不平衡，故存在很大的不稳定因素，如不能及疏导该患者和家属思想，很可能再一次引发扰乱，影响医院正常工作秩序。目前患方提出赔偿120万的要求显属过高，调解员如何应对？经医调委领导讨论后，决定特事特办，加急进入专家咨询程序。因此前患方早已查封病史，征得双方同意，立即解封病历并进行复印，通过专家咨询以明确划分责任。

4. 专家咨询定尺度，欲擒故纵除隐患

专家咨询结论：本案例属三级乙等医疗事故。医院应承担次要责任。根据专家咨询结果结合三级乙等医疗事故及其有关赔偿办法，调解员找医方单独沟通，告知了专家咨询结果后希望医方参照相应等级事故标准给予赔偿。调解员告知患方专家咨询结果后，患方很激动，几年来一直没有任何人和部门能认定该纠纷的医疗责任，医调委在很短时间内给了患者一个明白。调解员向患方说明，鉴于你们索赔要求太高，根本无调解可能，如你们认可我们专家咨询结果，就只能按相关规定的相应金额进行调解，如不认可专家咨询结果，你们可到其他医院去就诊并找自己信任的人进行咨询（因患者母亲也是医务人员）。如不认可我们调解，也可终止调解，并可选择：司法途径、申请医疗事故技术鉴定、卫生行政调解等途径解决。患方说："我们只相信医调委，我们只要医调委调解员调解"。

5. 反复沟通起作用，心理疏导有效果

专家咨询结论使医方释然，因患方既往拒作医疗事故技术鉴定，医方不知该纠纷应如何赔偿，政府部门也因该纠纷未作定性不知应赔多少金额，患方又漫天要价，所以一直拖着未解决。专家咨询结论为医患纠纷的调解工作奠定了基础，医方愿意积极配合调解员调解。调解员根据患方在几年间反复上访的经历，对其固执、偏激的心态进行了"心理疏导"，让患方自己降低了赔偿的期望值。调解员从关心其生活、心理、社会的角度及经济利益等方面进行分析，让患方明白了目前的调解，已是利益最大化了。在调解员主持下经过反复沟通，医患双方达成了经济赔偿的调解协议。

6. 司法确认增效力，长期上访终于止

为提高调解协议书的法律效应，调解员引导双方申请了“司法确认”，使医患双方签订的人民调解协议书享有法院裁定书同等效力。调解员为让理赔金额能尽快履行，主动帮助医方与保险公司联系，协助医方办理应由保险支付部分金额的有关手续(协议金额由医院和保险公司共同分担)。此事的最终处理，让医患双方都非常满意。几年来反复闹访，上访的纠纷，在医调委调解员介入下，短时间内得到圆满解决，赢得了医患双方的称赞。

(四) 调解模式及方法和技巧

(1) 调解员在开展调解工作过程中，对医患双方主要实施了“混合式调解模式”。

(2) 具体调解中人民调解员主要对患方采用了关键人选法、获取信任法、因势利导法、心理疏导法等。对医患双方采用了特事特办法、专家咨询法、区分责任法、单独沟通法等调解方法和技巧。

表现在：人民调解员巧妙利用人民调解员的名称，对患方讲解“人民调解为人民”，并使用关键人选法，发现患者的母亲与一亲戚比较讲道理，通过实施单独沟通，用心理情感模式成功获取信任，把纠纷引导至医调委调解。此事经领导研究采用特事特办法进行专家咨询以区分责任，确定了患者医疗事故等级及对应责任。在患方虽认可专家咨询结论，但仍坚持高额赔偿时，调解员因知道患方当时心理上只接受调解员调解，用欲擒故纵法因势利导主动建议患方到其他医院就诊并咨询，且让其选择解决纠纷的其他途径。此法一方面强调了调解的原则，另一方面又能打压患方虚高的索赔金。最后通过人民调解员的心理疏导，使患方理性地签订了调解协议。

(五) 临床医学点评

(1) 对右膝半月板损伤，微创手术是一种普遍选择，因为没有其他方法比微创好，但因患者创面大，可说是大面积的微创手术治疗。从整个诊疗过程看，第一次手术和第一次住院，没发生感染。

(2) 患者第二次住院，右膝关节感染，是否与穿刺、抽液有关，在临床上因穿刺直接带入细菌的案例也不少。另外，由于患者该处曾被虫咬伤并抓破皮肤，细菌从外侵入性感染不能排除。第二次住院从注射麻醉剂到手术开始中途停止两小时，院方解释停电，缺乏支撑。

(3) 第二次住院手术后感染，右膝关节处两窦道流脓，至第三次手术，但此时患者膝关节已严重损坏，丧失自由弯曲功能，两腿长短不一，成跛脚，属三级乙等医疗事故。医方应承担次要责任。

(六) 本案涉及的法律、法规

(1)《医疗事故处理条例》第二条　本条例所称医疗事故，是指医疗机构及其医务人员在医疗活动中，违反医疗卫生管理法律、行政法规、部门规章和诊疗护理规范、常规，过失造成患者人身损害的事故。

第四条　根据对患者人身造成的损害程度，医疗事故分为四级：一级医疗事故：造成患者死亡、重度残疾的；二级医疗事故：造成患者中度残疾、器官组织损伤导致严重功能障碍的；三级医疗事故：造成患者轻度残疾、器官组织损伤导致一般功能障碍的；四级医疗事故：造成患者明显人身损害的其他后果的。具体分级标准由国务院卫生行政部门制定。

(2)《医疗事故分级标准(试行)》节选　三级乙等医疗事故：器官大部分缺损或畸形，有中度功能障碍，可能存在一般医疗依赖，生活能自理。例如造成患者下列情形之一的：……(24)一髋或一膝关节功能不全；

(3)《中华人民共和国侵权责任法》第五十四条　患者在诊疗活动中受到损害，医疗机构及其医务人员有过错的，由医疗机构承担赔偿责任。

第五十七条　医务人员在诊疗活动中未尽到与当时的医疗水平相应的诊疗义务，造成患者损害的，医疗机构应当承担赔偿责任。

第六十四条　医疗机构及其医务人员的合法权益受法律保护。干扰医疗秩序，妨害医务人员工作、生活的，应当依法承担法律责任。

(4)《中华人民共和国人民调解法》第二十一条　人民调解员调解民间纠纷，应当坚持原则，明法析理，主持公道。调解民间纠纷，应当及时、就地进行，防止矛盾激化。

(5)《上海市医患纠纷人民调解工作实施办法》第二十九条　医患纠纷人民调解工作实行专家咨询制度。上海市医患纠纷人民调解专家咨询委员会负责向人民调解员提供专家咨询。专家咨询工作由各区县医调办组织实施。

第三十一条　专家咨询委员会采用咨询意见书或者口头答复的方式向医调委提供医患纠纷专家咨询意见。人民调解员可以参考专家咨询意见调解医患纠纷。

(6)《上海市医患纠纷预防与调解办法》第三十一条　医患纠纷具有下列情形之一的，医调委应当启动专家咨询程序：①赔付金额可能超过10万元的；②患者死亡的；③医患双方对争议事实存在重大分歧的；④预估保险理赔金额超过十万元且承保机构建议的；⑤其他需要进行专家咨询的情形。……

(7)《最高人民法院关于人民调解协议司法确认程序的若干规定》第一条　当事人根据《中华人民共和国人民调解法》第三十三条的规定共同向人民法院申请确认调解协议的，人民法院应当依法受理。

第九条　人民法院依法作出确认决定后，一方当事人拒绝履行或者未全部履行的，对方当事人可以向作出确认决定的人民法院申请强制执行。

第三节　妇产科医患纠纷人民调解案例

一、子宫颈手术纠纷案例的调解

(一) 医患纠纷案情简介

患者女性，系智力残疾人。体检发现并诊断宫颈重度糜烂，医生对其宫颈予以高频电波刀(LEEP)手术治疗。门诊手术后患者一直出现阴道大量流血。经仔细询问，患者有“获得性血友病”史。以“宫颈高频电波刀(LEEP)术后阴道流血量多3天”到医方再诊，收治住院。医方先后对其给予宫颈缝扎术、子宫颈环扎术、输血等治疗，仍未能控制出血。经多种治疗无效后，行子宫全部切除术。患方认为造成切除子宫是医方治疗有误，因此向医方提出了数十万元的赔偿要求。由于医方不同意患方提出的赔偿要求，双方曾一度发生争执。患者系智力残疾人，当地居委会领导对她特别关心，将她和她的丈夫带到了医调委。

(二) 医患双方争议焦点

(1) 患方认为：①患者系智力残疾人，民事行为能力受限，患者所签署的高频电波刀手术同意书不具有法律效力。因此，医方术前对患方的告知存在过错；②因医方对患者实施高频电波刀手术，术后发生出血，造成患者子宫切除的后果，医方应负全部责任。

(2) 医方认为:①患者系"宫颈糜烂"诊断成立,实施高频电波刀有手术指证;②患者术后阴道流血3天至我院就诊,追问病史,患者有"获得性血友病"史,为避免出血危及患者生命,医方在不得已的情况下实施了全子宫切除术。医方的医疗行为符合规范,无过错。

(三) 调解过程与结果

1. 残疾人子宫被切,居委帮助助维权

当地居委会领导对智力障碍的残疾人特别关注,送患者和她的丈夫到医调委。对于残疾人子宫被切,居委会带人来访,医调委领导非常重视,亲自接待了居委会领导和患方,安排两名业务能力较强的调解员调解该纠纷。调解员仔细查看了患者的住院病史和门诊病史,了解了患方子宫颈手术后,子宫被全切的全过程,劝患方不要心急,应放弃到医方不理性的哭闹行为,可通过申请医患纠纷人民调解进行维权。调解员出于保护残疾人角度,告知患方及居委领导,一定会尽力维护残疾人的合法权益。调解员表现出的人性关怀,获得了居委会领导和患方的信任。

2. 被迫手术切子宫,医方治疗有苦衷

调解员到医方调查时,医方立即向调解员诉苦:患者既往有获得性血友病史,没告诉医生,由于智力障碍沟通非常困难。患者宫颈重度糜烂在门诊做宫颈高频电波刀(LEEP)手术治疗,术后一直无法控制出血,被迫住院行子宫切除。患方目前还欠着大量的医药费,甚至输血费也是医方代付的,考虑她是残疾人,医方也有失误,所以就不向她追要了。可患方还来医方哭闹,并提出数十万元的赔偿要求,医院不同意就要打医生。希望医调委帮助调解这个医患纠纷。

3. 调解为彰显公正,案例请专家评定

调解员了解了整个纠纷过程,认为子宫切除是一个比较大的伤害,此案例医方有失误,患方又是智力残疾人,当地居委领导又很关心处理的公正性,所以必须依法调解。对此,调解员需先确定医疗伤害的责任及程度,才能按人身损害的赔偿标准进行计算,从而制定出合理的调解方案,以保护医患双方的合法权利。医调委启动了专家咨询程序,邀请妇产科、血液科、精神病科及心理学专家与律师等参加,专门讨论本例纠纷相关情况。

4. 专家咨询出结果,医方诊疗有过错

三天后,调解员与医方沟通时传达专家咨询意见并指出:患者为"获得性血友病”病人，虽有重度宫颈炎，但你院对其施行高频电波刀 LEEP 术仍为手术禁忌症。本案患者一看就知道系智力残疾人士，因此医生询问病史及选择手术都应注意，应与其监护人充分沟通并作必要的检查与告知，在征得监护人同意后才能决定。虽然患方没有讲出其患有“获得性血友病”病史，但你院在术前忽略对该患者进行血常规检查且病史询问也有些流于形式。由于你院医生的失误造成患者术后阴道出血不止，在多次止血及手术治疗无效的情况下切除了子宫。患者受到的损害确因你们工作违规引起，对患者因此受到的伤害，你院存有过错，有不可推卸的责任。听了调解员传达的专家咨询意见和合理分析，医方处理纠纷的工作人员也意识到医方在这方面存在的问题，表示将给领导汇报后再回复调解员。

5. 责任分明辩法理，患方希望得实惠

调解员在与患方沟通时请居委会主任参加，讲到：患者系智障残疾病人，在就诊过程中你们（患方）监护人为何不给医生提供相关病史，医生在不知患者为“获得性血友病”病人的情况下，又征得你方同意（有您方签字的知情同意书为证），为患者进行了手术，现在有了问题你们就要求院方承担完全责任，这有失公允，因你们也未完全尽到监护人的责任，理应承担一定责任。调解员一席话说得患方家属与居委会主任默然不语。居委会主任沉默良久后表示调解员说得有理，定帮助调解员做患方工作。鉴于此，调解员趁热打铁进一步告诉患方与居委会主任：本案按《医疗事故分级标准（试行）》规定中的人身医疗损害等级为三级丙等，按本地人身损害赔偿对应标准进行计算，患方的赔偿要求数十万元也不合理，这样既不利于维护双方合法权益，对医生也不公平。调解员通过明法析理嘱其索赔要求应该合理。听了调解员的劝说，患方表示相信调解员会公正处理此事，但希望调解员考虑到患者是残疾人，家庭经济又较困难，希望调解员能通过努力，多帮患方进行合理争取，让其享受到更多实惠。

6. 调解人员去家访，患方困难获同情

医方对专家咨询结果虽无法否认，但总感医方委屈，虽答应赔偿，却迟迟不谈赔偿金额。患方为此焦急不安，提出要去“讨”。为了避免矛盾激化，居委会领导带调解员到患方家庭走访，了解到患方家庭确实困难，患者本人智障残疾，孩子上学，老人年迈，家中丈夫是普通工人。调解员和居委领导共同帮助患方找了残疾人联合会（简称“残联”）组织，请求给予患方家庭适当帮助。同时调解员将患方的实际困难向医方进行了沟通，得到了他们的同情、理解与支持。

7. 关心残疾成共识，社会温暖促和谐

经过医调委领导与调解员的各方联络，"残联"及居委领导、医方的代表在医调委召开了一个专题会议。为了不给医方过多压力，又能让患方得到更多实惠，会议形成意见：给患方在合理范围内一个较高标准的补偿金额，"残联"资助补偿数额的20%，医方承担赔偿数额的80%，并免去患方住院期间所有欠款。当调解员和居委领导把这个意见转告给患方时，患方非常感激，连声称谢！一场纠纷就此联手解决。

（四）调解模式及方法和技巧

（1）调解员在开展调解工作过程中，对医患双方主要实施了"划分责任调解模式"和"心理情感调解模式"。严格的说是混合式调解模式，因为平衡了双方利益。

（2）具体调解中调解员主要对患方采用了获取信任法。对医患双方采用了专家咨询法、区分责任法、单独沟通法、借助力量法、明法析理法、会议沟通法等调解方法和技巧。

表现在：居委领导带患方第一次到医调委，调解员通过设身处地，用心关怀患方，获得了居委领导和患方的信任。为了依法调解和体现调解的公正性，实施了专家咨询以区分责任，确认该医疗事件为三级丙等医疗事故，医方应负主要责任，为赔偿找到了依据。调解期间通过明法析理使双方认清各自责任，用单独沟通法与各方联系，又借居委领导与"残联"的支持（借助力量法），最后通过会议沟通形成合力，成功化解了该纠纷。

（五）临床医学点评

（1）高频电波刀也称LEEP刀，是采用高频无线电刀通LEEP金属丝由电极尖端产生的超高频（微波）电波，在接触身体组织的瞬间，由组织本身产生阻抗，吸收电波产生高热，使细胞内水分形成蒸汽波来完成各种切割、止血等手术目的，且不影响切口边缘组织的病理学检查。

（2）本案患者生育期重度宫颈炎诊断成立。医方行宫颈高频电波刀LEEP术，虽然患者监护人在场，但由智障患者所签名的高频电波刀手术同意书不具法律效力。医方术前忽略血常规检查及询问患者既往"获得性血友病"病史，造成患者术后阴道出血不止，在多次止血及手术治疗无效的情况下切除了子宫。患者患“获得性血友病”3年，施行高频电波刀LEEP术为禁忌症，医方选择该手术存在过错，与目前患者子宫切除存在因果关系，医方应负主要责任。

(3)“获得性血友病”为罕见的严重出血性疾病。且患者系智障残疾，在就诊过程中其监护人未能提供相关病史，签订宫颈高频电波刀知情同意书时，在其丈夫在场的情况下，让残障患者签字，患方监护人未尽到责任，致使医方未获得足够信息，因此患方应承担一定责任。

(4) 参照《医疗事故分级标准(试行)》，患者子宫缺失的人身医疗损害等级为三级丙等。本例医疗事件医方对患者人身医疗损害的责任程度为主要责任。

(六) 本案涉及的相关法律、法规

(1)《中华人民共和国侵权责任法》第五十四条　患者在诊疗活动中受到损害，医疗机构及其医务人员有过错的，由医疗机构承担赔偿责任。

第五十七条　医务人员在诊疗活动中未尽到与当时的医疗水平相应的诊疗义务，造成患者损害的，医疗机构应当承担赔偿责任。

(2)《上海市医患纠纷人民调解工作实施办法》第二十九条　医患纠纷人民调解工作实行专家咨询制度。上海市医患纠纷人民调解专家咨询委员会负责向人民调解员提供专家咨询。专家咨询工作由各区县医调办组织实施。

第三十一条　专家咨询委员会采用咨询意见书或者口头答复的方式向医调委提供医患纠纷专家咨询意见。人民调解员可以参考专家咨询意见调解医患纠纷。

(3)《上海市医患纠纷预防与调解办法》第三十一条　医患纠纷具有下列情形之一的，医调委应当启动专家咨询程序：①赔付金额可能超过10万元的；②患者死亡的；③医患双方对争议事实存在重大分歧的；④预估保险理赔金额超过10万元且承保机构建议的；⑤其他需要进行专家咨询的情形。……

(4)《医疗事故处理条例》第二条　本条例所称医疗事故，是指医疗机构及其医务人员在医疗活动中，违反医疗卫生管理法律、行政法规、部门规章和诊疗护理规范、常规，过失造成患者人身损害的事故。

第四条　根据对患者人身造成的损害程度，医疗事故分为四级：一级医疗事故：造成患者死亡、重度残疾的；二级医疗事故：造成患者中度残疾、器官组织损伤导致严重功能障碍的；三级医疗事故：造成患者轻度残疾、器官组织损伤导致一般功能障碍的；四级医疗事故：造成患者明显人身损害的其他后果的。具体分级标准由国务院卫生行政部门制定。

(5)《医疗事故分级标准(试行)》节选,三级丙等医疗事故:器官大部分缺损或畸形,有轻度功能障碍,可能存在一般医疗依赖,生活能自理。例如造成患者下列情形之一的:……(21)育龄已育妇女子宫缺失或部分缺损……。

(6)《中华人民共和国人民调解法》第二十一条　人民调解员调解民间纠纷,应当坚持原则,明法析理,主持公道。调解民间纠纷,应当及时、就地进行,防止矛盾激化。

第二十二条　人民调解员根据纠纷的不同情况,可以采取多种方式调解民间纠纷,充分听取当事人的陈述,讲解有关法律、法规和国家政策,耐心疏导,在当事人平等协商、互谅互让的基础上提出纠纷解决方案,帮助当事人自愿达成调解协议。

二、产前检查纠纷案例的调解

(一) 医患纠纷案情简介

孕妇 H 在怀孕 2 个月时,患了“风疹”,经输液治疗一周后痊愈。妊娠期间在 A 院建《产前检查记录卡》,作过多次产前检查未提示胎儿异常。孕妇在“孕 9^{+}月,逾期 6 天”入住 A 院产科病房。因“胎儿相对性头盆不称”行剖宫产。术中见羊水Ⅱ°污染。娩出女婴左足足趾缺趾畸形;先天性心脏病(室间隔缺损、卵圆孔未闭)。患方以医方在产检过程中没有发现婴儿的畸形和心脏疾病,造成孕妇 H 丧失选择终止妊娠的机会为由,与医方形成纠纷。

(二) 医患双方争议焦点

(1) 患方认为:①医方已知孕妇怀孕早期有“风疹”史又过了最佳筛选期,未积极组织产前诊断、未履行告知义务,反而因患方多次超声检查均正常而误导患方,患方已做到了积极配合产检,均未发现胎儿存在肢体畸形和严重的心脏疾病;②医方在产检过程中违反了相关法律、法规和诊疗护理规范、常规,存在管理不完善、措施不到位、抱有侥幸心态致有畸形和心脏疾病的婴儿已娩出,让患方失去优生优育选择权并给患方家庭带来无可估量的痛苦与损失。

(2) 医方认为:①患方明知孕妇早孕时感染风疹病毒,却不按常规进行产检。孕妇首次来医方检查已孕 28 周,建产检卡时已孕 30^{+4}周,已过胎儿大畸形筛查最佳时间;②婴儿所患下肢畸形和心脏疾病不属于孕 28 周后产科超声必检项目。医方对孕妇的产前检查及产科超声检查均符合常规。患儿目前状况是患方原因所致,与医方产前检查无关。

(三)调解过程与结果

1. 孕期感染检正常,畸婴降生谁担责

孕妇H来到医调委,提出孕时感染风疹,医方在产检过程中没有发现婴儿畸形和心脏疾病,造成孕妇H丧失选择终止妊娠的机会,医方不承认有责任,从而与医方形成纠纷,请医调委给予调解。调解员遵循首次接待不做评论的原则,认真听取患方情况叙述,作好记录,复印相关资料。调解员向患方告诉了医调委的性质、地位、调解工作原则及流程。并说明:待我们与医方沟通后三个工作日内会及时给你答复。调解员规范、透明的接待得到了患方的理解和信任。

2. 调查认真明原因,风险告知存不足

调解员向医方调查了解整个纠纷形成过程后,医方坚持认为,孕妇于孕28周首次就诊体检,孕 30^{+4} 周建产检卡时已过胎儿大畸形筛查最佳时间,患儿所患下肢畸形和心脏疾病不属于孕28周后产科超声必检项目,医方不应给予赔偿。调解员询问:患方第一次来检查时,告诉了医方在其孕2个月时有"风疹"感染史,医方是否对"风疹"可能存在致胎儿发育畸形风险进行了告知?医方回答已经忘记当时情况。调解员提醒医方,产检卡中医方没有相关风险告知记录,医方在这方面存在一定不足。医方表示认可,希望医调委调解员帮助调解。

3. 不知筛查何规定,资料查询辩分明

调解员全面了解了纠纷经过,查阅了相关资料,弄清了有关问题,经仔细分析判断认为:①胎儿大畸形筛查最佳时间为妊娠16～24周,孕妇H孕28周进行产前检查,错过大畸形筛查最佳时机。②医方在已知孕妇H孕期有风疹病毒感染史的情况下,在产前检查过程中对胎儿可能存在发育畸形风险告知方面存在一定欠缺。

4. 分析结果不认可,终止调解做鉴定

调解员将自己对本案的分析与医方进行了单独沟通,指出医方的医生由于缺乏和病人进行有效沟通。也未向患方解释B超检查的意义何在,更未取得孕妇充分理解,甚至使孕妇产生误解或对超声检查期望过高。孕妇不明白超声对不同畸形的实际检出率,总认为胎儿超声检查未发现问题就意味着胎儿一切正常。因此医方这方面存在一定欠缺,应给予患方适当补偿。经医方会议讨论后表示愿意给予患方一定金额的补偿。

调解员在与患方沟通时指出:您在孕 28 周才作产前检查,已错过了大畸形筛查最佳时机,其后医方多次超声检查内容均符合常规。仅存在对胎儿可能存在发育畸形风险告知方面有一些欠缺。同时拿出调解员查阅到的有关资料给患方传阅,希望患方能理解。患方仍坚持原来观点,要求高额赔偿。对此,调解员引导:如您(患方)对此有异议,可找自己信任的专家进行咨询,亦可查阅有关书籍或上网查询,印证医调委调解员的公正性。经调解员多次沟通,患方仍坚持已见,对此情况,调解员建议患方最好进行医疗事故技术鉴定,以明确责任。并告知,待鉴定后如其仍需调解解决,仍可至医调委再次申请调解,但如果鉴定结果与我们分析有一定差异,希望患方理性对待,并对走医疗事故技术鉴定与法院诉讼途径进行了合理的风险提示。

5. 鉴定与判断一致,现实与赔偿统一

一个月后医疗事故技术鉴定结果与调解员判断结果基本一致:①本例不属于对孕妇 H 人身的医疗损害;②新生儿多种畸形与孕妇怀孕期有风疹病毒感染史等因素有关,与医方医疗行为无因果关系;③医方对胎儿存在发育畸形风险告知存在不足的医疗过错。拿到鉴定报告后,患方主动再次请调解员调解,调解员因势利导劝导患方面对现实,放平心态才能妥善解决问题。经调解员将相关法律、法规的规定与本案对照分析,再通过举例说法以明法析理,患方不再坚持己方观点,终与医方达成了和解协议。

(四) 调解模式及方法和技巧

(1) 调解员在开展调解工作过程中,对医患双方主要实施了“划分责任调解模式”和“利益平衡调解模式”。

(2) 具体调解中人民调解员主要对患方采用了首次接待法、获取信任法、借助力量法、案例引导法、因势利导法。对医患双方采用了去伪存真法、区分责任法、明法析理法、单独沟通法等调解方法和技巧。

表现在:患方第一次到医调委,人民调解员遵循首次接待法,不对纠纷妄加评论,规范、透明的介绍与认真记录等获取信任。在胎儿大畸形筛查时机和造成婴儿畸形风险告知选择的争执焦点上,通过调解员查阅资料分析判断去伪存真以区分责任,在患方坚持已见的情况下,调解员建议患方进行医疗事故技术鉴定,以进一步明确责任。整个调解过程,人民调解员均使用单独沟通法与双方沟通，最终人民调解员借医疗事故鉴定结论，用案例引导法因势利导进行明法析理，促使患方面对现实、放平心态，与医方达成了和解协议。

（五）临床医学点评（医疗事故技术鉴定结论）

(1) 胎儿大畸形筛查最佳时间为妊娠16～24周，孕妇H孕28周至医院进行产前检查，错过大畸形筛查最佳时机。根据卫生部《产前诊断技术管理办法》相关配套文件《超声产前诊断技术规范》的规定“妊娠16周～24周应诊断的致命六大畸形：无脑儿、严重脑脊膜膨出、严重的开放性脊柱裂、严重的胸与腹壁缺失（内脏外翻）、单腔心、致死型骨软骨发育不全”。该孕妇H孕28周才至医院进行产前检查且患儿为两腔心（室间隔缺损、卵圆孔未闭），不属于大畸形排查范围。其后医方多次超声检查内容均符合常规。

(2) 新生儿多种畸形与孕妇孕期有风疹病毒感染史等因素有关，系先天性发育异常，与医方医疗行为无因果关系。

(3) 医方在已知孕妇H孕期有风疹病毒感染史的情况下，在产前检查过程中对胎儿可能存在发育畸形风险存在告知不足的医疗过错。

(4) 该新生儿的发育畸形为非致死性畸形，即使产检过程发现该情况，由于孕妇H首次至医方检查时为1月10日（孕28周），胎儿双顶径达75 mm，已超过非致死性畸形胎儿可以引产时机（胎儿双顶径应小于65 mm）。故医方过错与孕妇H丧失知情选择权（决定是否继续妊娠）无因果关系。本例不属于对孕妇H人身的医疗损害。

（六）本案涉及的相关法律、法规

(1)《医疗事故处理条例》第十一条　在医疗活动中，医疗机构及其医务人员应当将患者的病情、医疗措施、医疗风险等如实告知患者，及时解答其咨询；但是，应当避免对患者产生不利后果。

(2)《中华人民共和国人民调解法》第二十一条　人民调解员调解民间纠纷，应当坚持原则，明法析理，主持公道。调解民间纠纷，应当及时、就地进行，防止矛盾激化。

(3)《超声产前诊断技术规范》　……三、超声产前诊断应诊断的严重畸形：根据目前超声技术水平，妊娠16周～24周应诊断的致命畸形包括无脑儿、脑膨出、开放性脊柱裂、胸腹壁缺损内脏外翻、单腔心、致命性软骨发育不全等。四、技术程序：(1)对孕妇进行产前检查的医院应在孕妇妊娠16～24周进行常规超声检查，主要内容应包括：胎儿生长评估和胎儿体表及内脏结构发育的检查。具体操作步骤应按医院超声检查的诊疗常规进行。如疑有胎儿生长发育异常，应立即转诊到经许可开展产前诊断技术的医疗保健机构进行进一步检查诊断。……

三、子宫肌瘤手术纠纷案例的调解

（一）医患纠纷案情简介

患者，女。因体检发现子宫肌瘤十余天，要求手术入住医方妇产科病房。B超示：多发性子宫肌瘤。医方履行腹腔镜手术相应告知并经患方同意后，择日对患者行腹腔镜下全子宫及双侧附件切除术，术后10小时患者无尿。医方行输尿管造影示：双侧输尿管损伤。即予以剖腹探查，术中发现双侧输尿管被切断，医方立即行输尿管断端吻合术。出院后不久，B超检查发现左肾积水，再次住院行第三次手术，治愈出院。患方因被手术三次，提出索赔要求，医方以第二次手术与第三次手术住院都没有收费为由，拒绝赔偿。双方构成纠纷，请医调委给予调解。

（二）医患双方争议焦点

(1) 患方认为：①医方对子宫肌瘤患者的诊治，未按临床诊疗常规选择剖腹手术，而是采取不适宜、不熟练的诊疗方式——腹腔镜手术，此是造成患者此后多次手术的主要原因；②医方第一次手术中未尽注意义务，切断患者双侧输尿管，造成了患者腹膜炎、肾积水等一系列的不良后果，给患者带来了损害。

(2) 医方认为：①医方对子宫肌瘤患者诊断明确，在告知同意下对其行腹腔镜下全子宫及双侧附件切除术，符合临床诊疗护理操作规范、常规；②患者术后双侧输尿管损伤，腹膜炎、肾积水系手术难以避免的并发症，经一系列有效治疗后已痊愈，现无不良后果。

（三）调解过程与结果

1. 忐忑来到医调委，待人真诚获得信任

患方在医方引导下，抱着忐忑的心情来到医调委，人民调解员认真听取患方对子宫肌瘤诊治情况的叙述，仔细作好有关记录并复印了患方两次住院的材料。调解员告诉患方，医调委是中立的第三方，并向其告知了医调委的调解原则与工作流程，同时向患方宣传了解决纠纷的几条其他途径以及询问患方是否需要调解员回避等。调解员真诚的接待获得了患方的好感和信任，表示愿意由医调委调解员进行调解并不需要回避。

2. 双方争议差距大，集体讨论待决策

调解员与医方沟通时，医方认为己方无过错，是其引导患方找医调委的，希望医调委调解员给予相应解释。因考虑患方已做了三次手术的实际情况，现已免收了患方第二手术与第三次手术住院的一切费用，医方认为这样已弥补了其不足之处。调解员向医方进一步了解了患者诊治情况后，认为医患双方争议较大，决定根据实际情况，通过医调委对该案例进行集体讨论。

3. 集体讨论方案定，患方索赔依据明

通过医调委集体讨论认为：医方因手术中失误造成患者双侧输尿管被切断，引起腹膜炎、肾积水等，给患者带来了痛苦，应该属于医疗事故，并且需负主要责任。医方虽然没有收患者第二次手术与第三次手术住院费，但因给患者造成了伤害，还应适当给予患方一定经济补偿。患方提出的索赔是有依据有道理的，医调委原则上支持患方索赔，只是希望患方在索赔金额上要相对合理。

4. 去伪存真谈事故，弘扬正气助索赔

人民调解员与医方进行了沟通，通过列举相应鉴定案例(调解员拿出了相同案例的医疗事故技术鉴定报告)确定的医疗事故等级来明法析理，否定医方对造成患者损伤是手术中无法避免的并发症的解释，向医方一针见血地指出：腹腔镜下全子宫及双侧附件切除手术操作致双侧输尿管损伤，属于医疗事故，医方应该承担相应赔偿责任。因医方处理纠纷人员看到调解员拿出的相同案例的鉴定报告，调解员的意见也受到了医方的重视，医方内部专门开会进行了研究，同意给患方一定数额的经济补偿。调解员与患方沟通时告知患方：原则上支持您们索赔。但通过对有关鉴定案例举例引导患方在索赔金额上要相对合理。患方感恩于医调委调解员为其主持了公道，通过有效疏导，患方也调低了心理预期，表示愿意接受调解员的建议。

5. 患者要求太特殊，调解遇上怪奇事

本来该纠纷到此就可顺利解决，但患者本人又提出一个特殊的条件，要求安排其女儿到医方后勤部门工作。而医方的后勤部门是承包给“××服务公司”的，医方不招聘非医务人员。为此医患双方又处于僵持状态。在人民调解员的不断沟通下，医方同意在××服务公司招工时，通过医方向“××服务公司”推荐，提供让患方人员参加应聘的机会，是否录用与医方无关。患方表示理解，双方按商定的赔偿数额达成了协议。

（四）调解模式及方法和技巧

(1) 调解员在开展调解工作过程中，对医患双方主要实施了“划分责任调解模式”和“利益平衡调解模式”。

(2) 具体调解中人民调解员主要对患方采用了首次接待法、获取信任法。对医患双方采用了去伪存真法、区分责任法、弘扬正气法、案例引导法、明法析理法、单独沟通法、特事特办法等调解方法和技巧。

表现在：患方第一次到医调委，调解员使用首次接待法用规范的服务介绍医调委的有关情况，取得患方的好感，而获取信任，针对患方三次手术的情况，医调委集体讨论实施去伪存真法以区分责任，通过针对医方是否应负责任的问题，用案例引导法明法析理否定了医方手术并发症不赔偿的解释，确定医方对患者子宫肌瘤行腹腔镜手术，因手术指征掌握不严及操作不当是导致输尿管断裂的原因，应属医疗事故，支持了患方的索赔请求以弘扬正气。最后患方提出一个特殊的条件，要求安排一名人员到医方后勤部门工作，根据情况特事特办法予以妥善解决。整个调解过程都使用的单独沟通法。

（五）临床医学点评

(1) 患者因体检发现子宫肌瘤要求手术，医方妇产科给予经腹腔镜下全子宫及双侧附件切除术，术中发现双侧附件与盆壁有粘连，手术操作中致双侧输尿管损伤。因患者经历了两次输尿管修复手术，给患者带来了很大痛苦。

(2) 发生双侧输尿管损伤，说明医方在子宫肌瘤检查方面欠细致，在掌握腹腔镜手术指征和手术操作方面有欠缺，医方需承担主要责任。

(3) 根据《医疗事故处理条例》第二、四条、《医疗事故分级标准(试行)》，本病例属于四级医疗事故。

（六）本案涉及的相关法律、法规

(1)《医疗事故处理条例》第二条　本条例所称医疗事故，是指医疗机构及其医务人员在医疗活动中，违反医疗卫生管理法律、行政法规、部门规章和诊疗护理规范、常规，过失造成患者人身损害的事故。

第四条　根据对患者人身造成的损害程度，医疗事故分为四级：一级医疗事故：造成患者死亡、重度残疾的；二级医疗事故：造成患者中度残疾、器官组织损伤导致严重功能障碍的；三级医疗事故：造成患者轻度残疾、器官组织损伤导致一般功能障碍的;四级医疗事故:造成患者明显人身损害的其他后果的。具体分级标准由国务院卫生行政部门制定。

(2)《医疗事故分级标准(试行)》节选:四级医疗事故系指造成患者明显人身损害的其他后果的医疗事故。例如造成患者下列情形之一的:……(8)组织、器官轻度损伤,行修补术后无功能障碍;……

(3)《中华人民共和国侵权责任法》第五十四条　患者在诊疗活动中受到损害,医疗机构及其医务人员有过错的,由医疗机构承担赔偿责任。

第五十七条　医务人员在诊疗活动中未尽到与当时的医疗水平相应的诊疗义务,造成患者损害的,医疗机构应当承担赔偿责任。

(4)《中华人民共和国人民调解法》第二十一条　人民调解员调解民间纠纷,应当坚持原则,明法析理,主持公道。调解民间纠纷,应当及时、就地进行,防止矛盾激化。

第二十二条　人民调解员根据纠纷的不同情况,可以采取多种方式调解民间纠纷,充分听取当事人的陈述,讲解有关法律、法规和国家政策,耐心疏导,在当事人平等协商、互谅互让的基础上提出纠纷解决方案,帮助当事人自愿达成调解协议。

四、新生儿臂丛神经损伤纠纷案例的调解

(一)医患纠纷案情简介

孕妇顾××在孕 39+1/7 周,有腹痛及阴道流液的情况下急诊入院,入院时宫口已开全,胎儿足先露出于阴道内,胎心减慢,考虑有脐带脱落受压所致,故医生决定立即予会阴侧切+臀位牵引助产。娩出一男婴,Apgar2 分,经抢救 7 分钟 Apgar8 分。转儿科医院,入院诊断:1. 新生儿窒息;2. 缺氧缺血性脑病;3. 新生儿感染;4. 臂丛神经损伤?治疗 18 天后新生儿窒息、缺氧缺血性脑病、新生儿感染治愈出院。出院后历经 4 年多的治疗,患儿左侧臂丛神经损伤仍未痊愈,目前左手瘫。医患之间为索赔构成纠纷,长期没有得到解决,患方十分气愤,情绪激动与医方发生肢体“摩擦”。惊动了 110 公安民警,公安民警和医方来电希望医调委派员参与调解处理。

(二)医患双方争议焦点

(1)患方认为:①医方对孕妇分娩时未尽告知注意义务,助产不当造成患儿

左臂丛神经损伤，经4年多的治疗仍未痊愈的不良后果；②医方当时隐瞒伤情未及时告知患方，对孕妇分娩方式的选择也未详尽告知，存有缺陷。

（2）医方认为：①对急诊臀位足先露的孕妇，医方予以臀位牵引助产，方式适当、操作规范，符合临床诊疗护理常规；②产妇之子左臂丛神经损伤与其孕期未在医方规范建卡产检、急诊分娩，胎儿宫内窘迫有关；属难以避免的不良状况，医方不存在医疗过错及医疗事故。

（三）调解过程与结果

1. 劝阻双方止争吵，现场会议急召开

医调委获知纠纷信息后，立即指派经验丰富的调解员到达纠纷现场，调解员亮明身份后即与民警共同劝阻了医患双方的争吵，同时向医患双方介绍了医调委第三方的中立性立场与工作原则，工作流程与处理医患纠纷的其他几条合法途径。以及人民调解的特点：自愿、公正、公平、灵活、方便与不收取费用。经双方同意后，由调解员主持召开了由医患双方、公安民警共参与的现场调解会。会上医方和患方分别陈述了各自的观点，调解员要求医患双方，在一周时间内尽快提供对各自有利的相关证据，送交医调委，由调解员根据纠纷发生的实际情况，决定如何调解。同时强调医患方双方不能再以此为由发生吵闹。会上大家都同意人民调解员提出的调解方案。

2. 调查过程求仔细，患方相信调解员

一周后，医患双方都提供了与该纠纷相关的资料，调解员对资料进行例行审查，对资料中的可疑之处，作了进一步的调查了解。并让患方将患儿带到医调委，聘请有关专家查看了患儿左臂丛神经损伤的情况，患方对调解员认真负责的精神非常感动，表示相信调解员会公平、公正地处理该纠纷。

3. 调解方案初拟定，单独沟通将运行

调解员根据该纠纷相关的病史资料和专家对患儿左臂的实际检察判断，认定患儿出生时，左臂丛神经被损伤情况属实，医方应承担一定责任，于是制定了初步调解方案。人民调解员根据制定的方案，分别与医患双方单独沟通。

4. 据理力争医方认，赔付金额差距大

人民调解员与医方联系时指出：5月26日孕妇在医方第一次产检时，医方已发现胎位有异，因未予及时收治入院进行相应处置，存有缺陷。此与患儿目前左手轻微功能障碍（左肘关节屈曲无力，左上肢上抬力量稍弱，左上肢肌肉轻度萎缩)存有一定因果关系。因此医方应予以一定赔偿。医方说这是并发症,属于有一定发生比例的情况,不应赔偿。调解员指出:关于并发症是否免责,要看医方是否已经预见到患者可能出现的并发症;且是否已将可能发生并发症的情形告知了患者,并采取了相应的措施;以及医方所施行的诊疗措施是否是治疗患者所必须的和是否做到了尽可能避免并发症的发生。在并发症发生后医方是否采取了积极的治疗措施,以防止损害后果的扩大……。调解员按有关规定据理力争,经过两次沟通,医方同意了调解员的意见,表示愿意考虑给予适当数额的赔偿。

调解员与患方单独沟通时指出:患儿左臂丛神经被损伤,医方虽然有一定责任,但孕妇在孕 39+1/7 周,有腹痛及阴道流液的情况下才急诊入院,当时宫口已开全,胎儿足先露出于阴道内,在胎心又慢的情况下,医方予以臀位牵引术,是符合产科诊疗常规的。况孕妇未正规产检,6 月 2 日未遵医嘱在出现腹痛时就及时入院,造成目前这种情况,因此,你们也应负有一定责任。鉴于双方都有一定责任,且目前医方也表示出了一定诚意,补偿只有公平合理才有希望达成一致,现你们提出的要求与医方差距太大,希望你们妥善考虑,也表示出你们的诚意。

5. 换位思考引同情,明法析理显公平

因医方提出的赔偿数额偏低,不太合理。调解员进一步与医方沟通,劝医方换位思考,试想臂丛神经被损伤患儿的今后生活,以及由此给患方家庭带来的困难和医方应有的社会责任等等。医方被人民调解员的分析所感染,产生了同情心,表示愿意提高一定赔偿金额。调解员又与患方沟通,指出 6 月 2 日孕妇未遵医嘱在出现腹痛时就及时入院,当胎儿足已先露于阴道内才紧急住院,造成医方措手不及也负有一定责任。另外根据医疗事故分级标准,患儿左臂丛神经被损伤属于三级戊等,赔偿应该依法进行。调解员明法析理的劝说,患方表示愿意降低赔偿价位。

6. 调解协议虽达成,司法确认效力增

人民调解员经多次沟通,在双方基本认可赔偿金额的基础上,又主持召开了医患双方协调会,会上的气氛较融洽。会议特邀了两名法官,在医患双方签订调解协议后,对协议内容进行了司法确认,以增强人民调解协议的法律效力,以保证协议的及时履行。

（四）调解模式及方法和技巧

（1）调解员在开展调解工作过程中，对医患双方主要实施了“混合性调解模式”。

（2）具体调解中人民调解员主要对患方采用了借助力量法、热案冷处法、获取信任法；对医方使用了去伪存真法、换位思考法等调解方法和技巧；对医患双方采用了单独沟通法、专家咨询法、区分责任法、会议沟通法、明法析理法。

表现在：人民调解员到达现场与公安民警（借助力量法）劝阻了医患双方的争吵，采用会议调解法来召开现场调解会，通过让医患双方递交有利于己方的有关证据资料到医调委，使用热案冷处法巧妙化解现场危机。通过组织相关专家，查看患儿左臂丛神经损伤情况，使患方对调解员的认真负责精神建立起了信任，为日后单独沟通法、明法析理法的应用做好了铺垫。调解员对待医方通过分析病历资料去伪存真，经过医调委内部讨论以及专家相助来区分责任，使用单独沟通法，坚持公平据理力争，指出医方的责任和初期赔付金额的不合理。同时友情提醒医方换位思考来考虑患儿以后的生活和家庭困难。最终又再次以会议沟通形式促进协议达成，并通过司法确认途径，增强人民调解协议的执行效力。

（五）临床医学点评

（1）6 月 2 日孕妇顾××因为“孕 39＋1/7 周，腹痛、阴道流水”急诊入院，宫口已开全，足先露出于阴道内，当时胎心慢，医方予以臀位牵引术，该医疗行为符合产科诊疗常规。

（2）5 月 26 日（孕 37＋6/7 周）该孕妇在医方第一次产检，当时胎位不正，但医方未予及时收治入院进行相应处置，存有缺陷；此与患儿目前左手轻微功能障碍（左肘关节屈曲无力，左上肢上抬力量稍弱，左上肢肌肉轻度萎缩）存有一定因果关系。

（3）孕妇顾××未正规产检，6 月 2 日未遵医嘱在出现腹痛时就及时入院，也负有一定责任。

（4）根据《医疗事故处理条例》第二、四条、《医疗事故分级标准（试行）》、本病例属于三级戊等医疗事故，医方承担轻微责任。

（六）本案涉及的相关法律、法规

（1）《医疗事故处理条例》第二条　本条例所称医疗事故，是指医疗机构及其医务人员在医疗活动中，违反医疗卫生管理法律、行政法规、部门规章和诊疗护理规范、常规,过失造成患者人身损害的事故。

第四条　根据对患者人身造成的损害程度,医疗事故分为四级:一级医疗事故:造成患者死亡、重度残疾的;二级医疗事故:造成患者中度残疾、器官组织损伤导致严重功能障碍的;三级医疗事故:造成患者轻度残疾、器官组织损伤导致一般功能障碍的;四级医疗事故:造成患者明显人身损害的其他后果的。具体分级标准由国务院卫生行政部门制定。

(2)《医疗事故分级标准(试行)》节选:(五)三级戊等医疗事故:器官部分缺损或畸形,有轻微功能障碍,无医疗依赖,生活能自理。

(3)《中华人民共和国侵权责任法》第五十四条　患者在诊疗活动中受到损害,医疗机构及其医务人员有过错的,由医疗机构承担赔偿责任。

第五十七条　医务人员在诊疗活动中未尽到与当时的医疗水平相应的诊疗义务,造成患者损害的,医疗机构应当承担赔偿责任。

(4)《医疗事故处理条例释义》对《医疗事故处理条例》第三十三条第二款"在医疗活动中由于患者病情异常或者患者体质特殊而发生医疗意外的"解释:判断因并发症而免除医务人员的医疗事故责任前,要审查医务人员的医疗行为是否存在过失:①是否已经预见到患者可能出现的并发症。如果应当预见损害发生而没有预见或已经预见而没有采用有效措施加以避免损害发生,就可认定医务人员存在医疗过失,应定为医疗事故。②是否已将可能发生并发症的情形告知患者,并采取了相应的措施。如做到了仍然发生了难以避免的损伤后果,就不应定为医疗事故。反之应定为医疗事故。③所施行的诊疗措施是否是治疗中所必须的,是否做到了尽可能避免并发症的发生。④并发症发生后是否采取了积极的治疗措施,以防止损害后果的扩大。

(5)《中华人民共和国人民调解法》第二十一条　人民调解员调解民间纠纷,应当坚持原则,明法析理,主持公道。调解民间纠纷,应当及时、就地进行,防止矛盾激化。

(6)《最高人民法院关于人民调解协议司法确认程序的若干规定》第一条　当事人根据《中华人民共和国人民调解法》的规定共同向人民法院申请确认调解协议的,人民法院应当依法受理。

第九条　人民法院依法作出确认决定后,一方当事人拒绝履行或者未全部履行的,对方当事人可以向作出确认决定的人民法院申请强制执行。

第四节　儿科医患纠纷人民调解案例

一、化脓性脑膜脑炎纠纷案例的调解

（一）医患纠纷案情简介

患儿，男，5岁。因“低热，反复抽搐，呕吐半天”到医方门诊就诊，检查头颅CT为正常。诊断：癫痫可能。给予留院观察（住门诊观察室），因治疗未见好转，医方两次建议行腰穿检查，家属均签字拒绝。第三天患儿病情加重转病房住院治疗，脑电图示轻度异常，诊断：急性颅内感染。下午患儿出现呼吸困难。第五天脑脊液检查示：细菌性脑炎（潘氏蛋白试验阳性）。傍晚患儿出现昏迷，医方予以抗感染等综合治疗，患儿终因病情严重于住院后第七日死亡，死亡原因：化脓性脑膜脑炎。

患儿家属以医方误将脑炎当作“小儿癫痫”治疗，导致患儿死亡。遂召集20余人围堵医方院长和办公室人员。

（二）医患双方争议焦点

（1）患方认为：医方对抽搐、呕吐患儿的诊治未尽到注意义务，误将脑炎当作“小儿癫痫”治疗，使患儿丧失了最佳抢救治愈良机。此与患儿化脓性脑膜脑炎死亡的不良后果存有直接因果关系。

（2）医方认为：①医方门诊留观医生对抽搐、呕吐患儿诊治时，风险告知清楚，因患方签字拒绝做腰椎穿刺检查，致使医方无法及时明确诊断；②医方对患儿在住院期间予以专科会诊，积极治疗，符合小儿内科临床诊疗护理规范、常规。③患儿的化脓性脑膜脑炎、多脏器功能衰竭死亡系其疾病凶险、恶化所致。在该患者的整个诊治过程中，医方不存在医疗过错及医疗事故。

（三）调解过程与结果

1. 医方被堵会议室，患方坚持逼赔偿

医调委接到医院联络员电话后，立即指派两名调解员赶赴纠纷现场。现场内患方召集来的20余人将医院的四楼行政办公区围住，医方院长和办公室的工作人员被堵在会议室里不准外出。调解员亮明身份后，患方不停地向调解员进行控诉与质询，调解员无法与医患双方进行正常有效的沟通。正为难之际，当地派出所民警赶到了现场，调解员立即协助民警维持秩序。混乱的局面稍有改善，但患方仍不听任何人的劝解，坚持要围住医方院长，逼迫医方赔偿几十万元。

2. 关键人物锁定好，单独沟通作用妙

调解员意识到现场调解难以达到预期效果，当即改变策略。通过仔细观察，发现了患方人群中的几名核心人物，请民警协助将其请到医方纠纷处理办公室与调解员进行沟通，以避免患方其他人干扰。在纠纷处理办公室里，调解员指着墙上张贴的处理医患纠纷的有关宣传品作了相关宣传，耐心解释了人民调解的性质、调解原则以及解决医患纠纷的几条其他途径：行政调解、法院诉讼、医疗事故技术鉴定等供患方选择。调解员对其希望维权的想法表示理解，但劝其要通过合法途径，否则合法愿望通过不合法的途径表达，就变为非法了，将会给患方带来相应不利后果。听了调解员公开、透明的一席话，几位关键人员将信将疑地向调解员讲述了纠纷经过，他们表示可接受医调委调解，并配合调解员统一患方其他人的思想。

3. 要求双方提证据，围堵巧妙被化解

针对患方对死因的质疑，人民调解员告知：要明确患儿的死亡原因，只有“尸检”最权威，希望患方在48小时内进行尸检。患方表示决不尸检。调解员告知要证明双方各自观点，需各方提供有利证据，特别是门诊留观和住院病历及相关资料都很重要。建议医患双方尽快复印病历和提交各种证据资料送医调委，医调委将以此为基础，请专家咨询评判责任后，再制定纠纷化解方案。医方马上表示愿在三方都在的情况下复印有关病史，同时愿意给患方复印资料提供方便，现场紧张的气氛也得到了缓和。调解员表示一定会公平、公正地给予调解。调解员中立的处置得到医患双方的认可，通过与双方预约了到医调委的时间，一场围堵得到有效化解。

4. 医学本身有风险，医患沟通是关键

调解员收到医患双方提供的资料，请相关专家咨询后，与患方沟通时，一方面告诉患方医院不是保险箱，目前医学上还有许多难以解决的问题，并给以相应举例，说明医学具有一定风险性。向患方讲解该病相关知识，说明患儿死亡系其病情危重所致。因医患之间沟通存在欠缺，致患方未配合及时作脑脊液检查，给医方及时诊治又增加了一定困难。并表明：您们可能难以接受这一事实，建议您们可多方咨询冷静考虑后再作决定；另一方面为患方提供免费律师咨询。通过律师咨询逐步疏导患方，调解员多次语重心长的劝说与心理疏导使患方渐渐接受患儿因疾病已死亡及该事件不是医疗事故的现实。

调解员与医方沟通时指出：你院门诊观察室医生对“化脓性脑膜脑炎”患儿家属的沟通存有一定欠缺。当然患方拒绝腰穿有一定责任，可为何住院医生与患方沟通，患方就同意了作腰穿，说明前一位医生在与患方的沟通方面还是有一定不足。虽然此病较凶险，但并非完全不能治愈。目前事已至此，劝医方应妥善处理，当给患方适当补偿以弥补不足。通过坦诚的沟通，医方接受了调解员的建议并表示将报院领导讨论。

5. 给患方明法析理，促医方换位思考

因双方的赔偿金额还存在较大差距。通过告知患方人身损害赔偿的标准，明示患方提出的赔偿要求确实过高。调解员告知患方：我们调解一定要自愿与公平合理，赔偿要符合我国相关法律法规的规定，否则医方也不会同意，如你们一定坚持，调解不成只能终止。同时明法析理列举了多个案例以疏导患方，使其赔偿要求变得合理。

调解员在与医方沟通时说道：如果你院第一位给患儿看病的经治医生能很好地与患方沟通，让其作了相应检查，医方又及时给予妥善治疗，可能结果与现在两样。希望医方换位思考，试想一个活泼可爱的生命就这样死去，失去孩子的家长是多么痛苦。通过调解员积极协调，最终医患双方就补偿数额达成了一致意见。

（四）调解模式及方法和技巧

（1）调解员在开展调解工作过程中，对医患双方主要实施了“混合性调解模式”。

（2）具体调解中调解员主要采用了热案冷处法、关键人选法、获取信任法、专家咨询法、单独沟通法、心理疏导法、借助力量法、案例引导法、明法析理法、换位思考法等调解方法和技巧。

表现为：医方被堵会议室，现场混乱时，人民调解员应用关键人选法锁定几个核心人物，通过与核心人物沟通促使患方同意调解员进行调解。调解员又以调解需要提供证据为由，让医患双方准备证据资料，调解员中立的立场，公正的处置，不但获得双方信任，妥善化解围堵现场，且通过专家咨询，成功地进行了热案冷处理，并为区分责任作好了准备。明确责任后，通过单独沟通法与借助律师帮助进行心理疏导，用案例引导法进行明法析理引导患方提出合理的赔偿金额。通过告知医方专家咨询结论，让医方认识到不足，再让医方换位思考，使医方合理调高补偿金，促成医患双方就补偿数额达成一致。

（五）临床医学点评

(1) 患儿化脓性脑膜脑炎，在临床表现及实验室检查结果均不典型，病情进展快的情况下，出现多脏器功能衰竭，该病治疗难度大，预后差。医方对其抗感染、降颅压、对症支持等治疗措施均符合临床诊疗常规。患儿死亡系其病情危重所致。

(2) 患方留观期间因医患双方沟通存在欠缺，患方配合不力未及时作脑脊液检查，给医方的及时诊断治疗增加了一定的困难。

(3) 患方与医方的争议不构成医疗事故。

（六）本案涉及的法律、法规

(1)《中华人民共和国人民调解法》第二十一条　人民调解员调解民间纠纷，应当坚持原则，明法析理，主持公道。调解民间纠纷，应当及时、就地进行，防止矛盾激化。

第二十二条　人民调解员根据纠纷的不同情况，可以采取多种方式调解民间纠纷，充分听取当事人的陈述，讲解有关法律、法规和国家政策，耐心疏导，在当事人平等协商、互谅互让的基础上提出纠纷解决方案，帮助当事人自愿达成调解协议

(2)《中华人民共和国侵权责任法》第五十四条　患者在诊疗活动中受到损害，医疗机构及其医务人员有过错的，由医疗机构承担赔偿责任。

第六十四条　医疗机构及其医务人员的合法权益受法律保护。干扰医疗秩序，妨害医务人员工作、生活的，应当依法承担法律责任。

(3)《医疗事故处理条例》第十一条　在医疗活动中，医疗机构及其医务人员应当将患者的病情、医疗措施、医疗风险等如实告知患者，及时解答其咨询；但是，应当避免对患者产生不利后果。

第三十三条　有下列情形之一的，不属于医疗事故：①在紧急情况下为抢救垂危患者生命而采取紧急医学措施造成不良后果的；②在医疗活动中由于患者病情异常或者患者体质特殊而发生医疗意外的；③在现有医学科学技术条件下，

发生无法预料或者不能防范的不良后果的；④无过错输血感染造成不良后果的；⑤因患方原因延误诊疗导致不良后果的；⑥因不可抗力造成不良后果的。

(4)《上海市医患纠纷人民调解工作实施办法》第二十九条　医患纠纷人民调解工作实行专家咨询制度。上海市医患纠纷人民调解专家咨询委员会负责向人民调解员提供专家咨询。专家咨询工作由各区县医调办组织实施。

第三十一条　专家咨询委员会采用咨询意见书或者口头答复的方式向医调委提供医患纠纷专家咨询意见。人民调解员可以参考专家咨询意见调解医患纠纷。

(5)《上海市医患纠纷预防与调解办法》第三十一条　医患纠纷具有下列情形之一的，医调委应当启动专家咨询程序：①赔付金额可能超过10万元的；②患者死亡的；③医患双方对争议事实存在重大分歧的；④预估保险理赔金额超过10万元且承保机构建议的；⑤其他需要进行专家咨询的情形。

二、病毒性心肌炎纠纷案例的调解

(一) 医患纠纷案情简介

12岁的女孩小E因“恶心、呕吐一日余”到某医院就诊，并出现血压低、身体酸软、面色苍白等症状。医生诊断为消化道疾病，并按此予以治疗。诊治期间，小E因呕吐、腹泻进入卫生间，却突然倒地死亡。从出现症状到不治身亡，仅仅两天时间，小E父母无法接受这个残酷的事实。他们认为，医方的诊疗过程存在过错，才导致了女儿死亡，一定要医方给个说法。小E的父母情绪激动，采取了在医院堵大门、设灵堂等过激行为向医方施压，一度造成医院无法进行正常的诊疗活动。医方报警后，由当地公安机关及时出警维持秩序，矛盾才暂时平息。当地司法所在第一时间已介入，劝说患方通过人民调解途径化解该纠纷。在患方同意后，司法所领导立即协助其向医调委申请调解。

(二) 医患双方争议焦点

(1) 患者认为：医方因诊疗不当致患者死亡，因此应对患者的死亡承担全部责任。

(2) 医方认为：①患者“由不可控的原因导致猝死”，与医方的诊疗行为无关。猝死属于意外情况，医方对于意外事件不负责任；②医方根据患者入院时主诉的消化道相关症状已进行了诊治，没有义务治疗患者并未申明的病患，其诊疗行为并无不当,诊疗中无过错。

（三）调解过程与结果

1. 会议沟通来约定,搁置争议做尸检

当地司法所领导联系并带领医患双方到了医调委,协助办理申请调解手续。调解员分别听取了医患双方叙述后,决定趁司法所领导在场立即主持会议沟通,在会上医患双方陈述了各自观点,当地司法所领导也对医患双方进行了劝解。因为涉及患儿死因不明,调解员和医患双方达成初步约定,暂时搁置争议,对患儿进行尸体解剖检查。待尸检结果出来后,再以尸检结果为依据,商议具体解决办法。

2. 医方态度不赔偿,患方酝酿再闹访

一月后,尸检结论为患儿死于“病毒性暴发性心肌炎”。面对这一结论,医方态度强硬,认为患者来医院就诊,只陈述了呕吐和腹泻的症状,对心肌炎相关的症状并无描述,即医方对患者的病情并不知情。医方只负责满足患者求医时主诉的诊疗需求,除此之外的病患,医方没有义务进行诊治,医方对患者的死亡没有责任,因此拒绝承担赔偿。医方的强硬态度,引发了患方的强烈不满,在剑拔弩张的气氛中,患方又开始酝酿新的“闹访”。

3. 专家咨询出结果,医方诊疗有过错

对此情况,医调委研究决定一方面要稳定患方情绪,一方面启动专家咨询,借助专家力量,区分双方责任,推动调解进行。被请专家通过充分查阅患者病历,向患者父母了解小 E 生前症状及与医方核实诊疗过程。经专家咨询后,调解员根据专家咨询意见与医方沟通时指出:医生是掌握医药卫生知识,从事疾病预防和治疗的专业人员,职责是治病救人。医生应科学严谨地对待每一位就诊的患者,认真仔细地分析每种病情,详细询问病史,按规范进行体格检查与必要的辅助检查,不放过任何一个细节,不仅应注意到患者已表现出的症状,更应寻找疾病发生的深层原因,全面分析和妥善判断病情,经过缜密思考得出相应诊断结论,并在后续诊治过程中通过不断观察病情和调整诊疗方案,尽最大可能避免误诊、漏诊,应尽可能减少因诊疗错误而给患者造成不必要的损害。本案患者在未进食和无不洁饮食情况下出现“恶心、呕吐一日余”,并在患者已出现血压偏低、身体酸软、面色苍白等一系列症状后,作为专业诊疗机构的医方,在未作深入检查下,只根据恶心、呕吐就认为是消化道疾病,在治疗不但无效病情反而加重的情况下，并没引起警惕，亦未采取相应措施，而是继续以消化道疾病进行诊治，因而延误了病情。鉴于病毒性暴发性心肌炎病情来势凶险，进展迅速，死亡率高等特点，医方对患者的死亡结果，应该承担次要责任。面对调解员专业、公正的分析，医方自知理亏，调解员进一步讲明人身损害赔偿有关规定，及应由医方承担的相应赔偿金，经过调解员的明法析理，医方最终同意承担相应责任，给患方合理的经济赔偿。

4. 明确责任扬正气，公正调解受称赞

当调解员将专家咨询意见告知患方后，小 E 的父母对调解员耐心细致、独立公正的调解工作表示非常满意，感谢医调委调解员还他们亡故女儿一个公道。调解员进一步告知患方，经调解员的多次努力现终于说服了医方，患方听了非常感激。此时调解员因势利导给予合理建议，并表明现医方已同意了调解员的建议，愿意给予患方合理的补偿。患方对调解员的努力工作再次表示感谢并当即表示：同意与医方签订调解协议书。该起纠纷到此终于成功化解。小 E 的父母为此还专门送来一面“一心为民、廉洁奉公”的锦旗，表达对医调委调解员由衷的谢意。

（四）调解模式及方法和技巧

（1）调解员在开展调解工作过程中，对医患双方主要实施了“划分责任调解模式”。

（2）具体调解中人民调解员主要对医患双方采用了借助力量法、会议沟通法、热案冷处法、专家咨询法、区分责任法、单独沟通法、弘扬正气法、明法析理法及因势利导法等调解方法和技巧。

表现为：调解员面对该突然死亡的案例，在难以对死因做出判断时，通过实施会议沟通法，借助当地司法所领导的力量，一起劝导医患双方通过“尸检”明确死因的方法，有效达到了热案冷处理。当尸检结论为“病毒性暴发性心肌炎”时，医方拒绝承担赔偿引发患方强烈不满致矛盾再次激化时，调解员及时通过专家咨询法以区分责任同时再次有效实行热案冷处理。经过专家咨询，指出了医方的过错，明确区分了责任。在此基础上调解员通过将专家咨询结果与法学知识灵活的运用，明法析理有效的说服了医方，彰显了公平，弘扬了正气。在患方为专家咨询的公正表示感谢时，调解员告知公平合理的赔偿建议并表示说服医方的不易，使患方在感动之际对其因势利导顺利有效的说服了患方，最终双方达成一致，签订了人民调解协议书，使激烈的冲突在短时间内得到妥善解决。

（五）临床医学点评

(1) 本案中患者以消化道症状为主诉到医院就诊，但患者同时伴有“血压低、身体酸软、面色苍白”的休克症状，并且医方在按照消化系统疾病治疗后，患者病情不但未好转，反而加重的情况下，医方却并未予以重视，也未进行相关检查并审慎考虑诊断与治疗是否正确。因此，医方对患者所患疾病存在认识不足，导致未对因处置，延误了患者抢救的最佳时机，与患者的死亡具有一定的因果关系。

(2) 鉴于病毒性暴发性心肌炎病情来势凶险，进展迅速，死亡率高等特点，医方对患者的死亡结果，应该承担次要责任。

（六）本案涉及的法律、法规

(1)《中华人民共和国侵权责任法》第五十四条　患者在诊疗活动中受到损害，医疗机构及其医务人员有过错的，由医疗机构承担赔偿责任。

第五十七条　医务人员在诊疗活动中未尽到与当时的医疗水平相应的诊疗义务，造成患者损害的，医疗机构应当承担赔偿责任。

(2)《中华人民共和国人民调解法》第二十一条　人民调解员调解民间纠纷，应当坚持原则，明法析理，主持公道。调解民间纠纷，应当及时、就地进行，防止矛盾激化。

第二十二条　人民调解员根据纠纷的不同情况，可以采取多种方式调解民间纠纷，充分听取当事人的陈述，讲解有关法律、法规和国家政策，耐心疏导，在当事人平等协商、互谅互让的基础上提出纠纷解决方案，帮助当事人自愿达成调解协议。

(3)《上海市医患纠纷人民调解工作实施办法》第二十九条　医患纠纷人民调解工作实行专家咨询制度。上海市医患纠纷人民调解专家咨询委员会（以下简称：专家咨询委员会）负责向人民调解员提供专家咨询。专家咨询工作由各区县医调办组织实施。

第三十条　医患纠纷具有下列情形之一的，医调委应当在受理后及时向区县医调办申请专家咨询：①赔付金额可能超过 10 万元的；②患者死亡的；③其他疑难、复杂的医患纠纷。

第三十一条　专家咨询委采用咨询意见书或者口头答复的方式向医调委提

供医患纠纷专家咨询意见。人民调解员可以参考专家咨询意见调解医患纠纷。

(4)《医疗事故处理条例》第二条 本条例所称医疗事故，是指医疗机构及其医务人员在医疗活动中，违反医疗卫生管理法律、行政法规、部门规章和诊疗护理规范、常规，过失造成患者人身损害的事故。

第四条 根据对患者人身造成的损害程度，医疗事故分为四级：一级医疗事故：造成患者死亡、重度残疾的；二级医疗事故：造成患者中度残疾、器官组织损伤导致严重功能障碍的；三级医疗事故：造成患者轻度残疾、器官组织损伤导致一般功能障碍的；四级医疗事故：造成患者明显人身损害的其他后果的。具体分级标准由国务院卫生行政部门制定。

第十八条 患者死亡，医患双方当事人不能确定死因或者对死因有异议的，应当在患者死亡后48小时内进行尸检；具备尸体冻存条件的，可以延长至7日。尸检应当经死者近亲属同意并签字。尸检应当由按照国家有关规定取得相应资格的机构和病理解剖专业技术人员进行。承担尸检任务的机构和病理解剖专业技术人员有进行尸检的义务。医疗事故争议双方当事人可以请法医病理学人员参加尸检，也可以委派代表观察尸检过程。拒绝或者拖延尸检，超过规定时间，影响对死因判定的，由拒绝或者拖延的一方承担责任。

(5)《医疗事故分级标准(试行)》节选：一级医疗事故系指造成患者死亡、重度残疾。一级甲等医疗事故：死亡。

三、卵巢畸胎瘤纠纷案例的调解

(一) 医患纠纷案情简介

患者，女，8岁。以双侧乳房逐渐增大就诊，医方检查发现：患者身材矮小(高122 cm，体重24 kg)，乳核增大，X线骨龄片：9岁。盆腔B超：卵巢大(子宫卵巢未见占位)。诊断“真性性早熟”。给予早熟Ⅱ号合剂、大补阴丸、高尔胶囊、凯思立D治疗。门诊两年半期间，加用基因重组人生长激素，治疗5次后患者没有再到医方就诊。

4年后，患者12岁，因腹痛待查(卵巢囊肿蒂扭转？畸胎瘤?)被收住外省市××医院妇科病房。当日行左侧附件切除术。术中见左侧附件坏死呈褐色。病理检查报告：卵巢成熟性囊性畸胎瘤，伴出血、淤血；术后痊愈出院。

（二）医患双方争议焦点

（1）患方认为：①医方对“双乳增大”患者诊治时未尽注意义务，在未鉴别诊断和排除器质性疾病的状况下，错误使用抗性早熟药物，违反了临床诊疗护理规范、常规；②患者左侧卵巢、输卵管的切除和身材矮小的不良状况与医方真性性早熟误诊误治的诊疗行为存有因果关系。

（2）医方认为：①医方对乳核增大，B超两侧卵巢增大，X线骨龄提前的患者诊断“真性性早熟”正确，采用早熟Ⅱ号合剂、生长激素等治疗符合临床诊疗护理操作规范、常规；②患者目前的不良状况与其卵巢畸胎瘤疾病本身发展有关，医方不存在医疗损害和医疗过错。

（三）调解过程与结果

1. 情绪激动讲病史，安抚患方获信任

患方初到医调委时情绪激动，讲述就诊的经历，医方误诊“真性性早熟”，使用许多贵重药品，用了很多钱。原来疾病是卵巢畸胎瘤造成的，现要医方赔偿误诊误治而致的损失。人民调解员耐心倾听患方倾诉，适时安抚患方情绪。同时告诉患方：医调委是群众性组织，是中立的第三方，调解的必须是双方自愿。听了你的诊治经过，我们将了解医方的意见并及时给你答复。调解员同时还告知了患方处理医患纠纷的几条其他合法途径。患方对调解员公开、中立、透明的态度表示信任。

2. 涉及知识太专业，查寻资料才明白

调解员根据患方提供的病史资料，到医方了解核实情况、听取意见。医方人员说：收到医调委调解员传真发来的患方门诊病史，找到当时负责诊治的医生和科主任，经研究医方认为，患儿就诊时8岁，乳核增大，双卵巢增大，X线骨龄提前，诊断“真性性早熟”成立，治疗无错误。医方不能给予赔偿，希望调解员能给予解释。听了医方意见，深感本案涉及的专业知识性极强，调解员需认真弄清真性性早熟和卵巢畸胎瘤的相关情况，通过查阅有关资料发现卵巢畸胎瘤与真性性早熟并无因果关系。

3. 专家咨询出结果，医方诊治无过错

为慎重起见，医调委还是讨论决定对本案实施专家咨询，根据专家咨询结果，调解员与医方沟通：经专家咨询结果证明你院当时对患者的诊断与治疗均符合诊疗技术规范与常规，是患方误解，我们将协助帮你们向患方进行相应解释。

同时也请医方主动与患方沟通、解释，以消除误会。调解员的说法，让医院觉得很欣慰并表示感谢。

调解员与患方沟通：经专家咨询结果，医方诊断“真性性早熟”成立；因卵巢畸胎瘤并无性激素分泌功能，与性早熟无因果关系；患儿身高生长迟缓，结合其他相关检查，医方当时使用生长激素有指征。患方当即表示不认可，坚持要进行医疗事故技术鉴定。调解员因势利导对患方进行风险提示：申请医学会的医疗事故技术鉴定需要交纳一定鉴定费。同时调解员拿出自已为案例查找的相关性早熟和畸胎瘤资料送给患方，在患方对人民调解员的敬业精神表示钦佩时，调解员因势利导进一步建议：希望患方去查阅一些相关的医学资料，亦可去有关部门或到有关医院请相关专家进行咨询后再做决定。患方接受了调解员的建议，表示将多方咨询后再给调解员回复是否进行鉴定。

4. 电话传讯误解消，钦佩敬业言称谢

一段时间后，患方给医调委调解员来电说：“我们经过调查、了解与咨询，证实卵巢畸胎瘤与真性性早熟是两种病，医方的诊治如你们调解员所说并没有错误。我们不再向医方提出索赔了。”同时感谢医调委调解员，感谢为她案例负责的几名调解员，由于调解员的提醒，使他们没有花冤枉钱申请“医疗事故技术鉴定”，对人民调解员的敬业精神与工作能力表示钦佩与感谢。

（四）调解模式及方法和技巧

（1）调解员在开展调解工作过程中，对医患双方主要实施了“划分责任调解模式”。

（2）具体调解中人民调解员主要对医患双方采用了首次接待法、获取信任法、去伪存真法、专家咨询法、区分责任法、明法析理法、因势利导法、借助力量法及单独沟通法等调解方法和技巧。

表现为：人民调解员遵循首次接待法通过耐心倾听患方倾诉，适时安抚，获得了患方的信任。根据本案医学专业性强的特点，通过查询相关资料去伪存真，并通过专家咨询进一步明确区分责任，清楚了本案医患纠纷纯属误会。在患方表示对专家咨询不认可，要进行医疗事故鉴定的情况下，调解员因势利导通过风险提示与合理建议使用单独沟通法，明法析理并巧妙让患方去多方进行咨询以达借助患方寻找的外力消除了患方误会，调解员的敬业精神与工作能力受到了医患双方的好评。

（五）临床医学点评

（1）患儿8岁就诊时，乳核增大，双卵巢增大，X线骨龄提前。医方诊断“真性性早熟”成立，不存在医疗过错。

（2）患儿骨龄提前，但身高生长迟缓，医方当时使用生长激素有指征。

（3）患儿8～9岁半时，在诊治期间未发现盆腔肿块，4年后因畸胎瘤扭转而行急诊手术。因卵巢畸胎瘤并无性激素分泌功能，与性早熟无因果关系。

（4）卵巢畸胎瘤蒂扭转与患者自身疾病有关，与医方的诊疗行为无因果关系。

（六）本案涉及的法律、法规

（1）《上海市医患纠纷人民调解工作实施办法》第二十九条　医患纠纷人民调解工作实行专家咨询制度。上海市医患纠纷人民调解专家咨询委员会负责向人民调解员提供专家咨询。专家咨询工作由各区县医调办组织实施。

第三十条　医患纠纷具有下列情形之一的，医调委应当在受理后及时向区县医调办申请专家咨询：①赔付金额可能超过10万元的；②患者死亡的；③其他疑难、复杂的医患纠纷。

第三十一条　专家咨询委员会采用咨询意见书或者口头答复的方式向医调委提供医患纠纷专家咨询意见。人民调解员可以参考专家咨询意见调解医患纠纷。

（2）《中华人民共和国人民调解法》第二十一条　人民调解员调解民间纠纷，应当坚持原则，明法析理，主持公道。调解民间纠纷，应当及时、就地进行，防止矛盾激化。

四、严重脓毒症纠纷案例的调解

（一）医患纠纷案情简介

患者，男，12岁。2月15日因“发热伴关节痛1月余，检查发现肝功能异常3天”至医方就诊，入院诊断：发热待查、肝功能损害。给予罗氏芬、阿奇霉素、布洛芬治疗后，胸痛和膝关节痛明显减轻，但仍有发热。CT及彩超示：左膝关节腔积液，考虑全身型幼年性特发性关节炎可能较大。2月21日转入肾内科，继续给予罗氏芬抗感染治疗。2月25日上午补液时，患者出现头痛、腹痛、恶心的症状，补液结束后，患者视物不清、极度虚弱，院方立即给予抢救，至2月26日下午抢救无效，患儿呼吸及心跳停止。死亡诊断：严重脓毒血症，多脏器功能衰竭，全身型幼年性特发性关节炎可能。在抢救室外的患儿父母，知道患儿死亡的消息后，一度情绪失控，带10余人冲至院长办公室讨要说法。

（二）医患双方争议焦点

(1) 患方认为：①患者高热不退在原因不明的情况下院方盲目诊治，属误诊误治；②患者死亡与所挂盐水有关；③患儿在补液中出现反应，医方仍继续补液未作处置，延误抢救，致其死亡；④患儿从入院到死亡，医方未出具病危通知书，存在隐瞒病情告知不足等情况。据此提出赔偿50万元要求。

(2) 医方认为：整个诊疗过程符合常规，但在沟通方面存有不足，院方表示，今后会加强对患者病情演变及预后与家属的沟通，以取得理解与配合。仅此不足，我院愿意在合理的范围内适当给予家属一定的经济补偿，但对家属提出50万元赔偿无法认同。

（三）调解过程与结果

1. 奔赴现场取信任，宣传建议消冲突

接讯后，因当日医调委工作较忙，只能指派正在休假中的调解员放弃休假，立即迅速赶往医院。到院后，调解员首先亮明身份并说明来意，告知了医调委性质、调解原则、工作流程及人民调解的特点是能公平、公正地处理纠纷，并且方便、灵活、不收取任何费用等。听了调解员的介绍，患方逐渐对调解员产生了好感，表示愿意由医调委调解员出面进行调解。调解员了解了患儿救治情况后，在向患方表示同情与理解时，针对患方的质疑，告知：为明确患儿死亡原因及其是否与补液有关等问题，建议家属作“尸检”。但家属明确拒绝并情绪激动。调解员在对患方进行安抚疏导的同时，不失时机向患方宣传了相关法律、法规及解决纠纷的几条其他合法途径。并向患方表明合理维权受到支持，超越法律界线将会带来的不利等，劝告患方维权需理性。同时告知希望医患双方各自准备好对己方有利的证据（患儿的病历和相关证据资料），送到医调委办理申请调解手续。医患双方表示同意，至此，医患之间矛盾激化的场面得到了有效化解。

2. 澄清补液致死疑，告知不足属实情

收到医患双方提交的患儿病历和相关资料，调解员认真进行了梳理和调查，决定把能够澄清的疑问先解释清楚。对于患方提出的2月25日补液过程中患儿病情突变的质疑，经调查当时患儿所用药物为罗氏芬，该药于2月15日患儿入院起即使用，当天的用法用量也无改变，无药物过量及用药错误的情况，故目前无依据说明其死亡与静脉补液有因果关系。调解员摆事实讲道理使患方消除了误会。经过核实，医方承认对患方未出具病危通知书，存在告知不足的事实。

3. 专家咨询定责任，调解公正有依据

针对患儿的临床表现复杂，后期发展迅速，抢救困难，其死亡原因属医方推断，患方对该病产生怀疑是难免的。究竟医方有没有误诊误治，是确定责任和解决赔偿的关键，也是公平公正调解的依据。对此情况医调委集体讨论决定实施专家咨询以明责任。专家咨询后，调解员根据专家咨询意见在与医方沟通时指出：生命是珍贵的，患儿的死亡给其家庭打击很大，医方对本病例疾病存在认识不足、预见性不强、告知不足等责任，调解员希望医方能换位思考，妥善解决纠纷才是关键问题。医方表示认可专家咨询意见，并表示一定会按相关规定对患方进行赔偿。

调解员与患方沟通时讲明：经专家分析认为，虽然医方对患儿病情存在预见性不够强，至沟通方面有告知不够的缺陷。但医方对患儿诊断基本正确，患儿因全身型幼年性特发性关节炎为原发病，临终前病情骤变，医方已积极进行诊疗及抢救，终因患儿病情复杂，抢救无效死亡。死亡的直接原因是多脏器衰竭，感染性休克等。患儿家属表示对专家咨询意见不认可。调解员表示：您们的心情我能理解，希望您们冷静下来再考虑我讲的话有否道理，同时再次告知专家咨询意见不具法律效力，只是调解员办案中一个参考依据。建议患方近期内可多方咨询，引导其某日到医调委向律师进行免费咨询，患方表示同意。

4. 案例引导谈赔偿，换位思考促理解

近期内患方在外多方打听，通过医调委调解员安排律师的免费咨询，患方基本认同了专家咨询结果，降低了原来的索赔价格，但医患之间还有一定差距。调解员告知：患儿的死亡是疾病所致，医学是一门科学，还需要发展，举例说出至今很多疾病都无法治愈。同时调解员通过一位现场有类似问题但已调解好并正签订协议书的患方家属现身举例说明，因势利导希望患方能给予理解。调解员再列举既往相似案例的赔偿结果，明法析理以引导患方换位思考。

5. 发票争议是插曲，医患和解是正途

经过人民调解员的多次单独沟通，医患双方提出的赔偿金额已经十分接近，只是在患儿住院发票上存在争议。尽管医方免去了患方的部分医药费，患方希望住院发票开出的是全额，这样患方可多得到一些医疗报销款作为另一方面的补偿。为了尽快促成和解，调解员又与双方商议互相妥协，各让一步，最后在调解员主持下双方签订了调解协议。

（四）调解模式及方法和技巧

（1）调解员在开展调解工作过程中，对医患双方主要实施了“混合性调解模式”。

（2）具体调解中调解员主要对医患双方采用了获取信任法、弘扬正气法、热案冷处法、去伪存真法、专家咨询法、区分责任法、单独沟通法、借助力量法、案例引导法、明法析理法、因势利导法和换位思考法等调解方法和技巧。

表现在：调解员来到医院，首先阐明医调委的性质，调解原则等表明来意。在了解患儿的救治情况后，向患方表示同情与理解，让患方对调解员产生了信任，同意由调解员进行调解，通过宣传相关法律、法规并告知违反有关规定将带来的不利，使患方有所顾忌，达到扶正祛邪，弘扬正气的目的，从而使医患之间矛盾激化的场面得到了化解，实现了热案冷处理。通过运用医学知识进行分析，解释静脉补液与患儿死亡间无因果关系，以去伪存真消除了患方的误会。通过专家咨询法进一步区分责任，在明确责任和赔偿依据后，对医方实施单独沟通明法析理，有效说服医方主动表示按规定赔偿的意愿。对患方先让其找能信任的人进行咨询同时借助律师力量与巧妙安排另一来签订协议书的患方家属现身说法进行案例引导待等以明法析理，进而促进双方换位思考，互相妥协，最终成功达成了调解协议。

（五）临床医学点评

（1）根据患儿的临床表现来分析，医方诊断基本正确，全身型幼年性特发性关节炎为原发病，同时存在感染。该病例具有进展迅速、变化极快、死亡率极高的特点。医方在诊断治疗上未违反规范治疗，诊疗行为无过错。

（2）关于患方提出的2月25日补液过程中患儿病情突变的疑问，经调查当时所用药物为罗氏芬，该药于2月15日患儿入院起即使用，当天的用法用量无改变，无药物过量及错误用药的情况，故目前无依据说明其死亡与静脉补液有因果关系。

（3）医方对本病例存在认识不足，预见性不强。在沟通方面存有不足，临床医生应加强就患儿的病情演变及预后更好地与家属沟通，取得家属的理解。

（六）本案涉及的法律、法规

(1)《中华人民共和国侵权责任法》第五十四条　患者在诊疗活动中受到损害，医疗机构及其医务人员有过错的，由医疗机构承担赔偿责任。

第五十七条　医务人员在诊疗活动中未尽到与当时的医疗水平相应的诊疗义务，造成患者损害的，医疗机构应当承担赔偿责任。

(2)《上海市医患纠纷人民调解工作实施办法》第二十九条　医患纠纷人民调解工作实行专家咨询制度。上海市医患纠纷人民调解专家咨询委员会(以下简称:专家咨询委员会)负责向人民调解员提供专家咨询。专家咨询工作由各区县医调办组织实施。

第三十条　医患纠纷具有下列情形之一的，医调委应当在受理后及时向区县医调办申请专家咨询:①赔付金额可能超过10万元的;②患者死亡的;③其他疑难、复杂的医患纠纷。

第三十一条　专家咨询委采用咨询意见书或者口头答复的方式向医调委提供医患纠纷专家咨询意见。人民调解员可以参考专家咨询意见调解医患纠纷。

(3)《医疗事故处理条例》第十一条　在医疗活动中，医疗机构及其医务人员应当将患者的病情、医疗措施、医疗风险等如实告知患者，及时解答其咨询;但是，应当避免对患者产生不利后果。

第十八条　患者死亡，医患双方当事人不能确定死因或者对死因有异议的，应当在患者死亡后48小时内进行尸检;具备尸体冻存条件的，可以延长至7日。尸检应当经死者近亲属同意并签字。尸检应当由按照国家有关规定取得相应资格的机构和病理解剖专业技术人员进行。承担尸检任务的机构和病理解剖专业技术人员有进行尸检的义务。医疗事故争议双方当事人可以请法医病理学人员参加尸检，也可以委派代表观察尸检过程。拒绝或者拖延尸检，超过规定时间，影响对死因判定的，由拒绝或者拖延的一方承担责任。

第三十三条　有下列情形之一的，不属于医疗事故:①在紧急情况下为抢救垂危患者生命而采取紧急医学措施造成不良后果的;②在医疗活动中由于患者病情异常或者患者体质特殊而发生医疗意外的;③在现有医学科学技术条件下，发生无法预料或者不能防范的不良后果的;④无过错输血感染造成不良后果的;⑤因患方原因延误诊疗导致不良后果的;⑥因不可抗力造成不良后果的。

(4)《中华人民共和国人民调解法》第二十一条　人民调解员调解民间纠

纷，应当坚持原则，明法析理，主持公道。调解民间纠纷，应当及时、就地进行，防止矛盾激化。

第二十二条　人民调解员根据纠纷的不同情况，可以采取多种方式调解民间纠纷，充分听取当事人的陈述，讲解有关法律、法规和国家政策，耐心疏导，在当事人平等协商、互谅互让的基础上提出纠纷解决方案，帮助当事人自愿达成调解协议。

第五节　五官、口腔科医患纠纷人民调解案例

一、牙髓根管治疗纠纷案例的调解

（一）医患纠纷案情简介

3 月 2 日，患者因牙疼一周，前往附近社区卫生服务中心口腔科就诊。医方认为患者右下颌第 2 颗前牙患了根尖周炎，经患者同意后，局麻下行牙髓根管治疗术。术后患者右下颌第 2 颗前牙疼痛减轻，时有不适但能耐受。同年 5 月患者在另一家口腔医院进行补牙时，口腔医院给其牙齿作了 X 线摄片，发现右下颌第 2 颗前牙的根尖处有 0.4 厘米长的异物亮点。估计患者是右下颌第 2 颗前牙以前做手术时，针尖折断在根管内留下的异物。患者到社区卫生服务中心提出赔偿其经济损失 4.5 万元的要求，医方认为索赔要求 4.5 万元太高，请医调委给予调解。

（二）医患双方争议焦点

（1）患方认为：医方给患者右下颌第 2 颗前牙行牙髓根管治疗术时，针尖折断在根管内给其造成了痛苦。应赔偿其经济损失 4.5 万元。

（2）医方认为：在为患者行牙髓根管治疗术时，针尖意外折断于根管内是事实。取异物只要花费很少的钱，患方提出索赔的金额太高，医方只愿意支付取出异物的手术费或为患者免费手术取出。

（三）调解过程与结果

1. 患方初到医调委，参观介绍获信任

患方第一次到医调委，调解员热情接待了他，请患方参观医调委的工作环

境，针对墙上悬挂的调解工作原则、制度等进行了介绍，患方感到这才是真正的第三方，对医调委产生了信任感。于是患方拿出病历和X线牙片，请调解员登记、复印，希望医调委出面给予调解。调解员向其告知道：听了你的诊治经过，待我们与医方联系，征求他们意见后，会第一时间给你回复。患方表示理解与配合。

2. 了解情况到现场，医方承认有责任

调解员找了医方领导和口腔科医生，对患方牙髓根管治疗术过程进行了解，征求医方意见。医方表示造成这起纠纷，医方有一定的责任，愿意合理赔偿。现患方要价虚高，医方无法接受，希望调解员协调。

3. 单独沟通有效果，明法析理见水平

调解员向其他医院了解取出牙根异物有关情况及收费标准之后，与医方沟通时指出：医方因无牙科x线机，行牙髓根管治疗是违反诊疗常规的行为，今后不能再做。医方的赔偿不能限于取牙根异物的钱，应该考虑取出异物会对患方牙齿造成的损伤，故应提高其赔偿金额。医方表示可以考虑调解员的建议。调解员再与患方沟通时讲道：据我们了解，取牙根异物费用不超过×××元，但因其易造成对牙齿的损害，院方愿给予一定赔偿。赔偿的标准不能超过失去一颗正常牙齿的赔偿标准，劝患方应理性索赔，不能漫天要价。调解员的明法析理，使患方修订了赔偿金额。

4. 赔偿金额都满意，感谢调解做努力

经过调解员反复沟通，医患双方在赔偿金额上接近一致。此时，调解员预约医患双方来到医调委，由调解员主持会议沟通进行调解。会中本着互谅互让原则，在调解员的劝说下，双方统一了赔偿金额，握手和解。医患双方对调解员的工作都非常满意，感谢其为调解工作所做的努力。

（四）调解模式及方法和技巧

(1) 医调委在开展调解工作过程中，对医患双方主要实施了“利益平衡调解模式”。

(2) 具体调解中调解员主要对患方采用了首次接待法、获取信任法。对医患双方采用了单独沟通法、明法析理法、会议沟通法等调解方法和技巧。

表现在：患方第一次到医调委，受到热情接待，调解员请患方参观医调委的工作环境和介绍墙上悬挂的调解工作原则、制度等，通过首次接待成功获取信任。经调解员多方深入调查了解相关情况后，实施单独沟通分别与医患双方明法析理，促使医患双方合理对待赔偿。在医患双方赔偿数额已接近时，人民调解员主持会议沟通，利用调解员的亲和力，促使双方互相让步，握手和解，不但妥善地解决了纠纷，还为社会和谐作出了一定贡献。

（五）临床医学点评

(1) 医方因无牙科 x 线机，在没对病变牙齿行 X 线摄片的情况下，就给患者做牙髓根管治疗术，系违反操作常规的行为。

(2) 患者右下颌第 2 颗前牙根管内留下的异物，系医方操作不当遗留，并且出现此情况时未告知患方，应该承担主要责任。

(3) 根据《医疗事故分级标准（试行）》，此医疗事件有可能定为四级医疗事故。

（六）本案涉及的法律、法规

(1)《医疗事故处理条例》第二条　本条例所称医疗事故，是指医疗机构及其医务人员在医疗活动中，违反医疗卫生管理法律、行政法规、部门规章和诊疗护理规范、常规，过失造成患者人身损害的事故；

第四条　根据对患者人身造成的损害程度，医疗事故分为四级：一级医疗事故：造成患者死亡、重度残疾的；二级医疗事故：造成患者中度残疾、器官组织损伤导致严重功能障碍的；三级医疗事故：造成患者轻度残疾、器官组织损伤导致一般功能障碍的；四级医疗事故：造成患者明显人身损害的其他后果的。具体分级标准由国务院卫生行政部门制定。

(2)《医疗事故分级标准（试行）》节选：四级医疗事故系指造成患者明显人身损害的其他后果的医疗事故。例如造成患者下列情形之一的：……⑧组织、器官轻度损伤，行修补术后无功能障碍；……⑫软组织内异物滞留；⑬体腔遗留异物已包裹，无需手术取出，无功能障碍。

(3)《中华人民共和国侵权责任法》第五十四条　患者在诊疗活动中受到损害，医疗机构及其医务人员有过错的，由医疗机构承担赔偿责任。

(4)《中华人民共和国人民调解法》第二十一条　人民调解员调解民间纠纷，应当坚持原则，明法析理，主持公道。调解民间纠纷，应当及时、就地进行，防止矛盾激化；

第二十二条　人民调解员根据纠纷的不同情况，可以采取多种方式调解民间纠纷，充分听取当事人的陈述，讲解有关法律、法规和国家政策，耐心疏导，在当事人平等协商、互谅互让的基础上提出纠纷解决方案，帮助当事人自愿达成调解协议。

二、白内障手术纠纷案例的调解

（一）医患纠纷案情简介

患者，女，56岁。因双眼视力进行性下降3年，医方收入眼科病房。诊断：双眼并发性白内障；Ⅱ型糖尿病。行左眼白内障超声乳化加折叠人工晶体植入术。术后6天出院。出院后患者左眼视力0.15，结膜充血、水肿。因患者总感左眼不适遂到另一医院就诊，诊断：①左眼玻璃体皮质炎；②左眼白内障术后；入院行“左眼玻璃体切割＋注气术”。术中切除残留晶体皮质和中央部玻璃体，目前恢复良好。

患方以医方手术不当造成患者术后左眼玻璃体皮质炎，导致再次手术，增加了患者痛苦为由，要求院方给予经济赔偿。因医方拒绝赔偿，医患之间产生纠纷，患方10余人到医方“闹访”，情况一度紧张。

（二）医患双方争议焦点

（1）患方认为：①医方对双眼并发性白内障患者手术时未尽告知、注意义务；未按眼科临床诊疗护理规范、常规操作，造成患者术后“残留大团异物（左眼玻璃体皮质炎）”的不良后果；②患者因左眼玻璃体皮质炎去另一医院再次手术，与医方的首次手术不当存有因果关系。

（2）医方认为：①医方对双眼并发性白内障患者诊断明确，在告知同意下行左眼白内障超声乳化加折叠人工晶体植入术符合临床诊疗护理规范、常规，医方不存在医疗过错及医疗事故；②患者后囊膜破孔，与糖尿病白内障患者术后易出血，皮质黏稠难以吸收有关，属难以避免的不良状况，与医方的诊疗行为无因果关系。

（三）调解过程与结果

1. 劝说双方拿证据，巧妙轻松化闹访

调解员接到医方紧急请求电话，即赴医院。到后见大门处10余名患方家属正在吵闹，其中一位正指责医方工作人员。调解员见此情况，立即亮明身份，表明医调委是专门从事医患纠纷调解的专业组织，是中立的第三方，针对现场情况，进行了相关法制宣传。希望患方理性维权，告知其解决纠纷的其他几条合法途径并讲明调解解决的优势。患方中因有位了解医调委情况的家属向其他家属也作了相应说明，患方同意由医调委介入调解。调解员将现场的医患双方请到医院纠纷办接待室坐下，分别听取双方陈述纠纷有关情况后，表示：请医患双方各自在三天内将对己方有利的证据送到医调委，现请大家回去准备有利证据，以备调查了解需要。一场激烈的闹访即被轻松化解。

2. 眼科资料太难懂，专家咨询来相助

3 天后，医患双方均将患方就诊的门诊病历、住院病历和各种检查报告单复印件送到了医调委。调解员查看了这些资料，深感专业性太强，特别是术中的有些问题有待弄清。经请示领导同意启动专家咨询，请眼科专家帮助定性。

3. 专家咨询定责任，实施调解方向明

经过专家咨询后，调解员根据专家咨询意见与医方沟通时指出：经咨询，专家认为您院对患者手术并发症认识和告知方面都存在不足，故应承担相应责任。医方表示会考虑调解员的建议，可给患方合理赔偿。调解员与患方沟通告知：医方的手术符合规范，左眼玻璃体皮质炎属术后并发症，后经外院诊治，目前也恢复较好。但医方存在对术后并发症认识和告知不足的问题，希望患方理性要求赔偿金额，方能使纠纷妥善解决。

4. 医方迟迟不赔偿，患方再次去闹访

患方听说医方会给予合理赔偿很高兴。因为此前，医方一直拒绝赔偿。患方对调解员表态不会要求高价索赔，只求合情合理。经多次与医方沟通，医方均答应赔偿，可迟迟不讲具体赔偿金额。患方知情后非常生气，再次组织 10 余人，重演了当初到医院闹访的局面。医方再急请调解员协调，才避免了矛盾激化。

5. 单独沟通举案例，合理方案被接受

调解员再次到医方，将大家请到纠纷办接待室。医方提出了一个赔偿数额，患方对此表示不满，调解员也认为院方所给赔偿金额不合理。患方提出一切听医调委调解员的。面对患方的信任，调解员离开接待室单独与医方领导沟通，提出调解员认为的合理方案，并举出相似案例给予说明，调解员通过晓之以理，明之以法，终于说服了医方。调解员又单独与患方代表沟通，提出医调委认为的合理赔偿方案，并举出相似案例给予说明，患方感到此方案较公平、合理。于是当场签订了调解协议，使纠纷得以妥善解决。

（四）调解模式及方法和技巧

(1) 医调委在开展调解工作过程中，对医患双方主要实施了“划分责任调解模式”和“利益平衡调解模式”。

(2) 具体调解中调解员主要对医患双方采用了获取信任法、热案冷处法、区分责任法、专家咨询法、单独沟通法、案例引导法和明法析理法等。

表现在：人民调解员通过现场宣传医调委相关情况获得信任，现场主持调解会议时利用“请大家回去准备有利证据”轻松实现热案冷处理。当人民调解员看不懂眼科病历资料时，通过实施专家咨询法以区分责任，且为调解员后续工作指明了方向，并为调解后期调解员提出合理赔偿方案奠定了基础。调解中单独沟通法应用次数最多，本案在关键时候使用了案例引导说明医调委提出合理赔偿方案的依据，运用明法析理法收到了较好效果，促进了和解完成。

（五）临床医学点评

(1) 患者因双眼视力进行性下降 3 年就诊，医方对患者“双眼并发性白内障”诊断正确、手术指征明确；告知同意后对患者球后阻滞麻醉下行左眼 Phaco＋IOL（左眼白内障超声乳化加折叠人工晶体）植入术，符合临床诊疗常规。

(2) 术中患者出现后囊膜破裂，玻璃体腔内晶体组织残留属手术并发症。后经外院诊治，恢复良好。

(3) 医方对后囊膜破裂、玻璃体腔内晶体组织残留认识不足，未能及时告知患者病情，存有不足。此医疗争议不构成医疗事故。

（六）本案涉及的法律、法规

(1)《中华人民共和国侵权责任法》第五十四条　患者在诊疗活动中受到损害，医疗机构及其医务人员有过错的，由医疗机构承担赔偿责任。

第五十七条　医务人员在诊疗活动中未尽到与当时的医疗水平相应的诊疗义务，造成患者损害的，医疗机构应当承担赔偿责任。

(2)《上海市医患纠纷人民调解工作实施办法》第二十九条　医患纠纷人民调解工作实行专家咨询制度。上海市医患纠纷人民调解专家咨询委员会负责向人民调解员提供专家咨询。专家咨询工作由各区县医调办组织实施。

第三十条　医患纠纷具有下列情形之一的，医调委应当在受理后及时向区县医调办申请专家咨询：①赔付金额可能超过 10 万元的；②患者死亡的；③其他疑难、复杂的医患纠纷。

第三十一条 专家咨询委员会采用咨询意见书或者口头答复的方式向医调委提供医患纠纷专家咨询意见。人民调解员可以参考专家咨询意见调解医患纠纷。

(3)《中华人民共和国人民调解法》第二十一条 人民调解员调解民间纠纷,应当坚持原则,明法析理,主持公道。调解民间纠纷,应当及时、就地进行,防止矛盾激化;

第二十二条 人民调解员根据纠纷的不同情况,可以采取多种方式调解民间纠纷,充分听取当事人的陈述,讲解有关法律、法规和国家政策,耐心疏导,在当事人平等协商、互谅互让的基础上提出纠纷解决方案,帮助当事人自愿达成调解协议。

(4)《医疗事故处理条例》第十一条 在医疗活动中,医疗机构及其医务人员应当将患者的病情、医疗措施、医疗风险等如实告知患者,及时解答其咨询;但是,应当避免对患者产生不利后果。

三、左眼胬肉手术纠纷案例的调解

(一) 医患纠纷案情简介

患者,男。左眼红,视物模糊数月,医方诊断:左眼胬肉。给予手术,术后出现左眼痛,异物感加重。医方予以眼液滴眼等治疗未愈。然后到外院就诊,诊断:角膜术后溃疡。经外院门诊多次配药治疗,目前恢复良好。患方向医方提出经济索赔。

(二) 医患双方争议焦点

(1) 患方认为:①医方对左眼胬肉的患者,未按临床诊疗护理规范、操作常规处置,而是在未尽详细告知的状况下诱导患者在其门诊接受所谓“手术”,存有缺陷;②医方对患者左眼胬肉术后,未尽注意义务,在患者术后剧烈疼痛难忍的状况下,未予采取相应补救措施,致患者病情不断恶化,医方对此负有不可推卸的责任;③患者术后感染,至今视物不清、视野受限、疼痛等诸多不适与医方的手术操作不当存有因果关系。

(2) 医方认为:①医方对患者左眼胬肉诊断明确,在告知同意下行“左眼翼状胬肉切除术”,符合临床诊疗护理操作规范、常规,医方不存在医疗过错及医疗事故;②患者术后 3 周发生角膜溃疡,与术后继发感染及自身免疫机制有关,与医方的诊疗行为无因果关系。

（三）调解过程与结果

1. 首次接待服务好，程序规范获信任

患方从媒体介绍了解到医调委是专门免费调解医患纠纷的第三方群众组织，于是来到医调委。调解员带其参观并介绍了医调委有关处理医患纠纷的相关情况，患方认为其亲眼看到与听到的和媒体介绍一致，于是对调解员产生了信任感并反映了其纠纷情况，告知调解员因医方对其左眼胬肉的处理，未按临床诊疗规范、导致患者术后发生角膜溃疡，给其身体与生活带来诸多痛苦。调解员认真听取患方叙述，仔细做好记录并告诉患方：我们对您反映的情况将进行相应调查、核实后再与您沟通。希望您将与纠纷有关的所有资料提供给我们，以利开展工作。第二天患方送来了病历复印件和他收集到的与其手术有关的相关眼科资料。

2. 调查情况到医方，医方态度真够呛

调解员看了患者提供的病历和相关资料，深入医院进一步了解情况，医方对左眼胬肉手术和治疗过程认可，但认为术后继发角膜感染是患者造成，与医方的诊疗行为无因果关系，医方态度强硬，不同意赔偿也不调解。对此情况调解员告知院方：如要妥善解决本纠纷，希望医方提供相应证据，如通过证据证明如你们所述，我们也可帮助你们给患方解释。但如果你院提供的证据不能支持您们的观点，希望医方仔细考虑是进行调解或是通过医疗事故技术鉴定或法院诉讼程序解决。面对调解员诚恳的态度与善意的提示，医方听后表示需要医院领导研究后再给予答复。

3. 感染因素难明确，人民调解陷僵局

3 天后医方来电话，同意由医调委出面调解，但只愿意承担角膜继发感染门诊治疗的费用，不进行额外的经济赔偿。调解员仔细审核了有关资料，发现该手术在门诊进行，病历书写也相对简单。调解员在与医方沟通中指出：造成角膜继发感染有多种因素，一方面不能排除患者术后伤口不慎污染可能，另一方面也不能排除医方手术感染所致（因该手术是在门诊治疗室进行），并且手术后眼角膜应处于无菌敷料覆盖状态，外界的感染源一般很难进入，如是外界的感染源进入感染，也不能排除不是医方对患者术后观察、处置不力等引起，同时医方有指导患者预防感染的义务，该病历上无相关告知记载。即使是患方不慎造成术后角膜继发感染，医方也存在对其指导不足的责任。因此，希望医方承担相应责任。医方认为调解员的分析有一定道理，同意考虑给患方一定经济赔偿。

调解员与患方沟通时讲到：角膜继发感染有多种因素可引起，目前谁都不能完全认定是由何种因素造成，如患方定要明确角膜继发感染的原因，需要我们申请专家咨询或做医疗事故技术鉴定，否则无法判明。患方明确表示不做专家咨询和医疗事故技术鉴定，希望尽快给予解决纠纷。调解员告知患方如不做专家咨询或医疗事故技术鉴定，在不定责的前提下只能通过医患双方协商解决。在医患双方认可不追究责任的情况下，双方就实际赔偿数额又争执不下，调解陷入僵局。

4. 明法析理讲事实，欲擒故纵促协议

调解员通过与双方沟通发现，患者的文化程度不高，手术前、后医患之间的交流甚少，在病情告知方面医方病历书写较简单，存在一定不足，致患方产生错觉和误解。因此再次与医方沟通时指出：向患者及时告知病情及注意事项是医方的义务，现患者已发生术后继发角膜感染，增加了患者的痛苦。希望医方换位思考，站在患者的立场，考虑到自己的不足并勇于担责。在调解员的说服下，医方表示愿意适当提高赔偿数额。

调解员与患方沟通时强调：角膜术后溃疡经外院门诊配药治疗的医药费不多，目前视力也恢复良好，因此要求赔偿数额不能过高，如患方坚持己见，在其既不愿进行专家咨询也不愿做医疗事故技术鉴定的情况下，只能通过诉讼途径解决。调解员知道对此情况，法院也会要求做医疗事故技术鉴定的，于是因势利导，欲擒故纵让患方去法院做一些相关咨询，并告知如果咨询结果有利于患方，建议患者走诉讼程序，否则就不能坚持己见。调解员同时友情提示患者：诉讼有成本，进行要谨慎。一周后患方再次来到医调委，表示愿意按医方提出的金额给予补偿外医方应承担其在外院治疗的医疗费。面对这一转变，调解员建议医方不要计较几百元的差价，要考虑一下如走其他途径解决此纠纷将会产生的成本并列举了相应法院判决的案例来比对。医患双方经过调解员的协调，终于就该纠纷处理方案达成一致，了结了此纠纷。

（四）调解模式及方法和技巧

（1）医调委在开展调解工作过程中，对医患双方主要实施了“利益平衡调解模式、心理情感调解模式”。

(2) 具体调解中人民调解员主要对医患双方分别采用了首次接待法、单独沟通法、明法析理法、换位思考法、心理疏导法、借助力量法、因势利导法等。

表现在:人民调解员首次接待时,对患方的来访只是规范接待并不做评论,以免因医方不愿意调解而造成被动。在医方表态不赔偿不调解后,调解员用心理情感调解模式,通过善意而诚恳的谈话,让医方对调解员产生信任。在患方既不愿专家咨询又不想进行医疗事故技术鉴定的情况下,调解员凭借自己掌握的医学知识,多次使用单独沟通法让双方均认同了调解员的分析。当双方在赔偿金额上互不让步,使调解陷入僵局时,调解员用案例引导法对医方进行明法析理,让其换位思考后因势导使其提高赔偿金额。通过对患方进行心理疏导后,看准时机欲擒故纵让患方去法院做一些相关咨询,巧妙借助力量让患方进行比较。在患方再次表示希望调解时,调解员对双方因势利导促成了医患之间签订调解协议。

(五) 临床医学点评

(1) 患者因"左眼红,视物模糊数月"去医方眼科门诊。检查:左眼睑结膜充血,内眦部胬肉头部侵入角膜缘大于 3 mm,接近瞳孔区,表面充血,(其余)角膜清。诊断:左眼胬肉。予行翼状胬肉切除术符合临床诊疗常规。

(2) 患者术后早期畏光、流泪、疼痛及异物感属常见的术后反应。医方的后续换药,消炎抗菌治疗合理,围手术期处置符合临床规范。

(3) 患者手术中后期出现的角膜溃疡,可有多种原因引起。一方面与患者自身的免疫个体差异或污染有关。另一方面不能排除手术感染所致。责任难以认定。目前患者眼球活动未见明显障碍,视力恢复良好。

(4) 医方在病情沟通方面不够详尽,存有不足。本例纠纷不构成医疗事故。

(六) 本案涉及的法律、法规

(1)《侵权责任法》第五十四条　患者在诊疗活动中受到损害,医疗机构及其医务人员有过错的,由医疗机构承担赔偿责任。

第五十五条　医务人员在诊疗活动中应当向患者说明病情和医疗措施。需要实施手术、特殊检查、特殊治疗的,医务人员应当及时向患者说明医疗风险、替代医疗方案等情况,并取得其书面同意;不宜向患者说明的,应当向患者的近亲属说明,并取得其书面同意。医务人员未尽到前款义务,造成患者损害的,医疗机构应当承担赔偿责任。

(2)《中华人民共和国人民调解法》第二十一条　人民调解员调解民间纠纷,应当坚持原则,明法析理,主持公道。调解民间纠纷,应当及时、就地进行,防止矛盾激化。

(3)《医疗事故处理条例》第十一条　在医疗活动中,医疗机构及其医务人员应当将患者的病情、医疗措施、医疗风险等如实告知患者,及时解答其咨询;但是,应当避免对患者产生不利后果。

四、神经性耳聋纠纷案例的调解

(一) 医患纠纷案情简介

患儿3岁,出生后听不清周围声音。曾于6月龄时至医方就诊,诊断为"双侧极重度感音神经性耳聋,Mondini畸形(先天性内耳畸形)。8月龄时佩戴助听器,对声音刺激有反应后开始言语训练。14月龄时因"患儿不能讲话,听力差"入住医方五官科。3日后在全麻下行右侧人工耳蜗植入术。术中植入12对电极位置良好,头部伤口加压包扎,术后6天患儿出院。出院一周后患儿因枕部肿块术后2周,外院诊断:皮肤挫伤可能,未作治疗自愈。术后半年(20月龄)患儿因斜视至医方眼科就诊,术后9个月(23月龄)患儿因"头歪斜"至外院就诊。患方以手术后出现枕部肿块、斜视、斜颈,来医调委要求医方经济赔偿。

(二) 医患双方争议焦点

(1) 患方认为:患儿术前无先天发育不良、屈光不正、弱视等病史记录,在医方手术后出现了枕部头皮下血肿、斜视、斜颈,医方术前未书面告知手术有上述风险,手术后出现枕部头皮下血肿与斜视、斜颈是手术不当造成并与其有因果关系。

(2) 医方认为:①患儿术后行加压包扎,术前已告知局部组织擦伤可能。目前枕部头皮擦伤已愈合,未有不良结果;②患儿接受的手术不会引起斜视、斜颈。医方对该患儿的治疗正确,手术效果良好,患儿现状与手术不存在因果关系。

(三) 调解过程与结果

1. 只因病情较特殊,接待必须要慎重

患方到医调委投诉医方,给患儿行右侧人工耳蜗植入术后出现枕部头皮皮损、头皮下血肿,导致斜颈、斜视等情况。调解员仔细倾听患方讲述,认真做好记录。感到这例纠纷比较特殊,患方的病史资料中,一些医学术语和英文字母缩写，都较少见。调解员告知患方：由于该纠纷涉及的内容太专业，我们必须慎重研究，因调解必须是双方自愿的，医调委还要征求医方意见，并告知3个工作日内将给予其回复。

2. 深入调查到医院，医方态度不赔偿

送走患方，调解员将接待情况立即向医调委领导汇报，针对患方提供的病史，查阅相关资料，调解员对患儿的门诊病史和住院病史还有很多质疑（与医生字迹潦草有一定关系）。调解员到医方调查，说明情况后，医方请五官科主任负责介绍患方病情和手术的诊治经过，医方承认术后存在枕部头皮皮损、头皮下血肿，但不会引起斜视、斜颈。并表示希望医调委调解，但只是请医调委帮助其做解释工作，该纠纷医方原则上不赔偿。

3. 专家咨询明真相，赔偿差距有悬殊

尽管作了相应调查，因医患双方的说法不一，调解员也无法判定。经医调委会议讨论后，决定启动专家咨询程序以弄清真相。经过专家咨询，调解员根据专家咨询意见与医方沟通时讲：因您院在对患方告知术后出现的枕部头皮皮损、头皮下血肿方面不够详细，且对患者眼部体检病历描述方面也不详尽，存有一定缺陷。医方认为术后枕部头皮皮损、头皮下血肿是并发症，目前已经完全吸收并愈合，对患方无影响，原则上不赔偿，但考虑医方在病史中未作相应记录的缺陷，可给几百元的补偿。对此情况，调解员友情提醒医方，本纠纷可能因此存在调解失败的潜在风险，请医方充分考虑专家咨询意见后拿出合理的处理意见以妥善解决问题。

调解员与患方沟通时讲道：经咨询，专家认为，医方对患儿诊断“双侧极重度感音神经性耳聋，Mondini 畸形”成立。医方在告知后经你们同意，对患儿行右侧人工耳蜗植入术符合临床诊疗常规。因其手术部位在耳内，故认为与患儿术后出现的斜视、斜颈无因果关系；至于患儿术后出现的斜视斜颈专家认为不排除与患儿先天性发育不良、屈光不正、弱视有关。医方对患者术后出现的枕部头皮皮损、头皮下血肿在告知方面虽有一定欠缺，且对患者眼部体检方面病历书写稍欠详尽，但此缺陷与患儿出现的斜视、斜颈无因果关系。如果患方硬要医方给予高额赔偿，恐难实现。患方认为患儿枕部头皮皮损、头皮下血肿对一个幼儿的伤害是很大的，可以成为发生斜视、斜颈的诱因，医方的赔偿太少完全没诚意。双方因赔偿差距较大而僵持不下。

4. 调解打出爱心牌,残疾儿童需关爱

调解员与患方沟通时,感到患儿母亲因焦虑,情绪波动大。反复对其进行心理疏导,收效甚微。据此情况,调解员在与医方沟通时,提出患儿是残疾人,因医方当时对其告知不足,患儿母亲对其枕部头皮皮损、头皮下血肿缺乏相应的了解,至对当时不到1岁半的残疾儿童母亲的伤害程度可能大于一般人。又因其是单亲家庭,比正常家庭要辛苦与不易,其母为此已很焦虑,加之经济收入也较低。这样的残疾人家庭更需要社会的关心和爱护,希望医方给予一定爱心帮助。调解员打出"爱心牌"收到了很好的效果,医方表示可适当提高赔偿金额。

5. 社会群体来帮助,情理兼顾化纠纷

根据患儿母亲最关心儿子病情发展。调解员考虑到患方家庭的实际困难,主动请医学专家给予其帮助,免费给患儿进行会诊,专家表示愿意长期为患儿提供医学咨询服务,帮助其减轻症状。感恩于调解员对患儿提供的有效帮助,患儿母亲的焦虑有所改善,调解员又请街道领导帮助,为其申请困难补助。让患儿母亲感受到了社会的温暖。调解员又与街道领导一起因势利导对其进行心理疏导,并列举相似案例进行引导,经过多方协调,医患双方终于达成一致,握手言和签订了人民调解协议书。

(四) 调解模式及方法和技巧

(1) 医调委在开展调解工作过程中,对医患双方主要实施了"混合性调解模式"。

(2) 具体调解中,人民调解员主要对医患双方分别采用了首次接待法、专家咨询法、去伪存真法、区分责任法、单独沟通法、借助力量法、心理疏导法、因势利导法、案例引导法和特事特办法等。

表现在:人民调解员首次接待患方时,通过仔细听,认真记录,慎重回答问题,不作评论。为了弄清事情真相,通过调查了解,去伪存真。实施专家咨询以区分责任,当人民调解员把专家咨询结果分别与医患双方沟通后,双方因观点不同,至赔偿悬殊时,人民调解员分别与医患双方单独沟通。对医方打出"爱心"牌,对患方借助专家帮助,用心理情感调解模式实施心理疏导。最后借助街道领导力量因势利导做通患儿母亲工作,完成调解。

(五) 临床医学点评

(1) 患儿双侧极重度感音神经性耳聋、Mondini 畸形,行右侧人工耳蜗植入术有手术指征，手术方法符合诊疗常规。

(2) 斜视的病因为：中枢神经系统核上异常引起的眼肌张力不等，眼肌麻痹，眼运动神经元损伤，屈光不正，弱视等。小儿斜颈的原因有：肌性斜颈（胸锁乳突肌病变）、骨性斜颈（颈椎畸形、颈椎脱位）、颈部炎症、眼科疾病（眼肌异常、屈光不正）、习惯性斜颈等。本例耳部手术部位、操作步骤、头部包扎不涉及上述解剖位置及致病因素。故患儿目前眼部、颈部状况与医方医疗行为无因果关系。

(3) 根据病史资料，患儿右眼：＋2.00—＋2.25 DS，左眼：＋0.5—＋0.75 DS，存在屈光不正。但由于患儿幼小，眼球发育尚未完善，屈光状态尚未稳定，需继续观察。

(4) 头部行加压包扎为防止人工耳蜗植入术后出现脑脊液漏所需，幼儿因皮肤娇嫩，加压后局部可出现皮损。医方对患儿包扎出现的头颅枕部皮损未在病史中作相应记录，存在不足。此过错与患儿目前情况无因果关系。患儿目前皮损处已愈合。

(六) 本案涉及的法律、法规

(1)《侵权责任法》第五十四条　患者在诊疗活动中受到损害，医疗机构及其医务人员有过错的，由医疗机构承担赔偿责任。

第五十七条　医务人员在诊疗活动中未尽到与当时的医疗水平相应的诊疗义务，造成患者损害的，医疗机构应当承担赔偿责任。

(2)《中华人民共和国人民调解法》第二十条　人民调解员根据调解纠纷的需要，在征得当事人的同意后，可以邀请当事人的亲属、邻里、同事等参与调解，也可以邀请具有专门知识、特定经验的人员或者有关社会组织的人员参与调解。人民调解委员会支持当地公道正派、热心调解、群众认可的社会人士参与调解。

第二十一条　人民调解员调解民间纠纷，应当坚持原则，明法析理，主持公道。调解民间纠纷，应当及时、就地进行，防止矛盾激化。

(3)《病历书写基本规范》第二十二条　病程记录是指继入院记录之后，对患者病情和诊疗过程所进行的连续性记录。内容包括患者的病情变化情况、重要的辅助检查结果及临床意义、上级医师查房意见、会诊意见、医师分析讨论意见、所采取的诊疗措施及效果、医嘱更改及理由、向患者及其近亲属告知的重要事项等。

(4)《医疗事故处理条例》第十一条　在医疗活动中，医疗机构及其医务人员应当将患者的病情、医疗措施、医疗风险等如实告知患者，及时解答其咨询；但是，应当避免对患者产生不利后果。

(5)《上海市医患纠纷人民调解工作实施办法》第二十九条　医患纠纷人民调解工作实行专家咨询制度。上海市医患纠纷人民调解专家咨询委员会负责向人民调解员提供专家咨询。专家咨询工作由各区县医调办组织实施。

(6)《上海市医患纠纷预防与调解办法》第三十一条(专家咨询)医患纠纷具有下列情形之一的，医调委应当启动专家咨询程序：①预估赔付金额超过10万元的；②患者已死亡的；③医患双方对争议事实存在重大分歧的；④预估保险理赔金额超过10万元且承保机构建议的；⑤其他需要进行专家咨询的情形。咨询专家的选定，应当根据回避原则，从专家库中选取。必要时，可以根据调解工作实际，从专家库外另行选取咨询专家。

第三十二条(专家咨询意见)医调委可就下列事项征求咨询专家意见：①医疗机构在执行诊疗规范、履行告知义务等方面是否存在过错；②医疗过错行为与损害结果之间是否存在因果关系；③医疗过错行为在损害结果中的责任程度；④其他与争议事实有关的专业问题。咨询专家应当根据独立、客观、公正的原则，就医调委的咨询事项提供意见，并在咨询意见书上签名或者盖章。专家咨询意见书是医调委调解的参考依据。

第六节　护理工作医患纠纷人民调解案例

一、头孢曲松药物过敏纠纷案例的调解

(一) 医患纠纷案情简介

患者因“咳嗽、发热三天”门诊摄X片报告：右侧肺炎。被医方收住病房。患者自诉有青霉素过敏史，医师未予理会，当日下午给予头孢曲松(第三代先锋类抗生素)输液抗炎。在输入头孢曲松药液25分钟时，患者出现皮疹、呼吸困难等极度不适，遂自拔输液针头并呼唤医护人员。但值班护士(刚工作不久)至床边后，不听患者主诉、更未了解其病情、也未给予相应处置，而在患者明显极度痛苦面容，反复提及输液不适的情形下，仍将已拔出针头的液体，更换针头后再行

输注入患者体内。再次输液 20 分钟后，患者出现口唇青紫、意识丧失等严重过敏性休克现象，抢救无效死亡。患者死亡后，家属情绪激动，召集了 20 余人在医院门诊大厅设灵堂，焚烧锡箔纸钱，提出百万元赔偿要求。公安机关闻讯出警，医调委接讯后迅速派调解员赶赴医院。

（二）医患双方争议焦点

(1) 患方认为：①患者入院时是自己走来，下午刚住院几小时，一瓶输液未滴完就死了，肯定是医院用药失误造成的；②在输液时患者已出现异常并向护士反映了其发生的不适情况，当时无任何医务人员询问过患者有何不适，护士不顾患者反对，只是机械执行医嘱，仍然继续输入让患者已发生过敏反应的药液，至患者死亡；③患者死亡前抢救时，只有一个年轻的值班医生与护士，没见其他人参与，故医方存在抢救不力。患者死亡与医方用药不当和抢救不力有直接因果关系，应予以高额赔偿。

(2) 医方认为：①头孢曲松属第三代先锋类抗生素，一般是不做皮试的，由于患者个人体质的特异性，出现药物过敏，死亡是医疗意外；②因患者病情进展快，抢救成功率低，当日已是下午 6 点半，只有值班医生和护士，他们已尽全力抢救了。

（三）调解过程与结果

1. 混乱场面找人选，中立调解是重点

患方召集了 20 余人在医院门诊大厅设灵堂，医方面临如此重大、紧急情况，立即联系了当地派出所、卫生局医疗事故处理办公室和医调委请求帮助。医调委派人民调解员急赴现场，到医院见场面一片混乱，派出所民警和医疗事故处理办公室人员正在劝患方停止设灵堂及焚烧锡箔纸钱等行为。人民调解员观察发现，患方中有一人在暗中指挥，调解员把这情况告诉了民警，遂与民警、医疗事故处理办公室人员一起和这暗中指挥的“关键人物”进行谈话。民警严正对这个“关键人物”指出，患方这样做是破坏医疗秩序的违法行为，目前政府正在严厉打击“医闹”，按目前情况，公安部门有权给予相应惩处。人民调解员及时告知“关键人物”：患方家属此时心情能理解，维权是应该也是必须的，但希望患方能够理性维权，维权过度就可能违法。民警已告知了您们，望适可而止。人民调解员指着门诊大厅张贴的关于人民调解有关宣传资料及市政府颁布的有关维护本市医疗秩序的通知等，顺势开展宣传，介绍医调委是中立的第三方群众组织，坚持“自愿、公正、及时、便民”的调解原则，且不收取任何费用。医疗事故处理办公室人员也向关键人物告知了解决医患纠纷的其他几条合法途径。关键人物说既然有这样的调解组织，愿意代表患方接受调解。于是“关键人物”把人民调解员介绍给患者的父母。

患方的父母与人民调解员进行了交谈，通过沟通，使患方父母对医患纠纷人民调解有了初步的认识，经公安民警、医疗事故处理办公室人员的共同努力，患方停止了设置灵堂等行为，该纠纷转由医调委进行调解处理。

2. 情况当面讲清楚，双方不再起冲突

调解员立即请患方代表到医院接待室，与医方处理医患纠纷负责人见面，在双方均愿此纠纷进行调解的情况下，医方当即复印了有关病历资料交给调解员。调解员分别对双方进行了调查了解，在患方明确不愿“尸检”的情况下，调解员告知双方，本案鉴于专业技术性较强，又是人命关天的大事，我们一定会慎重对待，医调委将请有关专家进行咨询以分清责任，然后再根据专家咨询情况进行公平公正的调解。调解员强调：在此期间医患双方不能再次因此纠纷而发生冲突，有事可向调解员反映，希望双方到医调委解决。双方对此都表示认可。至此调解员成功地将纠纷引出医院，实现了热案冷处理并避免了矛盾的激化升级。

3. 案例后果较严重，专家咨询应启动

调解员审核了患者住院病史，根据医患双方反映情况，初步分析这是一起严重的医疗事故。于是与医方进行了沟通，医方承认在观察病情与及时处置方面存在不足，同时强调客观原因：患者病情变化太快，防不胜防，希望按医疗意外给予赔偿。调解员认为医方这样做有失公正，未同意。遂将此事汇报给了领导，领导决定按规定启动专家咨询，让专家来明确评判是非。

4. 专家咨询责任明，伸张正义显公平

专家咨询意见与调解员判断相同。调解员与医方沟通时指出：该患者死于头孢曲松过敏性休克。在患者自诉有青霉素过敏史后，医方还选择与青霉素有交叉过敏反应的头孢曲松给患者输液，严重违反了诊疗常规；当患者出现过敏反应并自拔输液针头呼唤医护人员时，当班护士不但不听患者情况反映，还将患者已经拔出针头的剩余药液再行输注入患者体内，直接导致了患者死亡。此事属一级甲等医疗事故，医方承担主要责任。医方默认了专家咨询结果。当人民调解员给患方通报专家咨询的上述结论后，患方觉得调解员很公正，使其正义得到了伸张,患方对人民调解员非常感激和信任,表示愿意听从人民调解员调解。

5. 案件经过受重视,医方有错被整改

本案也引起卫生行政主管部门重视,卫生行政主管部门召集医学专家进行了讨论,结果认为:此纠纷属一级甲等医疗事故,医方承担主要责任。对当时违规操作的护士,给予暂停执业 6 个月处分。对当日二线值班医生脱岗未参加抢救,给予警告处分。责令医方进行整改。

6. 人民调解搭桥梁,医患双方好商量

调解员向患方转达了卫生行政部门对本案医护人员的处理与对医方进行整改的信息,患方感到卫生行政主管部门和医调委均很公正,认识到当初设灵堂、焚烧锡箔纸钱的行为不对。对于赔偿数额,医患双方均提出由调解员按有关规定依法计算赔偿就行,双方就此达成协议。一件原本严重的人身损害案件,在短时间内得到了妥善处理。

(四) 调解模式及方法和技巧

(1) 调解员在开展调解工作过程中,对医患双方主要实施了“划分责任调解模式”。

(2) 具体调解中人民调解员主要对医患双方采用了关键人选法、借助力量法、获取信任法、会议沟通法、热案冷处法、单独沟通法、区分责任法、专家咨询法、明法析理法等调解方法和技巧。

表现在:人民调解员面对混乱场面,通过观察发现“关键人选”,借助民警与医疗事故处理办公室人员力量一起与“关键人物”及患者父母谈话,经人民调解员向患方进行宣传、介绍医调委相关情况,获得患方信任,打开了局面。当双方均同意调解后,利用会议沟通表明:为明确责任,将进行专家咨询,以保公正。为平息冲突定下约定,将纠纷顺利引出医院,成功实现热案冷处理。在调解员审核资料后,初步分析了事件的严重性,并将此情况向领导进行了汇报,领导决定按规定启动专家咨询以明确责任。本案调解中始终贯穿着单独沟通法的应用,最后人民调解员根据专家咨询予以明法析理,通过与双方商议处理意见,进一步获得双方信任,均表示请调解员按国家相关规定计算了赔偿金额,从而促使双方达成协议,使纠纷有效化解。

(五) 临床医学点评

(1) 在患者自诉有青霉素过敏史后,医方还选择用与青霉素有交叉过敏反应的头孢曲松进行补液，严重违背诊疗常规。

（2）当患者出现过敏反应并自行拔除输液针头，呼唤医护人员时，当班护士根本未听患者反映情况，只是机械地将已经拔出针头的药液更换针头后再输注入患者体内，直接导致了患者死亡。

（3）医方科室管理混乱，当日二线值班的主治医生脱岗未参加抢救，只有一名年轻的住院医师与值班护士参加抢救，医方违反相关医疗管理制度。

（4）根据《医疗事故处理条例》等，本案属一级甲等医疗事故，医方承担主要责任。

（六）本案涉及的法律、法规

（1）《中华人民共和国侵权责任法》第五十四条　患者在诊疗活动中受到损害，医疗机构及其医务人员有过错的，由医疗机构承担赔偿责任。

第六十四条　医疗机构及其医务人员的合法权益受法律保护。干扰医疗秩序，妨害医务人员工作、生活的，应当依法承担法律责任。

（2）《医疗事故处理条例》第二条　本条例所称医疗事故，是指医疗机构及其医务人员在医疗活动中，违反医疗卫生管理法律、行政法规、部门规章和诊疗护理规范、常规，过失造成患者人身损害的事故。

第四条　根据对患者人身造成的损害程度，医疗事故分为四级：一级医疗事故：造成患者死亡、重度残疾的；二级医疗事故：造成患者中度残疾、器官组织损伤导致严重功能障碍的；三级医疗事故：造成患者轻度残疾、器官组织损伤导致一般功能障碍的；四级医疗事故：造成患者明显人身损害的其他后果的。具体分级标准由国务院卫生行政部门制定。

第六条　医疗机构应当对其医务人员进行医疗卫生管理法律、行政法规、部门规章和诊疗护理规范、常规的培训和医疗服务职业道德教育。

第十五条　发生或者发现医疗过失行为，医疗机构及其医务人员应当立即采取有效措施，避免或者减轻对患者身体健康的损害，防止损害扩大。

第三十五条　卫生行政部门应当依照本条例和有关法律、行政法规、部门规章的规定，对发生医疗事故的医疗机构和医务人员作出行政处理。

第五十五条　医疗机构发生医疗事故的，由卫生行政部门根据医疗事故等级和情节，给予警告；情节严重的，责令限期停业整顿直至由原发证部门吊销执业许可证，对负有责任的医务人员依照刑法关于医疗事故罪的规定，依法追究刑事责任;尚不够刑事处罚的,依法给予行政处分或者纪律处分。

对发生医疗事故的有关医务人员,除依照前款处罚外,卫生行政部门并可以责令暂停6个月以上1年以下执业活动;情节严重的,吊销其执业证书。

(3)《医疗事故分级标准(试行)》节选:一级医疗事故系指造成患者死亡、重度残疾。一级甲等医疗事故:死亡。

(4)《中华人民共和国人民调解法》第二十一条 人民调解员调解民间纠纷,应当坚持原则,明法析理,主持公道。调解民间纠纷,应当及时、就地进行,防止矛盾激化。

第二十二条 人民调解员根据纠纷的不同情况,可以采取多种方式调解民间纠纷,充分听取当事人的陈述,讲解有关法律、法规和国家政策,耐心疏导,在当事人平等协商、互谅互让的基础上提出纠纷解决方案,帮助当事人自愿达成调解协议。

(5)《医疗机构管理条例实施细则》第五十六条 医疗机构应当定期检查、考核各项规章制度和各级各类人员岗位责任制的执行和落实情况。

(6)《值班与交接班制度》节选:①值班医师每日在上班前到达科室,接受各级医师交办的医疗工作。交班时应巡视病室,了解急、危重病员和新入院病员的情况。②各科室医师在下班前应将急、危重病员的病情和处理事项记入交班本,并做好床边交班工作。值班医师对急危重病员应作好病程记录和医疗措施记录,并扼要记入值班日志。③值班医师负责各项临时性医疗工作和病员临时情况的处理,对急诊入院病员及时采集病史和体格检查并书写病历,给予必要的医疗处理。④值班医师遇有疑难问题时,应请经治医师或上级医师处理。⑤值班医师夜间必须在值班室留宿,不得擅自离开。因病人病情变化,护理人员被邀请时应立即前往视诊。值班医师如因临时医疗救治工作离开时,必须向值班护士说明去向。

二、护士输错药液纠纷案例的调解

(一) 医患纠纷案情简介

春节前夕,一位年逾八旬的患者因高血压、脑梗塞、前列腺增生、尿潴留等,刚在外院接受了胆囊切除和胆总管切开取石手术出院。半月后,患者又因上腹不适、恶心呕吐五天,到医方住院。医方对患者进行了护肝、护胃、止吐等治疗。

住院第三天,护理人员将相临床位的一位癌症患者的药物(复方氨基酸注射液)误输给了患者,之后患者再次发生恶心、呕吐。不巧当晚患者又发生了脑梗,经积极救治,3个月后,患者病情康复,医方要求患者出院,遭患方拒绝。医方遂停止对患者治疗,患方提出要求医方赔偿数十万元。双方因此发生纠纷。

(二)医患双方争议焦点

(1)患方认为:医方因疏忽大意,将原本用于癌症患者的药物输入患者体内,导致患者恶心、呕吐,对患者健康造成了极大损害,因此,要求医方予以高额经济赔偿。

(2)医方认为:①医方治疗存在过错是实,但坚持认为,误输入的药物为复方氨基酸注射液,不会对患者产生不利影响;②患者是老年人,其本身患多种疾病,虽误输液后出现症状,但是因其自身疾病导致,而且症状经治疗后已消失。因此,医方拒绝对患方进行赔偿。

(三)调解过程与结果

1. 老人带怒诉原委,热情接待来安慰

一月初,患者妻子(80岁)来到医调委申请调解时,非常生气地告诉了调解员纠纷情况并扬言:如医院不好好处理,我老头就死在医院里头。见此情况,调解员立即将其请到接待室坐下,帮助擦去眼泪,送上一杯热茶并告诉她:老奶奶,这大冷天的,您赶紧喝杯热茶,暖暖身,有什么不开心的事,请告诉我,看我能否帮助您。患者妻子见状非常感动地说:如果医院能像你们这样对我,我就没必要这么生气……接着老人讲述了纠纷经过。调解员一边认真倾听,一边仔细记录,不时地提醒请喝口茶再慢慢讲。待讲述结束,调解员向其介绍了医调委的性质、工作原则、流程等及解决医患纠纷的几条其他合法途径。并表示:您说的情况我们会认真调查,希望您能提供医方护理人员输液错误的证据,以利我们帮您与院方沟通。患方对此表示感谢。

2. 去医院调查真相,细了解去伪存真

次日,调解员到医方调查核实有关情况。医方承认:在患者住院第三天,护理人员将相临床位的一位癌症患者的复方氨基酸注射液误输给患者,之后患者恰好发生恶心、呕吐且当晚又不巧发生脑梗。表明患方家属发现输错液的当时,患者家属即拿走输液瓶和输液卡,我们多次要求患方拿出,均遭到拒绝,为此还出动了110民警也无果。患方以此为借口,要我们给予高额赔偿。目前患者已住院3个多月，病情早已好转，早已符合出院条件，患方不但多次拒绝出院还拒交住院期间所用费用(包括治疗其原发病的费用)，并且经常找该护士麻烦还不断对其进行威胁，目前该护士已不在我院上班了，我们也希望医调委能够帮助协调解决。院方还表示：患者有医保，我们不收他自费部分的费用，希望医调委早日让其出院，不要影响到其他病人。调解员向医方核实了患者相临床位的癌症患者，当日医生只给其开了营养、支持治疗的药物，同时又从医方提供的其他证据证明了此事的经过。医方还提供了当时该病房患者相临两床位其他患者的电话，调解员逐一对其进行了调查、核实到院方所述情况属实。针对这一情况，调解员主动联系患方，询问当时患者家属拿走的输液瓶和输液卡，患方回答：已遗失。

3. 单独沟通明法理，打动患者用真情

调解员在查清事实的基础上，与医方沟通时指出，既然您们在患者输液中存在过错，且输液瓶和输液卡又已被患方拿走，您们缺少了证据，目前又不能很好地证明没对患者造成损害，如进入诉讼程序，按相关法律、法规等规定，将对医方产生不利。因此，调解员建议医方纠纷处理人员与调解员一同前往病房看望患者，以缓和患方情绪，同时建议医方给予患方适当的经济补偿以体现人性关怀。经调解员明法析理进行分析，医方认识到其存在输液过错和“举证不力”，同意给患方一定经济补偿。

调解员与医院纠纷办的同志一同到病房看望了患者，患方很感动。在此基础上，调解员与患方进行了单独沟通，指出：虽然医方不能直接证明给您误输入的药品是复方氨基酸注射液，但我们已通过其他证据证明了此事，你们应该清楚医方给患者误输入的药品实际上就是此药，且我们请教了有关专家，也查阅了您以往也用过此药，这种药液对您当时的病情，是不会对您造成伤害的。况且已住院治疗这么长时间，目前已恢复良好。考虑到医方护理人员毕竟做错了事，让你们不放心，现在当时做错事的护士已离院了，说明这件事对她的影响还是非常大，也算是给她一个教训。从另一方面讲您本身疾病属老年慢性病，目前病情已好转，回家休养更利于疾病的恢复，对您家庭成员来说也方便照顾。你们不能因医方存在一定过错而将所有其他与此无关的事都归责于医方，拒绝出院不利于您身体恢复，对你们没有好处。经调解员晓之以理，动之以情的疏导，患方表示要医方免除所有住院费用，并希望医调委从中调解能给予其尽量多一些补偿。

4．赔偿金额差距大，调解工作推进难

本案因输错药液是实，但并未引起一定后果，医方愿意支付较少的赔偿金，而患方以不出院和不交医疗费“要挟”，经调解员反复沟通，使患方的索赔金额从虚高的几十万元降至了几万元。鉴于本案例输错液体对身体伤害依据不足或很小，经济赔偿无法参照《人身损害赔偿标准》，也没有相似案例参照，双方因赔偿差额较大，调解暂时僵持。

5．双方换位来思考，轮椅相送表真诚

为妥善解决纠纷，促进医患关系和谐，调解员一方面对医方实事求是地讲明本案院方人员毕竟违反了护理操作常规，虽未够成大的伤害，但这种行为非常危险。医方应承担一定责任，引以为戒。另一方面调解员设身处地为医方着想，帮其分析：如患方拒不出院滞留院内，不但会影响医方声誉，还占压床位，并且时间拖得越久累积的费用越高。且患者年事已高，基础疾病又多，多滞留医院一天，院方就多一份风险。同时建议医方换位思考，从人性化角度感化患方，目前患者因脑梗塞后遗症行动不便，如能主动送一部旧的轮椅以示院方高姿态，也可感动患方让其主动再减少赔偿金。院方被调解员的真诚所感动，表示一定配合调解工作。针对患方调解时，调解员从院方虽输错液（复方氨基酸），但事实上未对患者造成什么大的伤害等晓之以理；从患者年龄较大，基础疾病较多，又与医院在一个大的社区，且与院方多位医务人员平时关系不错，患者以后在健康方面有什么需要院方还可提供帮助；再从患者如坚持不出院不但自己生活不便，也会给子女生活带来诸多不便等，循循善导，消除其对医方的不满情绪。另一方面调解员又从患者脑梗塞后遗症，生活不便为了减轻家人的辛苦，医方目前已非常主动，也很人性，愿意将患者现在使用的轮椅送给患者以示真诚等，对患者动之以情，因势利导希望患方也主动表示一下自己的诚意。最后医患双方在调解员的说服下，都做出了适当让步，以减免患者本次住院期间医疗费所欠自费部分并给一定补偿另附送一辆旧轮椅达成了一致意见，妥善化解了此医患纠纷。调解员的做法得到了医患双方的好评。

（四）调解模式及方法和技巧

（1）调解员在开展调解工作过程中，对医患双方主要实施了“心理情感调解模式（以情感人模式）”“利益平衡调解模式”。

（2）具体调解中调解员主要通过首次接待法、获取信任法、去伪存真法、单独沟通法、明法析理法、换位思考法、心理疏导法和因势利导法等调解方法和技巧。

表现在：本案中，调解始终贯穿以情感人模式，在接待患方时调解员先就以情感人取得信任，再按首次接待法了解情况，在调查了解的基础上，进行去伪存真、查清事实，对医患双方分别采用单独沟通法。根据医方缺少证据举证，不能证明对患者身体损害确无任何因果关系，调解员靠精湛的法律和医学专业知识明法析理，说服了医方。对患方，通过大量证据证明医方输入错误的药液是复方氨基酸，且并未对患者构成什么伤害进行说服，有效避免了矛盾激化。

在医患双方对赔偿金额差距较大时，调解员设身处地为医患双方着想，情理共融，真情感化进行心理疏导。同时让医患双方换位思考，用以情感人模式减少赔偿金额的差距，最终说服医患双方都做出让步，化解了该纠纷。

（五）临床医学点评

(1) 本案中护理人员未严格执行“三查七对”制度，造成输液过错的发生。

(2) 本例输液过错是患方发现并现场取走输液瓶和输液卡，说明医务人员没有进行有效处置。因为液体是复方氨基酸，所以不至于引起严重的不良后果。

(3) 患方的维权意识和法律意识较强，患方因医方发生输液过错并拿走“证据”，从某种程度上掌握了医患纠纷的“主动权”，但因当时有110出警过，并有其他证据链证明，也能查清本案中对患者输错的药液是复方氨基酸。

(4) 本案例因患方拒不拿出证据，造成医方举证困难。医院应加强对员工进行相关方面知识培训，通过典型纠纷案例讨论和风险教育，提高医务人员责任意识和安全意识，保障患者就医安全，杜绝或减少不必要的纠纷发生。同时教育医务人员一旦发生纠纷，要妥善处置并进行证据保全以利作证。

（六）本案涉及的法律、法规

(1)《医疗事故处理条例》第六条　医疗机构应当对其医务人员进行医疗卫生管理法律、行政法规、部门规章和诊疗护理规范、常规的培训和医疗服务职业道德教育。

第十五条　发生或者发现医疗过失行为，医疗机构及其医务人员应当立即采取有效措施，避免或者减轻对患者身体健康的损害，防止损害扩大。

第十七条　疑似输液、输血、注射、药物等引起不良后果的，医患双方应当共同对现场实物进行封存和启封，封存的现场实物由医疗机构保管；需要检验的，应当由双方共同指定的、依法具有检验资格的检验机构进行检验；双方无法共同指定时，由卫生行政部门指定。

(2)《医疗机构管理条例实施细则》第五十六条 医疗机构应当定期检查、考核各项规章制度和各级各类人员岗位责任制的执行和落实情况。

(3)《医院工作制度》二十八、临床科室查对制度：①开医嘱、处方或进行治疗时，应查对病员姓名、性别、床号、住院号(门诊号)。②执行医嘱时要进行"三查七对"：摆药后查；服药、注射、处置前查；服药、注射处置后查。对床号、姓名和服用药的药名、剂量、浓度、时间、用法。③清点药品时和使用药品前，要检查质量、标签、失效期和批号，如不符合要求，不得使用。④给药前，注意询问有无过敏史；使用毒、麻、限剧药时要经过反复核对；静脉给药要注意有无变质，瓶口有无松动、裂缝；给多种药物时，要注意配伍禁忌。⑤输血前，需经两人查对，无误后，方可输入；输血时须注意观察，保证安全。

(4)《侵权责任法》第五十四条 患者在诊疗活动中受到损害，医疗机构及其医务人员有过错的，由医疗机构承担赔偿责任。

第五十七条 医务人员在诊疗活动中未尽到与当时的医疗水平相应的诊疗义务，造成患者损害的，医疗机构应当承担赔偿责任。

第五十八条 患者有损害，因下列情形之一的，推定医疗机构有过错：①违反法律、行政法规、规章以及其他有关诊疗规范的规定；②隐匿或者拒绝提供与纠纷有关的病历资料；③伪造、篡改或者销毁病历资料。

(5)《人民法院关于民事诉讼证据的若干规定》第四条 下列侵权诉讼，按照以下规定承担举证责任：因医疗行为引起的侵权诉讼，由医疗机构就医疗行为与损害结果之间不存在因果关系及不存在医疗过错承担举证责任。

(6)《中华人民共和国人民调解法》第二十一条 人民调解员调解民间纠纷，应当坚持原则，明法析理，主持公道。调解民间纠纷，应当及时、就地进行，防止矛盾激化。

第二十二条 人民调解员根据纠纷的不同情况，可以采取多种方式调解民间纠纷，充分听取当事人的陈述，讲解有关法律、法规和国家政策，耐心疏导，在当事人平等协商、互谅互让的基础上提出纠纷解决方案，帮助当事人自愿达成调解协议。

三、灌肠致肠穿孔纠纷案例的调解

（一）医患纠纷案情简介

患者，男。腹胀不适三天，至医方就诊。腹部CT提示：直肠及结肠内积粪。门诊护士遵医嘱予温水灌肠。在灌肠时患者感到腹痛，灌肠后腹痛逐渐加重。再行腹部CT检查示：腹腔游离气体及大量腹水。遂拟“急性弥漫性腹膜炎，消化道穿孔?”收住入院行剖腹探查手术，术中见乙状结肠穿孔，直肠可及一肿瘤，因无条件作直肠癌手术，只处理肠穿孔。住院3个月后行直肠癌根治术＋乙状结肠造瘘关闭术。术后病理：直肠腺癌。目前患者已经出院，定期化疗中。

（二）医患双方争议焦点

(1) 患方认为：①医方草率地为患者进行高压灌肠，造成乙状结肠穿孔、腹膜炎、中毒性休克、气胸、脓毒血症及急性呼吸功能衰竭等伤害。②医方因操作失误，延误了对患者直肠肿瘤的治疗，造成癌症转移到肝脏致无法医治的不良后果。理应承担医疗事故的相应赔偿责任。

(2) 医方认为：①医方对直肠及结肠内积粪患者予温水灌肠，符合临床诊疗护理操作常规，医方不存在医疗过错及医疗事故。患者出现肠穿孔与自身肠道肿瘤有关，而非灌肠操作不当引起。②肠穿孔发生后，医务人员已积极救治并痊愈，无后遗病症存在，即不存在医疗的伤害后果。

（三）调解过程与结果

1. 首次接待不评论，做好记录和宣传

患者因医方给予灌肠致肠穿孔，产生纠纷，双方协商无果，到医调委要求调解。调解员遵循首次接待不作评论的原则，认真倾听，仔细记录，收下相关病历复印件。同时对患方宣传医调委的性质、职责、工作原则与工作流程。告知待征求医方意见后3个工作日内予以回复。

2. 审核病史有发现，调查了解需深入

调解员审核患方提交的病史发现，患方住院长达半年时间，病情较复杂，决定至医方深入调查。医方接待人员表示请医调委帮助化解纠纷。调解员调查后初步认为，医方在灌肠致肠穿孔事件上有一定责任，并因此给患方带来了一定痛苦。责任的大小需医调委讨论或专家咨询来决定，医方应做好赔偿的相应心理准备。医方表示认可。

3. 复杂病情齐讨论，查阅资料明责任

医调委针对灌肠致肠穿孔的案例进行了讨论，根据相关医疗制度认为：本例是由医方操作不当（灌肠时药液压力过高）导致乙状结肠穿孔，此患者的损害后果与医方灌肠存在因果关系，但同时不排除患者肠腔的病理改变是易发基础，为此医方应承担主要责任。按照《医疗事故分级标准（试行）》属于三级丙等医疗事故，医方应对患方进行适当赔偿。通过进一步了解发现：在此事件发生的半年前，患者因肠疾拒绝做肠镜检查，因此患者的肿瘤肝脏转移与乙状结肠穿孔、直肠癌延迟切除不存在必然的因果关系。明确了病情和责任后，调解员制定了针对本案的调解方案。

4. 医患双方持己见，调解工作受挫折

调解员先向医方告知了医调委集体讨论的结果，医方提出患方住院期间已欠下大笔医疗费，现以医疗纠纷为由拒绝支付，医方现在不能再按照三级丙等医疗事故的标准给予经济赔偿，希望调解员考虑。调解员与患方沟通时，患方承认因灌肠致肠穿孔使患者受到伤害，因此，部分住院医药费没有交付，但坚持认为不影响患方对医方的索赔和追究责任，希望调解员给予帮助。医患双方各持己见互不相让，调解工作暂时受到挫折。

5. 明法析理促和谐，调解协议终达成

调解员针对此情况，分析了患方出示索赔金额的依据。调解员对其依据按相关规定进行对照，去除了其中不合理因素。（如：正常情况下，一般的清洁灌肠是不会引起肠穿孔，本纠纷出现这种情况，与患者自身疾病直肠腺癌有密切的因果关系，因此不能要求医方承担完全责任。）并向患方说明了原因，得到了患方的理解。

同时调解员分析医方提供其能接受赔偿金额的法律依据，指出赔偿应参照《最高人民法院关于审理人身损害赔偿案件适用法律若干问题的解释》依法理赔，虽然患方住院期间已欠费，但除去治疗原发病的费用，因医方过错对其造成损害的费用应由医方支付，希医方考虑到患者已用了医保账户支付，建议医方免去患者自费费用的欠费部分。在调解员数次对医患双方分别用举例说法等方法明法析理，说服了医患双方各自作出让步，以经济促合使双方达成了调解协议。

（四）调解模式及方法和技巧

（1）调解员在开展调解工作过程中，对医患双方主要实施了“划分责任调解模式和利益平衡调解模式”。

(2) 具体调解中，调解员主要对医患双方采用了首次接待法、单独沟通法、去伪存真法、区分责任法、明法析理法、案例引导法、经济促和法等调解方法和技巧。

表现为：患方来访时，人民调解员遵循首次接待法，认真听取患方叙述，做好记录，收取资料，在未调查核实清楚案例前，不进行评论。经过调查了解案情后，通过去伪存真，对灌肠致肠穿孔的案例进行集体讨论，明确了责任，并制定了针对性的调解方案。当医患双方各执一词，调解暂遇曲折时，调解员应用案例引导法并参照《最高人民法院关于审理人身损害赔偿案件适用法律若干问题的解释》明法析理，使用经济促和法，保证利益平衡，以达公平公正。

(五) 临床医学点评

(1) 患者因腹胀不适三天，至医方就诊。腹部 CT 示“直肠及结肠内积粪”，医方给予温水灌肠，符合临床诊疗护理操作常规。患者首诊腹部 CT 未见腹水和肠穿孔征象，在医方护理人员灌肠(灌肠操作时药液压力过高)时患者即出现腹痛并逐渐加剧。再行腹部 CT 检查示：腹腔游离气体及大量腹水。说明医方操作不当致患者乙状结肠穿孔，此后果与医方灌肠存在因果关系，但同时不排除患者肠腔的病理改变是易发基础。

(2) 对患者手术剖腹探查见肿块“约 6×4×4 cm 大小，肿瘤已穿透浆膜，穿孔部位距离肿瘤上端约 6 cm”。给予穿孔结肠部分切除、乙状结肠造瘘术，分二期根治直肠癌手术治疗，符合治疗原则。

(3) 恶性肿瘤的转移与肿瘤的病期及生物学特征有关，且在此事件的半年前患者因肠疾拒绝肠镜检查。因此患者的肿瘤肝脏转移与乙结肠穿孔、直肠癌延迟切除不存在必然的因果关系。

(4) 医方已对患者行直肠癌根治术、乙状结肠瘘口切除术与直肠端吻合的手术治疗。目前患者已出院，处于恢复阶段。

(5) 灌肠致肠穿孔根据《医疗事故处理条例》第二、四条和《医疗事故分级标准(试行)》，本病例属于三级丙等医疗事故，医方承担主要责任。

(六) 本案涉及的法律、法规

(1)《中华人民共和国侵权责任法》第五十四条　患者在诊疗活动中受到损害，医疗机构及其医务人员有过错的，由医疗机构承担赔偿责任。

第五十七条　医务人员在诊疗活动中未尽到与当时的医疗水平相应的诊疗义务，造成患者损害的，医疗机构应当承担赔偿责任。

(2)《医疗事故处理条例》第二条　本条例所称医疗事故，是指医疗机构及其医务人员在医疗活动中，违反医疗卫生管理法律、行政法规、部门规章和诊疗护理规范、常规，过失造成患者人身损害的事故。

第四条　根据对患者人身造成的损害程度，医疗事故分为四级：一级医疗事故：造成患者死亡、重度残疾的；二级医疗事故：造成患者中度残疾、器官组织损伤导致严重功能障碍的；三级医疗事故：造成患者轻度残疾、器官组织损伤导致一般功能障碍的；四级医疗事故：造成患者明显人身损害的其他后果的。具体分级标准由国务院卫生行政部门制定。

(3)《医疗事故分级标准(试行)》节选，三级丙等医疗事故：器官大部分缺损或畸形，有轻度功能障碍，可能存在一般医疗依赖，生活能自理。例如造成患者下列情形之一的：结肠大部分缺损；……。

(4)《中华人民共和国人民调解法》第二十一条　人民调解员调解民间纠纷，应当坚持原则，明法析理，主持公道。调解民间纠纷，应当及时、就地进行，防止矛盾激化。

第二十二条　人民调解员根据纠纷的不同情况，可以采取多种方式调解民间纠纷，充分听取当事人的陈述，讲解有关法律、法规和国家政策，耐心疏导，在当事人平等协商、互谅互让的基础上提出纠纷解决方案，帮助当事人自愿达成调解协议。

(5)《上海市医患纠纷人民调解工作实施办法》第二十九条　医患纠纷人民调解工作实行专家咨询制度。上海市医患纠纷人民调解专家咨询委员会负责向人民调解员提供专家咨询。专家咨询工作由各区县医调办组织实施。

(6)《上海市医患纠纷预防与调解办法》第三十一条(专家咨询)医患纠纷具有下列情形之一的，医调委应当启动专家咨询程序：①预估赔付金额超过10万元的；②患者已死亡的；③医患双方对争议事实存在重大分歧的；④预估保险理赔金额超过10万元且承保机构建议的；⑤其他需要进行专家咨询的情形。咨询专家的选定，应当根据回避原则，从专家库中选取。必要时，可以根据调解工作实际，从专家库外另行选取咨询专家。

第三十二条(专家咨询意见)医调委可就下列事项征求咨询专家意见：①医

疗机构在执行诊疗规范、覆行告知义务等方面是否存在过错;②医疗过错行为与损害结果之间是否存在因果关系;③医疗过错行为在损害结果中的责任程度;④其他与争议事实有关的专业问题。咨询专家应当根据独立、客观、公正的原则,就医调委的咨询事项提供意见,并在咨询意见书上签名或者盖章。专家咨询意见书是医调委调解的参考依据。

四、颈部血管穿刺纠纷案例的调解

(一) 医患纠纷案情简介

患者,女,48 岁。“自服多赛平 19 粒约 2 小时”至医方急诊,诊断:多赛平药物过量。即刻予以洗胃、促醒,保肝护肾、利尿解毒等综合治疗。在救治过程中出现血压下降、意识不清、心律失常、少尿等情况,经家属同意后,住院行“血液透析”治疗。在穿刺时,护士在患者颈部血管多次穿刺未成功后,改为大腿血管穿刺成功。治疗后患者苏醒,因右侧颈内静脉穿刺处出现肿胀,经 B 超、CT 检查,诊断为颈部血肿、右侧液气胸。医方给予气管插管,呼吸机支持治疗,右侧胸腔闭式引流,患者症状好转后出院。患方认为院方在诊疗过程中存在不足,据此提出补偿要求。

(二) 医患双方争议焦点

(1) 患方认为:①医方护理人员因技术操作失误,造成患方颈部血肿、右侧液气胸。应承担医疗责任。②因颈部血肿和右侧液气胸,需要气管插管,呼吸机支持治疗,右侧胸腔闭式引流等治疗,给患方带来了较大的痛苦,应该给予经济补偿。

(2) 医方认为:①对于昏迷、心律失常的病人,血透是最快、最有效的解决办法。因为当时患者病情刻不容缓、事态紧急,颈部血管穿刺未成功,造成颈部血肿和右侧液气胸属并发症。患者有血小板减少综合症,容易出现出血至血肿也是重要原因。②在行“血液透析”治疗前,已经告知了穿刺的并发症,目前并发症经过医方治疗已经痊愈,不应赔偿。

(三) 调解过程与结果

1. 媒体宣传有影响,患方主动求帮忙

受政府发布医患纠纷人民调解公益广告的影响,患方来到医调委,主动参观了医调委的工作场所及医患纠纷人民调解知识宣传栏。然后对调解员说:我已经从报纸和电视上看到您们医调委的有关介绍，今日经参观的确像报纸和电视上讲的一样，现在我想请您们帮我调解与某医院的纠纷。接着就向调解员叙述了就医经过，调解员认真记录，并仔细询问就医中的一些细节问题。患方非常满意，认为医调委办事认真，值得信任。

2. 身体力行到医院，探明情况定方案

调解员根据患方提供的病史资料，来到医方了解情况，去了血液透析室。医方表示患方叙述的诊疗过程属实，当时事态紧急，护士颈部血管穿刺未成功也与病人病情危重有关，目前颈部血肿和右侧液气胸经过医方治疗已痊愈，医生已救了患者性命，不应赔偿。但是从人道主义角度出发，可考虑免除部分医药费，并请调解员从中调解。有了医方意见，调解员心中已有了方案。

3. 推心置腹讲道理，赔偿金额有距离

调解员单独与患方沟通时，拿出医方在行"血液透析"治疗前对患方的告知书指出：医方在行"血液透析"治疗前已向您们告知了穿刺的并发症，当时情况紧急，为了挽救您的生命，告知书上列举了可能出现的并发症，穿刺部位血肿和液、气胸在告知书上也写得清清楚楚，您既认可并签了名的。现在出现了这样的问题，您们却要求医方承担全额责任实属不妥，而且患者本人有血小板减少综合症，容易出现血肿也是重要原因，不能把责任让医方全承担。人民调解员合情合理的分析，也得到了患方的认同，并主动降低了索赔金额。调解员与医方单独沟通时告知：且不论医方是否操作恰当，就医方行为给患者造成损害属实，按人身损害赔偿的有关规定，医方都应给患者一定补偿。况本案毕竟因医方穿刺操作人员技术不熟练，才给患者造成了一定损害。且患方目前已降低了索赔金额，医方也应该有一定回应，才合情合理与合法，医方听后表示愿意考虑给患者一些赔偿，但双方差距还较大。

4. 换位思考有奇效，因势利导促和解

调解员再请医患双方换位思考。让医方考虑患方因颈部血肿和右侧液气胸，需住院并气管插管，呼吸机支持治疗及右侧胸腔闭式引流等，给患者增加了痛苦，这种情况发生在任何人身上，会是什么感受？经调解员说服，医方表示可适当调高赔偿金额。调解员给患方沟通时说明：有些并发症是难免的，医方已给您治愈了，且医方当时是为了抢救您的生命才出现这种情况，试想还有什么比救您生命更重要的吗？按常理，若没发生血肿和液气胸，你是否应该感谢医生的救命之恩？何况医务人员的成长要一定过程，若你是那位年轻的护理人员，你能不通过一定磨练就能掌握高超的技术吗？经调解员因势利导促进患方换位思考，让其主动作出了让步，双方终于达成一致，签订了人民调解协议。

（四）调解模式及方法和技巧

（1）调解员在开展调解工作过程中，对医患双方主要实施了"利益平衡调解模式"和"心理情感调解模式"。

（2）具体调解中人民调解员主要对医患双方采用了首次接待法、获取信任法、单独沟通法、明法析理法、经济促和法、因势利导法、换位思考法等调解方法和技巧。

表现为：患方初访时，人民调解员通过规范的接待让患方参观医调委，再认真听其叙述，仔细记录，询问细节，赢得了患方的信任。对患方实施单独沟通时通过告诉患方：医方在行"血液透析"治疗前已向您告知了穿刺的并发症，告知书上写得清清楚楚，您也签了字的。……而且患者本人有血小板减少综合症，容易血肿也是重要原因。在与医方沟通时强调：毕竟穿刺操作人员技术不很熟练，不仅造成患者颈部血肿并且引起了右侧液气胸的并发症，给患者的确造成了一定损害。调解员用明法析理法让双方都作出一定让步。最后运用换位思考法调动医患双方心理情感因素，达到经济促和目的。

（五）临床医学点评

（1）患者因自服过量药物至中毒，出现血压下降、意识不清、心律失常、少尿等情况，医方给予血透治疗，指征明确。

（2）颈血管穿刺，造成血胸，气胸属穿刺常见并发症，术前虽履行告知手续，但操作人员不熟练且给患者造成了一定伤害属实。

（3）患者体质具有特殊性，因其患有血小板减少综合症，容易形成血肿，也是易发因素。

（4）医方对并发症，血气胸行胸腔闭式引流等方法正确，治疗有效，未造成患者进一步的损害。本例纠纷不构成医疗事故。

（六）本案涉及的法律、法规

（1）《中华人民共和国侵权责任法》第五十四条　患者在诊疗活动中受到损害，医疗机构及其医务人员有过错的，由医疗机构承担赔偿责任。

第五十五条　医务人员在诊疗活动中应当向患者说明病情和医疗措施。需要实施手术、特殊检查、特殊治疗的，医务人员应当及时向患者说明医疗风险、替代医疗方案等情况，并取得其书面同意；不宜向患者说明的，应当向患者的近亲属说明，并取得其书面同意。

第五十七条　医务人员在诊疗活动中未尽到与当时的医疗水平相应的诊疗义务，造成患者损害的，医疗机构应当承担赔偿责任。

(2)《中华人民共和国人民调解法》第二十一条　人民调解员调解民间纠纷，应当坚持原则，明法析理，主持公道。调解民间纠纷，应当及时、就地进行，防止矛盾激化。

第二十二条　人民调解员根据纠纷的不同情况，可以采取多种方式调解民间纠纷，充分听取当事人的陈述，讲解有关法律、法规和国家政策，耐心疏导，在当事人平等协商、互谅互让的基础上提出纠纷解决方案，帮助当事人自愿达成调解协议。

(3)《医疗事故处理条例》第十一条　在医疗活动中，医疗机构及其医务人员应当将患者的病情、医疗措施、医疗风险等如实告知患者，及时解答其咨询；但是，应当避免对患者产生不利后果。

第七节　中医科医患纠纷人民调解案例

一、颈椎病推拿纠纷案例的调解

(一) 医患纠纷案情简介

患者，女性，56岁。因颈部疼痛到医方治疗，医生拍了颈椎片，报告为“颈椎骨质增生”。医生开了五次针灸和推拿治疗(隔日一次)，当日上午患者作完针灸治疗后，在推拿过程中突感四肢无力，医生立即停止并解释说“晕针”。患者回家后感觉四肢乏力加重，下午再到医院找针灸医生。医生仍让患者躺在治疗床上给予再次推拿，不久患者感四肢完全无法动弹。医生又给患者开了补液，补液过程中患者出现大、小便失禁。即转市级医院，经市级医院检查，患者的颈椎系因推拿不当至错位而压迫颈髓。虽经手术治疗，仍留有一定后遗症。家属要求赔偿100万。

（二）医患双方争议焦点

(1) 患方认为:①因医方推拿操作不当,造成颈椎严重错位压迫颈髓,属医疗事故;②当第一次推拿患者出现四肢乏力并告诉医生后,医生不但未警觉,反再次实施推拿,严重违反诊疗常规。

(2) 医方认为:①患者因颈椎病进行针灸和推拿,治疗方案正确;②造成颈椎严重错位压迫颈髓是治疗中的意外。医方愿意赔偿,但100万数额医方不能接受。

（三）调解过程与结果

1. 热情规范接待,消除患方疑虑

医患双方因颈椎病推拿发生纠纷,双方协商未果,在医方的推荐下,患方家属带着犹豫心情来到医调委。调解员热情接待了患方,向其介绍了医调委是专门调解医患纠纷的群众性组织,是中立的第三方。并让患方观看了墙上宣传栏中的有关介绍及各项规章制度,打消了患方疑虑。接着患方家属叙述了患者颈椎病就医经过,调解员认真做了记录,并告之患者尽快将在医方就诊的有关资料送到医调委以利调查。患方表示满意离开。第三天送来了患者的就诊相关资料。

2. 现场调查明事实,明法析理议赔偿

调解员初步审核了患方提供的病历和资料,根据患者目前情况:右手肌力Ⅳ级(四级),未能恢复。到医方调查时,医方接待人员承认因推拿失误造成患者颈椎严重错位压迫颈髓的事实,请医调委给予调解。调解员告诉医方,此案例可能属三级丙等医疗事故,院方承担主要责任。院方对此表示认可。调解员进一步告之:因对患者造成了一定损害,赔偿可参照《最高人民法院关于审理人身损害赔偿案件适用法律若干问题的解释》的有关规定。医方决定会议商议后回复调解员。

3. 借助力量去探望,因势利导降索赔

经过调解员与患方几次单独沟通,患方始终不肯降低赔偿数额,坚持100万元,调解员与患方当地司法所人民调解工作室的同志联系,共同到患方家中探望患者,借助患者熟悉与信任的人给患方讲解了《最高人民法院关于审理人身损害赔偿案件适用法律若干问题的解释》的有关规定。并告之,我国是法制社会,任何人都不能超越法律的规定,如您们定要坚持,恐对解决纠纷不利。调解员对患方深表同情，在通过心理疏导引起患者共鸣的基础上，用案例引导法以明法析理。当患方意识到索赔金额的确太高时，调解员与当地司法所同志因势利导让其大幅度降低了索赔金额。

4. 二次家访促协议，人民调解润滑剂

此后，调解员再次与医方沟通，医方仍认为患方索赔金额较高，调解员动员医方医务科长与调解员一起到患方家庭走访。当调解员第二次来到患者家中时，患者很激动。医方看着出院后正躺在床上休养而满含热泪的患者，心理油然产生了同情，在调解员的说服下，主动表示愿向领导帮助患者争取。患方对调解员与医方医务科长真诚帮助表示感谢，调解员因势利导让患者主动再次做了适当让步。临别时医方紧握着患者双手，调解员露出了欣慰的笑容。次日医患双方签订了协议。

（四）调解模式及方法和技巧

（1）调解员在开展调解工作过程中，对医患双方实施了“混合性调解模式”，主要侧重“心理情感调解模式”。

（2）具体调解中人民调解员主要对医患双方采用了首次接待法、获取信任法、单独沟通法、区分责任法、借助力量法、案例引导法、因势利导法、明法析理法、心理疏导法等调解方法和技巧。

表现在：人民调解员通过首次规范接待，介绍医调委性质及相关工作制度等，打消了患方疑虑，成功获取信任。调解员通过将调查了解到的实际情况与相关法规对比分析，以区分责任。认为本案可能为三级丙等医疗事故，院方承担主要责任。通过与医方沟通时告知相关法律、法规进行明法析理，建议其应依法赔偿。当患方坚持高额索赔时，调解员与当地司法所工作人员到患者家中探访，巧借力量讲解相应法规与赔偿标准，通过以理服人，以情感人，让患方降低了索赔。对双方在赔偿金额上仍存在的差距，调解员动员医方工作人员再至患方家中登门拜访，不但有效地消除了双方的抵触情绪也感动了患者。此时，调解员再因势利导，使患方也表示了适当让步。心理情感调解模式收到了很好的调解效果。

（五）临床医学点评

（1）医方(社区卫生服务中心)，诊断患者颈椎病有依据，但最好转上级医院做 CT 等检查进一步明确诊断。

（2）颈椎的推拿应特别注意，防止因推拿不当造成高位截瘫。本案例医方违反常规(推拿手法及用力不当),操作失误致颈椎错位。

(3) 在患者已经反映四肢无力时,医方没正确认识仍再行推拿,致病情加重时给予输液,属治疗不当,误诊误治。

(4) 患者在短时间内到三级医院行手术治疗,仍留下轻度后遗症。本案属三级丙等医疗事故,院方承担主要责任。

(六) 本案涉及的法律、法规

(1)《中华人民共和国侵权责任法》第五十四条　患者在诊疗活动中受到损害,医疗机构及其医务人员有过错的,由医疗机构承担赔偿责任。

第五十七条　医务人员在诊疗活动中未尽到与当时的医疗水平相应的诊疗义务,造成患者损害的,医疗机构应当承担赔偿责任。

(2)《中华人民共和国人民调解法》第二十条　人民调解员根据调解纠纷的需要,在征得当事人的同意后,可以邀请当事人的亲属、邻里、同事等参与调解,也可以邀请具有专门知识、特定经验的人员或者有关社会组织的人员参与调解。人民调解委员会支持当地公道正派、热心调解、群众认可的社会人士参与调解。

第二十一条　人民调解员调解民间纠纷,应当坚持原则,明法析理,主持公道。调解民间纠纷,应当及时、就地进行,防止矛盾激化。

第二十二条　人民调解员根据纠纷的不同情况,可以采取多种方式调解民间纠纷,充分听取当事人的陈述,讲解有关法律、法规和国家政策,耐心疏导,在当事人平等协商、互谅互让的基础上提出纠纷解决方案,帮助当事人自愿达成调解协议。

(3)《医疗事故处理条例》第二条　本条例所称医疗事故,是指医疗机构及其医务人员在医疗活动中,违反医疗卫生管理法律、行政法规、部门规章和诊疗护理规范、常规,过失造成患者人身损害的事故。

第四条　根据对患者人身造成的损害程度,医疗事故分为四级:一级医疗事故:造成患者死亡、重度残疾的;二级医疗事故:造成患者中度残疾、器官组织损伤导致严重功能障碍的;三级医疗事故:造成患者轻度残疾、器官组织损伤导致一般功能障碍的;四级医疗事故:造成患者明显人身损害的其他后果的。具体分级标准由国务院卫生行政部门制定。医疗事故分级标准(试行)。

第十五条　发生或者发现医疗过失行为,医疗机构及其医务人员应当立即采取有效措施,避免或者减轻对患者身体健康的损害,防止损害扩大。

(4)《医疗事故分级标准(试行)》(三)三级丙等医疗事故:器官大部分缺损或畸形,有轻度功能障碍,可能存在一般医疗依赖,生活能自理。例如造成患者下列情形之一的:……(30)利手全肌瘫,肌力Ⅳ级(四级),临床判定不能恢复;……

二、颈椎局部封闭纠纷案例的调解

(一) 医患纠纷案情简介

患者,男,48岁。因头痛、肩痛至社区卫生服务中心门诊,诊断:颈椎病。给予局部封闭止痛治疗。治疗后患者一直出现咳嗽,并逐渐加重伴有胸闷不适,使用抗生素治疗无好转。5天后胸片示:右侧气胸,肺压缩35%,诊断:特发性气胸。即转上级医院治疗,痊愈出院。出院后,患方向医方提出了索赔。

(二) 医患双方争议焦点

(1) 患方认为:医方给予局部封闭止痛治疗时,注射部位选择不当,进针角度或进针深度有误,违反操作规程,刺伤右肺导致气胸。对患者造成伤害,应予以赔偿。

(2) 医方认为:①颈椎病给予局部封闭止痛治疗,符合医疗指征。注射部位和进针角度正确,医方按照常规进针深度操作,没考虑患者较瘦,导致出现气胸。医方愿意承担患方治疗气胸的医疗费;②因为气胸是局部封闭止痛治疗的并发症,医方不额外赔偿。

(三) 调解过程与结果

1. 患方数次讨说法,医院无奈求帮忙

医方首次来到医调委,向调解员讲述给患方局部封闭止痛治疗时,不慎导致气胸事件。目前患方天天到医方来“讨说法”,因要求赔偿的金额太高,医方无法接受。推荐患方到医调委来解决,患方不肯来,所以医方此来是想请医调委出面帮助调解。调解员按首次接待法规范接待医方并告之:医患纠纷人民调解需要双方自愿,我们可以主动介入了解患方情况,如果患方愿意调解,医调委才可进行调解,只要进行调解,我们一定会公平、公正对待。医方临走时给调解员留下了患方的电话号码。

2. 诚邀患方来参观,彰显政府送关怀

人民调解员电话与患方取得了联系,先关心询问患者气胸的康复情况,再提起医方来人到医调委，希望医调委给予调解的情况。之后，告知了医调委的工作性质及调解原则，同时邀请患方到医调委来参观。患方欣然接受，次日来到医调委。调解员规范地接待了患方，患方感到有免费中立的第三方组织给予调解，体现了政府对人民的真正关怀。遂拿出病历复印件，办理了申请调解手续。

3. 谈"侵权"患方降价，讲"事故"医方应赔

调解员通过与患者沟通，顺利把医患纠纷引出医院。经过认真审核病史，调查了解医务人员当时具体操作情况，清楚了患者目前恢复状况，调解员针对医方医疗行为对患者造成的伤害程度及有无后遗症等情况进行了评估，做到心中有数。然后与患方沟通时告诉患方：医方对您的伤害，经治疗现已痊愈，且无任何后果，按《侵权责任法》有关规定，您提出的赔偿数额太高，无法找到依据。调解员列举相似案例对其引导予以明法析理，通过赞扬患方是通情达理之人。让患方自知理亏而主动降低了索赔金额。

调解员与医方沟通时劝道：气胸是局部封闭止痛治疗的并发症，造成患者肺组织轻度损伤，经治疗后无功能障碍考虑应属四级医疗事故，院方应承担主要责任。现院方仅为患者支付医药费是不够的，按有关规定，患方的误工费、住院伙食补助费、交通费、家庭成员为护理患者而损失的误工费等都应该考虑进去才对，因这一切的发生，都因医方的过错而引起。调解员明法析理说服了医方，医方同意给患者一定赔偿。

4. 医患赌气现僵局，调解妙招化纠纷

经过调解员摆事实讲道理，医患双方的赔付金额逐渐接近，因对误工费的证据有争议，双方因六百元的差距，而出现僵持数日。调解员知道双方都想达成协议，可却就是赌气，虽经劝说，各不相让。针对此情况，调解员决定使用适时终止法或欲擒故纵法（因势利导法中的一种），向医患双方提出终止调解，请医患双方选择法院诉讼或卫生行政部门调解或进行医疗事故技术鉴定。这时医患双方纷纷给人民调解员来电话，承认自己做得欠妥，都同意进行让步，反而促成了协议。

（四）调解模式及方法和技巧

（1）调解员在开展调解工作过程中，对医患双方实施了"利益平衡调解模式"。

（2）具体调解中人民调解员主要对医患双方采用了首次接待法、获取信任法、单独沟通法、案例引导法、明法析理法、因势利导法等调解方法和技巧。

表现在：人民调解员使用首次接待法分别获得医患双方的信任。在调查了解实际情况的基础上明确责任。对患方通过介绍有关法规并进行对照分析，再用相似案例引导其明法析理，在此基础上调解员因势利导给予患方适度赞扬，让其主动降低赔偿要求。在对待医方上，调解员结合案情分析，让医方明白本案应达的医疗事故等级和赔偿依据。在双方为赔偿金额上的一些小差异故意僵持时，调解员掌握双方的心理，欲擒故纵适时终止，反让双方都认识到了己方的不足，最后自愿和解，签订了人民调解协议。调解的整个过程人民调解员都使用的单独沟通法。

（五）临床医学点评

(1) 颈椎病给予局部封闭止痛治疗，符合医疗指征。

(2) 局部封闭注射部位、进针角度、进针深度是操作的关键，医方没有掌握好，出现失误。

(3) 患者因较瘦，医方在操作时更应注意，不能成为导致患者气胸的合理理由。

(4) 气胸是局部封闭止痛治疗的常见并发症，该案例后续治疗得当没有不良后果。

(5) 本案属于四级医疗事故，院方应承担主要责任。

（六）本案涉及的法律、法规

(1)《中华人民共和国侵权责任法》第五十四条　患者在诊疗活动中受到损害，医疗机构及其医务人员有过错的，由医疗机构承担赔偿责任。

第五十七条　医务人员在诊疗活动中未尽到与当时的医疗水平相应的诊疗义务，造成患者损害的，医疗机构应当承担赔偿责任。

(2)《中华人民共和国人民调解法》第二十一条　人民调解员调解民间纠纷，应当坚持原则，明法析理，主持公道。调解民间纠纷，应当及时、就地进行，防止矛盾激化。

第二十二条　人民调解员根据纠纷的不同情况，可以采取多种方式调解民间纠纷，充分听取当事人的陈述，讲解有关法律、法规和国家政策，耐心疏导，在当事人平等协商、互谅互让的基础上提出纠纷解决方案，帮助当事人自愿达成调解协议。

(3)《医疗事故分级标准（试行）》四级医疗事故：系指造成患者明显人身损

害的其他后果的医疗事故。例如造成患者下列情形之一的:……组织、器官轻度损伤,行修补术后无功能障碍;……

(4)《上海市医患纠纷预防与调解办法》第三十一条(专家咨询)医患纠纷具有下列情形之一的,医调委应当启动专家咨询程序:①预估赔付金额超过10万元的;②患者已死亡的;③医患双方对争议事实存在重大分歧的;④预估保险理赔金额超过10万元且承保机构建议的;⑤其他需要进行专家咨询的情形。咨询专家的选定,应当根据回避原则,从专家库中选取。必要时,可以根据调解工作实际,从专家库外另行选取咨询专家。

(5)《上海市医患纠纷人民调解工作实施办法》第三十一条 专家咨询委员会采用咨询意见书或者口头答复的方式向医调委提供医患纠纷专家咨询意见。人民调解员可以参考专家咨询意见调解医患纠纷。

三、熏蒸烫伤纠纷案例的调解

(一) 医患纠纷案情简介

患者,男,58岁。因腰痛不适5年余,在其女儿陪同下至医方就诊。诊断:慢性腰肌劳损,予以针灸后中药熏蒸治疗。医生给患者熏蒸治疗结束后,患者因感觉较舒适,故仍躺在熏蒸床上。由于医生与其女儿是朋友,没立即让其起来,也没催患者离开。患者女儿私自开启了熏蒸加热开关,当患者感到热烫时,背部皮肤熏蒸处已出现数枚水泡。一周后背部烫伤处感染,在外院住院治疗一个月,出院后患方向医方提出索赔要求。

(二) 医患双方争议焦点

(1) 患方认为:①医方予患者中药熏蒸治疗,医生未在场操作和观察病情,让患方家属操作,违反医疗操作常规,与患者烫伤有直接因果关系,应承担完全责任。②出现烫伤后没对患方积极进行治疗,敷衍了事,导致烫伤后皮肤感染,加重了对患方的伤害。

(2) 医方认为:①造成患者中药熏蒸烫伤系由患方女儿擅自操作开关所为,与院方无关。②患者烫伤后医生立即给予针刺放液、局部消毒等处理符合常规。患者自行回家乡一周,不慎导致感染,加重伤情,不是医方敷衍了事。③患者背部烫伤处感染,在外院住院治疗1个月,其中实施过植皮手术,是医方从人性化角度考虑为其支付医药费,为此医方不应再对患者支付任何费用。

（三）调解过程与结果

1. 患方此来有准备，索赔清单很详细

患者以熏蒸烫伤为由要求医方赔偿，医方以已经为患者支付医疗费为由拒绝赔偿，双方形成纠纷。患者到医调委申请调解时给医调委送来了一份“关于要求医方赔偿的报告(简称:索赔报告或报告)”，报告中除了讲述纠纷经过，还列出了一份索赔清单，附上病历复印件和一份患者十级伤残(相当于三级戊等医疗事故)的司法鉴定书复印件。索赔清单非常详细地列出护理费、住院补助费、营养费、伤残补助金等，并说明索赔的依据和计算方法。人民调解员看后暗自吃惊，这只有从事法律或人民调解的专职人员才能做到的事，这些资料充分体现了“依法索赔”的态度，也体现了患方是“有备而来”。调解员在与患方交谈时，发现患方对医调委有关情况了解的非常清楚，于是作了适当告知后收下资料，与患方礼貌道别。

2. 深入现场做调查，了解情况不一样

调解员到医方了解情况，拿出患方索赔报告和十级伤残的司法鉴定书复印件给医方看时，医方人员大吃一惊，感到非常意外。关于索赔报告中，讲述烫伤有一个关键环节(医生让患方自行操作治疗致患者被烫伤)，医方觉得严重失实。事实是:医生给患者熏蒸治疗结束后，患者表示想在治疗床上多休息一会，医生因与患者女儿是“朋友”，故没制止。后来，在医生不知情的状况下，由患方女儿私下擅自操作，致患者烫伤。医方于是提供了相关证据。正因如此，医方认为很委屈，希望调解员提供帮助，同意医方不予赔偿。

3. 举行会议还真相，原来双方均有责

调解员认为双方反映情况差异太大，决定预约医患双方到医调委进行会议沟通。请医患双方当面质证并各自提供有关证据，去伪存真还原事件真相。在此基础上进一步区分双方责任，按责任的比例落实赔偿。一周后，在调解员主持下进行了会议沟通，会上医患双方分别发言，唇枪舌剑互不相让。通过辩论弄清了两点:①患者女儿和中医科医生是朋友，因患者治疗后感到较舒适，要求在治疗床上多躺一会，医生没有阻止。其女儿好奇，感到医生操作熏蒸开关比较容易，就私自打开了熏蒸开关，结果出现了烫伤;②烫伤后医生只简单地给患者进行了处理，没有引起重视，患者自己回老家一周，结果烫伤处感染，病情加重来找医方，在医方支付医药费情况下安排上级医院住院治疗。这两点双方都有责任，但如何按比例分摊责任，直到会议结束仍无法达成共识。

4. 辨析责任巧沟通，明法析理得认可

了解熏蒸烫伤诊治过程真实情况后，调解员与医方单独沟通时指出：医生对“朋友”未执行医院相关管理制度，未发现和防范患者及家属的违章行为，在工作上存在失职。加之烫伤后，医生处置较简单，更无告知记录，医方应负一定责任。至于患者回老家一周，有可能造成烫伤后感染加重，可减轻医方部分责任，起码医患双方应按对等责任进行分摊。并举相似案例给予引导和参考。调解员与患者单独沟通时指出：您与您女儿均是有行为能力的人，未经医方同意，擅自操作至烫伤发生，您们具有不可推卸的责任。患者后来回老家一周因护理不当与烫伤后感染有直接关系，因此又要多负一定责任。调解员又说：出现烫伤后医方没有推卸责任，已为患者支付了所有医疗费，如依法院来判，医方也不可能是完全责任。如患方要坚持己见，不但其女儿与医生不可能再作“朋友”，还有可能因其提供的伤残鉴定需要重新“质证”，因此承担更大的风险。经调解员明法析理，医患双方都认可了调解员的分析。

5. 趁热打铁来调解，好友相见签协议

经过调解员的单独沟通，医患双方都正确认识了自己的责任，各自适当调整了赔偿金额。此时，双方的差距已比较接近，调解员因势利导、趁热打铁使用“心理情感调解模式”，请出患者女儿和中医科医生，一对朋友见面，心中感慨万分，情感交融，在调解员的疏导下，在亲切友好的气氛中，医患双方当即签订了人民调解协议书。

（四）调解模式及方法和技巧

（1）调解员在开展调解工作过程中，对医患双方实施了“混合性调解模式”。

（2）具体调解中人民调解员主要对医患双方采用了首次接待法、去伪存真法、区分责任法、会议沟通法、单独沟通法、案例引导法、因势利导法、心理疏导法等调解方法和技巧。

表现在：调解员在对待患方送来的“关于要求医方赔偿的报告”时，惊而不乱，坚持首次接待不作评论的做法。经过调查发现医患双方叙述不一致，对此情况，调解员实施了会议沟通法和去伪存真法，通过会议请医患双方当面质证并各自提供证据还原事件真相，再以此区分双方责任。因会议没有完全达到区分责任目的，调解员使用单独沟通法明法析理，让双方各自认可了调解员对双方责任分摊的分析。结合相关案例进行引导，让医患双方正确认识到了自己的不足，各自调整了赔偿的金额。当双方赔偿差距已比较接近时，调解员通过双方“朋友”身份因势利导，趁热打铁使用“心理情感调解模式”，请出患者女儿和中医科医生，一对朋友见面沟通，百感交集，促进了双方和解，间接使用了心理疏导法。

（五）临床医学点评

(1) 对腰肌劳损患者医方给予针灸、中药熏蒸治疗，符合医疗常规。

(2) 中药熏蒸治疗后，患方自行操作再次治疗，违反医疗操作常规，与患者烫伤有直接因果关系，患方应该承担一定责任。

(3) 患者回老家一周，因自身护理不当，造成烫伤感染加重伤害，可酌情减轻医方一部分责任。

(4) 在医方中医科内，医生眼前，在患者熏蒸治疗结束后，医生放任其继续躺在治疗床上，属违反医院管理有关规定，医方应负有一定责任。

(5) 发现患者背部烫伤，医生给予处置较简单，并缺乏相应注意告知，致患方未引起重视，使伤处感染。医方负有一定责任。

(6) 医方在发现患者伤处感染后，能够抱着负责任的态度，将患者转上级医院住院治疗一个月，并支付医疗费，值得肯定。

（六）本案涉及的法律、法规

(1)《医疗事故处理条例》第二条　本条例所称医疗事故，是指医疗机构及其医务人员在医疗活动中，违反医疗卫生管理法律、行政法规、部门规章和诊疗护理规范、常规，过失造成患者人身损害的事故。

第四条　根据对患者人身造成的损害程度，医疗事故分为四级：一级医疗事故：造成患者死亡、重度残疾的；二级医疗事故：造成患者中度残疾、器官组织损伤导致严重功能障碍的；三级医疗事故：造成患者轻度残疾、器官组织损伤导致一般功能障碍的；四级医疗事故：造成患者明显人身损害的其他后果的。具体分级标准由国务院卫生行政部门制定。

第十一条　在医疗活动中，医疗机构及其医务人员应当将患者的病情、医疗措施、医疗风险等如实告知患者，及时解答其咨询；……

(2)《医疗事故分级标准(试行)》节选，四级医疗事故系指造成患者明显人身损害的其他后果的医疗事故。例如造成患者下列情形之一的：……(8)组织、器官轻度损伤，行修补术后无功能障碍。

(3)《中华人民共和国侵权责任法》第五十四条　患者在诊疗活动中受到损害,医疗机构及其医务人员有过错的,由医疗机构承担赔偿责任。

第五十七条　医务人员在诊疗活动中未尽到与当时的医疗水平相应的诊疗义务,造成患者损害的,医疗机构应当承担赔偿责任。

(4)《中华人民共和国人民调解法》第二十一条　人民调解员调解民间纠纷,应当坚持原则,明法析理,主持公道。调解民间纠纷,应当及时、就地进行,防止矛盾激化。

第二十二条　人民调解员根据纠纷的不同情况,可以采取多种方式调解民间纠纷,充分听取当事人的陈述,讲解有关法律、法规和国家政策,耐心疏导,在当事人平等协商、互谅互让的基础上提出纠纷解决方案,帮助当事人自愿达成调解协议

四、神灯烤伤纠纷案例的调解

(一) 医患纠纷案情简介

患者,男,65岁。脑栓塞造成右半身瘫痪后遗症,住院在医方指导下进行康复理疗锻炼。康复医生用“神灯”(特定电磁波谱治疗仪)照射患者的右足,加速血液循环促进康复。半个多小时后,患者开始叫痛,医生说是正常反应。照射一个多小时后回病房,患者脱去右足袜子,发现足背明显红肿且有大量水泡,不久皮肤出现大面积坏死、流液,颜色越来越黑。医方诊断为右足面皮肤二至三度烤伤,医方为患者免费做了植皮手术。

(二) 医患双方争议焦点

(1) 患方认为:①医方使用“神灯”照射操作失误,给患者右脚皮肤造成二至三度烤伤,两者有因果关系,属医方责任应予赔偿。②当照射至患者叫痛时,医方未检查就说是正常反应,属责任事故。

(2) 医方认为:①患者被烤伤右脚,是否医疗事故,不能确定;②目前已为患者免费做了植皮手术等,作为补偿。患方治原发病的费用理应其自行承担;③目前患方应该出院,因纠纷而赖着不出院,实属不该。

(三) 调解过程与结果

1. 患方首访医调委,接待规范得理解

患方到医调委申请调解,调解员规范进行了接待。对患方被“神灯”烤伤右

脚的过程，进行了详细记录。同时向患方告知了医调委是专门调解医患纠纷的群众组织，是中立的第三方，调解必须双方自愿等。因患者还在住院治疗期间，调解员需调查了解有关情况并征求医方意见，三日内回复患方。患方对此表示理解。

2. 调解人员细调查，发现医方责任大

经调解员调查，核实患方陈述情况属实。医方希望医调委出面调解。此时，调解员一针见血地指出：①按理疗有关规定及"神灯"说明书注明：治疗时照射部位必须完全裸露。而患者接受照射一个多小时，医方不但未观察照射部位还一直让患者穿着袜子，严重违反了理疗操作常规。②患者叫痛时，医方亦未检查就说是正常反应，是工作责任心不强的表现，属责任事故。医方应予患者经济赔偿。

3. 各执己见谈赔偿，调解进程受阻扰

几天后医方与调解员联系，提出目前医方已为患者免费做了植皮术，患者因发生纠纷后，治疗原发病的费用也未再交，目前已欠费，医方愿再减免患者住院自费欠费部分的一半费用。调解员让其拿出具体数据，原来自费只有很少的费用。调解员认为有失公允，建议其重新考虑。调解员与患方沟通时转达了医方的意见。患方即感院方没诚意，补偿太少太不合理，希望调解员帮助提高其赔偿金。因双方均不能接受对方要求，调解进程暂时停滞。

4. 集体讨论明法理，公平调解受尊重

医调委对此案进行了集体讨论，认为医方给患方造成的伤害参照《医疗事故分级标准(试行)》可定：四级医疗事故完全责任。院方目前给予患方的赔偿有失公允。调解员到医方领导办公室，按《医疗事故处理条例》、《医疗事故分级标准(试行)》与《中华人民共和国侵权责任法》有关规定，结合本案实际情况，明法析理分析事件的性质、责任以及四级医疗事故的赔偿标准。医方对调解员的医学和法学知识感到钦佩，也感受到调解的公平和公正性，决定尊重调解员的意见，按有关标准进行赔偿，并表示了愿与调解员到病房看望患者的意愿。

5. 医方领导先道歉，感动患方促和解

医方领导和调解员到了病房，医方领导握着患者的手，对患方表示道歉，当场称赞调解员的认真与公平，并承诺会尊重调解员的意见，按四级医疗事故相关标准赔偿患者，并关照医务人员要尽可能地为患方提供方便。患方非常感动，经调解员劝说，患方也表示，只要医方按标准赔偿，患方立即出院。一天后医方开着车载着患方，笑容满面地来到医调委，请调解员为其拟订了人民调解协议书。

（四）调解模式及方法和技巧

(1) 调解员在开展调解工作中，对医患双方主要实施了“混合性调解模式”。

(2) 具体调解中调解员主要对医患双方采用了首次接待法、区分责任法、获取信任法、单独沟通法、明法析理法、心理疏导法等调解方法和技巧。

表现在：患方第一次到医调委时，调解员采用了首次接待法，对患方被“神灯”照射致其右脚烤伤过程做了详细记录，并告知医调委的性质与调解原则等，对事件不枉做评论。经调查了解，证实患方反映情况属实后，立即使用区分责任法明确医方责任。当发现医方赔偿有失公允时，调解员为彰显公正，运用医学和法学知识与医方院领导单独沟通，通过明法析理说服医方领导按有关标准进行赔偿。当医方领导与调解员到病房看望患者，患者被感动时，调解员因势利导劝说患方，借机消除双方对抗心理，并体现了因势利导中心理疏导法的运用。调解员对工作认真负责的敬业精神，获得了医患双方称赞。

（五）临床医学点评

(1) 理疗用的“神灯”叫特定电磁波谱治疗仪，主要通过特定波长的电磁波对疾病区域进行照射，缓解病情。一般每次照射 30 分钟，照射距离：距板面 20 cm 外或以病人自觉舒适为宜。因为是间接作用于人体，在治疗中出现损伤，可能因距离过近或照射时间过长等操作不当造成。

(2) 治疗时照射部位必须完全裸露，否则影响疗效。完全裸露也便于医生及时观察到照射部位的变化，以利随时调整照射时间和距离。让患者穿着袜子照射足部，违反了“神灯”照射操作常规。

(3) 患者右足皮肤二至三度烤伤，与医方“神灯”照射，存在因果关系。

(4) 患者开始叫痛时，医方未作检查却说这是正常反应，这是工作责任心不强的表现。是一起责任事故。

(5) 参照《医疗事故分级标准(试行)》可以定为：四级医疗事故，医方负有完全责任。

（六）本案涉及的法律、法规

(1)《医疗事故处理条例》第二条　本条例所称医疗事故，是指医疗机构及其医务人员在医疗活动中，违反医疗卫生管理法律、行政法规、部门规章和诊疗护理规范、常规，过失造成患者人身损害的事故。

第四条　根据对患者人身造成的损害程度，医疗事故分为四级：一级医疗事故：造成患者死亡、重度残疾的；二级医疗事故：造成患者中度残疾、器官组织损伤导致严重功能障碍的；三级医疗事故：造成患者轻度残疾、器官组织损伤导致一般功能障碍的；四级医疗事故：造成患者明显人身损害的其他后果的。

具体分级标准由国务院卫生行政部门制定。

(2)《医疗事故分级标准(试行)》节选：四级医疗事故系指造成患者明显人身损害的其他后果的医疗事故。例如造成患者下列情形之一的：……⑧组织、器官轻度损伤，行修补术后无功能障碍……

(3)《中华人民共和国侵权责任法》第五十四条　患者在诊疗活动中受到损害，医疗机构及其医务人员有过错的，由医疗机构承担赔偿责任。

(4)《中华人民共和国人民调解法》第二十一条　人民调解员调解民间纠纷，应当坚持原则，明法析理，主持公道。调解民间纠纷，应当及时、就地进行，防止矛盾激化。

第二十二条　人民调解员根据纠纷的不同情况，可以采取多种方式调解民间纠纷，充分听取当事人的陈述，讲解有关法律、法规和国家政策，耐心疏导，在当事人平等协商、互谅互让的基础上提出纠纷解决方案，帮助当事人自愿达成调解协议。

第八节　美容整形医患纠纷人民调解案例

一、面部除皱手术纠纷案例的调解

(一) 医患纠纷案情简介

患者，女，46 岁。因面部皮肤松弛，根据 D 美容门诊部(医方)在报纸上刊登的美容整形广告，前往医方接受面部除皱与下颌吸脂术，术中医方不慎将碘伏消毒液滴入患者右眼中，患者当即感右眼疼痛，医方只简单给予纱布擦洗，术后将麻醉药加入滴眼液中交给患者自行使用。1 个月后患者到医院检查：右眼角膜上皮破损、病变，视力下降。患方以医方手术造成其眼损害被原工作单位解聘为由，要求医方退还手术费1万元，并赔偿医药费、误工费、精神损失费等共计人民币3万元。

（二）医患双方争议焦点

（1）患方认为：①因医方手术失误造成患者右眼角膜损伤，目前角膜溃疡，视力下降，属医疗事故；②患者因手术造成眼睛损害和被原工作单位解聘，医方应给予经济补偿。

（2）医方认为：①医方和患方在术前有协议告知，手续齐全，手术是成功的；②患者眼睛损伤原因不清楚，医方手术过程规范，无过错；③患者工作被解聘是个人行为所致，与医方无关。

（三）调解过程与结果

1. 美容手术伤了眼，丢了工作无人管

患方来到医调委，向人民调解员讲述了医方刊登虚假广告，引诱患方去接受面部除皱与下颌吸脂术，术后患者出现右眼损伤，为此被丢失了工作，目前患者因此事找医方赔偿，但医方不愿意。患者伤心地哭诉着，调解员一边给患者送来纸巾与热茶，一边不断安慰患者，劝其不要再哭："现在您眼睛已经不好了，多哭对眼睛恢复更是不好"，并进行了相应告知后，调解员对其说："因调解必须是双方自愿的，我们不能强迫任何一方。待我们与医方沟通后，如在医方也愿意调解的情况下，我们会在调查、了解清楚情况后，公平、公正地处理此事。关于您反映医方刊登虚假广告的事，您可以拿着有关证据到卫生监督所医疗执业监督科去投诉。现我们需要您提供您与美容整形医院的手术资料与协议及眼睛受损后就诊的病历等相关资料，待我们了解清楚情况之后，好为您与医方沟通，这样才有可能帮助您解决纠纷"。患方表示今天是经朋友介绍来咨询的，现听了调解员讲述的有关情况，表示医调委还是可信任的，告诉调解员明天再送资料来。

2. 医方认为无过错，态度强硬拒赔偿

收到患方提供的资料，调解员认为患者眼睛的损伤与手术存在因果关系，同时感到有些资料还在医方手中。调解员与医方取得联系后，医方承认患方在此做过面部除皱术和下颌吸脂术，但不认为医方有过错，为了证明院方无过错，表示愿意提供相关病史及手术记录，以证明院方无过错。并表示调解可以，但决不同意赔偿事宜。医方态度强硬并对调解员说如果患者定要坚持赔偿，那就让患者去做医疗事故技术鉴定或到法院诉讼吧！我们又没有错，怕她什么？调解员把这个情况向领导汇报，领导认为人民调解必须双方自愿，我们不能强迫医方，但此事医方又的确存有过错，可医方并未认识到自身有过错。对此情况，领导考虑应弘扬正气体现公正，特事特办实施专家咨询。

3. 专家咨询定事故，责任完全在医方

人民调解员与患方单独沟通时把医方不愿赔偿和医调委愿为患方特事特办申请专家咨询的情况作了说明，患方非常感激。1周后，调解员根据专家咨询结论与医方人员沟通时指出：你院与患者某某医患纠纷，经专家咨询认为，你院存在三大医疗过失行为。一是术中未注意对患者眼睛实施保护措施，致使碘伏消毒液渗入其右眼，造成患者右眼角膜损伤；二是患者术后出现眼睛疼痛症状后未及时请眼科会诊，使患者右眼角膜损伤未能得到及时诊断和治疗；三是对患者右眼角膜损伤处理不当，将麻醉药加入滴眼液中交给患者自行使用，延误了患者病情，加重了患者损伤。并告诉医方本纠纷可能属于四级医疗事故，你院可能要承担完全责任。医方工作人员听了调解员反馈后，表示待向领导反映并讨论后再做决定。调解员将专家咨询结果告诉患方后，患方非常感谢医调委的公正，表示希望调解员能帮其伸张正义，协助要求赔偿。

4. 医方焦急来认错，小小心意被回绝

几天过去了，医方未给调解员回音。为确认医方是否愿意调解，调解员告诉医方：若你院仍坚持不赔偿，我们将准备引导患方走医疗事故技术鉴定或法律诉讼途径。医方听了很焦急，董事长和院长(医方是民营医疗机构)急忙赶到医调委，向人民调解员道歉，说自己办事糊涂，愿弥补过错，请调解员给医方机会，医方一定以实际行动配合调解。说完后拿出一叠购物卡(表示小小心意)送给人民调解员，人民调解员义正词严地回绝了，并告诉医方：现在是你们要求调解，患方若现在不同意调解，我们也不会强行调解，本案是否再进行调解还得征求患方意见。于是送走了医方。

5. 会议沟通好气氛，当场签下协议书

几天后，患方来到医调委告诉人民调解员：医方主动找了患方，向患方进行了赔礼道歉，表示愿意按患方索赔要求进行赔偿，请求患方同意调解本纠纷。患方感谢调解员为她主持了公道。并表示：只有人民调解员参与调解，她才与医方和解。次日，调解员以会议沟通形式约见医患双方，医方态度诚恳已带好赔偿金来参加会议，经沟通后在人民调解员主持下，双方当即签订了人民调解协议书。

临别时医患双方紧握人民调解员的手，连声道谢。

（四）调解模式及方法和技巧

(1) 调解员在开展调解工作过程中，对医患双方主要实施了“划分责任调解模式”。

(2) 具体调解中，人民调解员主要采用了首次接待法、获取信任法、弘扬正气法、特事特办法、专家咨询法、区分责任法、单独沟通法、会议沟通法等调解方法和技巧。

表现在：患方第一次来到医调委，人民调解员看到患方伤心，表示安慰，但遵循首次接待不作评论的原则。当医方有过错仍拒绝调解时，调解员使用弘扬正气法通过特事特办进行专家咨询以区分责任，指出医方三大医疗过失。医方知道自身过错后，向调解员赠送购物卡，被人民调解员义正词严地回绝了，彰显了“弘扬正气”。在整个调解工作中，始终贯穿着人民调解员对医患双方分别实施单独沟通法，直到最后应用会议沟通法完成签订协议。调解员从接待患方开始到调解完成，都对患方使用了获取信任法，从最初接待时送纸巾及热茶与不断安慰并表示医调委定会公平公正处理此事，到帮助申请专家咨询，最后的会议沟通，都让患方从内心感动并完全充满信任。

（五）临床医学点评

(1) 医方工作责任心不足，手术中未注意对患者眼睛采取保护措施，致使碘伏消毒液渗入患者右眼，造成患者右眼角膜损伤。

(2) 患者术后出现眼睛疼痛症状并告诉医方时，医方未及时请眼科会诊，使患者右眼角膜损伤未能得到及时诊治。

(3) 医方对患者右眼角膜损伤处理不当，将麻醉药加入滴眼液中交给患者自行使用，延误并加重了患者损伤。

(4) 医方手术记录不完整，违反了《病历书写基本规范》的相关规定，应加强管理。

(5) 本案例属四级医疗事故，D美容门诊部（医方）承担完全责任。

（六）本案涉及的法律、法规

(1)《中华人民共和国侵权责任法》第五十四条　患者在诊疗活动中受到损害，医疗机构及其医务人员有过错的，由医疗机构承担赔偿责任。

第五十七条　医务人员在诊疗活动中未尽到与当时的医疗水平相应的诊疗

义务，造成患者损害的，医疗机构应当承担赔偿责任。

（2）《上海市医患纠纷人民调解工作实施办法》第二十九条　医患纠纷人民调解工作实行专家咨询制度。上海市医患纠纷人民调解专家咨询委员会负责向人民调解员提供专家咨询。专家咨询工作由各区县医调办组织实施。

（3）《上海市医患纠纷预防与调解办法》第三十一条（专家咨询）医患纠纷具有下列情形之一的，医调委应当启动专家咨询程序：①预估赔付金额超过10万元的；②患者已死亡的；③医患双方对争议事实存在重大分歧的；④预估保险理赔金额超过10万元且承保机构建议的；⑤其他需要进行专家咨询的情形。咨询专家的选定，应当根据回避原则，从专家库中选取。必要时，可以根据调解工作实际，从专家库外另行选取咨询专家。

第三十二条（专家咨询意见）医调委可就下列事项征求咨询专家意见：①医疗机构在执行诊疗规范、覆行告知义务等方面是否存在过错；②医疗过错行为与损害结果之间是否存在因果关系；③医疗过错行为在损害结果中的责任程度；④其他与争议事实有关的专业问题。咨询专家应当根据独立、客观、公正的原则，就医调委的咨询事项提供意见，并在咨询意见书上签名或者盖章。专家咨询意见书是医调委调解的参考依据。

（4）《医疗事故处理条例》第二条　本条例所称医疗事故，是指医疗机构及其医务人员在医疗活动中，违反医疗卫生管理法律、行政法规、部门规章和诊疗护理规范、常规，过失造成患者人身损害的事故。

第四条　根据对患者人身造成的损害程度，医疗事故分为四级：一级医疗事故：造成患者死亡、重度残疾的；二级医疗事故：造成患者中度残疾、器官组织损伤导致严重功能障碍的；三级医疗事故：造成患者轻度残疾、器官组织损伤导致一般功能障碍的；四级医疗事故：造成患者明显人身损害的其他后果的。具体分级标准由国务院卫生行政部门制定。

（5）《医疗事故分级标准（试行）》四级医疗事故：系指造成患者明显人身损害的其他后果的医疗事故。例如造成患者下列情形之一的：……⑧组织、器官轻度损伤，行修补术后无功能障碍；……

（6）《病历书写基本规范》节选：手术记录是指手术者书写的反映手术一般情况、手术经过、术中发现及处理等情况的特殊记录，应当在术后24小时内完成。特殊情况下由第一助手书写时，应有手术者签名。手术记录应当另页书写，内容包括一般项目(患者姓名、性别、科别、病房、床位号、住院病历号或病案号)、手术日期、术前诊断、术中诊断、手术名称、手术者及助手姓名、麻醉方法、手术经过、术中出现的情况及处理等。

二、眼部疤痕消除手术纠纷案例的调解

(一) 医患纠纷案情简介

患者女性,32 岁,9 岁时因意外右眼受伤眼睑留下疤痕。到医方治疗右眼睑疤痕,医方诊断为:右眼扁平状疤痕,左右上睑明显不一致。医方使用高能超脉冲整形激光器做疤痕消除术(右上眼睑疤痕进行局麻下 CO_2 超脉冲激光磨削术)。术后 20 天复查:右上睑疤痕较术前平坦,无色素沉着。术后 2 个月,患者右眼角出现异物感,右眼睑疤痕处不够平坦,疤痕面积扩大,尤以外眦部为重。伴有色素沉着,对患者面部美观有一定影响。患方向医方提出索赔。

(二) 医患双方争议焦点

(1) 患方认为:①医方使用高能超脉冲整形激光器做疤痕消除术,手术失败造成患者右上眼睑疤痕面积扩大,色素沉着,影响了患者面部美观,医方应该承担全部责任。②术前医方担保过,如果疤痕消除无效或疤痕加重,医方 10 倍偿还患方所有费用,现在请医方兑现诺言。

(2) 医方认为:①患方右眼扁平状疤痕诊断明确,有使用高能超脉冲整形激光器做疤痕消除的指征。②手术过程符合规范,术后产生新的疤痕与患者体质有关,与手术本身无关。③医方手术前已经将可能产生的副作用或并发症告知患者,患者同意做此手术,所以医方不承担责任。④医方没有承诺手术失败 10 倍偿还患方所有费用,美容协议书上无此条款。

(三) 调解过程与结果

1. 激光手术起纠纷,医患同来求调解

医患双方一起来到医调委,患方气势汹汹当着人民调解员面投诉医方。原来患方和医方因眼部疤痕做激光手术构成纠纷,患方几次到医方索赔未果,今日在医方“闹访”。医方无奈之下,用车将患者送来医调委请求调解。调解员先安排双方坐下,认真听取医患双方对激光手术消除疤痕诊治情况的叙述,并仔细记录医患双方对手术的看法和调解要求。调解员规范地告诉医患双方医调委的性质、职责、工作原则与流程及处理医患纠纷的其他几条途径。并讲道:听了你们

的纠纷经过，我们需要调查核实，请您们各将相关病历和检查资料复印件，尽快送到医调委，我们会及时公平、公正的进行调解。调解员的接待获得了医患双方的好感和信任。

2. 专业知识不了解，认真研究搞明白

人民调解员对患者手术病史进行了认真仔细的研究，并对激光手术消除疤痕原理作了深入了解。高能脉冲整形激光器在运用于消除疤痕术中，一般对表层或真皮浅层的瘫痕可以去除，但对真皮深层很难去除。该超脉冲 CO_2 的使用设备，如果手术中磨削深度掌握不好，使真皮层去除过深时，将会出现疤痕。所以患者疤痕可能与手术操作磨削过深有关。调解员向医调委领导进行了汇报，领导决定让患方到医调委，组织懂医的几位调解员共同对患方进行现场调查、确认，讨论该纠纷的责任。

3. 集体讨论出意见，医方治疗有缺陷

医调委集体讨论认为：①医方为患者进行疤痕美容消除术、疤痕磨削术，术前应将可能产生的副作用如实告知患者，现医方称已履行告知义务，因无相应证据佐证，医方举证无效。②医方在疤痕美容术前给患者拍照，而在疤痕磨削术后，自称患者术前照片丢失，现无法进行比对或鉴定，目前患者仍有较明显的疤痕及色素沉着，从而推定疤痕及色素沉着是医方手术所致，并应承担由此产生的责任。③在医患双方提供的所有资料中，没有见到承诺激光手术失败十倍偿还患方所有费用的相关文字记录。人民调解员将医调委讨论意见分别告诉医患双方。预约一周后，人民调解员在医调委对医患双方给予会议沟通。

4. 会议中静观争辩，调解员掌控局面

在会议沟通中，医患双方为术前拍摄照片三张已丢失，患方是否疤痕体质等问题与医方是否对患者“手术失败10倍偿还患方所有费用”口头承诺及术前是否履行告知手续的问题进行争辩。人民调解员静观双方争辩，互相指责，但始终控制局面不让其升级。医患之间争辩之后，嗓子哑了，人也累了，此时调解员告诉双方：经过争辩事情都已清楚，没有无再辩下去的必要，至于赔偿，今天谈不妥，可以预约下次。望双方各自回去仔细考虑后告诉我们一个自认为合理的价格。

5. 人民调解有妙招，各个击破显成效

次日，调解员与医方单独沟通时提醒：你院与××患者疤痕磨削术纠纷，存在你院因证据丢失，现无法完成举证倒置，如去诉讼，医方可能会被判全责，至少是四级医疗事故(人民调解员认为)，目前患者纠缠您院很紧，对你方声誉会产生一些不良影响，调解员让医方充分考虑到这些情况再给予患者一个合理的补偿金额。与患方单独沟通时告知：您讲院方承诺手术无效10倍偿还您手术费用的口头承诺没有证据，现医方不承认，为此纠纷您已劳心劳力很长时间，听说您现在准备买车，需钱用，现赔偿价格已较接近，您在此事上耗费时间越长，花费也就越多，不如互让一步，早日解决纠纷对双方都有好处。人民调解员明法析理，经心理疏导后因势利导，收到了很好效果。通过经济促和让双方互相让步，会后第五天医患双方按约再来医调委沟通并顺利达成了调解协议。

(四) 调解模式及方法和技巧

(1) 调解员在开展调解工作过程中，对医患双方主要实施了"混合性调解模式"。

(2) 具体调解中人民调解员主要对医患双方采用了首次接待法、获取信任法、特事特办法、区分责任法、单独沟通法、会议沟通法、明法析理法、因势利导法、经济促和法、心理疏导法等调解方法和技巧。

表现在：医患双方同来医调委时，人民调解员常规采用首次接待法，规范接待获取了双方信任。通过对患者手术病史进行认真研究及对激光手术消除疤痕所作的了解，初步认为患者疤痕有可能与手术操作磨削过深有关。人民调解员向医调委领导汇报了情况，领导决定特事特办让患方到医调委，组织有医学经历的人民调解员对患方现场查看，调查了解并讨论该纠纷的责任。医调委实施集体讨论以区分责任。根据集体讨论意见，调解员对医患双方应用会议沟通法再辅以单独沟通法。会议沟通让双方辩清楚，单独沟通让双方赔明白。调解后期通过讲证据，巧妙进行明法析理，在双方价格接近时因势利导使用心理疏导法，让医方以荣誉为重早解决纠纷，让患方不要再劳心劳力，并充分考虑患者买车急用钱等情况，因势利导进行劝解达经济促和目的，最终促成双方签订协议。

(五) 临床医学点评

(1) 患者在医方进行疤痕美容消除术、疤痕磨削术，医方称已履行告知义务，将术前可能产生的副作用如实告知患者，但无书面证据资料，属于违反操作常规致医方无法完成举证责任。

(2) 医方在疤痕美容术前给患者拍照，而在疤痕磨削术后称将患者术前所拍照片丢失，至无法进行比照或鉴定，对此应由医方承担举证不力责任。

(3) 因为医方举证无法完成，根据《关于民事诉讼证据的若干规定》第四条、《中华人民共和国侵权责任法》第五十八条，患者目前仍有较明显的疤痕及色素沉着，从而推定疤痕及色素沉着是医方手术所致，并承担由此产生的责任。

(4) 患者是疤痕体质，其疤痕的形成也与患者自身体质有关。

(六) 本案涉及的法律、法规

(1)《中华人民共和国侵权责任法》第五十四条　患者在诊疗活动中受到损害，医疗机构及其医务人员有过错的，由医疗机构承担赔偿责任。

第五十七条　医务人员在诊疗活动中未尽到与当时的医疗水平相应的诊疗义务，造成患者损害的，医疗机构应当承担赔偿责任。

第五十八条　患者有损害，因下列情形之一的，推定医疗机构有过错：①违反法律、行政法规、规章以及其他有关诊疗规范的规定；②隐匿或者拒绝提供与纠纷有关的病历资料；③伪造、篡改或者销毁病历资料。

(2)《医疗事故分级标准(试行)》四级医疗事故：系指造成患者明显人身损害的其他后果的医疗事故。例如造成患者下列情形之一的：……②面部轻度色素沉着或脱失……

(3)《关于民事诉讼证据的若干规定》第四条节选：因医疗行为引起的侵权诉讼，由医疗机构就医疗行为与损害结果之间不存在因果关系及不存在医疗过错承担举证责任。

(4)《中华人民共和国人民调解法》第二十一条　人民调解员调解民间纠纷，应当坚持原则，明法析理，主持公道。调解民间纠纷，应当及时、就地进行，防止矛盾激化。

第二十二条　人民调解员根据纠纷的不同情况，可以采取多种方式调解民间纠纷，充分听取当事人的陈述，讲解有关法律、法规和国家政策，耐心疏导，在当事人平等协商、互谅互让的基础上提出纠纷解决方案，帮助当事人自愿达成调解协议。

三、抽脂手术纠纷案例的调解

(一) 医患纠纷案情简介

患者，女，26 岁。由朋友介绍到医方行腰、腹部及双大腿抽脂术。一位年轻的医生给患者操作，术后患者发现腰背部出现一深沟(可夹一支香烟)，大腿皮肤出现凹凸不平。患者找医方讨说法未果，遂带10余人到医方大闹，要求院方赔偿人民币10万元，院方报110公安民警也无法解决，医方急请医调委现场调处。

(二) 医患双方争议焦点

(1) 患方认为：①医方手术操作违反常规，抽脂不均匀，造成腰背部出现一深沟、大腿皮肤出现凹凸不平，影响了患方的形象美观，应负全部责任；②手术操作的年轻医生是否有行医资格，要求医方出示其执业证书。

(2) 医方认为：①患者是具有完全民事责任能力人，术前已签知情同意书，已告知手术有风险，患者应该具有风险防范意识，抽脂不均匀责任不能全由医方负责；②做手术的医生是研究生，有医师执业证书；③患方本人及其朋友均已享受了医方特殊的价格优惠，医方不应赔偿。

(三) 调解过程与结果

1. 医患纠纷至停诊，混乱场面寻突破

人民调解员接到医方请求，立即奔赴现场，见医方已经全部停诊，大厅里都是医患双方的人员和围观群众，4名公安民警在维持秩序。调解员首先和民警见面，了解事件发生的原因和过程，在民警引导下，调解员亮明身份，说明代表医调委主持调解的来意。患者对此根本不予理睬，患方中有人在大叫"有什么好调解的，给10万元就走，没有10万元就闹，让这个医院出钱"。随之传来附和声和散在的掌声，调解员意识到已遇上了麻烦。对此情况，人民调解员保持着清醒的头脑，一方面与当地司法所人民调解组织联系请求帮助，另一方面注意寻找患方的"关键人选"。

2. 解铃还须系铃人，关键人选是重点

这个民营美容医院的负责人和抽脂医生早已不见踪影，不知去向，只有护士长和人事干事在支撑局面。大厅里只要不发生"打、砸、抢"，公安民警就不去干涉。患方三个一群五个一伙，不时地喊上几句。大厅里一会儿安静一会儿吵闹，在这种环境中，经过仔细观察，调解员终于发现患方中两个有影响力的关键人选。恰在此时，当地司法所人民调解组织的工作人员正好赶来，并且司法所调解组织的工作人员认识其中的一个关键人选，据此情况立即安排人民调解员与患方关键人选沟通。司法所工作人员，利用"熟人"身份告诉患方：这样闹下去并不能解决问题。同时动员患方申请医调委调解，经其做工作患方同意该纠纷由医调委进行调解。紧接着患方主动对人民调解员讲述了纠纷的原因，经过调解员疏导，预约次日到医调委办理申请调解手续，调解员借助司法所工作人员顺利把纠纷引出医院。

3. 调查了解明事实，区分责任是关键

次日，医患双方如约办理了申请调解手续，提交了就诊及手术等相关资料，调解员对整个纠纷过程做了调查。原来患方是经朋友介绍到医方行腰、腹部及双大腿抽脂术，应交费用为 4 万元，因多处抽脂，享受优惠，共交费用 3 万元。其朋友因介绍业务关系，医方为其朋友免费打美白针一疗程(正常收费 5 千元)，美白针现已注射完毕。医方为患方做手术的年轻医生是刚毕业不久的研究生，有医师执业证书，由于手术经验不足，抽脂过程中操作不当，出现抽脂不均匀情况。因手术前患者已签知情同意书，知情同意书已提到个别地方会有抽脂不均匀情况，但不影响美观。现在患方抽脂不均匀明显影响了美观。医调委调解员认为医方已经给患方造成了损害，其损害与抽脂手术存在因果关系，医方负主要责任，应予以经济赔偿。

4. 单独沟通显奇效，双方赔偿已接近

调解员与医方沟通时，把调解员自己的看法向医方进行了“友情提醒”。医方也知道自己有责任，认为因术前告知清楚，出现意外应风险共担，只愿退回一半手术费。调解员指出：仅退回一半手术费是不够的，况患方也不会接受，按有关法规规定，还应对患方的伤害进行补偿。调解员希望医方拿出解决问题的诚意。再经调解员案例引导，医方同意提高赔偿金额。人民调解员与患方进行单独沟通时指出：您手术前已签知情同意书，知情同意书中也提到个别地方会有抽脂不均匀的情况，医方对您已告知手术的风险，患方应具有风险防范意识，出现问题，责任不能全由医方买单，何况患者朋友已享受了免费打美白针一疗程的优惠，患者也享受了优惠折扣，如予扣除，根据相关规定，患方提出的索赔金额就不太合理。患方认为人民调解员分析的有道理，遂降低了索赔金额。

5. 社会资源多利用，因势利导促调和

虽然医方提高了赔偿金额，患方也降低了索赔金额，但双方还有一定的差距。调解员想通过医调委每周二次的固定律师免费咨询活动，把医患双方分别推荐到律师处进行免费咨询，借助律师的明法析理让医患双方依法处理，果然双方听了律师的分析后，不像原来那样固执。调解员趁热打铁，因势利导有意劝双方走法院诉讼途径，再由律师对其进行风险评估，双方听了律师与调解员的评估后都不愿走诉讼途径，调解员明确告诉双方只有互谅互让，调解才能成功。否则建议双方走其他途径。这招很有效，双方经过一周考虑后再经调解员进行利益平衡调解模式的调解，经济促和达成协议。

（四）调解模式及方法和技巧

（1）调解员在开展调解工作过程中，对医患双方主要实施了“划分责任调解模式”和“利益平衡调解模式”。

（2）具体调解中调解员主要对医患双方采用了借助力量法、关键人选法、区分责任法、单独沟通法、案例引导法、明法析理法、因势利导法、经济促和法等调解方法和技巧。

表现在：人民调解员在本案中三次使用了借助力量法，即公安民警、当地司法所人民调解组织的工作人员、免费咨询的律师，都起到了很好的效果。特别是，人民调解员首次接待取得突破，接近“关键人选”时，借助当地司法所人民调解组织工作人员的力量，使问题迎刃而解。人民调解员调查了解手术情况，医调委明确了案例的责任，使区分责任法成为纠纷调解的基础，使用单独沟通法、案例引导法和明法析理法成为调解纠纷的辅助过程。在调解后期，人民调解员明知双方均有和解之意，可就是互相不愿主动相让，故有意劝双方走法院诉讼途径，巧妙应用因势利导法和经济促和法，使医患双方让步达成了协议。

（五）临床医学点评

（1）医方是民营医疗机构，原来负责抽脂的医生因“跳槽”了，新招收了刚毕业不久的研究生，虽然具有医师执业证书，但手术操作经验不够，抽脂过程中因操作不当，造成抽脂严重不均匀。给患方美观带来了伤害。其损害与抽脂手术存在因果关系，医方负主要责任。

（2）患方是具有完全民事责任能力人，术前已签知情同意书，因此应有风险意识，术前医方已告知个别地方会有抽脂不均匀等情况，患者当时也予以认可，故抽脂不均匀责任不能全由医方负责。

（3）医方对介绍来手术的人员给予“优惠”，此经营模式有回扣之嫌。

（六）本案涉及的法律、法规

（1）《中华人民共和国侵权责任法》第五十四条　患者在诊疗活动中受到损害，医疗机构及其医务人员有过错的，由医疗机构承担赔偿责任。

第五十七条　医务人员在诊疗活动中未尽到与当时的医疗水平相应的诊疗义务，造成患者损害的，医疗机构应当承担赔偿责任。

(2)《中华人民共和国执业医师法》第二十六条　医师应当如实向患者或者其家属介绍病情，但应注意避免对患者产生不利后果。

(3)《医疗事故处理条例》第十一条　在医疗活动中，医疗机构及其医务人员应当将患者的病情、医疗措施、医疗风险等如实告知患者，及时解答其咨询；但是，应当避免对患者产生不利后果。

(4)《中华人民共和国人民调解法》第二十条　人民调解员根据调解纠纷的需要，在征得当事人的同意后，可以邀请当事人的亲属、邻里、同事等参与调解，也可以邀请具有专门知识、特定经验的人员或者有关社会组织的人员参与调解。

第二十一条　人民调解员调解民间纠纷，应当坚持原则，明法析理，主持公道。调解民间纠纷，应当及时、就地进行，防止矛盾激化。

第二十二条　人民调解员根据纠纷的不同情况，可以采取多种方式调解民间纠纷，充分听取当事人的陈述，讲解有关法律、法规和国家政策，耐心疏导，在当事人平等协商、互谅互让的基础上提出纠纷解决方案，帮助当事人自愿达成调解协议。

四、鼻假体手术纠纷案例的调解

(一) 医患纠纷案情简介

患者，女，39岁，是一家物业公司的经理。5年前，她做完隆鼻手术后一直不太满意，通过看医方广告资料，患方到医方(A医疗美容诊所)做了修鼻假体手术。3个月后，患方发现鼻子变肿，有液体流出，赶紧去医方治疗。医方给她冲洗并缝合了伤口，但她的鼻子伤处仍未好转，不但流脓，鼻尖还形成了一个肉眼能见的小坑。患方到外院就诊，被确诊为鼻前庭炎。患方据此向医方提出索赔。

(二) 医患双方争议焦点

(1) 患方认为：①医方鼻假体修复失败，造成患方鼻前庭炎。②鼻尖的小坑造成了毁容，医方应承担后续医疗费、整容费、精神抚慰金等10万元。

(2) 医方认为：①患方的鼻子在手术拆线三个月后发生感染，是遭受撞击或其他外力作用下才导致，与这次隆鼻手术没有任何关系。②由于鼻子感染需要取出假体，患方鼻尖的小坑是由于取出假体所致。

（三）调解过程与结果

1. 规范接待来访人，工作周到获信任

患方来到医调委，人民调解员规范地予以接待。患方讲述了到医方做修鼻假体手术，造成鼻前庭炎和鼻尖小坑的过程，要求医方经济赔偿。调解员告诉了患方医调委的性质、职责、调解工作原则及流程和解决纠纷的其他几条合法途径后说：我刚才也已告诉过您，调解必须是双方自愿的，我们既不能强迫您，当然也不能强迫医院，听了你的诊治经过，我们需要与医方沟通，征求医方对此事的意见，3个工作日内给你答复。与此同时复印了患方美容协议书、门诊病历和相关检查的报告单。调解员规范周到的接待工作获得了患方的好感和信任。

2. 医方坚持无过错，专家咨询探究竟

调解员在与医方沟通时，一方面进一步了解了患者诊治情况，另一方面征询了医方对纠纷的处理意见。医方的意见是同意调解，但认为医方无过错，希望调解员帮助作好患者的解释工作。并告诉调解员：患方鼻前庭炎和鼻尖小坑，是鼻子遭受外力撞击导致感染造成，与医院手术无关。患者已经来医院索赔几次了，因乱要价，经医院研究，决定让其走诉讼途径。现既然医调委介入，我们愿给医调委的面子，如果要赔偿医方最多也只是退回患者手术费。因调解员对隆鼻手术相关专业知识不了解，暂时无法区分医患双方的责任，医调委讨论决定启动专家咨询程序。

3. 专家意见不认可，患方现场讨说法

专家咨询意见为：该例手术因感染导致隆鼻不成功，因为难以明确术后感染原因，不能排除医方的诊疗行为与患方鼻子遭受损害之间存在因果关系，医方应对于患方隆鼻手术后的感染承担损害赔偿责任。调解员把专家咨询意见向医方通报，医方不服，说需要经医疗事故技术鉴定结果才认可。调解员劝其申请医疗事故技术鉴定或医疗损害司法鉴定，医方又不愿意。患方对医方的态度极为不满，带着她物业公司的人员到医方“讨说法”，医方的领导马上给医调委打电话，请医调委出面平息事态。

4. 调解员明法析理，谈赔偿趁热打铁

调解员到达医方现场，见医方3个领导被堵在办公室里，行政办公楼层站着20余名患方人员。患方见到调解员，安静地自动让出道路。在办公室里调解员与医方单独沟通，对医方指出：按侵权法与相关法规规定，患者因手术后出现了相应的损害事实，医方如不能证明是由患方原因造成，应承担相应责任。现在院方无法举证患方鼻子遭受过外力撞击，根据“举证倒置”的相关规定，医方应该承担责任。人民调解员明法析理说的医方哑口无言，同时调解员针对现场情况进行因势利导，告诉医方目前需用合理的赔偿金来解决此事。医方三位领导互相看看，连连点头。

5. 劝患方理性索赔，签协议经济促和

调解员请医方讲出其愿意给予患者的赔偿金额后认为：按相关规定，医方给出的赔偿依据还缺少误工费与交通费，建议应给患者相应费用。调解员在与患方单独沟通时告诉其院方给出的赔偿金额后，患方表示不能接受。此时调解员告诉患方如合理要求赔偿，我们会支持，但其父母的误工费要求院方赔偿不合理。因其父母本就是退休人员，根本谈不上误工费之事。调解员再用案例引导法劝患方要参照相似案例与有关规定合理索赔，劝患方只有回归理性索赔，才能真正解决问题。经过调解员多次与双方单独沟通并建议双方换位思考，以平衡双方利益，通过“经济促和”，医患双方当场签订了调解协议。

（四）调解模式及方法和技巧

（1）调解员在开展调解工作过程中，对医患双方主要实施了“划分责任调解模式”和“利益平衡调解模式”。

（2）具体调解中调解员主要对医患双方采用了首次接待法、获取信任法、区分责任法、专家咨询法、单独沟通法、明法析理法、案例引导法、换位思考法、因势利导法、经济促和法等调解方法和技巧。

表现在：人民调解员成功地通过首次接待不作评论，规范礼貌获得信任。在本案中通过专家咨询法来区分责任。当医方不接受专家咨询意见，致患方到医方讨说法，纠纷现场有可能出现矛盾升级时，调解员在医患之间反复多次单独沟通，通过剔除其父母要求的不合理的误工费，先用相关法规规定来明法析理，再用案例引导劝其回归理性索赔，经因势利导建议其换位思考法以平衡利益，使用经济促和法，现场使医患双方签订了协议，妥善地化解了一起较激烈的现场冲突。

（五）临床医学点评

（1）该例手术因感染导致隆鼻不成功，因为难以明确术后感染原因，不能排除医方的诊疗行为与患方鼻子遭受损害之间存在因果关系。

（2）医方没有证据证明患方鼻子遭受过外力撞击，存在举证不力，医方应为患方隆鼻手术后因感染造成的损害承担赔偿责任。

(六)本案涉及的法律、法规

(1)《中华人民共和国侵权责任法》第五十四条　患者在诊疗活动中受到损害,医疗机构及其医务人员有过错的,由医疗机构承担赔偿责任。

第五十七条　医务人员在诊疗活动中未尽到与当时的医疗水平相应的诊疗义务,造成患者损害的,医疗机构应当承担赔偿责任。

(2)《关于民事诉讼证据的若干规定》第四条节选:因医疗行为引起的侵权诉讼,由医疗机构就医疗行为与损害结果之间不存在因果关系及不存在医疗过错承担举证责任。

(3)《中华人民共和国人民调解法》第二十一条　人民调解员调解民间纠纷,应当坚持原则,明法析理,主持公道。调解民间纠纷,应当及时、就地进行,防止矛盾激化。

第二十二条　人民调解员根据纠纷的不同情况,可以采取多种方式调解民间纠纷,充分听取当事人的陈述,讲解有关法律、法规和国家政策,耐心疏导,在当事人平等协商、互谅互让的基础上提出纠纷解决方案,帮助当事人自愿达成调解协议。

(4)《上海市医患纠纷人民调解工作实施办法》第二十九条　医患纠纷人民调解工作实行专家咨询制度。上海市医患纠纷人民调解专家咨询委员会负责向人民调解员提供专家咨询。专家咨询工作由各区县医调办组织实施。

(5)《上海市医患纠纷预防与调解办法》第三十一条(专家咨询)医患纠纷具有下列情形之一的,医调委应当启动专家咨询程序:①预估赔付金额超过 10 万元的;②患者已死亡的;③医患双方对争议事实存在重大分歧的;④预估保险理赔金额超过 10 万元且承保机构建议的;⑤其他需要进行专家咨询的情形。咨询专家的选定,应当根据回避原则,从专家库中选取。必要时,可以根据调解工作实际,从专家库外另行选取咨询专家。

第三十二条(专家咨询意见)医调委可就下列事项征求咨询专家意见:①医疗机构在执行诊疗规范、履行告知义务等方面是否存在过错;②医疗过错行为与损害结果之间是否存在因果关系;③医疗过错行为在损害结果中的责任程度;④其他与争议事实有关的专业问题。咨询专家应当根据独立、客观、公正的原则,就医调委的咨询事项提供意见,并在咨询意见书上签名或者盖章。专家咨询意见书是医调委调解的参考依据。

第九节　其他科室医患纠纷人民调解案例

一、氯丙嗪中毒纠纷案例的调解

（一）医患纠纷案情简介

患者，男，66岁，因精神异常38年，有冲动行为、猜疑、胡言乱语、生活疏懒加重半年。医方诊断为：精神分裂症。住院予以氯丙嗪、利培酮口腔崩解片抗精神病治疗，病情稳定。半个月后的一天，患者突然出现情绪烦躁，行为紊乱，予以药物、电针（G6805低频脉冲治疗仪）治疗，5分钟后患者出现面色青紫，呼吸困难，经抢救无效，心跳呼吸停止。经司法鉴定：冠状动脉粥样硬化性心脏病合并氯丙嗪急性中毒致急性心力衰竭死亡。

（二）医患双方争议要点

（1）患方认为：①医方用电针强迫吃药造成患者死亡；②监控录像中看到护工粗暴对待患者，还有关键的监控录像遗失无法回放，使患者死亡真相不能明确；③尸检报告是氯丙嗪急性中毒，是医方给予患者服药的，医方应负全责；④患者的肝肾功能没有大问题，不存在医方所说的药物蓄积引起中毒的说法；⑤患者有一个智力残疾女儿每月生活费只有599元，无法生活，要求医方补助；⑥患者妻子目前只有1 099元收入，要求医方补助。

（2）医方认为：①监控涉及病人隐私，不能随便给人看的，且当天确实有技术故障，无法还原；②医方已经尽到注意义务，没有发现病人有药物不良反应；该病人去世之前仍然很兴奋，与氯丙嗪中毒表现的嗜睡症状不吻合，医方认为是慢性氯丙嗪中毒，不是急性；③对其女儿妻子赔偿不认可；④全额赔偿理由不充分。⑤患者死亡是因长期服用氯丙嗪药物，体内不断蓄积毒素造成死亡，医方承担轻微责任。

（三）调解过程与结果

1. 案例情况太特殊，引起各方来关注

患方家庭困难、家中还有个智力残疾女儿，这件事当地残疾人联合会和居委会都比较关心，找到医方要求经济赔偿。因患方提出的索赔条件太高，医方提出请医调委从中调解。人民调解员应邀来到医方办公室，见到当地残疾人联合会（简称：残联）和居委会的代表都在场（患方回避没有来），医方首先介绍了病史和患者诊治过程及司法鉴定的结果，提出了医方内部讨论意见。当地残联和居委会的代表介绍患方的家庭实际情况，提出了患方的要求。2名人民调解员也介绍了医调委的工作性质与调解原则及程序，表示这案例比较特殊，希望双方提供病史复印件等资料，带回去认真进行研究。

2. 药物中毒存争议，请来专家辩仔细

调解员认真审核了患者的病史，对照了氯丙嗪使用说明书和相关资料，发现氯丙嗪在治疗剂量范围内，符合诊疗常规。医方不承认急性中毒有一定的道理，可是该尸检报告是由有资质的尸检机构作出的，是法律上承认的，死者氯丙嗪剂量高于中毒标准的5倍。医调委认为有必要进行去伪存真或求同存异，启动专家咨询制度。专家咨询结论：①患者治疗所用氯丙嗪药物剂量无过量，药物配伍无错误，符合诊疗常规。②氯丙嗪药物血浓度测定在中国药典、正规教科书中都没有标准，中毒依据不足。③患方死因不详，不排除冠心病等意外医疗事件。④病史不全，电针治疗无医嘱。

3. 人民调解扬正气，医方拒赔不可以

调解员把专家咨询的结果与司法鉴定结果存在差异的情况，向医患双方（包括残联和居委会）进行了通报，要求双方综合考虑，理性维权。患方听了专家咨询结果，没有任何表示。医方听了专家咨询结果很高兴，甚至想拒绝赔偿。调解员立即与医方单独沟通，指出患者不管什么原因死亡，医方都存在对病情估计不足，抢救存在瑕疵的情况；不排除电针、护工粗暴行为是一诱因；也不排除氯丙嗪中毒。医方无论从医疗上还是人道主义方面均要给予适当赔偿。人民调解员坚持公道、弘扬正气的精神，让医方马上打消了拒绝赔偿的想法。

4. 明法析理讲索赔，单独沟通出效果

人民调解员与患方明法析理、单独沟通，指出索赔应该依法进行，死者是精神病人，该精神病人因长期疾病影响，只具有部分生活能力，加之其长期没有劳动，仅靠社会救助生活，根本谈不上有抚养其他人的能力，因此不能主张对其他人进行赔偿。患方提出的家庭救助依据不是院方必须赔偿的依据。家庭经济困难可向街道或所在单位或残联等申请补助，而不应由医院直接给予救济。因其索赔依据不足，现院方又不认同，如患方一定坚持，终不利解决问题。调解员表示将帮助其向街道与残联沟通，争取对患者家庭给予更多关心与帮助。

调解员在与医方沟通时指出：精神卫生管理工作是一个系统工程，当地残联和居委会是精神卫生管理的基层单位，是基层精神卫生管理的直接操作者，医方与这两个部门同处于一个大社区，共同为社会的精神卫生提供支持与服务，希望医方尊重基层单位的意见，况本案患者家庭确实困难，医院是社会中的一分子，向困难家庭适当伸出援手，向困难家庭献爱心，也是对社会作贡献，经过调解员的劝解，说服，医方表示同意适当提高赔偿金额。

5. 家访消除了对抗，社会体现了关心

患者的妻子对医方的赔偿，始终不满意，经过调解员多次努力，只愿稍降低一些索赔金额。经医调委领导多方协调，人民调解员和医方在残联和居委会代表的引领下，一起来到了患方的家中。患方妻子很惊讶也很感动，看到患方家庭的实际困难，医方表示会从献爱心角度，适当多给患方家庭一些实际帮助，残联和居委会代表也表示今后会对该家庭给予更多实质性关怀。医患原本较对抗的心理此时得到了较好缓解。人民调解员与居委及残联代表一起，因势利导劝说患方不要固执己见。在多方合力下，促成了该医患纠纷的双方在赔偿金额上达到了统一，从而签订了调解协议书。

（四）调解模式及方法和技巧

（1）调解员在开展调解工作过程中，对医患双方主要实施了“混合性调解模式”。

（2）具体调解中调解员主要对医患双方采用了会议沟通法、去伪存真法、单独沟通法、专家咨询法、弘扬正气法、明法析理法、心理疏导法、借助力量法、因势利导法等调解方法和技巧。

表现在：人民调解员应邀参加会议，会上互相介绍情况（会议沟通法）了解了案例有关情况。调解员审核病史发现氯丙嗪中毒有争议时，通过启动了专家咨询制度去伪存真或求同存异法（因势利导法中的一种），以区分责任。当医方从专家咨询结果中看到有利的一面，想拒绝赔偿时，人民调解员坚持弘扬正气，据理力争，让医方打消了此想法。人民调解员在整个调解中多次使用单独沟通法和明法析理法，劝双方依法合理修订赔偿金额。利用家访献爱心，通过心里情感调解模式使医患对抗心理得到疏导（心理疏导法），趁热打铁（因势利导法的一种）促成了医患双方赔偿金额的统一。

（五）临床医学点评

（1）该案例中对患者治疗所用药物符合适应证，药物剂量无过量，在治疗剂量范围内，药物配伍无错误，符合诊疗常规。

（2）氯丙嗪药物血浓度测定在中国药典、正规教科书中都没有标准，临床上作为参考，如参照研究性文献，把研究性测定结果作为中毒标准，依据不足，不能作为司法定论。

（3）电针治疗在精神科较常见，但未发现有关电针治疗导致直接死亡的相关文献报道，这方面循征依据不足，但不排除电针治疗造成的间接影响。

（4）此次医疗事件应为意外医疗事件。

（5）不足之处：院方对病情估计不足，电针治疗无医嘱、抢救中有一定瑕疵的（进行约束保护中未测量血压），应引以为戒，及时整改。

（六）本案涉及的法律、法规

（1）《中华人民共和国侵权责任法》第五十四条　患者在诊疗活动中受到损害，医疗机构及其医务人员有过错的，由医疗机构承担赔偿责任。

第五十七条　医务人员在诊疗活动中未尽到与当时的医疗水平相应的诊疗义务，造成患者损害的，医疗机构应当承担赔偿责任。

（2）《上海市医患纠纷人民调解工作实施办法》第二十九条　医患纠纷人民调解工作实行专家咨询制度。上海市医患纠纷人民调解专家咨询委员会负责向人民调解员提供专家咨询。专家咨询工作由各区县医调办组织实施。

第三十条　医患纠纷具有下列情形之一的，医调委应当在受理后及时向区县医调办申请专家咨询：①赔付金额可能超过10万元的；②患者死亡的；③其他疑难、复杂的医患纠纷。

第三十一条　专家咨询委员会采用咨询意见书或者口头答复的方式向医调委提供医患纠纷专家咨询意见。人民调解员可以参考专家咨询意见调解医患纠纷。

（3）《中华人民共和国人民调解法》第二十一条　人民调解员调解民间纠纷，应当坚持原则，明法析理，主持公道。调解民间纠纷，应当及时、就地进行，防止矛盾激化。

二、接种甲流疫苗纠纷案例的调解

（一）医患纠纷案情简介

患者，男，10岁。医方到学校给学生接种甲型流感疫苗，当日共接种同批号甲型流感疫苗482人，未接到类似不良反应报告。在接种"甲型流感疫苗"第三天，患者出现发热、咳嗽，胸透：肺内无活动性病变。诊断：上感。用抗生素静脉滴注治愈。一个月后，患儿突然出现四肢抽搐伴口吐白沫，神志不清。头颅CT（平扫）正常，脑电图检查提示：广泛弥漫性慢波，痫样放电。外院诊断：癫痫。使用德巴金、开浦兰治疗，目前癫痫发作次数有所减少。患方以接种甲型流感疫苗后出现癫痫，向医方提出索赔。

（二）医患双方争议焦点

（1）患方认为：患者既往健康，无癫痫史或癫痫家族史。接种甲型流感疫苗（H1N1）后出现发热、伴性格行为异常。接种一个月后出现癫痫病。经医疗事故技术鉴定，属于三级乙等医疗事故。此疾病有可能伴随患者一生，医方应给予高额补偿。

（2）医方认为：医方工作规范，当日共接种同批号甲型流感疫苗452人，未接到类似不良反应报告。患方属于预防接种异常反应，与个人体质有关，医方可以给予一定补偿，不能接受患方提出的高额要求。

（三）调解过程与结果

1. 接种出现了癫痫，预防构成了伤害

患方因接种甲型流感疫苗后出现癫痫，先后十几次到医方要求赔偿，四次到当地疾病控制中心上访，因属第二类疫苗，按有关规定由该疫苗引起预防接种异常反应需要对受种者予以补偿的，补偿费用由相关的疫苗生产企业承担。因此医方始终拒绝承担责任和赔偿。患方一度与医方发生肢体冲突，互相未能构成伤害。在医患双方对案例责任分歧较大的情况下，申请了医疗事故技术鉴定。鉴定结论：本病例属于预防接种异常反应，参照《医疗事故分级标准》，损害程度为三级乙等。有了鉴定结论，患方变得态度强硬提出高价索赔，医方感到不能接受，申请医调委出面调解。

2. 医患双方来调解，热情接待好印象

按约定医方与当地司法所陪同用车辆送患方来到医调委。调解员热情接待他们，询问了接种甲型流感疫苗引起癫痫的事件经过，以及申请医疗事故技术鉴定的结论，并认真作了记录。调解员向医患双方宣传了医调委的性质，调解工作原则与流程，及医调委调解免费的，调解程序简单、灵活等。由于是中立的第三方可以保证调解的公平、公正性。医调委尊重当事人的权利，医患双方依法可以通过行政调解、司法诉讼等途径维护自己的权利。人民调解员规范有序的告知与接待给医患双方当事人留下较好的印象，均表示回去后，尽快把病历复印件、医疗事故技术鉴定书等资料送到医调委。

3. 借助律师来咨询，依照法律去索赔

人民调解员对收到案例的相关资料进行了分析，首先与患方进行了单独沟通。告诉患方要依法索赔，每个星期医调委均有两次当班律师免费进行法律咨询活动，并告知具体时间，请患方参加，让律师具体指导其应该如何依法具体索赔。调解员同样也告诉了医方上述情况，只是在时间上与患方分开。医患双方均愉快地接受了人民调解员的建议。

4. 责任程度不明确，计算赔偿受耽搁

1 周后，调解员请医患双方谈谈对赔偿金额的看法，医患双方均因经过律师咨询，使患方已认识到索赔金额不能虚高，医方也认识到对患者的赔偿负有联代责任等。因按《最高人民法院关于审理人身损害赔偿案件适用法律若干问题的解释》，依法计算赔偿金额，双方重新调整了各自的赔偿金额后，调解员发现赔偿金差额仍然较大，原来医疗事故技术鉴定结论只确定损害程度为三级乙等，没有区分医方是完全责任、主要责任、次要责任、还是轻微责任，所以责任程度成为计算赔偿金额的焦点。

5. 医患利益需平衡，厂家补偿助调解

医方坚持承担轻微责任，患方坚持医方承担完全责任。调解员不断地与双方单独沟通，请医方换位思考考虑到患者还很小，今后的一生都可能生活在痛苦中，如这小孩是我们自己的亲人，我们又该如何感想？同时调解员进一步让医方考虑到小孩原本是多么可爱，发病时是多么可怜……说得医方也很难过，表示会向主管部门请示，尽可能多给小孩一些补偿。调解员在与患方沟通时，请其试想疫苗既不是由医方生产，也不是因医方违反操作常规所至，且更不是医方强制患者注射(本案属患方主动要求注射)，发生这种情况医方也很无辜。另外医调委也协助联系了卫生行政主管部门与疾病控制中心，请他们与甲型流感疫苗生产厂家协商，卫生行政主管部门与疾病控制中心经与厂家沟通后，厂家表示同意给予适当经济补偿。最后按照利益平衡调解模式，疫苗生产厂家按照主要责任赔偿，医方给予适当人道主义补偿，多方利益平衡，经济促和签订了调解协议。

（四）调解模式及方法和技巧

（1）调解员在开展调解工作过程中，对医患双方主要实施了“混合性调解模式”。

（2）具体调解中人民调解员主要对医患双方采用了首次接待法、会议沟通法、借助力量法、明法析理法、单独沟通法、区分责任法、换位思考法、经济促和法等调解方法和技巧。

表现在：人民调解员利用首次通过会议接待，给医患双方留下很好的印象，从而获得双方信任。本案中使用了两次借助力量法，一次是借助免费律师咨询服务，另一次是通过疾病控制中心与甲型流感疫苗生产厂家联系，争取到疫苗生产厂家按照主要责任赔偿，医方给予人道主义补偿3万元。也是“心理情感调解模式”的一种表现。由于医疗事故技术鉴定结论只确定损害程度为三级乙等，没有区分医方责任程度，人民调解员借用律师咨询及相关赔偿规定等，多次应用单独沟通法分别对双方进行分析以明法析理，使用心理情感调解模式通过换位思考来劝解双方，采用利益平衡原则分解责任。通过多方联合，最后经济促和法达成协议。

（五）临床医学点评

（1）本案受种者以往体健，无心理异常，无慢性病史，也无癫痫史或癫痫家族史。接种疫苗(H1N1)后出现发热、伴性格行为异常。接种一个月后出现癫痫样发病。甲型流感疫苗属生物制品，异性蛋白，可引起免疫变态反应。从受种者的发病经过及脑电图表现(呈广泛弥漫性慢波，伴有痫样放电)，考虑为疫苗接种后免疫变态反应性脑炎，继发性癫痫。经治疗，目前受种者癫痫仍有发作，属中度癫痫。

根据以上情况，受种者的癫痫表现与疫苗接种有时间相关性，与疫苗特性和个体特异体质有关。本例属于预防接种异常反应。

（2）该批次疫苗有生产企业出具的国家食品药品管理局的“生物制品合格证”。同批次疫苗接种上百人无异常反应报告。故不属于疫苗质量问题。

（3）接种实施过程符合《预防接种工作规范》要求，与受种者损害后果无因果关系。

(4) 根据送鉴资料及各方陈述,受种者接种疫苗时身体健康,无禁忌症。

(5) 受种者既往无癫痫史,故接种甲型流感疫苗后出现的癫痫非原有疾病复发或加重。

(6) 根据送鉴资料,没有证据表明受种者在接种甲型流感疫苗时正处于某种疾病的潜伏期或前驱期。

(7) 有客观脑电图异常表现,癫痫非心理因素所致。

(8) 本病例属于预防接种异常反应,参照《医疗事故分级标准》,损害程度为三级乙等。

(六) 本案涉及的法律、法规

(1)《医疗事故处理条例》第二条 本条例所称医疗事故,是指医疗机构及其医务人员在医疗活动中,违反医疗卫生管理法律、行政法规、部门规章和诊疗护理规范、常规,过失造成患者人身损害的事故。

第四条 根据对患者人身造成的损害程度,医疗事故分为四级。一级医疗事故:造成患者死亡、重度残疾的;二级医疗事故:造成患者中度残疾、器官组织损伤导致严重功能障碍的;三级医疗事故:造成患者轻度残疾、器官组织损伤导致一般功能障碍的;四级医疗事故:造成患者明显人身损害的其他后果的。具体分级标准由国务院卫生行政部门制定。

(2)《预防接种异常反应鉴定办法》第三十四条 因预防接种异常反应需要对受种者予以补偿的,按照《疫苗流通和预防接种管理条例》第四十六条的规定执行。

(3)《疫苗流通和预防接种管理条例》第 46 条因预防接种异常反应造成受种者死亡、严重残疾或者器官组织损伤的,应当给予一次性补偿。

因接种第一类疫苗引起预防接种异常反应需要对受种者予以补偿的,补偿费用由省、自治区、直辖市人民政府财政部门在预防接种工作经费中安排。因接种第二类疫苗引起预防接种异常反应需要对受种者予以补偿的,补偿费用由相关的疫苗生产企业承担。

预防接种异常反应具体补偿办法由省、自治区、直辖市人民政府制定。

(4)《中华人民共和国人民调解法》第二十条 人民调解员根据调解纠纷的需要,在征得当事人的同意后,可以邀请当事人的亲属、邻里、同事等参与调解,也可以邀请具有专门知识、特定经验的人员或者有关社会组织的人员参与调解。

人民调解委员会支持当地公道正派、热心调解、群众认可的社会人士参与调解。

第二十一条　人民调解员调解民间纠纷，应当坚持原则，明法析理，主持公道。调解民间纠纷，应当及时、就地进行，防止矛盾激化。

第二十二条　人民调解员根据纠纷的不同情况，可以采取多种方式调解民间纠纷，充分听取当事人的陈述，讲解有关法律、法规和国家政策，耐心疏导，在当事人平等协商、互谅互让的基础上提出纠纷解决方案，帮助当事人自愿达成调解协议。

三、皮肤黑色素瘤纠纷案例的调解

（一）医患纠纷案情简介

患者，男性，58 岁。去年 1～8 月因“左足底皮疹”到医方皮肤科就诊 5 次，诊断：寻常疣。先后给予 2 次冷冻和 1 次激光治疗，不但未能治愈，反而左足底皮肤丘疹变黑增大。9 月到外院就诊，住院行“左足底黑色素瘤切除术”。术后病理：(左足跟)皮肤恶性黑色素瘤；胸部 X 片报告：双肺多发结节肿瘤转移不除外。今年 5 月因左足部黑色素瘤术后转移合并感染，多脏器功能衰竭死亡。

（二）医患双方争议焦点

(1) 患方认为：①从去年 1 月 22 日患者首次就诊日起，医方未对患者左足底皮损进行黑色素瘤的鉴别诊断，违反诊疗常规；②不恰当地行“冷冻、激光”治疗，至今年 9 月 3 日患者在外院活检确诊恶性皮肤黑色素瘤，医方延误患者诊治近 8 个月时期；③由于医方不负责任，显著降低了患者的 5 年生存预期，与患者手术后存活仅 8 个月存在因果关系。医方存在严重过错，至少当承担主要责任。

(2) 医方认为：①医方对于该患者的前期诊断处理符合医疗常规；②患者系自身患恶性皮肤黑色素瘤发生转移最终死亡，系与疾病本身类型以及疾病恶性程度极高所致。

（三）调解过程与结果

1. 患方误闹医调委，经过参观除误会

某日，数名患方家人来到医调委吵闹，要求医调委马上命令医方对患者因误诊、误治致皮肤恶性黑色素瘤而死亡的事件进行赔偿，一定要替患方主持公道。

待值班调解员弄明白是怎么回事后，调解员非常有礼貌的接待了他们，带他们参观医调委的工作场所，宣传了墙上张贴的相关政策法规和医调委有关工作制度。调解员规范有礼地告诉患方：医调委是群众性组织，是中立的第三方，也就是“老娘舅”，在医患双方都自愿调解的情况下才能进行调解，对谁都没有命令的权利。听了患者的诊治经过，我们表示关心，会尽快与医方联系，如医方愿意调解，相信我们一定会公平、公正的帮助协调。患方经过参观与听了人民调解员的相关介绍，明白了医调委的工作性质，停止了在医调委的吵闹。认为医调委的工作规范，不属于医方一边的，表示希望请医调委给予出面调解。调解员让患方提供了住院病历复印材料，对医患纠纷来访作了相应记录与登记。

2. 调查核实见问题，一针见血不客气

人民调解员审核了患方提供的病史后，来到医方进行调查了解。医方表示清楚对患方的诊断处理过程，认为在疾病早期，按丘疹诊治符合医疗常规，患者恶性皮肤黑色素瘤发生转移最终死亡，与疾病本身以及恶性程度极高有关。愿意医调委进行调解，但不愿意赔偿。人民调解员见此情况，毫不客气地指出：院方在为患者做手术前，在不能确诊的情况下，不做“病理活检”检查以鉴别诊断，对患者病情没有保持足够的警惕性，至发生误诊，因此作冷冻治疗欠妥。并且患者在医方 8 个多月的时间内，多次在医方就诊，医方在治疗效果不佳的情况下，一直未做进一步检查以确诊，延误了恶性肿瘤的及时治疗，医方在这方面是有一定责任的。调解员希望医方正确对待！医方医务科负责人表示将认真考虑人民调解员的意见，并会转达给院长。

3. 集体讨论明责任，弘扬正气保公平

人民调解员回到医调委，把去医方调查的情况向领导汇报，医调委组织对案例进行了集体讨论后，达成 3 点共识：①医方存在误诊；②冷冻治疗欠妥造成延误病情；③患方死于疾病本身皮肤黑色素瘤。据此医方应承担误诊、误治和延误病情的责任，应对患方给予相应经济赔偿。医调委区分责任、弘扬正气保证了调解的公平、公正性，也得到了医方的认可，答应给予一定经济赔偿。

4. 将心比心来沟通，合理索赔会成功

在赔偿的金额上，患方因报价较高，调解员在与其单独沟通时指出：患者死于疾病本身——皮肤黑色素瘤，皮肤黑色素瘤并非医方造成，且其恶性程度极高，早期难以确诊。所以要医方承担主要责任欠合理，希望患方充分考虑到医方医务人员主观上并不想发生目前的结果，客观上虽然在诊断上存在欠缺，但每次患者就诊时，医务人员对患者及其家属态度都非常好。况且每个医务人员都不是圣人，谁的一生都难免不发生任何过错，患者也曾未按医嘱进行必要的复诊。且患者在疾病未得到有效诊治时，亦可选择去其他医院就诊。患者家属经过长达 8 个月时间与医方医务人员沟通了解，知道他们也不容易，也非常辛苦。希望患方将心比心，患者的死亡毕竟是本身疾病发展所致，希望患方合理索赔。人民调解员列举出相似案例进行引导，促使患方理性考虑。经过人民调解员反复沟通，双方在赔偿金额上逐渐有了靠近。

5. 借助律师来帮助，调解顺利乘东风

正当调解有条不紊进行时，忽然患方内部出现了变故。原来患者妻子和患者父母之间因赔款如何分配产生了矛盾，调解因此一度暂停。为了使调解能够顺利进行，调解员为患方提供了免费律师咨询的信息，让患者妻子和患者父母共同参加。经过律师帮助分析，调解员理性疏导与人性劝说，化解了该矛盾，调解又回归正常进行，通过调解员为其分遗产提供了帮助，患方一家对调解员的公平、公正性更是信任，进而促成了医患双方达成了赔偿协议。

（四）调解模式及方法和技巧

(1) 调解员在开展调解工作过程中，对医患双方主要实施了“划分责任调解模式”。

(2) 具体调解中人民调解员主要对医患双方采用了首次接待法、去伪存真法、单独沟通法、区分责任法、弘扬正气法、案例引导法、借助力量法及因势利导法等调解方法和技巧。

表现在：患方数人来到医调委吵闹时，人民调解员经过规范的首次接待，通过带患方参观和现场介绍，消除了误会获得了理解与信任。人民调解员到医方调查了解纠纷情况时，通过运用自身的医学知识去伪存真，发现医方的问题并严肃地指出。为明确纠纷案例的责任，医调委集体讨论达成三点共识，既区分了责任，又弘扬了正气，且奠定了公平公正的调解基础。人民调解员对医患双方多次实施单独沟通法，对患方还实施了案例引导法并借助律师的帮助，因势利导顺利调解并达成赔偿协议。

（五）临床医学点评

(1) 患者自去年 1 月 22 日起因左足底皮损先后多次至医方门诊。尤其是在第三、四次就诊过程中，医方对于冷冻治疗后仍进行性增大、色泽变深的左足底皮损，始终未作包括病理检查在内的针对黑色素瘤的鉴别诊断。医方对患者病情没有保持足够的警惕性，至发生误诊，作冷冻治疗欠妥，延误了恶性肿瘤的及时治疗。医方的过错与患者生存期缩短存在一定的因果关系。

(2) 去年 5 月 8 日就诊时医方告知患者两周后复诊，患者未按医嘱及时随访，在一定程度上也延误了疾病诊断和治疗的时机；患者的结节性黑色素瘤疾病特点为恶性程度极高，预后差，死亡率高，故自身疾病的特点是导致死亡的主要原因。

(3) 本例属于对患者人身的医疗损害。参照《医疗事故分级标准(试行)》，患者死亡结果的人身医疗损害等级为一级甲等。

(4) 本例医疗过错对患者人身医疗损害结果的责任程度为次要责任。

（六）本案涉及的法律、法规

(1)《中华人民共和国人民调解法》第二十条　人民调解员根据调解纠纷的需要，在征得当事人的同意后，可以邀请当事人的亲属、邻里、同事等参与调解，也可以邀请具有专门知识、特定经验的人员或者有关社会组织的人员参与调解。

人民调解委员会支持当地公道正派、热心调解、群众认可的社会人士参与调解。

第二十一条　人民调解员调解民间纠纷，应当坚持原则，明法析理，主持公道。调解民间纠纷，应当及时、就地进行，防止矛盾激化。

第二十二条　人民调解员根据纠纷的不同情况，可以采取多种方式调解民间纠纷，充分听取当事人的陈述，讲解有关法律、法规和国家政策，耐心疏导，在当事人平等协商、互谅互让的基础上提出纠纷解决方案，帮助当事人自愿达成调解协议。

(2)《中华人民共和国侵权责任法》第五十四条　患者在诊疗活动中受到损害，医疗机构及其医务人员有过错的，由医疗机构承担赔偿责任。

第五十七条　医务人员在诊疗活动中未尽到与当时的医疗水平相应的诊疗义务，造成患者损害的，医疗机构应当承担赔偿责任。

(3)《医疗事故处理条例》第二条　本条例所称医疗事故，是指医疗机构及其医务人员在医疗活动中，违反医疗卫生管理法律、行政法规、部门规章和诊疗护理规范、常规，过失造成患者人身损害的事故。

第四条　根据对患者人身造成的损害程度，医疗事故分为四级。一级医疗事故：造成患者死亡、重度残疾的；二级医疗事故：造成患者中度残疾、器官组织损伤导致严重功能障碍的；三级医疗事故：造成患者轻度残疾、器官组织损伤导致一般功能障碍的；四级医疗事故：造成患者明显人身损害的其他后果的。具体分级标准由国务院卫生行政部门制定。

第十一条　在医疗活动中，医疗机构及其医务人员应当将患者的病情、医疗措施、医疗风险等如实告知患者，及时解答其咨询；但是，应当避免对患者产生不利后果。

(4)《医疗事故分级标准(试行)》节选：一级医疗事故系指造成患者死亡、重度残疾。一级甲等医疗事故：死亡。

四、健康体检纠纷案例调解

(一) 医患纠纷案情简介

患者，男，45岁。1月9日患方在医方参加单位职工的健康体检，“B”超检查为脂肪肝，脾、胆、胰、肾未见异常。同年4月在外院确诊右肾肿瘤，住院行右肾切除术，病理报告：肾透明细胞癌。患方认为医方在健康体检时未能及时发现肿瘤，因此负有延误病情诊治的责任，应该给予经济赔偿。

(二) 医患双方争议焦点

(1) 患方认为：医方健康体检工作马虎，“B”超检查未能发现肾肿瘤，属于漏诊，负有延误病情诊治的责任，应该给予经济赔偿。

(2) 医方认为：患方的肾肿瘤较小不易发现，“B”超检查有一定的检出率和漏检率，医方不承担赔偿。

(三) 调解过程与结果

1. 首次接待要认真，宣传工作记在心

患者目前在外院进行手术后化疗，委托家属来找医调委进行调解。患方说他们找过医方三次，医方有关部门和领导之间互相推脱，总是说研究研究、每次都敷衍了事。人民调解员首次接待患方，认真听取了患方的诉说，收下患方病史和健康体检的复印资料。同时对其宣传了医调委的工作性质，人民调解的优点：不收费、程序简单、方式灵活、调解自愿、不影响选择其他处理途径等。人民调解员又告诉患方，待调解员与医方联系后，三个工作日内对其回复。患方对人民调解员的接待表示谢意。

2. 医方只退体检费，患方认为没诚意

人民调解员审核了患方的病历和健康体检资料后，与医方进行了联系。医方承认当时参加健康体检的人多，B超检查得不很细致，没有发现肾肿瘤。同意给予退回健康体检的费用，不额外进行赔偿。人民调解员告诉医方，你院健康体检人员工作马虎，"B"超检查未能发现已存在的肾肿瘤，属于漏诊，延误了患者的早期治疗，这方面是有一定过错的，你们现在的赔偿金额太低有失公允，希望院方本着解决问题的诚意，重新考虑合理补偿。院方表示待讨论后再回复调解员。当调解员向患方转达了医方只愿意退回健康体检的费用时，患方听了很气愤，认为医方没有解决纠纷的诚意，因其延误患者诊治，可能致患者愈后不良，应该给予高额赔偿。患者准备与家庭其他成员一起到医院讨说法。调解员劝患方不要急躁，起码医方已经承认了B超检查得不细致，没有发现肾肿瘤的事实。至于赔偿金额待继续沟通后再定。

3. 赔偿金额差距大，动员患方多咨询

调解员与患方单独沟通后，将患方对医方的不满和患方提出的索赔金额转告医方，医方认为患方的索赔是"漫天要价"，绝对不能接受。医方告诉调解员：医院考虑调解员上次提出的意见，经过内部研究决定已提高了对患者的赔偿金额，按健康体检费用的二倍进行补偿。调解员与患方沟通时告知了院方意见，患方表示还不能接受。调解员告知患方，如患方坚持认为一定要医方给予高额赔偿，可自行先到法院、医疗事故鉴定中心或患方信任的医院进行咨询，并将对有利患者索赔的情况都反馈给调解员，如能做通院方工作，那是最好，如双方仍然各自坚持，建议患方走诉讼途径进一步维权。

4. 因势利导谈索赔，明法析理促统一

经过暂停一段时间，患方再来医调委要求调解。人民调解员因势利导劝患方索赔金额要现实，因为医方对患者造成的伤害程度无法认定，也就没有确切的标准，只能根据相似案例参照办理。如果你们坚持这么高的索赔要求，是无法达成调解的，建议走司法途径。患方承认这段时间去过法院。法院的说法与医调委的相同，患方表示可降低索赔。调解员与医方单独沟通，希望他们换位思考，肾癌的治疗是较难的，这类疾病的愈后与早发现、早诊断、早治疗密切相关。人的生命是无价的，漏诊3个月与早发现3个月，很可能就是生命的差别。现因医方漏诊，致患者病情延误，无论带给患方经济或生命的代价，都是无法弥补的，希望医方充分考虑这些因素，给患者合理补偿了结此案。医方被人民调解员说服后，合理提高了赔偿金额。经人民调解员因势利导，再对患方进行一定疏导，促成了赔偿金额的统一，医患双方达成了协议。

（四）调解模式及方法和技巧

(1) 调解员在开展调解工作的过程中，对医患双方主要实施了"利益平衡调解模式"。

(2) 具体调解中人民调解员主要对医患双方采用了首次接待法、单独沟通法、借助力量法、换位思考法、案例引导法、因势利导法、经济促和法、明法析理法等调解方法和技巧。

表现在：患方来到医调委，人民调解员遵循首次接待法，认真记录不作评论，同时做好医调委的宣传工作。本案的纠纷形成过程比较简单，医方有责任也比较明确，但对患者造成伤害的程度难以认定，赔偿只能靠协商。人民调解员对患方应用欲擒故纵，迂回曲折，巧妙借助患方去法院、医疗事故鉴定中心及外院专家咨询的力量，降低患方心理期望，再用案例引导法因势利导进行说服。对医方应用明法析理法，指出院方责任，再用案例引导及换位思考法都收到较好的效果。整个调解贯穿着经济促和法和单独沟通法，历经"迂回曲折"，最终达成协议。

（五）临床医学点评

(1) 医方健康体检工作马虎，"B"超检查未能发现肾肿瘤，属于漏诊。

(2) 因检查失误，负有延误病情诊治的责任，应该给予经济赔偿。

(3) 对患方的伤害程度难以确定。

（六）本案涉及的法律、法规

(1)《中华人民共和国人民调解法》第二十一条　人民调解员调解民间纠纷，应当坚持原则，明法析理，主持公道。调解民间纠纷，应当及时、就地进行，防止矛盾激化。

第二十二条　人民调解员根据纠纷的不同情况，可以采取多种方式调解民间纠纷，充分听取当事人的陈述，讲解有关法律、法规和国家政策，耐心疏导，在当事人平等协商、互谅互让的基础上提出纠纷解决方案，帮助当事人自愿达成调解协议。

(2)《中华人民共和国侵权责任法》第五十四条　患者在诊疗活动中受到损害,医疗机构及其医务人员有过错的,由医疗机构承担赔偿责任。

第五十七条　医务人员在诊疗活动中未尽到与当时的医疗水平相应的诊疗义务,造成患者损害的,医疗机构应当承担赔偿责任。

(3)《医疗事故处理条例》第十一条　在医疗活动中,医疗机构及其医务人员应当将患者的病情、医疗措施、医疗风险等如实告知患者,及时解答其咨询;但是,应当避免对患者产生不利后果。

第十节　非医疗纠纷与特殊医患纠纷人民调解案例

一、医院内滑倒纠纷案例的调解

(一) 医患纠纷案情简介

一个暴雨天,一位穿着塑料拖鞋,56 岁的女性患者到医方挂号配药。在门诊大厅,因想避开排队人群,未走防滑的地毯通道。而选择在湿滑的大厅地面上行走,不小心出现滑倒。请医生开了处方后,到药房配药途中仍选择行走在湿滑地面上致再次滑倒,导致左手腕部骨折。因为医方是社区卫生服务中心,条件有限无法医治,将患者转上级医院住院治疗,诊断为:左尺、桡骨远端骨折、高血压病。行骨折切开复位内固定术,术后恢复良好。患方为此到医方要求给予经济补偿,医方接待人员态度强硬,拒绝赔偿,产生纠纷。

(二) 医患双方争议焦点

(1) 患方认为:由于院方在场地管理工作上存在不足,导致其大厅地面非常湿滑,造成自己两次滑倒从而手腕部骨折,因此要求医方赔偿其因骨折而支出的医药费、护理费、误工费、营养费、交通费等。

(2) 院方认为:患者在大雨天气穿着塑料拖鞋就诊,不走防滑地毯通道,本身即存在一定过错,而且其在第一次滑倒的情况下并未产生足够的警惕,以致第二次滑倒,故而医方不应承担责任。

（三）调解过程与结果

1. 就诊滑倒导致骨折，要求赔偿被拒绝

患方在医方门诊滑倒导致手腕骨折，经过手术治疗恢复良好，向医方提出经济索赔未果，前往医调委进行咨询。调解员向患者宣传了相关政策与法规，介绍了医调委的性质，职责，工作原则与流程及解决纠纷的其他几条合法途径。当患者陈述完与院方纠纷情况，提出调解申请时，调解员对患者进行了必要的告知后强调道：调解必须是双方自愿的，我们不能强迫任何一方，待征求医方意见后，如果医方也愿意调解，我们再公平公正地进行调解。患方表示理解。

2. 到医方调查了解，去核实滑倒情况

调解员感到此事还应到医方核实有关情况。于是来到医方，了解有关情况。医方承认患方在门诊大厅两次滑倒至左手腕骨折的事实。也指出患方未给调解员反映的情况：因当天下大雨，医方在门诊大厅已铺设了防滑地毯通道，患者却穿着塑料拖鞋，也不走防滑地毯通道，导致其发生两次滑倒的客观情况。又告知调解员医院的场地已承包给了××公司，即使要赔偿也不应由医院赔偿，医方请来了承包公司有关负责人到场，该公司负责人表示他们尊重医调委，一定会配合调解员进行调解，同时也请调解员充分考虑患方也存在较大责任这个情况。

3. 细分析事件经过，分责任患方认可

人民调解员通过与患方沟通核实院方所反映情况属实后，给患方指出：经我们调查了解，已弄清情况，您为何第一次不告诉我们您在大雨天穿塑料拖鞋去配药？不走医方铺设防滑地毯的走道？您这样做，说明您本人自我保护意识不够。并且在第一次滑倒之后仍未警觉导致第二次滑倒，证明您自身确有一定责任。所以您要求医院承担全部责任并不妥当。患方对人民调解员区分责任的说法表示认可，同时也表示患方是想通过此事，让医方对安全管理方面引起重视，防止类似问题再发生。可医方处理纠纷的接待人员态度强硬，故一定要讨个说法。

4. 讲事实明法析理，有诚意解决问题

人民调解员随即与医方单独沟通，向其转达了患方的想法与诉求。医方表示，经上次调解员与负责该院场地管理的××公司沟通后，医方与该公司已进行了协商，公司表示只愿给患者支付医保自负部分。调解员认为这有些太低。提出请医方换位思考互相理解妥善对待此事。并提示：本案中，当然患方也有不足之处，但这些不足只能减轻您们的责任，而不能完全免除您们的责任。因滑倒毕竟发生在门诊大厅，医方仍然存在场地管理不当的连带责任。现已给患方造成了伤害，应按比例给予适当护理费、营养费与交通费的补偿，并建议了一个较合理的金额。人民调解员明法析理劝说后，得到医方认可，医方表示会与该公司协调，就按调解员建议的合理金额给予患者补偿。人民调解员再次与患方取得联系，告知其医方有解决问题的诚意，如果患方有诚意也应该自己主动承担一定损失。

5. 审核中弘扬正气，调解时体现合理

患者知道医方同意赔偿后，就大胆提出了一个索赔清单，调解员审核索赔清单后，立即批评患者：目前，医院已将场地承包给××公司，按理赔偿应由××公司与您之间进行。现医方经我们说服，已有了诚意进行调解，您怎么能得寸进尺呢？况整个过程中，您自己也存在诸多不足，您也是具有完全民事行为能力的公民，自己也应对自身安全负责，既然您已认可自己存在这些不足，还怎么要让医院承担全责。况您现在已退休在家，根本就不存在误工，怎么还要求要误工费？您已享受医疗保险自己又有一定过错，怎么还要医方支付包括“医保”在内的全部医药费？这种要求不合理。人民调解员责任分明，以理服人，患方被调解员说得有些难为情，立即转变态度，主动降低索赔金额。最终，医方、患方与××公司在医调委协调下，签订了人民调解协议书，使本纠纷在较短时间内得到妥善处理。

（四）调解模式及方法和技巧

（1）调解员在开展调解工作过程中，对医、患及某公司主要实施了“划分责任调解模式”和“利益平衡调解模式”。

（2）具体调解中人民调解员主要对三双方采用了首次接待法、去伪存真法、区分责任法、单独沟通法、明法析理法、换位思考法、弘扬正气法等调解方法和技巧。

表现在：人民调解员遵循首次接待不作评论的法则，没有调查就没有发言权。在本例中患方初次来访，只是讲在医方门诊滑倒造成骨折，没有谈患者穿拖鞋和不走防滑地毯走道的情况。如果人民调解员只听一方说辞，可能会造成偏听偏信，不利于纠纷处理。人民调解员经过调查了解去伪存真指出了患者反映情况不完全真实。应用区分责任法确定了双方的责任。通过明法析理法，说服医方“只能减责不能免责”，用换位思考法说服医方给予合理补偿。通过弘扬正气法，批评患方不合理的索赔清单，体现了人民调解的公平公正性。经过五天的调解，人民调解员数次使用单独沟通法，也说明了这是所有调解中的最基本而有效的方法。

（五）临床医学点评

（1）本例医患纠纷不是因为医疗诊治不当造成的纠纷，而是公共场所（就医场所）管理方面发生的纠纷，所以是非医疗纠纷。但是这个纠纷存在医源性的背景，同时医方应是场所管理方，是医患纠纷中的一种类型。

（2）患方滑倒发生在医方门诊大厅，已给患方造成了左尺、桡骨远端骨折的伤害，医方负有场地管理不当之连带责任。

（3）患方作为完全民事行为能力人，大雨天穿着塑料拖鞋，不走铺设防滑地毯的走道，并且在第一次滑倒之后仍未警觉，导致第二次滑倒受到伤害，说明其自身存在过错，这些过错可以减轻医方的一定责任。

（六）本案涉及的法律、法规

（1）《中华人民共和国人民调解法》第二十一条　人民调解员调解民间纠纷，应当坚持原则，明法析理，主持公道。调解民间纠纷，应当及时、就地进行，防止矛盾激化。

第二十二条　人民调解员根据纠纷的不同情况，可以采取多种方式调解民间纠纷，充分听取当事人的陈述，讲解有关法律、法规和国家政策，耐心疏导，在当事人平等协商、互谅互让的基础上提出纠纷解决方案，帮助当事人自愿达成调解协议。

（2）《中华人民共和国侵权责任法》第二十四条　受害人和行为人对损害的发生都没有过错的，可以根据实际情况，由双方分担损失。

第二十六条　被侵权人对损害的发生也有过错的，可以减轻侵权人的责任。

第三十七条　宾馆、商场、银行、车站、娱乐场所等公共场所的管理人或者群众性活动的组织者，未尽到安全保障义务，造成他人损害的，应当承担侵权责任。

二、病人自杀纠纷案例的调解

（一）医患纠纷案情简介

患者，女性 82 岁以“反复胸闷 30 年，间歇浮肿 3 年，加重伴纳差 5 天”入院。诊断：右侧肺炎、冠心病、房颤、心功能三级、右胸腔积液、高血压病、腔隙性脑梗塞等。经过30天治疗,病情已控制。一天中午,患者忽然从病房窗户摔了下去,抢救无效死亡。当地派出所民警进行了解情况,排除他杀。患方家属也不要求追查死因,可按"在窗上取物品,不慎滑落"造成死亡对待,要求医院因管理不当给予经济赔偿。

(二)医患双方争议焦点

(1)患方认为:患者是住院病人,在病房的窗户上取物品,不慎滑落造成死亡。医方存在监护失误和场所管理不力的责任,应该给予经济赔偿。

(2)医方认为:①患者的病情已经控制,临床症状明显减轻,一周前还对医生的治疗说过感谢的话。肯定不是生理性疾病因素造成。②患者拿病房的凳子到窗边,通过凳子登上窗台,摔下致死。病房窗台和窗户不存在违规设计。③患者自行自杀突然,医方防不胜防。

(三)调解过程与结果

1. 调解员急赴现场,老娘舅平息冲突

民警给医调委来电,紧急请求医调委到医院现场调解纠纷,人民调解员立即奔赴现场。远远听到医方会议室里传来忽高忽低的声音,几名患方人员正在向医方"讨说法",桌子敲的砰砰响。肢体冲突一触即发,恰好两名人民调解员赶到了现场。首先由民警向众人介绍了调解员身份并说明来意。调解员随即告知了医调委是"老娘舅"性质的群众性组织,调解工作原则是双方自愿等,医调委调解纠纷具有的优点是:方便、及时、灵活、免费。调解员介绍完毕后,当即征求医患双方意见。因双方当时正僵持不下,见民警带着医患纠纷人民调解员主动来帮助免费调解,都表示愿意,并争着请人民调解员给予评理。调解员告诉医患双方,目前开始双方必须停止争吵,因争吵并不解决问题。为了避免矛盾激化,调解员现场让双方各自回避,先与患方,再与医方均进行单独沟通,了解情况调查事实经过,并请医患双方各自提供自己认为对己方有利的关于死者的病历资料和相关证据以配合调解。调解员沉着、冷静、有条不紊地处理,使一场可能升级的冲突有效得到制止,热案有效得到冷处理。

2. 去现场深入调查,找原因多方了解

人民调解员在医方病房进行了调查,床位医生反映:患者的病情已经控制,临床症状已明显减轻,1周前患者还对医生的治疗说过很多感谢的话。同室病友反映:看到患者拿病房的凳子到窗边,通过凳子登上窗户台,随之摔了下去。

同室病友又说：近 10 天来，患者与其子发生过几次争吵，一天前又与其儿子在病房里因为家庭事情吵过架。人民调解员与当地派出所民警沟通。民警告知：派出所当日在医方现场进行了勘探，已排除了他杀。患方家属也不要求追查死因，可按"在窗上取物品，不慎滑落"造成死亡对待，要求医院因管理不当给予经济赔偿。

3. 患方不究存隐情，医方无错言意外

人民调解员回到医调委查阅了患者的住院病历结合调查了解情况分析：患者死前病情已经得到有效控制，患者的死亡可排除疾病原因所引起，据病房护工介绍：患者家里正在动迁，儿子一家都住在租住房里，老人目前因住院病情好转，医生建议出院回家休养，为住房的问题母子俩多次发生争吵，患者从窗户摔下去的前一天还为出院后患者回家住房的事与其儿子吵得很不愉快，根据这些情况，调解员认为患者是因心理或社会家庭原因造成自杀的可能性较大。人民调解员与患方单独沟通时，患者儿子很干脆地说：关于我母亲的死亡原因，警察也作了认定。我们不追究，你们也不要问。现在是谈我母亲是一个住院病人，因医院病房管理不善，我母亲到窗台上取东西，不小心摔下去死亡了，你们说医方是否应该给予一定的赔偿？然后自己报了一个索赔价格。人民调解员找医方单独沟通，医方表示这个纠纷太意外了，医方没有过错，赔偿只能出于人道主义考虑，数额不能多。

4. 借助外力获信息，说服患方降索赔

从医患双方的赔偿金额来看，差距较大。如何才能平衡差距？人民调解员给当地司法所人民调解组织打电话，请他们帮忙了解患方的家庭情况，几天后当地司法所人民调解组织传来消息，最近患方母子之间因房产在闹纠纷，半年前当地司法所人民调解组织曾对此做过调解工作。根据这个信息，人民调解员与患方单独沟通，指出母子之间房产纠纷可能导致了死者心理异常反应，患者儿子对此应有一定责任，索赔金额要适当降低。如一定要坚持，可能最后只能走诉讼途径。到时公安可能会再次调查患者死因。患方对人民调解员了解到的情况感到吃惊，因自觉有愧，同意降低索赔。

5. 医学模式要重视，场所保险助索赔

人民调解员又根据已掌握的情况与医方单独沟通时指出：本案虽是自杀，但患者毕竟死于医院，与医方对患者心理状态缺乏了解，只停留在生理疾病的治疗,对患者家庭矛盾,产生的心理问题没有引起医务人员的注意,也没有采取相应的心理疏导措施有一定关系。因现代医学模式是:“生物-心理-社会医学模式”,医方对此缺乏重视也有一定责任。并友情提醒医方:你们每年与保险公司签约的“医疗责任保险”中,含“场所保险”。医方可以从保险公司那里获得一定的补偿,以此来减少一定损失。医方马上与保险公司联系,证实了人民调解员所说的情况,于是相应提高了赔偿金额。经过人民调解员的明法析理和因势利导,医患双方的赔偿金额逐步靠近,不久签订了调解协议。

(四) 调解模式及方法和技巧

(1) 调解员在开展调解工作过程中,对医患双方主要实施了“混合性调解模式”。

(2) 具体调解中人民调解员主要对医患双方采用了热案冷处法、去伪存真法、区分责任法、获取信任法、单独沟通法、明法析理法、借助力量法、因势利导法等调解方法和技巧。

表现在:医患双方处于肢体冲突一触即发之际,人民调解员赶到了现场,借民警之力,亮明身份说明来意,通过相关宣传与处理,使一场冲突得到有效化解,热案得到冷处理。经过借助力量法(包括借当地司法所人民调解组织的力量)多方调查,调解员去伪存真排除医疗的原因,确定患者的死亡可能与心理或社会家庭因素相关,从而用区分责任法推出医患双方均认可的责任。人民调解员在认真调查的基础上,使用明法析理法,用证据说服双方,人民调解员从介入纠纷,现场亮明身份到通过调查了解至明法析理,整个调解过程均让医患双方认为值得信任。在此基础上人民调解员最后用因势利导促成经济和解。调解过程中一直使用单独沟通法。

(五) 临床医学点评

(1) 一般在医院内自杀,常见于癌症患者或患不治之症的患者。本例患者的病情得到控制,造成的自杀,不是因为病情和治疗上的因素,是典型的“心理-社会”因素,患方家庭矛盾是其直接原因。

(2) 由于医方对患者心理状态缺乏了解,只停留在生理疾病的治疗。患者多次与其子发生争吵,产生的心理问题均没有引起医务人员的注意,因此也没有采取相应的心理疏导措施。对患者家庭矛盾,没有利用社会支持系统给予相应帮助。

(3) 本案例与医务人员对现代“生物-心理-社会医学模式”没有重视有一定

关系。

（六）本案涉及的法律、法规

（1）《中华人民共和国侵权责任法》第十八条　被侵权人死亡的，其近亲属有权请求侵权人承担侵权责任。被侵权人为单位，该单位分立、合并的，承继权利的单位有权请求侵权人承担侵权责任。被侵权人死亡的，支付被侵权人医疗费、丧葬费等合理费用的人有权请求侵权人赔偿费用，但侵权人已支付该费用的除外。

第二十四条　受害人和行为人对损害的发生都没有过错的，可以根据实际情况，由双方分担损失。

第二十六条　被侵权人对损害的发生也有过错的，可以减轻侵权人的责任。

第三十七条　宾馆、商场、银行、车站、娱乐场所等公共场所的管理人或者群众性活动的组织者，未尽到安全保障义务，造成他人损害的，应当承担侵权责任。

第六十四条　医疗机构及其医务人员的合法权益受法律保护。干扰医疗秩序，妨害医务人员工作、生活的，应当依法承担法律责任。

（2）《中华人民共和国人民调解法》第二十一条　人民调解员调解民间纠纷，应当坚持原则，明法析理，主持公道。调解民间纠纷，应当及时、就地进行，防止矛盾激化。

第二十二条　人民调解员根据纠纷的不同情况，可以采取多种方式调解民间纠纷，充分听取当事人的陈述，讲解有关法律、法规和国家政策，耐心疏导，在当事人平等协商、互谅互让的基础上提出纠纷解决方案，帮助当事人自愿达成调解协议。

三、活体肝移植供体纠纷案例的调解

（一）医患纠纷案情简介

患方（健康者或供体肝脏捐献者），女，47 岁。因为弟弟肝硬化晚期，需要“肝移植”挽救生命。患方（健康者）愿为弟弟做“活体肝移植供体”，医方在对患方（健康者）告知同意后，全麻下行剖腹探查＋胆囊切除术。术中医方逆行切除胆囊，胆道造影正常；仔细解剖第一肝门，发现肝动脉变异，右肝动脉二支较细，不适合作为肝移植供体，故终止手术。

（二）医患双方争议焦点

（1）患方认为：医方未尽注意义务，对供体肝脏捐献者术前检查不充分，使其弟弟肝脏移植手术不能正常进行，此与弟弟肝硬化死亡、患方（健康者）胆囊被摘除，白挨一刀的不良后果存有因果关系。

（2）医方认为：①医方对供体肝脏捐献者在告知同意下行术前检查未发现手术禁忌状况。②医方对供体肝脏捐献者行胆囊切除术是切取供体肝脏过程中必须的步骤。③医方术中发现供体拟切取部分肝脏动脉条件不理想，如强行手术对供、受体双方都有较大风险，本着供体利益优先的伦理原则，故终止手术。此医疗行为符合临床诊疗护理规范、常规，医方不存在医疗事故和医疗过错。

（三）调解过程与结果

1. 患方哭诉事情冤，白挨一刀失去胆

患方来到医调委哭诉，为弟弟做“活体肝移植供体”，不但白挨一刀，胆囊还被医方摘除，向医方“讨说法”还遭拒赔的情况。人民调解员对患方的情况表示同情，给她送杯热茶与纸巾擦泪，同时安慰患方要面对现实向前看。然后介绍了医调委的性质，人民调解的原则和申请程序。告诉患方：您这种情况医调委暂时没有遇到，我们会与医方取得联系，如果医方有调解的意向，相信我们会公平公正的依法调解。如果医方不同意调解，医调委将引导您走诉讼或医疗事故鉴定、卫生行政处理等途径，并尽量给您提供帮助。患方感谢人民调解员的接待，表明相信医调委，希望为她妥善处理有关情况。

2. 区分责任是关键，告知不足应赔偿

人民调解员送走了患方，立即与医方取得了联系，进一步了解了事件的经过。医方表示对患方行胆囊切除术是切取供体肝脏过程中必须的步骤，没有想到患方肝动脉不符合条件，属于意外情况。医方也希望调解员帮助解决该例纠纷。为表示配合，院方主动送来了患者就诊的相关资料。医调委对患方的病历资料进行了研究与讨论认为要弄清真相，需进行专家咨询。经专家咨询结果为：医方手术中发现患方（供体）肝动脉变异，不适合作为供体，终止手术是符合临床诊疗常规。但是医方没有在手术前对患方详尽告知取肝前需胆囊切除，医方应承担告知不足的责任；术前对供体肝脏血管影像方面的相应检查存在一定瑕疵，应该给予相应赔偿。

3. 赔偿金额差距大，如何调解费思量

经人民调解员将专家咨询意见告诉医方时，医方承认其在告知方面存在不足的责任，并表示愿意接受医调委的意见对患方给予一定经济赔偿，并提出了具体的赔偿金额。人民调解员将专家咨询结果告诉患方同时还告诉了医方有调解的诚意,初步提出了赔偿金额。患方感谢调解员公正地明确了医方的责任,但认为医方的赔偿金额太少,患方不能接受,于是患方提出自己的索赔价格。人民调解员感到双方赔偿金额差距很大,下一步如何调解陷入深深的思量中。

4. 医方换位来思考,提高赔偿心意诚

回想起患方来到医调委的哭诉,想着姐姐为救弟弟献肝的情义,患方腹部的手术疤痕历历在目。人民调解员来到医方,请医方换位思考想一想:患者的弟弟已经死了,且花费了可观的医药费,结果人财两空。姐姐为救弟弟白挨一刀又失去胆囊,虽然医方未作移植手术没有违反医疗常规,但是胆囊是人体的器官之一,根据人身损害赔偿的有关规定,本案对患者已造成了胆囊缺失的人身损害。如果医方术前全面仔细作了肝脏血管方面的相关检查也有可能避免此情况的发生,医方在此手术中还是存在一些问题,其中告知不足是明显缺陷。如果患方去法院诉讼,医方仍会有相应的责任风险,请医方认真思考给予答复。当时医方被人民调解员的明法析理所折服,几天后,医方表现了解决纠纷的诚意,较大幅度地提高了赔偿金额。人民调解员征求患方意见时,患方希望医方在现有赔偿金额的基础上,再免去患方为救弟弟住院期间的所有费用。

5. 因势利导劝让步,经济促和签协议

人民调解员单独与医方沟通,转达了患方的意见,医方看了患方所列的住院支出清单中,非医疗性的支出占了很多,总费用有数万元。医方对此不满,拒绝赔偿这笔清单。人民调解员与患方单独沟通时,通过层层解剖并指出患方虚报生活、交通、陪护等费用的做法不妥,患方为此向人民调解员道了歉,请人民调解员再去医方协调。人民调解员感觉双方都有解决纠纷的诚意,就因势利导劝双方互谅互让,使用利益平衡的办法,统一了赔偿的金额,签订了调解的协议。

(四) 调解模式及方法和技巧

(1) 调解员在开展调解工作过程中,对医患双方主要实施了“混合性调解模式”。

(2) 具体调解中人民调解员主要对医患双方采用了首次接待法、获取信任法、专家咨询法、区分责任法、单独沟通法、明法析理法、换位思考法、因势利导法、经济促和法等调解方法和技巧。

表现在:患方来到医调委哭诉,为弟弟做“活体肝移植供体”,被医方胆囊摘除，白挨一刀医方还拒不赔偿的情况。人民调解员遵循首次接待法，对患方的情况表示同情，给她送茶与纸巾擦泪，但不作评论。通过宣传医调委性质等工作获取信任。对于这个特殊的纠纷，人民调解员应用专家咨询法确定了医方告知不足的责任及检查中的瑕疵以区分责任，通过明法析理法提示医方由此可能引起的责任风险，用换位思考法来引导医方对患方的同情，在此基础上再劝服医方调高赔偿金额。当人民调解员对患方虚报非医疗性支出费用时，通过层层解剖，用明法析理法指出患方虚报生活、交通、陪护等费用的做法不妥，当患方对上述作法表示歉意时，调解员用因势利导法劝说双方各自互谅互让，最后使用经济促和法，统一了赔偿的金额，签订了调解协议。

（五）临床医学点评

(1) 该例医患纠纷比较特殊，在正常人身上做手术，即对正常人实施医疗手术行为，而且发生“白挨一刀，丢失胆囊”的伤害，非常罕见。

(2) 患方（健康者）因“活体肝移植供体”入住医方肝脏外科病房。医方在对患方（健康者）告知同意后，全麻下行剖腹探查加胆囊切除术。术中医方逆行切除胆囊，胆道造影正常；仔细解剖第一肝门，发现肝动脉变异，右肝动脉二支较细，不适合作为供体，故终止手术。符合临床诊疗常规。

(3) 患者（供体）术前上腹部 CTA（CT 血管造影术）诊断：门静脉三叉状变异，其余上腹部 CTA 暂未见明显异常的情况下，如作更进一步细致一些的检查可能会更安全。

(4) 医方对患方（健康者）供体术前需胆囊切除未经详尽告知，存有不足。

（六）本案涉及的法律法规

(1)《中华人民共和国侵权责任法》第十六条　侵害他人造成人身损害的，应当赔偿医疗费、护理费、交通费等为治疗和康复支出的合理费用，以及因误工减少的收入。造成残疾的，还应当赔偿残疾生活辅助具费和残疾赔偿金。造成死亡的，还应当赔偿丧葬费和死亡赔偿金。

(2)《中华人民共和国人民调解法》第二十一条　人民调解员调解民间纠纷，应当坚持原则，明法析理，主持公道。调解民间纠纷，应当及时、就地进行，防止矛盾激化。

第二十二条　人民调解员根据纠纷的不同情况，可以采取多种方式调解民间纠纷，充分听取当事人的陈述，讲解有关法律、法规和国家政策，耐心疏导，在当事人平等协商、互谅互让的基础上提出纠纷解决方案,帮助当事人自愿达成调解协议。

(3)《医疗机构管理条例实施细则》第六十二条　医疗机构应当尊重患者对自己的病情、诊断、治疗的知情权利。在实施手术、特殊检查、特殊治疗时,应当向患者作必要的解释。因实施保护性医疗措施不宜向患者说明情况的,应当将有关情况通知患者家属。

(4)《医疗事故处理条例》第十一条　在医疗活动中,医疗机构及其医务人员应当将患者的病情、医疗措施、医疗风险等如实告知患者,及时解答其咨询;但是,应当避免对患者产生不利后果。

(5)《上海市医患纠纷人民调解工作实施办法》第二十九条　医患纠纷人民调解工作实行专家咨询制度。上海市医患纠纷人民调解专家咨询委员会负责向人民调解员提供专家咨询。专家咨询工作由各区县医调办组织实施。

(6)《上海市医患纠纷预防与调解办法》第三十一条(专家咨询)医患纠纷具有下列情形之一的,医调委应当启动专家咨询程序:①预估赔付金额超过 10 万元的;②患者已死亡的;③医患双方对争议事实存在重大分歧的;④预估保险理赔金额超过 10 万元且承保机构建议的;⑤其他需要进行专家咨询的情形。咨询专家的选定,应当根据回避原则,从专家库中选取。必要时,可以根据调解工作实际,从专家库外另行选取咨询专家。

第三十二条(专家咨询意见)医调委可就下列事项征求咨询专家意见:①医疗机构在执行诊疗规范、履行告知义务等方面是否存在过错;②医疗过错行为与损害结果之间是否存在因果关系;③医疗过错行为在损害结果中的责任程度;④其他与争议事实有关的专业问题。咨询专家应当根据独立、客观、公正的原则,就医调委的咨询事项提供意见,并在咨询意见书上签名或者盖章。专家咨询意见书是医调委调解的参考依据。

四、病人坠床纠纷案例的调解

(一) 医患纠纷案情简介

患者,女,70 岁,患有高血压病,腔隙性脑梗塞,糖尿病。平时记忆力差,认知功能轻度障碍,四肢活动尚可,能够下床行走,但生活不能自理。在医方住院期间,患者晚上从病床上坠落到地上,造成一侧股骨颈骨折。患方家属提出赔偿要求。

（二）医患双方争议焦点

(1) 患方认为:患者在住院期间医方有护理、监护、看管责任,患者在病房里坠床是由于医院没有尽到看管义务,而且造成了患者一侧股骨颈骨折,因此医方应当对此承担责任。

(2) 医方认为:患者虽在住院,但身体功能减退、感觉迟钝、机体平衡失调,夜间休息翻身无规律。医方曾要给患者病床安装护栏,遭患方拒绝。发生意外事件与医方的诊疗无关,医方无过错,不同意患方提出的赔偿要求,考虑患者坠床在医方场地发生,医方愿从人性化角度考虑,可以承担患者在坠床受伤之后所发生的部分医疗费用。

（三）调解过程与结果

1. 现场调解显公平,合理方案被采用

医患双方因坠床纠纷自行协商未果发生争执,双方请求医调委受理调解纠纷,医调委立即指派人民调解员到医院与医患双方见面。在医院的会议室里,人民调解员听取了双方各自陈述,对纠纷经过进行调查后,人民调解员提出了初步调解方案:①首先应为坠床患者进行治疗,因为医方是社区卫生服务中心,没有医治股骨颈骨折的条件,医方应立即联系转上级医院治疗,住院押金由医方暂行垫付。②因患者享受退休人员的医疗保险,请患方给予配合按医保手续办理。③待患方出院后接回医方病房给予免费康复治疗。④关于赔偿金和在上级医院住院的费用,待患者康复后再协商。医患双方认为调解员说得公平合理,均同意照此办理。

2. 医方负责受肯定,解决纠纷需理赔

在患方骨折住院期间,医方去上级医院病房探望还送了礼物表示慰问。患者出院时医方派车将患者接回医方的病房,医方负责任的行为得到了患方的肯定。又一个月过去了,医方提出请患方出院回家休养,患方要求要先解决赔偿问题,再出院回家休养。双方因此争执再请医调委继续调解。

3. 单独沟通明主体,明法析理话合同

人民调解员与医方单独沟通,医方说:在坠床前患方有一个护工,负责患方的饮食起居,护工属于“××服务公司”管辖,患者坠床应该××服务公司赔偿。医方已经给患方垫付了骨折住院治疗的费用,目前医方仍然为患方免费提供住院康复治疗，不能再支付赔偿金。人民调解员明法析理告诉医方，医方的后勤工作是××服务公司承包的，你们之间有合同，合同上也一定写明了如出现意外事件或纠纷的解决方式。患方坠床在病房发生，医方是主体当然有责任，至于医方与××服务公司如何解决，是另外的一件事，患方不与××服务公司直接发生关系。医方被人民调解员说得哑口无言，只有答应3天后给予答复。

4. 单独沟通来劝解，责任分担促和谐

3天后，医方提出了赔偿金额。人民调解员与患方单独沟通，患方感觉与理想的赔付差距较大，不愿意接受，并报出患方的心理底价。人民调解员仔细分析了患方的心理底价，认为有降价的空间。于是人民调解员劝导患方，此纠纷是因安全防范不力产生，医方在患者住院期间曾考虑患者安全问题并给该病人安装护栏，可是患方却坚决拒绝，故患方对此应负主要责任。现医方又很积极主动帮助患者治疗，希望患方要正确认识，理性维权，不要提出不合理要求。调解员通过具体案例进行引导，结合实际情况明法析理，患方听了人民调解员的分析，意识到提出的索赔金额的确较高，同意按责任分担，双方最终达成一致，签订了人民调解协议书。

（四）调解模式及方法和技巧

(1) 调解员在开展调解工作过程中，对医患双方实施了“混合性调解模式”。

(2) 具体调解中人民调解员主要对医患双方采用了获取信任法、单独沟通法、区分责任法、明法析理法、案例引导法等调解方法和技巧。

表现在：人民调解员到达现场，根据实际情况提出初步调解方案得到双方肯定，成功使用获取信任法。用区分责任法确认本例纠纷属于防范不力引起，并明确双方各自应承担的责任。在整个调解过程中，人民调解员使用单独沟通法和明法析理法，劝说医患双方应理性对待赔偿。患方骨折住院押金由医方暂行垫付，患者在上级医院住院期间，医方去上级医院病房探望并送礼物慰问及患者出院时医方派车将患者接回医方病房继续治疗。调解员肯定了医方这种负责任的行为，通过心理疏导解开患方心理纠结，心理情感调解模式收到了很好的效果。人民调解员使用案例引导法，参照既往案例引导双方协商，促使双方赔偿金额趋于合理，最终双方达成一致，签订了人民调解协议书。

（五）临床医学及律师点评

(1) 该老年住院患者因身体功能障碍或机体器官功能减退、感觉迟钝、机体平衡失调、身体衰弱等原因，容易发生意外跌倒与坠床，医方虽然预见并采取了安装护栏与告知等行为，但患方拒绝了，因此患方应承担主要责任，但医方放任这种情况的发生，也负有一定责任。

(2) 尽管住院老人请了护工，护工因属于某某公司人员，医方与某某公司签约，但问题发生在医院，医方也有连带责任，作为主体(医方)方应加强坠床防范的安全管理。

(3) 本案不属于医疗事故。但医院安全防范管理存在一定缺陷，应该予一定赔偿。

(六) 本案涉及的法律、法规

(1)《中华人民共和国人民调解法》第二十一条　人民调解员调解民间纠纷，应当坚持原则，明法析理，主持公道。调解民间纠纷，应当及时、就地进行，防止矛盾激化。

第二十二条　人民调解员根据纠纷的不同情况，可以采取多种方式调解民间纠纷，充分听取当事人的陈述，讲解有关法律、法规和国家政策，耐心疏导，在当事人平等协商、互谅互让的基础上提出纠纷解决方案，帮助当事人自愿达成调解协议。

(2)《中华人民共和国侵权责任法》第二十四条　受害人和行为人对损害的发生都没有过错的，可以根据实际情况，由双方分担损失。

第二十六条　被侵权人对损害的发生也有过错的，可以减轻侵权人的责任。

第三十七条　宾馆、商场、银行、车站、娱乐场所等公共场所的管理人或者群众性活动的组织者，未尽到安全保障义务，造成他人损害的，应当承担侵权责任。

(3)《上海市医患纠纷人民调解工作实施办法》第二十九条　医患纠纷人民调解工作实行专家咨询制度。上海市医患纠纷人民调解专家咨询委员会负责向人民调解员提供专家咨询。专家咨询工作由各区县医调办组织实施。

(4)《上海市医患纠纷预防与调解办法》第三十一条(专家咨询)医患纠纷具有下列情形之一的，医调委应当启动专家咨询程序：①预估赔付金额超过 10 万元的；②患者已死亡的；③医患双方对争议事实存在重大分歧的；④预估保险理赔金额超过 10 万元且承保机构建议的；⑤其他需要进行专家咨询的情形。咨询专家的选定，应当根据回避原则，从专家库中选取。必要时，可以根据调解工作实际，从专家库外另行选取咨询专家。

第三十二条(专家咨询意见)医调委可就下列事项征求咨询专家意见:①医疗机构在执行诊疗规范、履行告知义务等方面是否存在过错;②医疗过错行为与损害结果之间是否存在因果关系;③医疗过错行为在损害结果中的责任程度;④其他与争议事实有关的专业问题。咨询专家应当根据独立、客观、公正的原则,就医调委的咨询事项提供意见,并在咨询意见书上签名或者盖章。专家咨询意见书是医调委调解的参考依据。

参考书目

[1] 王岳.医疗纠纷案例评析[M].北京:对外经济贸易大学出版社,2012.

[2] 吴春岐.案例解说医疗纠纷责任认定与赔偿计算标准[M].北京:中国法制出版社,2010.

[3] 王维佳.新编医疗纠纷处理——法律依据与案例评析[M].北京:法律出版社,2013.

[4] 沈成良.最新医疗诉讼案例精点[M].上海:上海交通大学出版社,2006.

[5] 邱鹭风,姚启明.医患纠纷人民调解案例解析[M].南京:江苏人民出版社,2012.

第五篇

中国特色的医调委

第十二章
中国特色的医患纠纷人民调解委员会

第一节　国外典型医患纠纷 ADR 的主要解决机制

ADR(即 Alternative Dispute Resolution 的缩写)，这一概念可以根据字面译为“替代性纠纷解决方式”或“选择性纠纷解决方式”，也可根据其实质意义译为:“非诉讼纠纷解决方式”。它源于美国，原来指 21 世纪逐步发展起来的各种诉讼制度以外的纠纷解决方式或机制的总称。

一、美国医患纠纷 ADR 的主要解决机制

美国克林顿政府曾在 20 世纪 90 年代发布法令，鼓励将 ADR 在医患纠纷领域推广。1997 年，美国仲裁协会(AAA)，美国律师协会(ABA)以及美国医药协会(AMA)作为发起机构，联合成立国家医疗纠纷解决委员会(NCHCDR)，并由其实施/正当程序议定书计划，以推进 ADR 在解决医疗纠纷过程中的广泛运用。1998 年 3 月，该委员会向三家发起机构提交了最终报告。报告获得批准并被采纳为三家机构的一项政策。报告推荐了一系列解决医患纠纷的 ADR 方式[①]：

(1) 监察人制度。被指定的中立第三方监察人收集医患纠纷有关的信息，并由其进行独立的调查进而提出纠纷的解决方案，监察人也可以向当事人提供

---

① 吴缦莉. 医疗纠纷 ADR 机制比较研究[J]. 医院管理论坛，2011，28(1)：45－47.

有关程序进行的信息。

(2) 事实发现。由中立人进行调查,并根据纠纷的事实出具一份无约束力的报告。

(3) 达成一致意见。由中立的第三方(通常是一位会议召集者),召集纠纷各方(或其代表)通过有组织的谈判以使各方达成一致意见。

(4) 调解。纠纷各方在中立第三方的帮助下,通过协商尽量协调分歧,调解所达成的协议往往不具有约束力。

(5) 仲裁。纠纷被提交给一个或多个中立的仲裁员,由仲裁员根据预先制定的程序做出具有约束力的最终裁决。

(6) 混合 ADR。多种 ADR 方式的混合使用,通常按一定的次序进行,如在“调解-仲裁”中,仲裁员应先进行调解,调解不成即转入仲裁程序。

二、德国医患纠纷 ADR 的主要解决机制

1975—1978 年,德国各地的医师协会创设了医患纠纷调解所和鉴定委员会。目前,德国医疗纠纷的诉讼外处理机构包括四个调解所和五个鉴定委员会①。调解所主要是在裁判外处理医师的赔偿责任,而鉴定委员会仅对医师的治疗是否存在过错进行鉴定。医疗鉴定委员会或调解所一般由 1 名法律专家(多为退休法官)和 2 到 4 名医生共同组成,其管辖权为所在地区的医疗单位。患者和医生双方都可以通过申请将纠纷提交委员会或调解所处理。委员会程序是,首先确定作为有关专业的医疗委员人选。之后,由专职接待的委员参照病例对事实进行调查,听取有关人员的意见,如果必要则由委员会任命鉴定人作出鉴定。最后预约日期,全体委员对鉴定及事实进行口头辩论,如果认为属于医生的失误或责任,应给予其再一次发表意见的机会。委员会根据全体成员的意见制作和向当事人发出书面通知,通知中包含对事实的确定、医疗上的判断以及法律上的评价②。

德国医患纠纷调解所和鉴定委员会尽管都是以鉴定为工作重心,但两者的

① 张滨,胡亚林.国外 ADR 处理医疗纠纷模式介绍及启示[J].医学与哲学(人文社会医学版),2011,32(6):49-51.

② 文贻军.各国医疗纠纷 ADR 模式比较[J].实用预防医学,2010,17(12):2550-2552.

设立目的、制度设计上仍存在细微差别。调解所的作用是在诉讼之外解决医患之间关于医师责任的纠纷，裁定医师有无赔偿责任及损害赔偿的数额，以医师赔偿责任保险来填补受害人的损害。鉴定委员会只对案件进行纯粹的医学上的鉴定，仅就是否存在医疗过错进行公正的判断，不对是否存在赔偿责任或损害赔偿的数额做出裁定。因而，即使在鉴定结果表明肯定存在医疗过错的情况下，患方也只能依据该鉴定另外向保险公司提出损害赔偿请求。调解所的调解费用原则上由保险公司负担。而在鉴定委员会的程序中，鉴定费用由医师协会来负担。与法院的判决不同，调解所或鉴定委员会所作的决定没有拘束力，其效力仅相当于劝告①。

三、日本医疗纠纷 ADR 的主要解决机制

日本医患纠纷处理方式主要有三种：医患双方自行协商、医师协会与保险公司的处理和法院调解与诉讼②。医患双方自行协商和法院调解与诉讼我国也有，主要谈谈医师协会与保险公司结合对医患纠纷的处理。

日本自 20 世纪 70 年代开始公布一套医疗事故特殊处理办法，即日本医师赔偿责任保险制度。日本医师协会作为一个团体与保险公司（由东京海上火灾保险公司等 5 家损害保险公司承保）签订合同。作为总承包人对已参加保险的会员医师的医疗过失负有赔偿责任。医师协会下设立调查委员会和鉴定委员会，均由医学和法律专家组成。当发生医患纠纷时，调查委员会对事实进行调查，如果医患双方在此阶段达成协议，就将患者赔偿请求提交给保险公司进行赔偿。如果医患双方在事实调查后不能达成一致，调查委员会将调查事实提交给鉴定委员会进行鉴定。鉴定的内容主要对医疗机构是否违反了注意义务、可预见义务、回避义务和承诺义务，如果有则认定医疗机构存在过错。法律专家还要根据侵权法的原理和规则考量患者的疾病参与度等，是否存在过失相抵的情形，

---

① 刘兰秋. 德国医疗纠纷诉讼外处理程序研究[J]. 医学与哲学（人文社会医学版），2009，30(12)：49－51.

② 张滨，胡亚林. 域外医疗纠纷 ADR 制度对我国医疗纠纷人民调解制度的启示[J]. 中国卫生法制，2003，21(1)：55－60.

再确定责任比例，最后提交保险公司进行赔偿①。

保险公司设立赔偿委员负责医患纠纷赔偿。根据1994年12月的调查，日本74.6%的医生都加入了日本医师会医生责任保险。从1973年7月1日开始，由日本医师会从加入保险的会员中征收部分费用作为保费，当出现保险事故时，用保费支付赔偿，但是最高限额度，每一被保险者1年为1亿日元②。

四、其他国家医患纠纷ADR的主要解决机制

新西兰在1974年以来，由劳动部、社会福利部、卫生部联合在中央和地方分别设立意外事故赔偿委员会。包括医疗事故原因造成的损伤，要在24 h内报告意外事故委员会调查处理，如若当事人有异议，可由意外事故赔偿委员会仲裁③。

丹麦和比利时等国有明文规定，如果医师有责任，一般以公函形式通知医院和本人，指出医务人员在某一方面发生了医疗过失，严重的提交法庭按有关法律处理。丹麦也设有全国医学法律委员会，成员由司法机构选择的一批医学专家组成，受理地区卫生官方解决不了的疑难医学纠纷问题。这些国家的尝试共同点在于有效地组织专业力量，包括开展仲裁及法庭附设等方式解决医患纠纷等方式④。

英国并且建立专门ADR机构，比较著名的当属争议解决中心，其受理案件的范围涵盖了医患纠纷。争议解决中心建立了调解员数据库制度，将英国和其他国家的有医学和法学专业背景和工作经验的专家纳入数据库，供当事人选用，但在具体的调解案件中，则不限于该数据库里的专家。争议解决中心也建立了调解人员培训制度，在每年夏季会对调解员进行夏季培训。并且英国专家协会ADR集团以及争议解决中心，在ADR人力资源建设方面也做了大量工作，并取得了较大成就⑤。

---

① 张滨，胡亚林. 国外ADR处理医疗纠纷模式介绍及启示[J]. 医学与哲学（人文社会医学版），2011，32(6)：49-51.

② 吴缦莉. 医疗纠纷ADR机制比较研究[J]. 医院管理论坛，2011，28(1)：45-47.

③ 文贻军. 各国医疗纠纷ADR模式比较[J]. 实用预防医学，2010，17(12)：2550-2552.

④ 文贻军. 各国医疗纠纷ADR模式比较[J]. 实用预防医学，2010，17(12)：2550-2552.

⑤ 张滨，胡亚林. 域外医疗纠纷ADR制度对我国医疗纠纷人民调解制度的启示[J]. 中国卫生法制，2003，21(1)：55-60.

第二节　我国医调委与国外医患纠纷 ADR 的初步比较

我国医患纠纷处理方式主要有五种：医患双方自行协商、人民调解、卫生行政调解、仲裁、法院调解与诉讼，我国《医疗事故处理条例》没有把仲裁作为一种解决医患纠纷的法定程序，在我国的仲裁实践中，也鲜有对医患纠纷进行仲裁的例子，但这并不说明医患纠纷不属于仲裁机构的受案范围①。在 ADR 诸多形态当中，调解是最常见、最重要的一种形态，是其他 ADR 形态的基础。我国目前的 ADR 制度实践也主要集中于人民调解。医患纠纷人民调解，是指通过设立医患纠纷人民调解委员会（简称：医调委），并在其主持下，以国家法律、法规、规章、政策和社会公德为依据，对医患纠纷当事人进行说服教育、规劝疏导，促使纠纷各方互谅互让，在平等协商的基础上，自愿达成协议，从而最终达到消除纷争目的的一种群众性活动②。

我国人民调解的历史很早，但是出现专业的医患纠纷人民调解组织，起始于 2006 年左右。2010 年 5 月，司法部、卫生部、中国保监会三部门联合下发《关于加强医疗纠纷人民调解工作的意见》，2010 年 8 月 28 日《中华人民共和国人民调解法》（简称：《调解法》）颁布，对医患纠纷人民调解委员会的组织性质、指导部门、经济来源、职能范围、工作流程，联动机制等都有明确的规定，医调委进入规范化快速发展阶段。虽然我国医调委出现的时间较短，但发展的形式较好。

一、中美之间医患纠纷解决机制

相同点在于：我国的医调委依据《调解法》，美国医患纠纷 ADR 依据《ADR 法》，都是依法成立的组织。我国的医调委和美国医患纠纷 ADR 都是中立的第三方。美国医患纠纷 ADR 的方式：监察人制度、事实发现、达成一致意见、调解

① 骆定进. 构建我国医疗纠纷 ADR 机制[J]. 金华职业技术学院学报，2008，8(3)：33－35.

② 李昌道. 司法调解与和谐社会[J]. 复旦学报(社会科学版)，2007(2).

和仲裁。中国医调委中的医患纠纷人民调解员(简称:人民调解员或调解员)就是监察人、中立人、达成一致意见的召集人,实施具体调解的人。美国医患纠纷ADR的前四种方式,我国的医调委都可以具备,也正与中国医调委的工作相吻合。

不相同的在于:发起的机构不同,美国医患纠纷ADR是由"几个协会"发起并建立的,我国医调委是由政府相关部门支持并建立的,医调委的资金来源于国家财政。中国医调委可以提出纠纷的解决方案方式,但一般情况下,不同于美国的"事实发现"即由中立人进行调查,根据纠纷的事实出具一份无约束力的报告。中国医调委不出具"事实发现的无约束力的报告"。中国医调委没有仲裁员,不具备仲裁的功能,在中国仲裁有专门的仲裁组织,医调委只执行人民调解的功能。中国医调委对医患双方不收取调解费用,是政府购买服务;美国的ADR是收取费用的,是商业式的运作。

二、中德之间医患纠纷解决机制

相同点在于:我国的医调委与德国医患纠纷调解所比较接近,目的都是确定损害赔偿的数额,以赔偿数额的多少促成医患双方达成协议。德国医患纠纷调解所和中国医调委对医患双方不收取调解费用。德国的鉴定委员会只对案件进行纯粹的医学上的鉴定,仅就是否存在医疗过错进行公正的判断,不对是否存在赔偿责任或损害赔偿的数额作出裁定,恰巧与中国的医疗事故技术鉴定和医疗损害司法鉴定委员会(或鉴定中心)的功能一致。

不相同在于:德国医患纠纷调解所比较注重鉴定为工作重心,裁定医师有无赔偿责任。中国医调委也关注医师有无赔偿责任,但没有德国医患纠纷调解所那么严格要求,中国医调委注重的是医患双方对纠纷事件能不能有一个统一的认识,并愿意依此达成协议。德国医患纠纷调解所的调解费用原则上由保险公司负担。中国医调委的调解是政府购买服务来负担。在德国鉴定委员会的程序中,鉴定费用由医师协会来负担。中国的医疗事故技术鉴定和医疗损害司法鉴定需要申请鉴定方来负担。

三、中日之间医患纠纷解决机制

相同点在于:日本医疗纠纷处理方式主要有三种:医患双方自行协商、医师协会与保险公司的处理和法院调解与诉讼，中国医患纠纷法定的处理方式主要有四种：医患双方自行协商、人民调解、卫生行政调解、法院调解与诉讼（仲裁未有被列入法定的处理方式），其中医患纠纷自行协商和法院调解与诉讼的方式是一致的。日本医师协会下设立调查委员会和鉴定委员会，均由医学和法学专家组成。当发生医疗纠纷时，调查委员会对事实进行调查，如果医患双方在此阶段达成协议，就将患者赔偿请求提交给保险公司进行赔偿。如果医患双方在事实调查后不能达成一致，调查委员会将调查事实提交给鉴定委员会进行鉴定。日本调查委员会处理方式相当于中国的卫生行政调解。

不相同在于：日本医师赔偿责任保险制度比较健全，当出现保险事故时，用保费支付赔偿。有的时候保险公司会主动参与医师协会的调查委员会联合对医患纠纷进行调查。而我国只有个别地区尝试了医师赔偿责任保险制度，没有形成规模。另外一点在于，日本医师协会下设立调查委员会和鉴定委员会，具有卫生行政的背景，难以被认为是独立于医患双方的第三方。中国的医调委是独立于医患双方的第三方。

四、中国和其他国家之间医患纠纷解决机制

相同点在于：英国争议解决中心建立了调解人员培训制度，中国《调解法》规定了“县级人民政府司法行政部门应该定期对人民调解员进行业务培训”。

不相同在于：一些国家在医患纠纷解决机制中开展了仲裁的方式，而我国在仲裁解决医患纠纷方面几乎没有开展。

第三节　医调委的中国特色

一、我国建立医调委根本原因是社会的和谐

深受中国传统文化的“和为贵”的影响，调解在我国有数千年的历史了，医患纠纷人民调解是调解中的一项内容，所以含有丰富的中国文化底蕴。这也深深影响着目前中国医调委的发展和成长。使用替代诉讼的纠纷解决机制即ADR解决纠纷。在医患纠纷解决机制方面，各国的做法不完全一样。由于各国的法

律传统、文化传统等不同，ADR 的机制各不相同。我国并不是像美国那样因为出现了诉讼爆炸、诉讼的延迟、诉讼费用高昂等问题才鼓励使用 ADR 的政策，我国鼓励使用 ADR 的政策，建立医调委的根本原因，并不是为了减轻法院的压力，而是为了实现医患当事人之间的和谐，特别是社会的和谐，也就是中国传统文化的和为贵。

二、医调委带有行政化的色彩

中国医调委的建立是在中国政府相关部门支持下建立起来的，资金来源于政府的财政拨款，政府为了社会和谐目的，购买医调委的服务。所以医调委的许多运作都要打上政府的烙印，带有行政化的色彩。这样的好处主要在于：医调委与社会各个调解组织之间都能够取得联系，也容易在医患纠纷调解工作中得到公安、民政、地方政府的支持，同时医调委办公的条件、人民调解员工资待遇和接受培训等受到保障。不利在于：医调委应是人民调解，作为民间性、自治性、群众性的人民调解有可能影响到它的自然属性。国外医患纠纷 ADR 的组织常常是由社会行业协会和私人的机构建立起来的，大多数带有商业盈利中介服务性质(德国例外)。常常是为了减轻法院的压力而设立的，所以极少带有行政化的色彩。

三、医调委带有司法化的色彩

《中华人民共和国人民调解法》第五条明确指出："国务院司法行政部门负责指导全国的人民调解工作，县级以上地方人民政府司法行政部门负责指导本行政区域的人民调解工作。基层人民法院对人民调解委员会调解民间纠纷进行业务指导"。医调委是人民调解委员会中的一个行业委员会，当然要接受司法行政部门的指导。在实际工作中，司法行政部门如何指导人民调解工作并没有统一的规定和标准，国内各地的做法也不完全一致。近几年来医患纠纷的处理受到较大的重视，司法行政部门特别加强了对医调委的指导。例如：上海市和各个区司法局都成立了"医患纠纷人民调解工作办公室(简称：医调办)"指导医调委工作，甚至有的区医调办和医调委在一起办公。这在所有人民调解行业委员会中是一个特例。所以我国的医调委带有浓厚的司法化的色彩。

国外医患纠纷 ADR 解决机制，是在法律和审判的基础上，逐渐走出来的一种解决纠纷方式。同样也带有司法的色彩，如仲裁形式，出具“一份无约束力的报告”形式等。但是国外医患纠纷 ADR 解决机制带有的司法色彩，与以上我国医调委带有的司法色彩有明显的不同。

四、医调委具有调防结合的任务

最近在全国平安医院创建工作暨维护医疗秩序打击涉医违法犯罪专项行动会议上，司法部郝赤勇副部长作了“深化平安中国建设推进医疗纠纷人民调解工作新发展”的讲话中指出：预防和化解矛盾纠纷是人民调解工作的主要任务。要坚持源头预防，进一步健全医疗纠纷情报信息网络，完善信息收集、报送、分析研判和反馈机制，及时发现可能导致矛盾纠纷的潜在因素，变被动调解为主动化解，变事后调处为事先预防①。我国是社会主义制度，对社会矛盾纠纷一直有做好预防的要求，对医调委的工作也是这样。所以医调委在做医患纠纷人民调解工作的同时，要参与医患纠纷的预防，具有调解与预防相结合的任务。国外医患纠纷 ADR 组织几乎不承担“预防任务”，调防结合是没有的，这也是中国医患纠纷人民调解组织的特色。

五、医调委是社会大调解中的一个组成部分

我国改革开放以来，人民调解工作获得高速发展，人民调解的范围，逐渐从传统的婚姻家庭、邻里关系、小额债务、轻微侵权等常见、多发的矛盾纠纷，向土地承包、拆迁安置、环境保护、交通安全、劳资纠纷、医患纠纷、物业纠纷等社会热点、难点纠纷扩展。并且出现了人民调解委员会联合会将调解内容融合，构成了社会大调解机制。在医患纠纷的处理方面，出现了人民调解与卫生行政部门调解的衔接、出现了人民调解与司法调解的衔接、出现了人民调解与信访部门的衔接、甚至出现人民调解与保险机制的衔接。同时医调委工作也得到社会大调解机制的支持，成为社会大调解中的一个组成部分。大调解是中国调解制度的发展和探索，是民主与法治建设的尝试，其鲜明的特色和影响受到国外 ADR 组织越来越多的关注。

---

① 本刊特稿. 深化平安中国建设推进医疗纠纷人民调解工作新发展[J]. 人民调解，2014(1)：7－8.

第四节　医调委的现代调解制度与希望

我国传统上的调解在功能模式上较为单一，“息事宁人”或“化解纠纷”是其重要的乃至唯一的目标追求，至于当事人是否实现了权利，法制是否得以长进，主流道德意识是否受到影响，法治秩序是否得到良好构建，等等，诸如此类的目标，并不在其关注之内。目前我国现代调解制度已经关注的不仅是通过调解化解双方当事人之间的纠纷，同时还关注该纠纷的解决是否实现了当事人在法制上的权利和义务，是否促进了现行法律的更新和发展。

中国医调委成立的时间短，正是接受现代调解制度的最佳时机，同时也是接触国外医患纠纷 ADR 解决机制的有利时机。希望通过医患纠纷的调解，吸收国外医患纠纷 ADR 解决机制中的经验，能将法律效果和社会效果有机融合，创造中国医患纠纷 ADR 先进的解决机制。我国也正处于医疗卫生改革的重大变革阶段，有关医患纠纷人民调解的基本理论和实际做法，仍然是每一个从事医患纠纷人民调解实际工作和研究工作人员进行不断探索的课题。相信我国的调解制度与西方国家通过审判发展法律的路径不同，我国完全可以寄望于通过医患纠纷调解来发展医学法律，通过医患纠纷调解来构筑现代医患之间的法治秩序。

参考书目

[1] 王美兰，邱星美. 调解法学[M]. 厦门：厦门大学出版社，2006.

[2] 范愉. 非诉讼程序(ADR)教程[M]. 北京：中国人民大学出版社，2002.

[3] 韩延龙. 人民调解在中国[M]. 武汉：华中师范大学出版社，1986.

思考题

1. 简述美国一系列解决医患纠纷的 ADR 方式。
2. 我国医调委与国外医患纠纷 ADR 机制建立的根本原因有何区别?
3. 您认为我国医调委还有哪些中国特色。

附件 1

医疗事故技术鉴定流程图

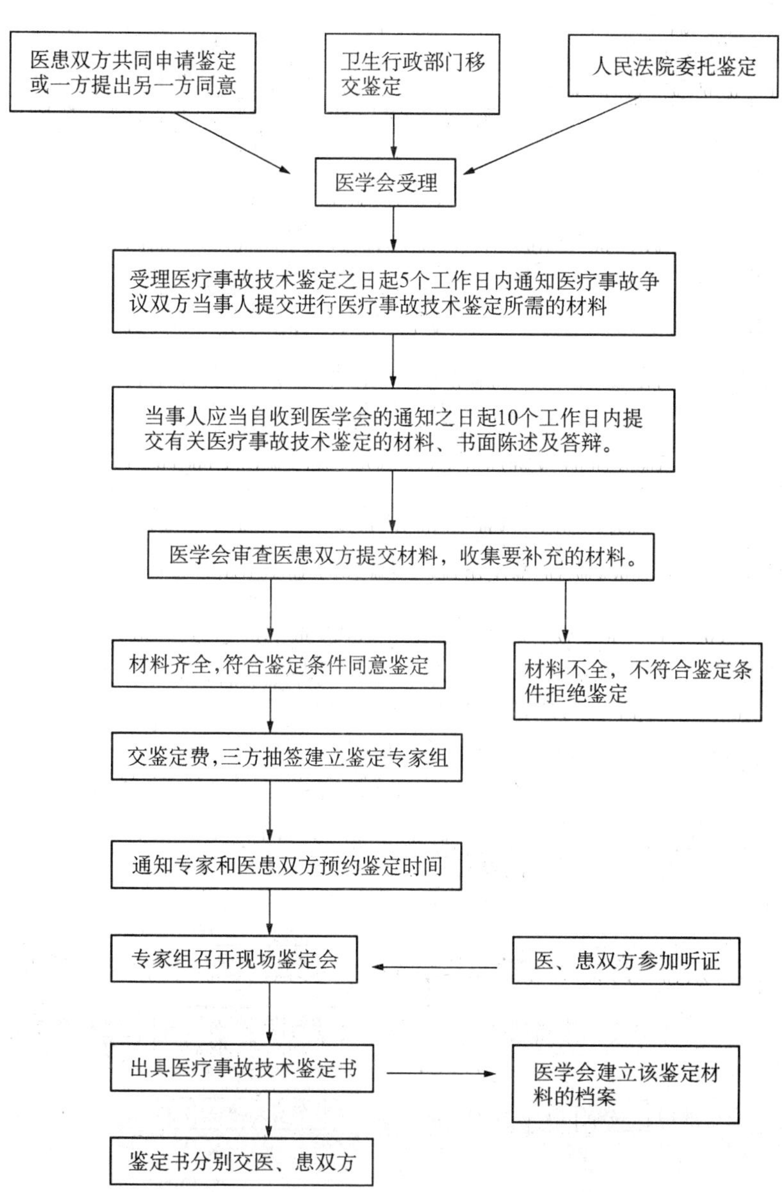

附件 2

医患纠纷人民调解工作流程图

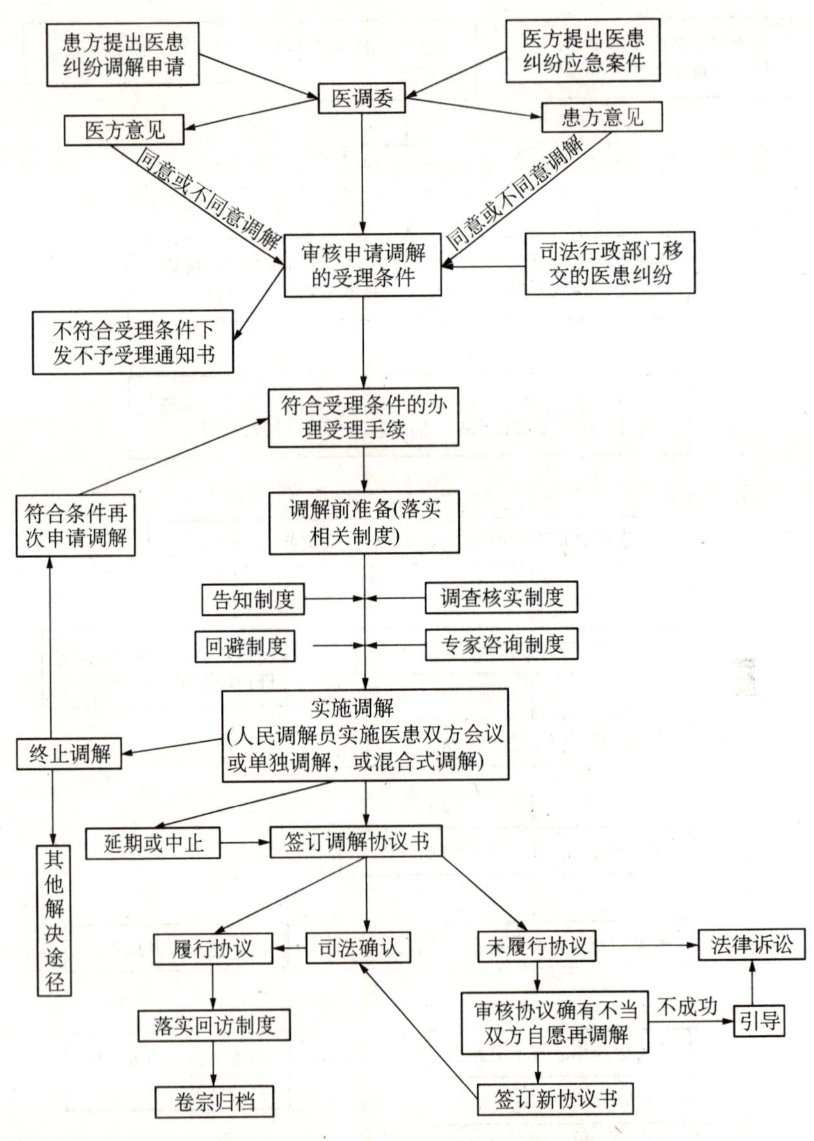